Gottes Person und ewiger Plan

Bibelgeschichten für Gläubige, die in einer Kultur des Unglaubens leben

All inquiries should be addressed to:

Book Domain LLC.
543 E Louise Dr Phoenix, Az 85050

Ordering Information:
Amount Deals. Special rebates are accessible on the amount bought by corporations, associations, and others. For points of interest, contact the distributor at the address above.

Printed in the United States of America.

ISBN-13	Paperback	978-1-970309-21-8
	eBook	978-1-970309-20-1

Gottes Person und ewiger Plan

Bibelgeschichten für Gläubige, die in einer Kultur des Unglaubens leben

FRED BECK

INHALT

Vorwort: Warum dieses Buch?

Es ist fast unmöglich, ein tausendstückiges Puzzle zusammenzusetzen, ohne das Bild des Deckels, das zeigt, wie es aussehen soll. Wenn es darum geht, die Bibel zu verstehen, verwenden wir viele sehr gute Studienmethoden: exegetisch, thematisch und entdeckend, um nur einige zu nennen. Diese anderen Typen sind nützlich und produktiv beim Studium des Wortes Gottes. Jede Methode zeigt jedoch nur einen Teil des Puzzles, selten jedoch das gesamte Bild.

Dieses Buch verwendet eine seltene Methode, die Bibel zu studieren. Sie wird als chronologisches Bibelgeschichte erzählt bezeichnet und ermöglicht es uns, das Gesamtbild zu sehen und zu erleben, nicht nur die vielen Teile.

Bibelgeschichten werden oft verwendet, um Kindern über Gott und göttlichen Charakter beizubringen. Wir verwenden auch eine oder mehrere Bibelgeschichten als eigenständige Studien. Das sind gute Anwendungen von Bibelgeschichten, aber nicht die Methode, die in diesem Buch verwendet wird. Der Autor ist nicht der Begründer der Methode, sondern einer von vielen, die sie anwenden. Dies beinhaltet das Erzählen, Lesen, Zuhören oder Studieren von Bibelgeschichten in chronologischer Reihenfolge.

Das ist die Methode, die Gott verwendet hat, um uns die Bibel näherzubringen.

Haben Sie sich gefragt, warum das Alte Testament so lang und das Neue Testament so kurz ist? Haben Sie auch bemerkt, wie lange es dauert, bis eine Straßenbaucrew den Untergrund für eine neue Autobahn vorbereitet, bevor sie mit dem Betonieren oder dem Asphaltieren beginnt? Nachdem das Fundament oder der Untergrund vorbereitet ist, geht das Pflastern relativ schnell. *Es gibt keine Abkürzungen zu einer guten, langlebigen Autobahn; das Gleiche gilt für den Bau eines soliden Fundaments zum Verständnis der Bibel als Ganzes.*

Heute neigen wir dazu, für so ziemlich alles Abkürzungen zu wollen: Fast-Food-Mahlzeiten, Instant-Kartoffeln, sofortige Befriedigung usw. Allerdings bringt „sofort" oft gesundheitliche Probleme, finanzielle Probleme und sogar Beziehungsprobleme mit sich.

In unzähligen Landkreisen, einschließlich der USA, wird das Christentum oft als „eine Meile breit, aber nur einen Zoll tief" beschrieben. Ein möglicher Grund für eine solche Kritik könnte der Wunsch sein, Ziele einfacher und schneller zu erreichen, indem man Abkürzungen nimmt: Vor-Evangelisation auslässt, mangelhafte Jüngerschaft verwendet usw., ohne die langfristigen Folgen zu berücksichtigen.

Die chronologische Annäherung an biblische Geschichten kann helfen, einige dieser Dilemmata zu vermeiden. Es gibt keinen Abkürzungen zu einem gottesfürchtigen, vom Geist geleiteten, Christus ehrenvollen Leben oder einer Kirche. *Chronologisches Geschichtenerzählen gibt Gott ein regelmäßiges Forum, um sich selbst und seinen ewigen Plan den Menschen wie dir und mir zu offenbaren.*

Wenn wir anfangen, Gott so zu sehen, wie Er wirklich ist, beginnen wir auch, uns selbst so zu sehen, wie wir wirklich sind.

Dies könnte Monate oder länger dauern, aber es ist Gott, nicht wir, der das Tempo festlegt. Unsere Neigung, die Kontrolle zu übernehmen und das Tempo der Offenbarung festzulegen, führt oft zu einem Gläubigen, der für immer ein Säugling in seinem oder ihrem Glauben bleibt, oder noch schlimmer, zu einem Nachahmer, der nur im Namen ein Gläubiger ist.

Biblischer Glaube basiert nicht auf Wissen, nicht einmal auf einer richtigen Doktrin. Wahres Wissen ist ein wichtiger Bestandteil, aber biblischer Glaube beruht auf einer persönlichen Beziehung zu und Gehorsam gegenüber dem wahren und lebendigen Gott. *Ohne eine persönliche und gehorsame Beziehung zu Gott ist das Christentum nur eine weitere leere „Gutes tun Religion" (Werksbasierte Religion).*

Jesus sagte: *"Niemand kann zu mir kommen, es sei denn, der Vater, der mich gesandt hat, zieht ihn; und ich werde ihn am letzten Tag auferwecken."* Wenn wir an den lebendigen Gott glauben, dann stammt unser Glaube von der Initiative Gottes und nicht von unserer eigenen Initiative oder Willensstärke. Jesaja schrieb,

> Alle deine Söhne werden vom Herrn gelehrt werden;
> und das Wohl deiner Söhne wird groß sein
>
> (Jesaja 54:13 NASB)

> Jesus sagte: „Niemand kann zu mir kommen, es sei denn, der Vater, der mich gesandt hat, zieht ihn; und ich werde ihn am letzten Tag auferwecken."
>
> (Johannes 6:44 NASB)

„Chorologisch" bedeutet, dass wir am Anfang beginnen und die Geschichten in der Reihenfolge studieren, in der sie von Gott gegeben wurden. Das bedeutet, dass es viele Wochen oder Monate dauern kann, bevor wir den Namen *Jesus* hören oder lesen. Wir werden jedoch Aussagen und Anspielungen auf einen kommenden Messias/Erlöser/leidenden Diener/Menschen Sohn usw. in den Geschichten des Alten Testaments hören oder lesen.

Das chronologische Lesen, Hören oder Studieren von biblischen Geschichten als ein ganzes Ganzes ermöglicht es Gott, langsam und akkumulativ sein Wesen, seinen Charakter, seine Eigenschaften und seine Herrlichkeit zu offenbaren. Gott zieht uns zu sich, während wir seinen beständigen Charakter und seinen Zweck entdecken. Wir erleben viele „Mini-Offenbarungen", während Gott mit verschiedenen Menschen, verschiedenen Situationen und verschiedenen Kulturen im Alten Testament interagiert.

Diese mini-offenbarungen bereiten uns auf Gottes „vollständige Offenbarung seiner selbst in Christus" vor. Wir stehen in Ehrfurcht vor Gott, während wir beobachten, wie er gute Situationen verbessert und schwierige Lebenslagen in Wege der Barmherzigkeit und Gnade verwandelt. Wir müssen das gesamte Bild dessen sehen und verstehen, was Gott für die Ewigkeit tut. Wir möchten auch die Einzelheiten dessen sehen und verstehen, was Gott im Alltag eines Gläubigen tut, um ihn/sie auf die Ewigkeit vorzubereiten.

Nachdem wir das gesamte biblische Bild von Gott und seinen Plänen für die Menschheit betrachtet haben, werden andere Methoden des Bibelstudiums effektiver als zuvor. Das ist wahr, weil wir dann ihre Bedeutung im Zusammenhang mit dem Ganzen sehen.

Wir werden nicht alle Geschichten in der Bibel in diesem Buch studieren. Wir werden einige wesentliche Geschichten sowie einige notwendige Unterstützungsgeschichten behandeln. Auf dem Weg entdecken wir, wie Gott liebevoll und geduldig in, mit und durch sein Volk wirkt. Gott wirkt nicht nur in denen, die glauben, er arbeitet auch daran, Ungläubige zu sich zu ziehen. Das tut er, ohne ihre persönliche freie Wahl zu verletzen.

Wir entdecken auch, dass Gott in der Lage ist, Tragödien, das Böse anderer, schwere Zeiten, ein hartes Leben und Disziplin zu nutzen, um seinen Plan in und durch die Menschheit zu erfüllen, aber die Wahl liegt bei uns. *Bis wir zu den Geschichten von Jesus in den Evangelien kommen, werden wir von Gott darauf vorbereitet worden sein, Jesus* als den verheißenen Gesalbten/das Messias/Retter/leidenden Diener Gottes zu erkennen. Schließlich erkennen wir Jesus auch als niemand anderen als Jahwe des Alten Testaments, der in Fleisch, als Mensch gekommen ist, um uns zu retten.

Wir sehen Ihn als Herr, als „Jehovah-Jireh" (Gott selbst ist unser Versorgung für jedes Bedürfnis). Wir sind überwältigt von Liebe und Dankbarkeit für Ihn, das verheißenen Lamm Gottes, das unsere Sünden wegnimmt und uns das ewige Leben mit Ihm schenkt.

Nach dem Tod, der Auferstehung und der leiblichen Himmelfahrt Jesu in den Himmel kämpfen wir, wie die Apostel, und fragen: „Was nun?" Während wir weiterhin über Pfingsten und die Geschichten über das Wachstum der frühen Kirche studieren, werden wir, wie die frühen Gläubigen, von Freude überwältigt. *Wir erkennen, dass Gott weiterhin aktiv durch den verheißenen Heiligen Geist wirkt, um seinen ewigen Plan zur Erfüllung zu bringen.* Dieses Verständnis zieht uns tiefer in die gesamte Bibel hinein.

Der Autor bemüht sich, die Geschichten auf eine Weise zu erzählen, die den Schriften treu bleibt. Er versucht auch, Dinge zwischen den Zeilen einzufangen – Dinge wie Kultur, historische Kontexte, Glaubenssysteme, Emotionen usw. Diese Ergänzungen helfen, die Geschichten im realen Leben zu verankern und ermöglichen es uns, Gottes Wahrheit mit unserem eigenen Leben in Verbindung zu bringen.

Jahrelang erzählte der Autor chronologische Bibelgeschichten in Indonesien, Indien und den umliegenden Ländern. Mündliche

Geschichten werden mit weniger Detail erzählt und ermöglichen es den Zuhörern, die Geschichten leicht ihren Familien und Freunden weiterzugeben. Das Erzählen von Geschichten von Mensch zu Mensch verbreitet das Evangelium schnell, da immer mehr Menschen beginnen, die Geschichten zu erzählen.

Dies ist der erste Versuch des Autors, biblische Geschichten in schriftlicher Form zu präsentieren. Die Geschichten auf Papier zu bringen, ermöglicht es uns, die wichtigsten Geschichten länger zu gestalten und mit viel mehr Detail als in einer mündlichen Form. Ein schriftliches Format kann auch als Maßstab dienen, um mündliches Geschichtenerzählen mit den Schriften in Einklang zu bringen. Während mündliche Geschichten sehr nützlich für Evangelisation und den Beginn von Nachfolge sind, sind schriftliche Geschichten sehr nützlich für eine tiefere Nachfolge. Schriftliche Geschichten bieten tiefere Wahrheiten als mündliche Geschichten und werden zu einem Sprungbrett, um Gläubige zu ermutigen, die Bibel regelmäßig zu lesen, Teile davon auswendig zu lernen und die Bibel als Ganzes zu schätzen. *Dieses Buch hat das Ziel, die Bibel als Wahrheit vorzustellen, aber dieses Buch kann die Bibel nicht ersetzen.*

Beim Schreiben dieser Geschichten verwendet der Autor eine andere Schriftart (d.h. Kursivschrift), wenn er Kultur, Emotionen usw. in die Geschichte einfügt. Während diese Zusätze somit Teil der Geschichte werden, erlauben es die kursiven Schriftzeichen den Lesern zu erkennen, dass etwas zum Original hinzugefügt wurde. Dadurch wird der Leser gewarnt, vorsichtig zu sein, da dieser eingeschlossene Inhalt nicht wörtliche Schrift ist, also bete, um zu erkennen, ob es wahr ist oder nicht.

Nach den meisten Geschichten werden mehrere Fragen eingefügt, um dem Leser zu helfen, zu entdecken, zu verarbeiten und anzuwenden, was Gott in dieser Geschichte offenbart. Die Fragen sollen kein Test für den Leser sein. In gewissem Sinne sind sie ein Test für das Geschichtenerzählen des Autors. Der Leser sollte in der Lage sein, die meisten dieser Fragen zu beantworten, obwohl einige Gebet und Recherche erfordern können. *Daher gibt der Autor keine Antworten auf seine Fragen.*

Um Informationen hinzuzufügen oder Wahrheiten zu vermitteln, die nicht nahtlos in einen Geschichts-Kontext passen, wird nach einigen Geschichten ein ungewöhnliches Mini-Epilog hinzugefügt (z. B. ein Diagramm der drei Frauen und der acht Söhne Abrahams oder eine Erklärung der zwei Genealogien von Jesus in Matthäus und Lukas usw.). Es soll auch verhindern, dass der Leser mit Antworten aus Geschichten, die wir noch nicht behandelt haben, voraus springt.

Dieses Buch mit Geschichten ist für *(aber nicht beschränkt auf)* gläubige Erwachsene in amerikanischen Gemeinden geschrieben. Hoffentlich wird es vielen Gläubigen helfen, Verwirrung und Zweifel auszuräumen. Verwirrung und Zweifel sind das Ergebnis des Wachstums von falschen Lehren und anti-Gott-Meinungen (insbesondere in einigen Schulen und vielen Universitäten) in unserer sich verändernden Kultur heute.

Danke, dass Sie sich die Zeit genommen haben, das Buch zu lesen. *Möge unser Herr uns segnen, indem er uns immer enger zu sich selbst zieht, während er uns mehr von sich selbst und seinem ewigen Plan offenbart.* Darüber hinaus beten wir, dass Gott uns ein wachsendes Vertrauen in sein geschriebenes Wort gibt. Nur dann werden wir mutig die Geschichte von Gottes Erlösung und seinen ewigen Plan mit unserer Familie, unseren Freunden und anderen, die Gott auf unseren Weg stellt, teilen.

Der Autor wurde mit der King-James-Version der Bibel aufgezogen. Mit fünfunddreißig wechselte er zur New American Standard Bible (NASB), urheberrechtlich geschützt durch die Lockman Foundation. Der Wechsel erfolgte, weil die NASB viele ältere Schriftrollen der Schriften enthält, die zu dem Zeitpunkt, als die KJV geschrieben wurde, noch nicht entdeckt worden waren. Älter bedeutet näher an den Originalkopien der Schrift. Zweitens hat sich unsere amerikanische Englischsprache seit der KJV verändert. Die NASB verwendet ein aktuelleres Englisch, klingt aber für den Autor dennoch ähnlich wie die KJV. Dieses Buch enthält viele direkte Zitate aus den NASB- und KJV-Bibeln.

Jetzt lassen Sie uns in das Buch selbst eintauchen.

Danksagungen

Gottes Person und ewiger Plan: biblische Geschichten für Gläubige, die in einer Kultur des Unglaubens leben, basiert auf zweiunddreißig ausgewählten biblischen Geschichten und ist allen Nachfolgern Jesu gewidmet, insbesondere Linda Rountree Beck, meiner treuen und liebevollen Gefährtin seit über vierundsechzig Jahren.

Jeder Gläubige hat es verdient, unseren Schöpfer täglich zu erleben, im Glauben zu wachsen und freudig an Seinem Plan für uns teilzunehmen. Mein Dank gilt unzähligen Gläubigen in Indonesien, Indien und darüber hinaus, einschließlich einwandernder Sprachschüler in den USA, die mir ermöglicht haben, ihnen kurze mündliche chronologische Bibelgeschichten zu erzählen.

Mündliche Geschichten haben mehrere Vorteile: Sie sind kürzer, leichter zu verstehen, sich zu merken, nachzuerzählen und sich mit ihnen zu identifizieren, da mehr Sinne beim Erzählen und Hören einer Geschichte aktiviert werden. Es ist wie der Unterschied zwischen dem Ansehen des Films und dem Lesen des Buches.

Geschriebene Geschichten nutzen auch die Sinne der Leser, um die Geschichte lebendig zu machen. Geschriebene Geschichten kompensieren dies, indem sie Informationen und zusätzlich mehr Leser hinzufügen. Eins nach dem anderen wird jede Geschichte zu einem Teil eines Puzzles, das Gottes Wesen und was Er in unserer Welt und darüber hinaus ist, offenbart. Durch Seine Geschichten malt der ewige Meisterkünstler Seinen Plan auf die Leinwand unseres Geistes und Herzens. Ich bete, dass Er meine Bemühungen nutzen wird, um dich zu segnen.

Besonderer Dank gilt Barbara Carlson, Carolyn Miller, Gay Mills und Ann Roubion für ihre Ermutigung und Hilfe.

Grundsatz Erklärung: Altes Testament

Am Anfang schuf Gott den Himmel und die Erde.

—1 Im Anfang schuf Gott die
Himmel und die Erde.

Gott *(Elohim)*: Ein pluralisches hebräisches Wort für „Gott", den einen wahren lebendigen Gott, was so viel bedeutet wie der Mächtige, der Allmächtige, der Souveräne. Hinweis: *elohim* ohne großes E wird für falsche Götter und Idole verwendet.

Fragen

1. Was sagt Ihnen diese Grundsatzerklärung?
2. Was sagt es dir über Gott?
3. Was steht über den Himmel und die Erde geschrieben?
4. Sagt es dir noch etwas anderes? Wenn ja, was sagt es dir?

Mini-Epilog

Die grundlegende Aussage: "Am Anfang schuf Gott den Himmel und die Erde" (Genesis 1,1) ist nicht als Glaubensbekenntnis gedacht. Sie soll Gottes Aussage von der Realität (absolute Wahrheit) sein. Viele Menschen lehnen die Idee der "absoluten Wahrheit" ab. Sie glauben, "alle Wahrheit ist relative".

Eine Person kann vernünftigerweise an die Existenz Gottes glauben und sogar eine lebendige Beziehung zu Gott behaupten. Allerdings kann niemand die Existenz Gottes einem anderen beweisen oder widerlegen. Gott offenbart sich selbst.

Die Auswahl der biblischen Geschichten in diesem Schreiben ist kein Versuch, die Existenz Gottes zu beweisen. Gott ist groß genug, um sich selbst zu kümmern. Der Autor erwartet, dass Gott sich jedem aufrichtigen Leser offenbart. Das sind Gottes Geschichten über sich selbst.

Geschichte I

SCHÖPFUNG (GENESIS 1:1-23)

Der Autor schreibt Genesis 1:1-23 in einem von der Living Bible inspirierten, aber anderen Format neu, Tyndale House Publishers, 1988.

1-2. Am Anfang der Zeit, als der ewige Gott ("Elohim") das Universum erschuf, war die Erde formlos und öde. Alles war vom Ozean bedeckt und in völliger Dunkelheit. Der Geist Gottes bewegte sich aktiv durch seine Schöpfung.

3-5. Gott schaltet das Licht ein, indem er einfach sagt: „Licht, existiere!" und das Licht erschien. Gott war mit dem Licht zufrieden; dann teilte er das Licht und die Dunkelheit. Er nannte das Licht „Tag" und die Dunkelheit „Nacht". Damit endete der *erste Tag*.

6-8. Gott sprach erneut: "Es werde eine Ausdehnung inmitten der Wasser." Gott schuf die Ausdehnung und nannte sie "Himmel". Damit endete der *zweite Tag*.

9-13. Gott sprach erneut: "Lass das Trockene Land aufsteigen und den Ozean teilen", und genau das geschah. Gott nannte das "Erdreich" und den Ozean "Meer". Das erfreute Gott, und er sprach erneut: "Lass die Erde Vegetation und fruchttragende Bäume sprießen, wobei jeder Samen zur Fortpflanzung trägt." So produzierte die Erde schnell alle Arten von Vegetation, und Gott war erfreut. Das beendete den *dritten Tag*.

14-19. Gott sprach erneut: „Es sollen Lichter am Himmel sein, um den Tag von der Nacht zu scheiden, um Zeichen für die Jahreszeiten, Tage und Jahre zu sein und Licht auf der Erde zu geben." Es geschah, wie Gott sagte. Gott machte zwei große Lichter. Das größere Licht, das den Tag regieren sollte, wurde Sonne genannt, und das kleinere Licht, das die Nacht regieren sollte, wurde Mond genannt. Gott schuf die Sterne und Planeten und platzierte sie im Weiten des Himmels, um Licht auf der Erde zu geben, um den Tag und die Nacht zu regieren und das Licht von der Dunkelheit zu scheiden. Gott sah, dass es gut war. Damit endete *der vierte Tag*.

20-23. Gott sprach erneut: "Die Wasser sollen wimmeln von lebendigen Wesen, und die Vögel sollen über der Erde fliegen." Gott erschuf große Seeungeheuer und jede lebende Kreatur, die im Meer wimmelte, sowie jeden geflügelten Vogel nach seiner Art, alle aus Nichts von Gott erschaffen. Gott sah, dass es gut war. Er schuf sie alle mit Samen oder Eiern zur Fortpflanzung. Er segnete sie und sagte: "Seid fruchtbar, vermehrt euch nach eurer Art und füllt die Meere. Lasst die Vögel sich nach ihrer Art vermehren *(so kam das Huhn vor dem Ei).*" So endete der *fünfte Tag*.

24-31. Gott sprach erneut und viele lebende Geschöpfe (nephesh) entstanden aus dem Nichts durch Gottes Gebot: Vieh, kriechende Tiere, wildlebende Tiere der Erde und alle Arten von Wildtieren, alle mit Samen oder Eiern zur Fortpflanzung nach ihrer Art. Gott sah, dass sie gut waren, und Er war mit allem, was Er getan hatte, zufrieden.

Gott sprach erneut: „Lasst Uns die Menschheit erschaffen, ein einzigartiges und besonderes lebendes Wesen nach Unserem eigenen geistlichen Bild, gemäß Unserer geistlichen Ähnlichkeit; und lasst sie über das gesamte Leben auf der Erde, im Himmel und im Meer herrschen." So schuf Gott die Menschheit, männlich und weiblich. Er schuf sie nach Seinem eigenen geistlichen Bild (denn Gott ist Geist).

Gott schuf die Menschen mit Samen und Eiern zur Fortpflanzung. Gott segnete sie und sprach: „Habt Kinder, füllt die Erde mit Menschen und *unterwerft sie*. Ihr seid die Herren über alle Fische, Vögel und Tiere, die Ich erschaffen habe. Ich habe euch alle samenhaltigen Pflanzen und alle Obstbäume zur Nahrung gegeben. Ich habe auch das Gras und die Pflanzen den Tieren und Vögeln zur Nahrung gegeben." *Gott sah alles an, was Er gemacht hatte, und es war in jeder Hinsicht ausgezeichnet.* Damit endete der *sechste Tag*.

2:1-3 Endlich wurde das Universum, einschließlich der Erde, mit allem, was es enthielt, vollendet. So ruhte Gott am siebten Tag von seinem Schaffen, nachdem er sein Werk der Schöpfung vollendet hatte. Er erklärte den siebten Tag für heilig (geheiligt), ihm vorbehalten.

Überprüfen Sie die Schöpfungsgeschichte und bemühen Sie sich herauszufinden, was gesagt wird und was nicht gesagt wird. Sie möchten vielleicht diesen Abschnitt aus Ihrer eigenen Bibelübersetzung noch einmal lesen und die beiden vergleichen. Beantworten Sie dann die folgenden Fragen:

1. Was lernen wir über Gott, Seine Person und Seinen Charakter im biblischen Bericht über die Schöpfung?
2. Hast du aus dieser Geschichte etwas Neues über die Schöpfung und ihre Bedeutung gelernt? Beschreibe dir selbst, welches neue Verständnis du jetzt über die Schöpfung der Erde und der Menschheit hast.
3. Fügt das hebräische Nomen für Gott (Elohim) etwas zu Ihrem Verständnis hinzu? Verweisen Sie zurück auf die Grundsatzerklärung.
4. Ist Wahrheit universell, absolut und unveränderlich, oder ist Wahrheit relativ? Wer hat die Autorität, zu entscheiden, was Wahrheit ist?
5. Was sind die wichtigsten Wahrheiten in der Schöpfungsgeschichte?
6. Hat die Geschichte irgendwelche Fragen über Gott oder die Schöpfung beantwortet?
7. Hat die Geschichte neue Fragen über Gott oder die Schöpfung aufgeworfen?
8. Waren die sechs Tage der Schöpfung sechsundzwanzig Stunden Tage oder waren diese Tage wirklich lange Zeiträume, wie einige sagen? Worauf stützen Sie Ihre Antwort?

Mini-Epilog

Unsere chronologische Studie der Geschichten der Bibel versucht, Gott eine weitere Gelegenheit zu geben, sich Selbst zu offenbaren,

Sein Wesen, Seinen Charakter und Seinen ewigen Plan für uns und für alle Menschen.

Da Gott ewig ist, ohne Anfang oder Ende, *ist Er außerhalb von Zeit und Raum.* Zeit und Raum wurden von Gott geschaffen, der immer war und immer ist und immer sein wird. Die Hauptwege, auf denen Gott sich offenbart, sind Sein ewiger Charakter, Sein Wesen und Sein Plan in der Bibel und klarer in und durch die Person Jesus. *Gottes Selbstoffenbarung* geschieht auch durch Seine Beziehungen, Namen und Sein Handeln mit realen Menschen in realen Lebenssituationen.

Die Schaffung von Tieren und Menschen findet im ersten Kapitel des Genesis statt, aber wir werden bis zur Geschichte 2 warten, um uns mit den Details von Gottes Schaffung der Menschheit zu befassen. Die ersten elf Kapitel des Genesis bilden eine Einführung in das Alte Testament (Schriften) und die Bibel als Ganzes. Die Geschichten in den ersten elf Kapiteln des Genesis offenbaren wesentliche Wahrheiten und wesentliche Geschichte, die in einem sachlichen Stil geschrieben sind. Gott hat seinen ewigen Plan nicht sofort bekannt gegeben. Er wählte es, ihn über eine Reihe von historischen Kontexten über mehrere tausend Jahre hinweg zu offenbaren.

Der Autor teilt die Schöpfung (Genesis 1:1-2:25) in zwei Teile und fügt dann „den Sündenfall" (Genesis 3:1-24) am Ende der Schöpfungsgeschichte hinzu. Seine Absicht ist es, uns daran zu erinnern, dass Schöpfung und Menschheitsgeschichte von Anfang an miteinander verbunden sind. Die Bibel behandelt die Wahrheit, nicht Mythen.

Ursprünglich war die Bibel nicht in Kapitel und Verse unterteilt. Die Hinzufügung von Kapiteln und Versen hilft uns, spezifische biblische Personen, Lehren, biblische Ereignisse usw. leicht zu finden. 1. Mose 1:26-29 gibt einen Überblick über die

Schöpfung der Menschheit, männlich und weiblich. Gott segnete die Menschheit (die Menschen) mit Fruchtbarkeit, um sich zu vermehren und die Erde zu füllen. Gott gab der Menschheit auch Autorität über alle anderen Kreaturen auf der Erde. „Autorität über" umfasst den allgemeinen Schutz der Umwelt, ohne zu versuchen, Gott zu spielen.

Die Geschichte 2 wird eine detailliertere Dimension der Schöpfung der Menschheit geben. Der Anspruch der aktuellen Kultur auf mehrere Geschlechter, nicht nur zwei, widerspricht der Wahrheit Gottes und der wissenschaftlichen Realität. Das macht ein Verständnis beider Dimensionen (einen breiten Überblick und eine detaillierte Dimension) des biblischen Berichts über die Schöpfung der Menschheit noch angemessener. Nichts überrascht Gott.

GESCHICHTE 2

DIE ERSTEN MENSCHEN
(Mose 1:26-3:24)

Gott ist eine allmächtige Person. Er ist weder menschlich noch einfach eine Kraft. Gott ist Geist. Die Person Gottes impliziert nicht, dass Gott dem Menschlichen ähnlich ist. Es ist umgekehrt.

After creating the universe and putting plant and animal life om earth, God (Elohim) said, "Let Us make man (Adam) in Our image, according to Our likeness/similitude." *We understand that* man was created by God, in the likeness of God. However, *God is not in mankind's likeness.*

Nachdem Gott (Elohim) das Universum erschaffen und Pflanzen- und Tierleben auf der Erde gesetzt hatte, sagte Er: „Lass uns den Menschen (Adam) nach unserem Bild, nach unserem Ebenbild erschaffen." *Wir verstehen,* dass der Mensch von Gott im Bild Gottes erschaffen wurde. *Gott ist jedoch nicht im Ebenbild der Menschheit.*

In Gottes Bild geschaffen umfasst einige Eigenschaften Gottes: Menschen sind Personen wie Gott, Menschen sind rationale Wesen wie

Gott, Menschen sind Wesen mit freiem Willen wie Gott, Menschen wurden als verantwortungsvolle Wesen wie Gott geschaffen, und Menschen wurden für Beziehungen geschaffen – Beziehungen zu Gott und zueinander – wie Gott.

Gott schuf die Menschheit nach seinem Bild (Erscheinung). Er schuf die Menschheit in zwei natürlichen Geschlechtern – männlich und weiblich. Männlich und weiblich ist die englische Übersetzung der beiden hebräischen Wörter für die zwei natürlichen Geschlechter der Menschen. Das biblische hebräische Wort für *männlich* ist *„Zakhar", ein männliches Körperteil,* und das biblische hebräische Wort für *weiblich* ist *„ngebah", ein weibliches Körperteil.* So *schuf Gott die beiden Geschlechter ähnlich, aber unterschiedlich, natürliche Geschlechter* (Genesis 1,27). Jedes der beiden natürlichen Geschlechter (männlich und weiblich) wurde von Gott mit etwas unterschiedlichen Körpern, Emotionen, Vorlieben, Abneigungen, Rollen und Prioritäten entworfen. *Die unterschiedlichen Aspekte der beiden natürlichen Geschlechter sind nicht dazu gedacht, sie zu trennen oder Wettbewerb zwischen ihnen zu schaffen, sondern vielmehr, um jedes auf das andere angewiesen zu machen, um den ewigen Plan Gottes zu erfüllen.* Diese Unterschiede umfassen die Fortpflanzung, sind aber weit mehr als nur Fortpflanzung. Jedes natürliche Geschlecht *(männlich und weiblich)* ergänzt das andere.

Die Menschen wurden mit einem physischen Körper aus Fleisch und Knochen geschaffen, *wie Tiere, aber Menschen sind keine Tiere.* Die Menschen wurden auch als geistiges Wesen mit einem Geist geschaffen, *so wie Gott Geist ist, aber Menschen sind keine Götter. Die Menschheit hat nicht einmal einen Funken von Gottes Göttlichkeit.*

Die Menschheit wurde als einzigartiges irdisches, nicht himmlisches Wesen geschaffen. Die Menschheit ist Gott unterworfen, dennoch ist die Menschheit (männlich und weiblich) in der Lage, Gott (Elohim) zu erkennen, zu lieben, zu verehren, Gemeinschaft zu haben und eine persönliche Beziehung mit Gott zu führen. Somit sind die Menschen (männlich und weiblich) besondere Wesen.

So formte der Herrgott (Jahwe Elohim oder Jehova Elohim [Genesis 2:7] einen Mann [Adam] aus dem *Staub/Erde* des Bodens und blies ihm den Lebensodem in die Nase. So wurde der Mensch [Adam] zu einem lebenden Wesen/Seele, *dem nichtkörperlichen, geistlichen Teil der Menschheit*).

Gott (Elohim) machte die Menschheit (männlich und weiblich), um über die Fische des Meeres, die Vögel des Himmels, das Vieh und alles kriechende Getier, das auf der Erde kriecht, zu herrschen.

Der Herrgott (Jahwe-Elohim) pflanzte einen besonderen Garten für die Menschheit. Der Garten wurde Eden (Vergnügen) genannt und lag irgendwo zwischen dem Tigris- und dem Euphratfluss (dem modernen Irak). Gott ließ auch jede Art von Baum wachsen, die angenehm anzusehen war und gut zu essen war. Der Baum des Lebens und der Baum der Erkenntnis von Gut und Böse wurden in die Mitte des Gartens gepflanzt.

Der Herr Gott stellte den Menschen in den Garten, um zu leben. Der Garten hatte alles, was die Menschheit zum Leben benötigte. *Der Garten diente auch als Heiligtum, ein Ort, an dem die Menschheit täglich die Gegenwart und Gemeinschaft Gottes genießen konnte.* Gott sagte zu dem Menschen (Adam): "Du darfst von allen Bäumen im Garten nach Belieben essen; so wurde dem Menschen von Gott *angenehme und erfüllende Arbeit gegeben.*"

Gott sagte zu dem Mann (Adam): "Du darfst von allen Bäumen im Garten frei essen, außer von einem. Du darfst nicht von dem Baum der Erkenntnis von Gut und Böse essen; wenn du davon isst, wirst du sterben." *Damit deutete Gott an, dass der Mensch eines Tages bereitwillig rebellieren und das Verbotene tun würde.* Gott warnte auch vor der Gewissheit des Urteils (den Tod), das der Sünde der Menschheit folgen würde (Genesis 2:7-17).

Neben der Aufgabe des Menschen als Hüter des Gartens fügte Gott eine neue, aber vorübergehende Aufgabe hinzu. *Gott hat viele Gründe, uns zu sagen, was wir tun sollen.* Gott befahl dem Mann, alle Tierarten zu benennen, *was die Wahrheit verstärkt, dass die Menschheit das überlegene Geschöpf auf der Erde ist.* Adam gehorchte Gott und nannte die Tiere.

Während Adam Gott gehorchte, lernte er eine wichtige Wahrheit. Alle Tiere wurden mit geeigneten Partnern geschaffen, aber es gab keinen geeigneten Partner für ihn. *Gott sagte zu Adam: "Ein geeigneter Lebensgefährte für dich ist Teil meines Plans, denn 'es ist nicht gut, dass der Mensch allein ist.' Jetzt, wo du den Wert eines geeigneten Partners zu schätzen weißt und verstehst, dass du einen brauchst und willst, werde ich diesen geeigneten Lebensgefährten schaffen, einen Lebenspartner für dich."* Gott ließ Adam in einen tiefen Schlaf fallen. Während er schlief, nahm Gott eine von Adams Rippen (ein weibliches Nomen), stellte das Fleisch (wie neu) wieder her, wo die Rippe entfernt worden war, und formte (modellierte) Adams Rippe zu einer Frau *(ishshah).* Gott führte die Frau zu Adam und weckte ihn aus seinem tiefen Schlaf.

Als Adam die Frau sah, rief er*: "Dieses Wesen ist Bein von meinem Bein und Fleisch von meinem Fleisch"* (Genesis 2:23 KJV). *Diese Aussage mag nicht sehr romantisch klingen, aber man sollte den Kontext berücksichtigen.* Adam hatte alle Tiere benannt und erkannte, dass jedes Tier einen entsprechenden Gefährten hatte, aber es gab keinen Gefährten, keinen Lebenspartner für ihn.

Als Adam die Frau sah, war er überwältigt von Freude. Es war Liebe auf den ersten Blick. „Wow!" rief Adam aus. „Diese hier ist wie ich; *sie ist die perfekte Gefährtin/Lebenspartnerin für mich."* Adam nannte sie Frau (ishshah), weil sie aus dem Mann (ish) genommen wurde. *Die Frau, wie der Mann, ist ein gleichwertiger und intrinsischer Teil der Menschheit.* Sie wurde „Eva" (*Chavvah,* Lebensspenderin) genannt und sie würde die Mutter aller anderen Menschen werden.

Gott vollzog die erste Hochzeit und Adam und Eva wurden Mann (ish) und Frau (ishshah). Der Mann und die Frau sollten aneinander haften oder zusammenbleiben (dabaq). *Gott hatte beabsichtigt, dass die Ehe ein Leben lang hält und dass sie einen Mann und eine Frau umfasst. Daher werden in der heutigen amerikanischen Kultur* Ehemann und Ehefrau ihre Eltern verlassen und als ein Fleisch verbunden (vereint, eine Einheit, gleich, aber unterschiedliche Gehilfen füreinander) werden. *Jeder ist das, was der andere braucht.*

In vielen Kulturen leben die Neuvermählten heute jedoch oft entweder bei den Eltern des Mannes oder bei den Eltern der Frau aus wirtschaftlichen Gründen. In vergangenen Zeiten war das auch in Amerika oft so. In den frühen Jahren des Lebens des Autors lebten seine Eltern ein paar Jahre bei den Eltern seiner Mutter und dann ein paar Jahre bei den Eltern seines Vaters.

Es gibt zwei grundlegende Gründe, warum Gott plante, dass frisch verheiratete Paare nach der Ehe das Zuhause der Eltern verlassen. Erstens, wenn sie bei den Eltern wohnen, sind die frisch Verheirateten im Haus eines Elternteils und müssen den Wünschen dieses Elternteils folgen und werden oft von ihren Eltern bevormundet. Zweitens, die Ehe ist für reife Menschen – Menschen, die vor Gott für sich selbst verantwortlich sind. *Wenn ein Ehemann und eine Ehefrau bei den Eltern leben, bleiben die Eltern die verantwortlichen Personen, und das ist für kein Paar – weder frisch verheiratete noch Eltern – gut.*

God commanded Adam and Eve to "be fruitful and multiply by having children, fill the earth, and rule over the earth and everything in it." *Of course. "ruling over" implies responsibility to take care of.*

Gott befahl Adam und Eva, „fruchtbar zu sein und sich zu vermehren, indem sie Kinder bekommen, die Erde zu füllen und über die Erde und alles, was darin ist, zu herrschen." *Natürlich bedeutet „herrschen über", Verantwortung zu übernehmen und sich um etwas zu kümmern.*

Nach ihrer Hochzeitsreise brachte Adam Eva auf den neuesten Stand über alles, was geschehen war, und alles, was Gott vor ihrer Ankunft gesagt hatte. Sie hatten keine Kleider, doch keiner war verlegen oder beschämt in der Gegenwart des anderen, noch waren sie in der Gegenwart Gottes beschämt. Sie genossen einander und Gottes tägliche Besuche bei ihnen. *Es ist nicht bekannt, wie lange Adam und Eva im Garten lebten, vielleicht Jahre, aber vielleicht auch nur Monate, da sie keine Vorstellung hatten. Gott sagt uns nicht alles.* In jenen Tagen gab es keine Feindschaft zwischen Menschen und Tieren. Menschen waren Vegetarier (1. Mose 1:29) und damit keine Bedrohung für Tiere. Tiere waren ebenfalls Vegetarier (1. Mose 1:30) und keine Bedrohung für Menschen oder andere Tiere.

Die Versuchung und der Fall der Menschheit (Genesis 3:1-24)

Die Schlange soll listiger (schn cunning, trickreich) gewesen sein als jedes andere Tier, das Gott erschaffen hat.

Eines Tages spielte die Schlange mit Evas Verstand und sagte: „Gott ist nicht gut. Er hat dich in diesen schönen Garten gesetzt, *aber* hält all diese gute Nahrung von dir zurück.»

„Nein! Das ist nicht wahr", antwortete sie schnell zu Gottes Verteidigung. „Wir können alles im Garten essen, außer die Früchte des Baumes der Erkenntnis von Gut und Böse. Das ist die einzige verbotene Frucht. Wenn wir die Früchte dieses Baumes essen *oder sie auch nur berühren,* werden wir sterben."

Gott sagte nicht: „oder sogar berühren"; Eva fügte diese Worte hinzu oder vielleicht hatte Adam ihr das gesagt. Die Schlange überraschte die Frau (ishshah), indem sie sagte: „Gott sagt dir nicht die Wahrheit. Du wirst nicht sterben, wenn du diese Frucht isst. Statt zu sterben, werden deine Augen geöffnet, und du wirst wie Gott (Elohim) werden; danach wirst du Gut und Böse kennen" (Genesis 3:5).

Die Schlange schien zu implizieren, dass sie mit solchem Wissen und Adam Gott nicht mehr benötigen würden. Sie würden anscheinend selbst bestimmen können, was gut und böse ist. Auch heute sucht die Menschheit die Fähigkeit, zu bestimmen, was gut oder böse ist. Das blieb für die Menschheit ein Stolperstein; *das gilt besonders, wenn unsere Definition von gut oder böse Gottes Definition widerspricht.*

Bis dahin waren Adam und Eva mit ihrer Beziehung zu Gott und ihrem Vertrauen in ihn glücklich gewesen. *Jetzt bezweifelten sie Gottes Güte und Wahrhaftigkeit. Gedanken an Unabhängigkeit von Gott wurden verlockend. Der Mann und die Frau hatten nie genau auf die verbotene Frucht geschaut; warum sich darum kümmern?* Jetzt untersuchte die Frau sie, und sie sah köstlich aus und roch lecker. Sie war für ihre Augen verlockend, und laut der Schlange war sie „erlobenswert, um weise zu werden."

Sie schien zu vergessen, dass es nur einen Gott (Elohim) und keine Götter gibt. Sie vergaß auch, dass sie „nach dem Bild Gottes" geschaffen wurde, *aber nicht Gott war, noch konnte sie (oder Adam) jemals Gott oder sogar ein Gott werden. Eva ließ sich von der Versuchung überwältigen.* Sie begehrte diese „Weisheit" und widersetzte sich daher Gott und aß die verbotene Frucht. Sie gab auch ihrem Ehemann (Ish), *der neben ihr war, etwas davon.* Adam traf die gleiche tödliche Wahl und aß ebenfalls freiwillig.

Eve war von einem Feind angegriffen worden. Adam war bei ihr, bot jedoch keine Unterstützung. *Er ließ einen Feind Gottes zu, der seine Frau angreift, während er still daneben stand. Er war kein Beispiel für einen guten Helfer. Adam ließ sie besiegen und schloss sich selbst der Rebellion an. Es war, als ob Adam Gott ins Gesicht spuckte.*

Die Augen ihres Verständnisses wurden sofort teilweise geöffnet. Sie erkannten, dass sie nackt waren, und wurden beschämt und *beschlossen, die Situation zu bewältigen, indem sie Feigenblätter zusammen nähten, um eine temporäre Bedeckung für ihre Nacktheit zu schaffen.*

Plötzlich hörten sie das Geräusch Gottes im Garten. Er war gekommen, um seine tägliche Gemeinschaft mit ihnen zu haben; aber anstatt stark und gottgleich zu sein, wie sie gehofft hatten, fürchteten sich der Mann und die Frau nun vor Gott. Anstatt das Antlitz Gottes zu suchen, versuchten sie, sich vor ihm zu verstecken. *Sie hatten sich von Gott entfremdet, ohne die erhoffte Gleichheit mit Gott zu erlangen.*

Der Herr Gott (Jahwe Elohim), wie ein Vater, *der mit seinem kleinen Kind Verstecken spielt, rief: „Adam, wo bist du?"*

"Ich hörte dich in den Garten kommen", sagte Adam demütig. "Ich hatte Angst, weil ich nackt war, also versteckte ich mich."

"*Was hat sich geändert?", fragte Gott. "Du warst immer nackt, wer hat dir die Idee gegeben, dass du nicht nackt sein sollst?* Was hat sich geändert, dass du jetzt, zum ersten Mal, Angst vor Mir hast? *Hast du Mich herausgefordert und von dem verbotenen Baum gegessen?" Gottes Fragen deuteten darauf hin, dass Er alles wusste, was geschehen war.*

"Ja, ich aß die verbotene Frucht, aber *es war nicht meine Schuld. In gewisser Weise war es deine Schuld, Gott", sagte Adam*. "Die Frau, die Du mir gegeben hast, gab sie mir in die Hand, und ich aß davon."

Was für eine lahme Ausrede! Der Mann, der nach dem Bilde Gottes geschaffen wurde, war wie eine verängstigte Maus geworden.

Er wollte seiner Verantwortung entkommen und seine eigene Haut retten, indem er sich hinter seiner Frau versteckte. Auch Eva flehte um Unschuld. „*Schiebe das nicht auf mich!* Die Schlange hat mich getäuscht. *Ich war hilflos und mein Mann hat nichts unternommen, um mich zu verteidigen,* also aß ich."

Sünde ist keine unbedeutende Angelegenheit. Es ist kein ehrlicher Fehler oder eine geringe Abweichung vom Willen Gottes. Die Schwere der Sünde ist so, dass sie versucht, eine Person dazu zu bringen, Gott loszuwerden. *Die Sünde von Adam und Eva zerstörte ihre Beziehung zu Gott, führte zur Korruption ihres eigenen Charakters, brachte ihren ersten Streit und schließlich ihren eigenen physischen Tod mit sich.*

Der Herr Gott wusste alles und sprach zu der Schlange (nachash), die er erschaffen hatte. *"Sünde hat Konsequenzen." Die Trotzhandlung der Schlange gegen Gott bestand nicht darin, eine verbotene Frucht zu essen. Er offenbarte seinen eigenen Ungehorsam gegen Gott, indem er Adam und Eva täuschte. Diese Täuschung führte zur Sünde und zum Fall der Menschheit.*

> *Weil du das getan hast,* wirst du bestraft werden. Allein du unter den Tieren musst diesen Fluch tragen. Von jetzt an verlierst du deine Füße und musst auf deinem Bauch im Staub kriechen. Ich werde Feindschaft zwischen dir und der Frau [Eva] herstellen; ihr Same [ihr Nachkomme, Singular] und dein Same werden immer Feinde sein. Der Same [einzelner] der Frau wird deinem Kopf zerquetschen, während du lediglich Seine Ferse verletzt hast.
>
> (1. Mose 3, 13-15 NASB)

Dieses Sprichwort scheint darauf hinzuweisen, dass die Schlange den Nachkommen der Frau in die Ferse stechen wird, während der

Nachkomme der Frau den Kopf der Schlange zertrümmern wird und somit die Schlange besiegen wird.

Die Bedeutung dessen, was Gott zur Schlange gesagt hat, ist mit den hier gegebenen begrenzten Informationen schwer zu verstehen. Es scheint jedoch die Einführung einer wichtigen Handlung in der Bibel zu sein. Für jetzt bleiben uns zwei noch unbeantwortete Fragen: „Wer ist dieser Nachkomme der Frau?" und „Wer ist diese Schlange, die Adam und Eva getäuscht hat?" Eine Handlung braucht meist Zeit, um sich zu verdichten, bevor sie vollständig verstanden wird. Wir gehen davon aus, dass die Antworten auf diese Fragen in späteren Geschichten offenbart werden.

> Zu Eva sagte der Herr, Gott: „*Sünde hat Konsequenzen. Ich sagte dir, dass Kinder ein Segen sind;* jedoch werde ich, wegen deines rebellischen Herzens, deine Schwierigkeiten während der Schwangerschaft und deinen Schmerz bei der Geburt vermehren. Doch trotz dieses Schmerzes wirst du immer noch Verlangen nach deinem Ehemann und nach weiteren Kindern haben. Du wirst, obwohl gleich, der Führung deines Mannes nachgeben." *Das bedeutet nicht, dass der Mann der Boss ist; nicht Boss, sondern Führer stattdessen*
>
> *(Genesis 3:16 NASB).*

Zu Adam sagte der Herr, Gott: „*Sünde hat Konsequenzen.* Weil du rebelliert hast und meine Autorität herausgefordert hast, wird die gesamte Menschheit (männlich und weiblich), die Erde und die gesamte Natur von deiner Sünde betroffen sein. *So wird nicht nur die Menschheit, sondern auch die Erde und die gesamte Natur wegen deiner Sünde unter einem Fluch stehen."*

Jeder von uns wird seit Adam und Eva in die Sünde geboren (eine gefallene Natur).

> Das Anbauen von Lebensmitteln im Garten war einfach für dich, Adam, aber von jetzt an wirst du hart arbeiten müssen, um genug Nahrung für deine Familie zu produzieren. Der Boden wird mühelos Unkraut und Dornen hervorbringen. Du wurdest aus Staub erschaffen; wenn du körperlich stirbst, wird dein Körper zu Staub zurückkehren.
>
> (Genesis 3:17-20 NASB)

Dann tötete der Herr Gott ein unschuldiges Tier und verwendete sein Fell, um haltbare Kleidung zu machen, um Adams und Evas Nacktheit zu bedecken. Der blutige Tod des Tieres war der erste Tod eines lebenden Wesens seit der Schöpfung des Lebens. Der Herr Gott unternahm dann Schritte, um die Menschheit daran zu hindern, vom Baum des Lebens zu essen und somit für immer in ihrer Sünde zu leben. *Nach der Sünde der Menschheit war es Gottes Barmherzigkeit, ihnen nicht zu erlauben, vom Baum des Lebens zu essen, und nicht seine Strafe.* "So sandte der Herr Gott Adam und Eva für immer aus dem Garten hinaus und stellte einen Engel ein, um den Garten zu bewachen."

Fragen

Die Geschichte ist einfach erzählt, doch die Themen sind sehr komplex. Versuche herauszufinden, was in der Geschichte gesagt oder beschrieben wird und was das bedeutet. *Diese Fragen sind kein Test, und der Autor bietet keine Antwortliste an.* Sein Wunsch ist es, dass du die Schrift prüfst und auf den Heiligen Geist vertraust, um

Gottes Wahrheit zu entdecken. Nutze diese Geschichte und deine Bibel.

1. Was hast du über den Charakter Gottes in dieser Geschichte gelernt?
2. Hast du einen neuen Namen für Gott bemerkt? Wie lautet dieser Name? Später werden wir mehr über die Bedeutung dieses neuen Namens erfahren.
3. Was betrachten Sie als die Hauptwahrheiten oder Lehren der Geschichte?
4. Nennen Sie einige Ähnlichkeiten und Unterschiede zwischen Mensch und Tier.
5. Welche drei Versprechen machte die Schlange an Adam und Eva, wenn sie die verbotene Frucht essen würden? Wie erwiesen sich diese Versprechen, nachdem sie Gott nicht gehorcht hatten?
6. Was war das Ergebnis ihrer Sünde, noch bevor Gott eingriff?
7. Starben Adam und Eva sofort, nachdem sie Gott widersprochen hatten? Wenn nicht, warum nicht? Wenn ja, wie? Warum sagen Sie das?
8. Wie und warum hat Gott Adam, Eva und die Schlange bestraft?
9. Warum denkst du, hat Gott ein Tier getötet, um ihre Nacktheit zu bedecken?
10. Hast du neue Antworten auf deine Fragen zu dieser Geschichte gelernt?
11. Wie vergleicht sich die biblische Beschreibung der Schöpfung der Menschheit (männlich und weiblich) mit dem heutigen Kulturkampf über Geschlechter?

Wenn Sie ernsthafte unbeantwortete Fragen zu dieser Geschichte haben, bitten Sie Gott um Hilfe. Er kann direkt durch die Schrift antworten. Er könnte Sie dazu führen, mit einem Pastor oder einem anderen reifen Gläubigen zu sprechen, der täglich mit Gott lebt.

Mini-Epilog

Diese Anmerkungen sind nicht dazu gedacht, in die Geschichte aufgenommen zu werden. Wir erzählen die Geschichten nur mit Material oder Schlüssen aus der biblischen Erzählung. Nach einigen Geschichten wird ein Mini-Epilog hinzugefügt. Das ist ungewöhnlich, ermöglicht es dem Autor jedoch, einige Gedanken außerhalb der Geschichte zu teilen. Gläubige sind sich der gesamten Bibel bewusst. Allerdings bedeutet chronologisches Lesen, dass wir jede neue Geschichte lesen, als ob wir nichts von Gott und seinem Plan über die aktuellen Geschichten hinaus wüssten.

Hast du den oft wiederholten Satz *„nach seiner Art"* (Genesis 1,12, 21 und 24) bemerkt? Lehren diese Verse, dass Gott Vegetation, Meerestiere, Vögel, Tiere, Nutzvieh und Kriechtiere auf der Erde erschaffen hat, oder lehren sie die Evolution von einfach zu komplex über Millionen von Jahren, wie es die säkulare Wissenschaft lehrt?

Hast du bemerkt, dass Gott ein Pluralpronomen verwendet hat, um sich selbst zu beziehen, indem er sagte: "Lasst *Uns* Menschen in *Unserem* Bild nach *Unserer* Ähnlichkeit machen" (Genesis 1:26)? Viele sagen, dass diese Pluralformen "Majestätsplural" sind – d.h. wie ein König sich oft selbst im Plural als *Wir, Unser* und *Uns* bezeichnet. Das ist eine Möglichkeit – *zumindest vorerst.*

Achte auch auf das Wort für Gott, *Elohim,* das ein Pluralnomen ist. Andererseits ist Gottes Name, Yahweh (Herr), ein *singuläres Eigenname.* Einige sagen, die Schöpfungsgeschichte in Genesis 1-2 sei eine Kombination von drei oder mehr verschiedenen

Quellen. Ob gemischt oder nicht gemischt, es war der Geist Gottes, der die Schriftsteller der Schrift inspiriert hat; somit ist es das Wort Gottes (siehe 2. Petrus 1:20-21).

Viele Menschen betrachten Genesis 1:26 als die erste Erwähnung der Dreifaltigkeit, aber diese Lehre kann erst viel später, nach der Erleuchtung im Neuen Testament, argumentiert werden. In unserem heutigen Studium haben wir das Neue Testament noch nicht erreicht. Wenn man die Bibel chronologisch erzählt, können Lehren über Dinge, die noch nicht begegnet sind (Dinge in zukünftigen Geschichten jetzt), neue Gläubige verwirren und ihnen den Eindruck vermitteln, dass nur professionelle Bibellehrer die Bibel verstehen können. *Gottes Wort wurde allen Menschen gegeben, nicht nur einer auserwählten Gruppe.*

Wir sehen Gott (Elohim) in Kapitel 1 und den Herrn (Jahwe) in Kapitel 2. Wir sehen auch den Geist Gottes (1:2) und Gott schuf die Himmel und die Erde, indem er einfach sprach (das Wort Gottes, das viel später Fleisch wird, auch in der Geburt Jesu), aber wir haben keine Grundlage, um an diesem Punkt der Offenbarung Gottes von sich selbst die Trinität oder die Inkarnation zu lehren.

Obwohl das Wort Dreifaltigkeit ein gutes Wort ist, kommt es in der Bibel nicht vor. Es ist ein Wort, das wir verwenden, um zu versuchen, Gott zu erklären. Lassen wir uns geduldig zeigen und erlauben wir Gott, sich und seinen Zweck für uns chronologisch durch diese Geschichten zu offenbaren, wie Gott es ursprünglich tat.

Beachten Sie auch, dass in dieser Geschichte der Name Satan nicht verwendet wurde. Wir sehen nur das Wort Schlange als den Versucher. Spätere Geschichten werden uns ermöglichen, viele weitere Dinge über diesen Versucher zu verstehen. Adams und Evas Sünde hat es ihnen nicht nur verwehrt, „Götter" zu werden; ihre neue Weisheit war begrenzt. Gottes Pläne und Befehle sind immer besser als unsere Pläne. Ungehorsam selbst schafft unerwünschte Konsequenzen.

Der Herr Gott (Jahwe Elohim) zeigt Seine Liebe und Besorgnis für die Menschheit, obwohl die Menschheit Ihn abgelehnt hat. Gott tötete ein Tier und bedeckte Adams und Evas Nacktheit mit dem Fell des Tieres. Viele sehen Gottes Handlung als das Beispiel für die Art von Blutopfer, die Gott viel später von den Juden für die Vergebung der Sünde verlangte. Später werden wir lernen, dass das Tieropfer auf dem Glauben beruhte, dass Gott einen Retter bereitstellen würde. Tatsächlich ist das einzige Blutopfer, das Sünde sühnt, nicht vom Menschen, sondern von Gott selbst geleistet. Lassen Sie uns nicht vor der geduldigen Offenbarung Gottes über uns vorpreschen. *Wahrheit, die auf Wahrheit gestapelt ist, führt zu „absoluter Wahrheit."*

Wir alle neigen dazu, falsche Annahmen zu haben und manchmal unsere eigene Kultur und Annahmen mit dem biblischen Glauben zu vermischen. Viele amerikanische Gläubige und Gemeinden scheinen den Unterschied zwischen „amerikanischer Kultur“ und „biblischem Glauben“ nicht zu erkennen.

Bibelgeschichten zeigen, dass „Kultur“ oft gegen Gott arbeitet. Während wir diese Geschichten lesen, lasst uns Gott um Erleuchtung bitten.

Geschichte 3

WIE DIE ELTERN, SO DIE KINDER (GENESIS 4:1-5:32)

Nachdem Gott Adam und Eva für immer aus dem Garten Eden vertrieben hatte, brachten sie Gott Opfer dar. Sie begannen auch, Kinder zu bekommen, wie Gott es befohlen hatte. Nur drei von Adams und Evas vielen Söhnen sind in der Bibel namentlich genannt (Kain, Abel und Seth). Keine von Adams und Evas Töchtern sind aufgezeichnet, noch ihre anderen Söhne.

Wir wissen nicht, wie viele Kinder sie hatten. Wir wissen jedoch, dass sie viele weitere Söhne und Töchter hatten (1. Mose 5:4). Sie waren der Anfang unserer menschlichen Rasse. Um sich schnell zu vermehren, müssten Brüder Schwestern heiraten, Cousins müssten Cousinen heiraten, und vielleicht haben einige Onkel Nichten geheiratet. Die menschliche Rasse war jung und stark. Was wir heute Inzest nennen, würde in diesem frühen Stadium der Rasse nicht zu genetischen Mutationen führen. *(Siehe Mini-Epilog am Ende dieser Geschichte.)*

Sünde hat sowohl unmittelbare als auch langfristige Konsequenzen. Vor der Sünde genossen Adam und Eva die Besuche

Gottes bei ihnen. Sie hatten Grund, Ehrfurcht vor Gott zu haben, aber keinen Grund, sich vor ihm zu fürchten. Doch als sie gegen Gott sündigten (ungehorsam waren/rebelierten), starben sie geistlich, wie Gott es versprochen hatte. Adam und Eva entfremdeten sich von Gott und hatten nicht mehr die frühere enge Gemeinschaft mit ihm. Jetzt fürchteten sie sich vor Gott. Trotzdem liebte Gott Adam und Eva weiterhin und sorgte für ihr Wohl. In der heutigen Geschichte entdecken wir, dass die Sünde von Adam und Eva Konsequenzen für ihre Kinder hatte.

Kain (Besitz) war ihr Erstgeborener, ein Sohn. Eva gab Gott (Jahwe/Jehova) die Ehre für ihr männliches Kind. *Vielleicht dachte sie, dass er der verheißene Same sein würde, der den Kopf der Schlange zerquetschen würde.* Eva gebar einen zweiten Sohn und nannte ihn Abel (Atem).

Als die Jungen heranwuchsen, folgte Kain seinem Vater und wurde Bauer, während Abel ein Schäfer wurde und eine Herde von Schafen und Ziegen hütete. Menschen und Tiere waren alle Vegetarier; so aßen die Menschen ihre Schafe und Ziegen nicht. *Ihre Schafe lieferten Wolle für Kleidung und Decken. Ihre Ziegen lieferten Nahrung für die Familie in Form von Milch und Käse.*

Abel liebte Gott und brachte ihm ein Opfer aus seiner Herde dar. Kain hatte ein böses Herz; *er tat nur so, als würde er Gott lieben.* Kain brachte Gott ebenfalls ein Opfer aus seiner Ernte von Gemüse und Getreide dar. *Gott war mit Abel zufrieden, weil sein Herz aufrichtig war.* („Durch den Glauben brachte Abel Gott ein besseres Opfer dar als Kain, durch das er das Zeugnis erhielt, dass er gerecht war. *Doch Gott kannte Kains Herz, das böse war, daher war Gott mit Kains Opfer nicht zufrieden.*)

Kain wurde sehr wütend auf Gott. Er wurde auch sehr eifersüchtig auf Abel, weil Gott Abels Opfer akzeptierte, aber seines ablehnte. Gott (Jahwe) sprach liebevoll zu Kain: „Kain, warum bist du so wütend und traurig? *Wenn dein Herz richtig gewesen wäre, hätte ich dein Opfer ebenso akzeptiert wie das deines Bruders.* Du musst vorsichtig sein. *Die Sünde lauert an der Tür deines Herzens. Die Sünde will dich kontrollieren und zerstören. Du musst sie ablehnen."*

Kain bereute nicht, also regierte sein böses Herz weiterhin über ihn.

Eines Tages sagte er zu Abel: „Lass uns zusammen auf unsere Felder gehen."

Abel ging mit Kain, aber während sie dort waren, *griff Kain seinen Bruder an und tötete ihn.* Gott weiß alles. *So wie er die Sünde von Adam und Eva kannte, kannte Gott die Sünde ihrer Söhne.* Er wusste mit Sicherheit von Kains abscheulicher Sünde, seinen Bruder zu töten.

Der Herr fragte: „Kain, weißt du, wo Abel ist?" *Er gab Kain die Gelegenheit, zu bereuen und Gottes Gnade zu erfahren, aber Kains Rebellion gegen Gott versklavte ihn. So wies Kain die Barmherzigkeit zurück und erhielt stattdessen das Urteil.* Er war immer noch wütend auf Gott.

Er log dem Herrn an und sagte: „Ich weiß nicht, wo mein Bruder ist! Er ist nicht meine Verantwortung." Kain weigerte sich, seine Sünde zu gestehen.

Der Herr fragte: „Warum hast du diese furchtbare Tat begangen? Ich höre das Blut deines Bruders von der Erde zu mir schreien. *Sünde hat immer Konsequenzen, Kain.* Du bist vom Boden verflucht. Daher wird der Boden dir keine Erträge mehr bringen. Du wirst ein heimatloser Wanderer auf der Erde sein."

„Diese Strafe ist zu schwer für mich zu tragen!" rief Kain. „Du treibst mich von meinen Feldern und von Deiner Gegenwart weg. Als heimatloser Wanderer auf der Erde wird mich jeder, der mich findet, töten" (Genesis 4:14).

„Die Rache gehört allein mir," sagte der Herr. „Du hast dich von mir entfremdet, *aber ich habe mich nicht von dir entfremdet.* Ich

werde dir ein erkennbares Zeichen geben - ein Zeichen, das jeden warnt, der Kain tötet, muss sich vor mir verantworten. Meine Rache an ihnen wird siebenmal größer sein als meine Rache an dir."

Kain und seine Frau verließen ihr Land und die Gegenwart des Herrn *(aber der Herr verließ Kain nicht).* Sie ließen sich im Land Nod (Wanderung) östlich von Eden nieder. Seine Frau gebar einen Sohn, der den Namen Henoch (geweiht) trug. Später baute Kain eine Stadt und nannte sie nach Henoch. Die Bevölkerung dieser Gegend begann zu wachsen. Mit der Zeit hatte Kains Ur-Ur-Ur-Enkel Lamech *(mächtig)* zwei Frauen; *so wurde die Polygamie in die Gesellschaft eingeführt.*

In der Zwischenzeit hatten Adam und Eva einen weiteren Sohn und nannten ihn Seth (Ersatz, Kompensation). Eva sagte: „Gott hat mir einen weiteren Sohn (Samen) gegeben, um Abel zu ersetzen, denn Kain hat ihn getötet." *Die erste Mutter sucht immer noch nach ihrem Nachkommen (Samen), der den Kopf der Schlange zerbrechen würde. Abel ist tot, und Kain wurde verbannt. Wird Seth derjenige sein, der den Kopf der Schlange zerbricht?*

Seth hatte einen Sohn namens Enosh (Mann). Mit Enosh und seinen Nachkommen begann die Menschheit, den Namen des Herrn (Jahwe, den einen wahren Gott) anzurufen oder wurde als „das Volk Gottes" bezeichnet. *Auf jeden Fall war dies der erste biblische Beweis für echtes geistliches Wachstum seit dem Tod Abels.*

Genesis informiert uns über die Nachkommen von Adam von Seth bis Noah. Wir erfahren auch, dass Adam 130 Jahre alt war, als Seth geboren wurde. Nach Seths Geburt lebte Adam weitere achthundert Jahre und hatte viele andere Söhne und Töchter (Genesis 5:4). Keiner ihrer Namen wurde in der Bibel verzeichnet. *Gott sagt nur, was wir wissen müssen. Es scheint, als wolle Gott, dass wir einer bestimmten Linie von Adams Nachkommen folgen.*

Adam wurde Vater von Seth, *Seth* war Vater von Enosh, *Enosh* war Vater von Kenan, *Kenan* war Vater von Mahalalel, *Mahalalel* war Vater von Jared, *Jared* war Vater von Enoch, *Enoch* war Vater von Methuselah, *Methuselah* war Vater von Lamech, *Lamech* war Vater von Noah, *Noah war der Vater von Sem, Ham und Japheth* (Genesis 4:25-5:32).

Alle diese genannten Nachkommen von Adam und Eva lebten über achthundert Jahre mit einer Vielzahl von Kindern in ihren Jahren. Die einzige Ausnahme war Enoch, der Vater von Methuselah. Enoch (wohltätig) wandelte in einer engen Beziehung mit Gott. Er hatte nur 365 Jahre auf der Erde gelebt, als Gott ihn lebendig nahm. *Die Bevölkerung vervielfachte sich in diesem Zeitraum von etwa 1.036 Jahren, von Adam bis Noah.* Gott wählte Seth und seine Nachkommen aus seinen eigenen Gründen.

Fragen

1. Was sind einige Dinge, die uns diese Geschichte über Sünde lehrt?
2. Wie viele Söhne und Töchter hatten Adam und Eva? (Siehe Genesis 5:3-5).
3. Warum denkst du, dass das 5. Kapitel von Genesis eine genealogische Liste (von Adam bis Noah) aufzeichnet?

Mini-Epilog

Die Bevölkerung wuchs schnell. Die Menschheit war jung und stark, und Mutationen, die in Beziehungen auftreten, die wir Inzest nennen, passierten nicht. Doch als sich die Menschheit über viele Jahrhunderte fortpflanzte, wurde Inzest ein Problem. Dann verbot Gott Inzest (Levitikus 18, Gesetze über unmoralische Beziehungen).

Geschichte 4

WELTWEITE ÜBERFLUTUNG UND NEUE ANFÄNGE (GENESIS 6-10)

Mit Henoch gab es eine Wiederbelebung des wahren Gottesdienstes des einen wahren Gottes (1. Mose 4:26). Doch mit den vergehenden Jahrhunderten ignorierten die meisten Menschen Gott (so wie wir heute); die Gesellschaft wurde zunehmend gottlos und böse. Der Herr (Jahwe) sah, dass die Bosheit der Menschheit groß war und dass der Wille ihres Herzens böse war. Gott liebte seine Schöpfung, und es betrübte ihn, dass die Menschheit so von der Sünde überwältigt war, obwohl *er wusste, dass es passieren würde.* Gott sagte, dass er die Lebensdauer der Menschheit nicht weiter verlängern würde, sondern beginnen würde, die Lebensspanne eines normalen Lebens auf maximal 120 Jahre zu verringern (1. Mose 6:3).

Abgesehen von der Langlebigkeit des Lebens ähnelt der heutige Tag den Tagen Noahs. Viele Ungläubige scheinen erfüllt von Stolz in Bezug auf moderne Bildung, Kultur, Reichtum usw. Die Menschheit leugnet zunehmend die Existenz Gottes, des Schöpfers, Erhalters und

Retters. Laut vielen ist Sünde unbedeutend, und wir haben keinen Bedarf an einem Retter.

Noah war ein gerechter Mann, der mit Gott wandelte, aber natürlich war er nicht sündlos. Als er fünfhundert Jahre alt war, wurde Noah der Vater von drei Söhnen *(Drillingen)* namens Sem (Name), Ham (heiß) und Japheth (geöffnet). Nur Noah und seine Familie waren bußfertige Menschen; somit fanden sie Gnade in den Augen Gottes.

Die Welt und die Menschheit waren vor die Hunde gegangen, und Gott drohte, die Menschheit und die Erde, wie Noah sie kannte, zu zerstören. „*Danach* würde Gott von vorne anfangen, beginnend mit Noah und seiner Familie. Noah und seine drei Sohne wurden aufgefordert, eine Arche (Schiff) aus Gopherholz zu bauen. Die Arche musste sowohl innen als auch außen sehr stark und wasserdicht sein. Auf jeder der drei Ebenen mussten Räume gebaut werden, und ein belüftetes Dach musste darüber sein. Dieses Schiff würde riesig sein, 450 Fuß lang, fünfundsiebzig Fuß breit und fünfundvierzig Fuß hoch.» *Das ist die Größe von eineinhalb Fußballfeldern.*

Gott sagte: „Ich werde eine mächtige Flut über die Erde bringen, die alles Fleisch (Menschen und Tiere) vernichten wird. Alles, was den Atem des Lebens hat, wird zugrunde gehen. Aber du und deine Familie werdet in die Arche eintreten und nicht sterben."

Noahs Augen wurden groß, und er flüsterte: „Das ist ein gewaltig großes Boot für nur acht Passagiere."

Gott lächelte und antwortete: „Es werden auch Vertreter aller Tiere mit dir in die Arche kommen: Bär, Wildkatze, Huhn, Schlange, Dinosaurier, kriechende Tiere, Vögel usw., also musst du auch Futter und Wasser für diese Tiere mitnehmen."

Es wird spekuliert, dass nach der Flut jede Tiergattung, die Gott vor der Flut gerettet hat, sich wieder in viele Tierarten vermehren würde wie vor der Flut (1. Mose 6:19-20). Als die Flut kam, würden nur die Menschen und Tiere in der Arche überleben; alle anderen würden zugrunde gehen. So stellte Gott seinen Bund mit Noah auf. *Gottes Versprechen an Noah würde zu seinem ewigen Plan für die Menschheit führen.*

Noah und seine Söhne gehorchten Gott und begannen, die Arche gemäß Gottes Anweisungen zu bauen. Sie verwendeten einfache von Menschenhand gemachte Werkzeuge, um Bäume zu fällen und sägten sie zu Brettern, um die riesige Arche zu konstruieren. *Noah beantwortete die Fragen der Menschen, warum sie dieses riesige Boot bauten, usw. Doch niemand wandte sich an Gott, um ihm zu gehorchen. Anstatt umzukehren,* lachten die Menschen Noah aus, weil er an Gott glaubte und dieses riesige Schiff *an Land baute.* Bis zu diesem Zeitpunkt *hatte es auf der Erde noch keinen Regen gegeben*, geschweige denn eine Flut (1. Mose 2:5). Am Anfang ließ Gott einen Dunst aus dem unterirdischen Wasser aufsteigen, um die Erde zu befeuchten (1. Mose 2:6).

Die Menschen schienen Noah und sein Projekt als Unterhaltung zu betrachten. Sie verspotteten ihn, *und von Zeit zu Zeit rief jemand: „Noah, du bist verrückt. Wir haben nichts zu befürchten.* Es hat noch nie eine Flut gegeben." *Dann brachen die Zuschauer in Gelächter aus.*

Wir wissen nicht, wie lange der Bau der Arche dauerte, aber es würde Jahrzehnte dauern, bis vier Männer mit einfachen Werkzeugen diese riesige Arche bauen. Wir wissen, dass Noah fünfhundert Jahre alt war, als seine drei Söhne (Zwillinge) geboren wurden (Genesis 5:32). Als die Arbeit an der Arche begann, waren alle drei seiner Söhne bereits verheiratet, *aber soweit wir wissen, hatten sie noch nicht mit einer Familie begonnen.* Wir wissen auch, dass Noah sechshundert Jahre alt war, als die Flut über die Erde kam (Genesis 7:6). *Der Bau der Arche könnte zwischen fünfzig und achtzig Jahren gedauert haben; es hatte noch nie Regen auf der Erde gegeben.*

Die Arche war schließlich fertiggestellt, und Noah *und seine Familie begannen, sie mit Lebensmitteln, Wasser und genügend anderen Vorräten für sich selbst und die Tiere für eine längere Zeit zu beladen.* Als alles bereit war, *brachte Gott eine ausgewählte Anzahl von Tieren an den Ort, wo die Arche stand.* Sie kamen in den Gruppen, die Gott beabsichtigt hatte. *Gott kann Tiere für seinen Zweck kontrollieren.* Gottes Plan würde dafür sorgen, dass der menschliche und tierische Nachwuchs nach der Flut gemäß Gottes ewigem Plan auf der Erde überleben würde.

Die Zuschauer waren sowohl erstaunt als auch verwirrt von dem Spektakel, das sie beobachteten. Sie verspotteten immer noch Noah und seine Familie, als sie den Tieren in der Arche beitraten. Es gab nur eine Tür, um die Arche zu betreten und zu verlassen. God schloss diese riesige Tür und sperrte sie alle in der Arche ein, wodurch alle anderen draußen eingeschlossen wurden. *Damit richtete Gott über die Welt. Alle, die Gott glaubten und ihm gehorchten, wurden durch seine Gnade gerettet. Alle anderen weigerten sich, Gott zu glauben, und verurteilten sich somit selbst.*

Die Zuschauer außerhalb der Arche schauten zu einem Himmel hinauf, der gerade anfing, bewölkt zu werden. Sie schauten sich mit Sarkasmus auf ihren Gesichtern an. Sie zuckten mit den Schultern und fragten: „Was nun?"

Sie würden nicht lange warten müssen. Die Wasser der Flut begannen, über die Erde zu kommen. Plötzlich fielen Trockenfälle aus dem Himmel, und Wasser aus unterirdischen Tiefen strömte an die Oberfläche. Dieser furchtbare Angriff von Gottes Urteil über die Sünde dauerte ohne Unterlass vierzig Tage und vierzig Nächte.

Das war kein Wortbild von langsam steigendem Wasser, sondern von einer tobenden Flut, die massive Zerstörungen von unten sowie aus den Wolken darüber einleitete. Es gab auch die Wahrscheinlichkeit von vulkanischen Eruptionen unter dem Ozean und gewalttätigen, kreuz und quer verlaufenden Tsunami-ähnlichen Wellen unter der Oberfläche. Dieselben Gewässer, die jedes lebende Wesen außerhalb der Arche zerstörten, hoben die Arche an die Oberfläche der Flut und schützten das Leben von Noah, seiner Familie und aller Kreaturen in der Arche, wie Gott versprochen hatte. Die Flut setzte sich weiter fort, bis sie die gesamte Erde überdeckte, bis zu zwanzig Fuß über dem höchsten Berg. *Die Berge waren anfangs wahrscheinlich nicht so hoch, aber jüngere Berge wachsen heute weiterhin, während sich die kontinentalen Platten untereinander schieben und die Berge viel höher heben.* Nach vierzig Tagen und Nächten schloss Gott die Schleusen im Himmel und die unterirdischen Quellen.

Der Regen hörte auf, doch die tobenden Flutwellen hielten weiterhin als zerstörerische Kraft auf der Erde für weitere 110 Tage an. Vor der Flut war die Erde eine einzige Masse trockenen Landes, umgeben vom Ozean. Während der Flut brachen *massive Zerstörungskräfte die einzige Masse trockenen Landes in viele kleinere Landmassen.* Heute nennen wir diese Landmassen Inseln und Kontinente.

Erst dann begannen die Überschwemmungsgewässer langsam, sich über einen Zeitraum von weiteren 220 Tagen zu senken. *Sedimente aus Mineralien, Pflanzen, Erde, Leichnamen von Menschen, Tieren usw., die einst in den Gewässern wirbelten, begannen sich abzusetzen. Schwerere Sedimente setzten sich zuerst ab, gefolgt von leichteren organischen Sedimenten usw. Die Sedimente setzten sich Schicht für Schicht ab. Jede Schicht bildete sich relativ schnell und schuf relativ flache Schichten, die übereinander gestapelt waren. In den verschiedenen Schichten waren große und kleine Tiere, darunter Dinosaurier, Insekten, Vegetation, Bäume, menschliche Leichname usw. eingeschlossen, von denen vieles heute als Fossilien bekannt ist. All dieses Material durchlief einen Zementationsprozess, der festes Sedimentgestein*

(Sandstein, Kalkstein, Schiefer, Caliche, Feuerstein, Siltstein, Eisenerz, Kohle usw.) erzeugte.

Eingekapselte Vegetation wurde zu Kohle, Öl, Gas usw. In einigen Gegenden wurden riesige Mengen von Oberflächenabfluss und Hochwasser aus höheren Lagen durch enge Gebiete gepresst. Als dieses Wasser an Geschwindigkeit und unglaublicher Kraft gewann, förderte es erstaunliche Mengen Erde und Gestein, wodurch riesige Canyons und Schluchten entstanden (d.h. der Grand Canyon in Arizona, der Palo Duro Canyon in der Nähe von Amarillo, Texas, und viele andere Canyons und Schluchten in den Vereinigten Staaten und auf der ganzen Welt). Die Wände dieser Canyons und Schluchten legen die Schichten von Sedimentgestein frei, die durch die Kraft der abfließenden Hochwasser um die Erde herum abgelagert wurden.

Jede Schicht von Sedimentgestein tendiert dazu, flach zu sein, ohne Anzeichen von Erosion, außer an den Wänden von Schluchten und Canyons. Es gibt starke Beweise dafür, dass die Schichten von Sedimentgestein schnell gebildet wurden und nicht über Millionen von Jahren abgelagert wurden, wie viele sagen. Die Flut zur Zeit Noahs ist die wissenschaftlichste und logischste Antwort auf das Obige.

Gott hat sich entschieden, die Eiszeit nicht in die Bibel aufzunehmen. Er beschäftigt sich mit Angelegenheiten, die wir wissen müssen. Das Gericht der Welt durch die Flut ist essenzielles Wissen; die Eiszeit ist es nicht. Die Wetterumstände, die durch die weltweite Flut und ausbrechende Unterwasservulkane geschaffen wurden, sind die beste Erklärung dafür, was die Eiszeit verursacht hat.

Die Flutwasser verschwanden schließlich, und die Oberfläche der Erde begann zu trocknen. Gott öffnete die Tür, damit Noah, seine Familie und die Tiere die Arche verlassen konnten. *Gottes Rettung Noahs rettete nicht nur sein Leben vor der Zerstörung (die Konsequenz der Sünde); Noah wurde für Gottes größeren Plan für die*

Menschheit gerettet. Allerdings haben wir keine Beweise dafür, dass Gottes größerer Plan für die Menschheit Noah offenbart wurde.

Die Flut begann am siebzehnten Tag des zweiten Monats des sechshundertsten Jahres von Noahs Leben (Genesis 7:11). Noah verließ die Arche am siebenundzwanzigsten Tag des zweiten Monats des 601. Jahres von Noah (Genesis 8:13-14). Somit betrug die Gesamtdauer der weltweiten Flut ein Jahr und zehn Tage (von trockenem Land zur Flut und zurück zu trockenem Land).

Noah baute einen Altar und opferte einige der reinen Tiere und Vögel, um Gott anzubeten und ihm für seine Barmherzigkeit zu danken. Gott gab ein bedingungsloses Versprechen, die *Zyklusse des Lebens auf der Erde (Jahreszeiten, Pflanzen, Ernten usw.) niemals wieder durch eine weltweite Flut zu zerstören. Gott gab den Regenbogen als Zeichen seines Versprechens. Da der Regen während der Flut der erste Regen auf der Erde war, könnte es sich um den ersten Regenbogen überhaupt gehandelt haben, als Gott den Regenbogen als Versprechen gab.*

Gott segnete Noah und seine drei Söhne und wiederholte das Gebot, das Er Adam gegeben hatte: „Seid fruchtbar, vermehrt euch und füllt die Erde." Gott versprach auch: „Ich schließe einen Bund (Versprechen) mit euch und euren Nachkommen." *Es war ein neuer Anfang für die Menschheit, nicht eine neue Menschheit. Es war auch ein neuer Anfang für die Erde, nicht eine neue Erde. Allerdings veränderte die katastrophale Flut die Erde erheblich, die nun völlig anders ist als die Erde, die Noah vor Gottes Gericht über die Menschheit durch die globale Flut kannte.*

Zu dieser Zeit versetzte Gott alle Tiere, Vögel, kriechenden Dinge auf dem Boden und alle Fische im Meer in Angst vor den Menschen. Gott sagte zu Noah: „Ich gebe euch alles, was sich bewegt und lebt, als eure Nahrung (Genesis 9:3). Ich gebe euch alles, genauso wie ich Adam zu Beginn die grünen Pflanzen gegeben habe." So wurden die Menschheit und viele Tiere sowie kriechende Geschöpfe Fleischfresser.

Fragen

1. Glaubst du, dass die Flut weltweit war oder nur eine lokale Flut? Warum hat Gott die Flut über die Erde geschickt?
2. Bestätigt die Flut die Idee, dass Sünde Konsequenzen hat?
3. Da Noah und seine Familie von der Flut gerettet wurden, bedeutet das, dass sie keine Sünde hatten? Wenn sie Sünde hatten, warum sind sie dann nicht mit all den anderen Sündern gestorben?
4. Auf welche Weise hat Gott allen Menschen die Möglichkeit gegeben, Buße zu tun und der Flut zu entkommen?
5. Wie viele Wege hat Gott bereitgestellt, um der Flut zu entkommen?
6. Gibt es Ähnlichkeiten zwischen der populären Kultur zur Zeit Noahs und der heutigen populären Kultur? Erkläre dir selbst deine Antwort.
7. Gibt es Wahrheiten für uns in dieser Geschichte? Wenn ja, nenne einige davon.
8. Was lernen wir über Gott aus dieser wahren Geschichte? Was lernen wir über die Menschheit aus dieser wahren Geschichte?

Mini-Epilog

Es gibt zwei grundlegende Überzeugungen bezüglich der Flut zur Zeit Noahs: (1) Es gab eine katastrophale globale Flut, wie sie in der Bibel aufgezeichnet ist. (2) Die säkulare Wissenschaft sagt: "Es gab keine Flut, aber wenn es eine Flut gab, war sie lokal und nicht katastrophal."

Viele sagen: "Die Bibel spricht von Liebe, und Gott ist Liebe. Aber im Alten Testament erscheint Gott so wütend und grausam. Mit der Flut hat Er all diese Menschen und Tiere zerstört. Wo ist Liebe, Barmherzigkeit und Vergebung?"

Ja, Gott ist Liebe; Er ist auch heilig und gerecht. *Ein heiliger und gerechter Gott kann die Sünde nicht ignorieren, aber ein heiliger und gerechter Gott, der auch Liebe ist, macht einen Weg für Barmherzigkeit und Vergebung.* Die Menschheit reagiert entweder auf Gottes Weg oder weist ihn zurück.

Noah und seine Familie bereuten und gehorchten Gott. Gott erlöste sie. Der Rest der Menschen weigerte sich zu bereuen und gehorsam zu sein, sodass sie sich selbst verurteilten. Später werden wir viel tiefer über Gottes Liebe und Seine Gerechtigkeit sprechen sowie darüber, wie er einen Weg für die Erlösung der Menschheit schafft.

Die Wissenschaft beschäftigt sich sowohl mit Dingen, die firsthand beobachtet werden können, als auch mit Dingen, die nicht firsthand beobachtet werden können. Dinge, die firsthand beobachtet werden können, sind die Lebensader der "reinen Wissenschaft'". Wenn sich die Wissenschaft mit Angelegenheiten befasst, die nicht firsthand beobachtet werden können (d.h. der Urknalltheorie, der Evolution, der Schöpfung oder der Sintflut), ist sie nicht mehr "reine Wissenschaft". Wenn die Wissenschaft etwas nicht firsthand beobachten kann, macht sie *Annahmen,* die richtig oder falsch sein können. *Die Bibel gibt ein treues Zeugnis.* Es könnte mehr gesagt werden, aber dies ist kein Ort für eine Debatte. Es kann jedoch zu einer Gelegenheit werden, uns Gott zu öffnen, damit er sich durch die Schriften offenbart. Gott macht auch sein Urteil über die Sünde in den Schriften klar. Sowohl Evolutionisten als auch Kreationisten verwenden Fossilien, die in Sedimentgestein vergraben sind, sowie die geraden Schichten im Sedimentgestein als primäre Beweise für die Wahrheit ihrer gegensätzlichen Annahmen. Die Schöpfung hat gute Beweise, die kürzlich durch die schnelle biologische Erholung nach dem Ausbruch des Mount Saint Helens im Jahr 1980 ergänzt wurden, usw.

Geschichte 5

VERLORENE SPRACHE, MENSCHHEIT VERSTREUT (GENESIS 10:1-11:32)

Noah lebte 349 Jahre nach der Flut und war 950 Jahre alt, als er starb. Nach der globalen Flut wurde die Welt von den drei Söhnen Noahs (Shem, Ham und Japheth) und ihren nicht genannten Frauen neu bevölkert. Innerhalb von dreihundert Jahren nach der Flut vervielfachte sich *die Bevölkerung und erreichte wieder die vor der Flut vorhandenen Zahlen. Am Anfang gab es einen Mann und eine Frau (Adam und Eva), die sich vermehren konnten; nach der Flut gab es drei Männer und drei Frauen,* die sich vermehren konnten. Die Sünde und Bosheit der Menschheit vervielfältigten sich ebenfalls und näherten sich dem Niveau vor der Flut. Das ist ein weiteres Zeichen dafür, dass die Sünde Teil der gefallenen Natur der Menschheit geworden ist. Unsere gefallene Natur neigt zur Sünde, nicht zur Gerechtigkeit.

Die Menschheit wurde sehr stolz. Im Großen und Ganzen weigerten sie sich, Gott zu gehorchen. Ihr Stolz führte sie dazu, anzunehmen, dass es entweder keinen Gott gab oder, wenn Gott existierte, sie ihn nicht mehr benötigten *(ähnlich wie unsere heutige Kultur)*. Die Menschen beschlossen: „Lasst uns eine Stadt mit einem Turm bauen, der den Himmel erreicht, falls es eine weitere Flut gibt. Wir werden uns einen Namen machen und groß werden wie Gott. Wir brauchen seine Hilfe nicht. Wir werden uns nicht über die Erde zerstreuen, wie Gott es geboten hat" *(das erste dokumentierte Prototyp einer Regierung, die die gottlose Philosophie des Humanismus unterstützt). Daher übernahm Gott wieder die Kontrolle.* Bis zu diesem Zeitpunkt sprach jeder eine Sprache ohne abweichende Dialekte. Gott nahm spontan die Weltsprache weg, wie das Löschen von etwas auf einem Computer, und gab der Menschheit gleichzeitig neue und unterschiedliche Sprachen. Diese neuen Sprachen wurden sofort von Gott geschaffen, so wie er es am Anfang für Adam und Eva getan hatte. *Bestehende Menschen mussten ihre neue Muttersprache nicht lernen. Gott ist allmächtig; neue Sprachen zu schaffen und sie zu verteilen, war für ihn einfach. Er gab verschiedenen Gruppen von Menschen, vielleicht nach Stämmen, unterschiedliche Sprachen. Stämme könnten jedoch auch durch die Sprachverwirrung getrennt worden sein.* Die Verwirrung der Sprachen führte zu einem riesigen sofortigen Kommunikationsversagen unter den Menschen. Die Arbeiter, die den Turm von Babel bauten, konnten nicht länger zusammenarbeiten, weil sie nicht mehr miteinander kommunizieren konnten. *Dieses Problem unterbrach auch die Kommunikation im Allgemeinen, sei es im Handel, in der Bildung, in der Regierung usw.*

Die große Teilung der Sprachen und die anfängliche Streuung der Menschen auf der Erde fand möglicherweise während des Lebens von Heber oder seinen Söhnen Peleg und Joktan statt. Die hebräische Sprache begann mit Heber. *Er war ein Nachkomme von Noas Sohn Sem. Der Verlust einer gemeinsamen Sprache führte zum Beginn unterschiedlicher Nationen und Sprachen auf der Erde. Natürlich neigen Sprachen dazu, sich im Laufe der Zeit mit neuen Wörtern, umgangssprachlichen Ausdrücken, kulturellen Veränderungen usw. zu verändern.*

Nach der Zerstörung und dem Tod, die durch die globale Flut verursacht wurden, ist jeder ein Nachkomme eines von Noas drei Söhnen: Jafet, Sem oder Ham. *Ein einfaches Verständnis dessen, was nach dem Durcheinander der Sprachen geschah: Die Nachkommen von Jafet wanderten in das weite Gebiet, das wir heute Europa nennen. Das bedeutet nicht, dass alle Nachkommen von Jafet dieselbe neue Sprache sprachen oder in dasselbe Gebiet in Europa gingen. Sie sprachen wahrscheinlich unterschiedliche Sprachen und gingen in verschiedene Orte in diesem großen Gebiet.*

Nachkommen von Sem, *durch Heber's Sohn Peleg, verstreuten sich in das Gebiet, das wir heute als den Nahen Osten bezeichnen (Juden, Araber usw.). Heber's anderer Sohn, Joktan, wanderte über das Gebiet, das wir heute als Ost- und Südostasien bezeichnen (China usw.). Jede dieser Gruppen erstreckte sich über ein weites Gebiet und hatte viele unterschiedliche neue Sprachen.*

Die Nachkommen von Ham wanderten nach Süden in einen Teil des heutigen Asien und auf den afrikanischen Kontinent, unterschiedliche Gruppen mit unterschiedlichen Sprachen. Detaillierte Erklärungen dieser Migrationen finden sich in Genesis 10:1-11:32.

Es gibt viele unterschiedliche und widersprüchliche Schöpfungs- und Flutgeschichten unter verschiedenen alten Völkern (Mesopotamien, Indien, China usw.) auf der Erde. *Der Autor geht davon aus, dass dies das Ergebnis des Verlusts einer gemeinsamen Sprache und der Gottlosigkeit der meisten verstreuten Bevölkerungen ist. Die wahre Frühgeschichte der Erde und der Menschheit wurde von gottlosen und idolatärischen Völkern, die sich über die Erde verstreuten,* in Mythen umgewandelt, doch Gott bewahrte die wahre Geschichte sowohl der Erde als auch der Menschheit und *inspirierte viel später* Mose, sie niederzuschreiben.

Fragen

1. Warum haben wir in diesen Anfangsgeschichten der Bibel Stammbäume studiert?
2. Welcher von Noahs drei Söhnen (Japheth, Sem und Ham) wurde von Gott für Seinen besonderen ewigen Plan gewählt?
3. Warum hat Gott die Sprachen vermischt?
4. Hat die Sünde des Menschen Gott überrascht?
5. Warum sagen wir: „Diese ersten fünf Geschichten aus der Bibel sind grundlegend für unser Verständnis der Bibel als Ganzes?"

Mini-Epilog

Gott wählte Sem, den Sohn Noahs, und die folgenden Nachkommen von Sem für seinen ewigen Plan:

Der Sohn *Sems* war Arpachschad (Sem hatte noch andere Söhne).

Der Sohn *Arpachschads* war Schelah. Der Sohn *Schelahs* war Heber (von dem die hebräische Sprache stammt). *Heber* hatte zwei Söhne, Peleg und Joktan (mögliche Zeit der Turmbau zu Babel). Der Sohn *Pelegs* war Reu. Der Sohn Reus war Serug. Der Sohn *Serugs* war Nahor. Der Sohn Nahors war Terach – und der Sohn *Terachs war Abram* (Abraham).

Geschichte 6

AUSERWÄHLT, UM DIE MENSCHHEIT ZU SEGREN (GENESIS 12-22)

Abram wurde in Ur der Chaldäer geboren (*modernes Irak, etwa 150 Meilen nordwestlich des Persischen Golfs und weniger als 100 Meilen von dem Ort, wo die Flüsse Tigris und Euphrat zusammenfließen)*. Abram heiratete Sarai, seine Halbschwester – den gleichen Vater, aber eine andere Mutter (Genesis 20:12).

Abrahams Vater Terah war der dreifache Ururenkel von Peleg. Terah diente falschen Göttern (Josua 24:20) und war der Vater von Abram, Nahor und Haran. Haran heiratete und hatte einen Sohn, Lot. Später starb Haran, und Abram adoptierte Lot.

Nach dem Tod seines Sohnes Haran zog Terah mit seiner Familie von Ur der Chaldäer in das Land, *das er Haran nannte, das sich in der Nähe der heutigen Grenze zwischen dem Irak und der Türkei befindet.* Terah starb in Haran.

> Abram war fünfundsiebzig Jahre alt (Sarai war fünfundsechzig und hatte kein Kind), als Gott

> (Jahwe) zu ihm sprach. „Verlasse das Haus deines Vaters, deine Verwandten und dein Land. Geh in ein Land, das ich dir zeigen werde und deinen Nachfahren geben werde. Ich werde dich zu einer großen Nation machen und dich segnen und deinen Namen groß machen. In dir werden alle Familien der Erde gesegnet werden." Abram bereitete sich vor, von Haran wegzuziehen.
>
> (1. Mose 12:1-3, Umschreibung des Autors)

Abrams erweiterte Familie fragte ihn: „Wohin ziehst du?"

Abram. Ich weiß nicht?

Familie. Wie wirst du wissen, wenn du dort ankommst?

Abram. Der Herr Gott wird mich führen und mir sagen, wann wir ankommen.

Abram und Sarai machten sich auf den Weg in ein neues Land. *Ihre Zelte, Teppiche, Kleider, Kochutensilien usw. wurden gepackt und auf Kamele für eine lange heiße Reise verladen* – eine Strecke von über vierhundert Meilen *ohne ein einziges McDonald's auf dem Weg.* Sein Neffe Lot und seine junge Familie gingen mit ihnen. Abram und seine männlichen Diener gingen mit den Herden und dem Vieh.

Während ihrer Reise dachte Abram immer wieder: *Gott hat versprochen, mich zu einer großen Nation zu machen, mich zu segnen und meinen Namen groß zu machen. Mein Name Abram bedeutet ‚erheblicher Vater', doch ich bin fünfundsiebzig Jahre alt und immer noch ohne Kinder, weil Sarai unfruchtbar ist. Dazu kommt, dass sie fünfundsechzig Jahre alt ist. Wie kann ich Vater einer großen Nation werden? Doch selbst mit diesen Fragen glaubte Abram an Gott und handelte aus dem Glauben heraus statt aus seinen Zweifeln.*

Abram schien sich auf Gottes Versprechen zu konzentrieren, ihn zu einer großen Nation zu machen, deshalb musste er Kinder haben. Er schien zu vergessen, dass Gott auch versprochen hatte, alle Familien auf der Erde durch ihn zu segnen. Wir verstehen sicherlich Abrams Wunsch nach Kindern; jedoch könnten wir an diesem Punkt, wie Abram, das wichtigere Versprechen übersehen haben, jede Familie auf der Erde zu segnen. Dieses Versprechen mag für Abram zu groß gewesen sein, um es zu begreifen. Vielleicht erscheinen Gottes ewige Versprechen und Pläne auch uns zu groß, um sie zu begreifen. Wir, wie Abram, müssen im Glauben gehen, nicht im Blick.

Als sie das Land Kanaan betraten, erschien der Herr (Jahwe) Abram erneut und versprach, ihm und *seinen Nachkommen dieses Land zu geben (Genesis 13:15).* Abram baute einen Altar und verehrte den Herrn, dann setzte er seine Reise in ein Gebiet zwischen Bethel und Ai fort, wo er einen weiteren Altar baute und den Herrn verehrte. An jedem Halt verweilten sie eine Zeit lang, während sie langsam nach Süden (ins Negev) zogen.

Abram und Sarai gehen nach Ägypten (Genesis 12:10-20)

Während im Negev eine schwere Hungersnot über das Land kam, hörte Abram, dass Ägypten nicht von Hunger betroffen war. *Anscheinend entschied Abram, ohne zu beten, um Gottes Willen zu verstehen, dass sie nach Ägypten gehen sollten. Zu dieser Zeit war Ägypten die mächtigste Nation auf der Erde. Abram plante, dort zu bleiben, bis die Hungersnot in Kanaan beendet war.*

Als sie sich der Grenze Ägyptens näherten, erwartete Abram ein mögliches Problem. Er sagte zu Sarai: "Du bist eine sehr schöne Frau *(sie war erst fünfundsechzig).* Ich werde den Ägyptern sagen, du bist meine Schwester. Andernfalls, wenn sie deine Schönheit sehen, werden sie mich töten und dich als ihre Frau nehmen." *Dachte*

Abram, wie wir, dass es so etwas wie eine Notlüge gibt? Sarai war eine jüngere Halbschwester von Abram. Doch ihre Ehe änderte alles. Sie wurden Mann und Frau, was ihre frühere Beziehung übertraf und Abrams Plan zu einer Täuschung machte.

Wie Abram voraussagte, wurde Sarais Schönheit sofort bemerkt, und königliche Beamte brachten sie zu Pharao (dem König). Pharao, von ihrer Schönheit hingerissen, gab Abram *(ihrem angeblichen Bruder)* eine große Mitgift und nahm Sarai in sein Haus. *Er hatte vor,* sie zu einer seiner vielen Frauen zu machen. *Dann übernahm Gott wieder die Kontrolle. Gott trat ein, um ihre Ehe zu retten. Sowohl Abram als auch Sarai und ihre Ehe waren Gott wichtig und Teil seines ewigen Plans.* Gott brachte Schwierigkeiten über Pharao und schlug sein Haus mit Plagen wegen Sarai, Abrams Frau. *Pharao hätte Abram wahrscheinlich getötet, aber aus Angst vor Abrams mächtigem Gott;* daher ließ Pharao Abram und Sarai aus Ägypten eskortieren.

Wir stellen die Frage, wie ein gläubiger Ehemann absichtlich seine Frau gefährden könnte, um sein eigenes Leben zu retten. Kulturen in alten Gesellschaften sahen Männer als überlegen und wichtiger als Frauen an. Einige behaupten heute, dass sich nichts verändert hat. Das variiert von Kultur zu Kultur und von Person zu Person. Die Genesis lehrt uns, dass sowohl Männer als auch Frauen gleichermaßen wichtig sind, doch sie haben unterschiedliche Rollen innerhalb der Ehe und innerhalb von Gottes ewigem Plan. *Diese Geschichte zeigt, dass die Unterwerfung unter einen Ruf von Gott nicht weise Entscheidungen oder ein sündloses Leben des Berufenen gewährleistet. Sich auf sich selbst anstatt auf Gott zu verlassen, ist eine dauerhafte Falle für viele von uns.*

Einvernehmliche Teilung zwischen Abram und Lot (Genesis 13:1-13)

Abram and Sarai returned to the Negev, and *Abram renewed his commitment to God.* As time passed, strife broke out between the herdsmen of Abram's flocks and the herdsmen of Lot's flocks. There was insufficient grass to feed their combined flocks as well as flocks of the native Canaanite and Perizzite peoples.

Abram und Sarai kehrten in den Negev zurück, und Abram erneuerte sein Bekenntnis zu Gott. Mit der Zeit brach Streit zwischen den Hirten von Abrams Herden und den Hirten von Lots Herden aus. Es gab nicht genug Gras, um ihre gemeinsamen Herden sowie die Herden der einheimischen Kanaaniter und Perizziter zu füttern.

Abram was very gracious to his nephew. "Lot, we are family. We must settle this problem without any strife between us or our herdsmen. We need to separate in order to have sufficient grass for our herds. I will give you first choice. If you choose the land to the left, then I will go right. If you choose to go right, then I will go to the land on the left."

Abram war sehr großzügig zu seinem Neffen. „Lot, wir sind Familie. Wir müssen dieses Problem ohne Streit zwischen uns oder unseren Hirten lösen. Wir müssen uns trennen, um genügend Gras für unsere Herden zu haben. Ich gebe dir die erste Wahl. Wenn du das Land links wählst, gehe ich nach rechts. Wenn du nach rechts gehst, gehe ich ins Land links."

Als Lot das Land betrachtete, sah er, dass das Jordantal gut bewässert und am fruchtbarsten war. Es lag auch in der Nähe der Städte Sodom und Gomorra. Lot war ein wenig gierig und wählte das beste Land für sich aus. Er entschied sich auch, in Sodom zu leben, und stellte sich so in Schwierigkeiten. Abram akzeptierte dankbar das weniger fruchtbare Land für sich. Der Herr (Jahwe) forderte Abram auf, in alle Richtungen zu schauen, von wo er campierte. *Gott versprach, ganz dieses Land Abram und seinen Nachkommen für immer zu geben.* Gott versprach auch, Abrams Nachkommen zu vervielfältigen, bis sie zu viele sind, um sie zu zählen. *Gottes Versprechen an Abram war ein bedingungsloses Versprechen. Daher ist Gottes Versprechen an Abram bezüglich dieses Landes auch heute noch gültig.*

Gott sagte auch zu Abram, er solle das gesamte Land durchgehen und erkunden, das Er ihm gegeben hatte. Abram gehorchte Gott und ließ sich schließlich in den Wäldern von Hebron nieder. Er baute einen weiteren Altar zur Anbetung des Herrn. Die Genesis verzeichnet mehrere Ereignisse, die hier nicht enthalten sind: Abrams Konflikt mit einigen Stammeskönigen (Genesis 14:1-14), sein Treffen mit Melchizedek, König von Salem (Frieden) und einem Priester Gottes (El) Höchster (Genesis 14:17-34), Abram schickte Hagar und Ismael weg (Genesis 21:9-21) und Abrams Verrat mit Abimelech (Genesis 20:1-18 und Genesis 21:22-34).

> Als Abram etwa achtzig Jahre alt war, kam das Wort des Herrn (Jahwe) in einer Vision zu ihm und sagte: „Fürchte dich nicht, Abram. Ich werde dich beschützen, und dein Erbe wird groß sein" (Genesis 15,1). Doch Abram konfrontierte Gott mit einem Anliegen, das ihn schon lange beschäftigte. „Herr Gott" (Adonai Jahwe, Gott, der mein Herr/ Eigentümer ist), *Du hast mir nicht gegeben, was ich wirklich will. Ich bin alt und immer noch kinderlos.* Wenn ich also heute sterben würde, würde mein Diener Eliezer von Damaskus mein Erbe werden, weil er in meinem Haus (Zelt) geboren wurde, und dennoch ist er nicht einmal ein Verwandter."
>
> (Genesis 15,2-3, umgeschrieben vom Autor)

Der Herr korrigierte Abram. „Eliezer wird nicht dein Erbe werden. Ich habe versprochen, dir einen Erben zu geben. Dein Erbe wird einer sein, der aus deinem eigenen Körper kommt. Komm mit mir aus deinem Zelt. Schau nach oben und zähle die Sterne, wenn du kannst. Du kannst nicht alle Sterne zählen, noch deine Nachkommen." (Genesis 15:4-5, Neuinterpretation des Autors)

Abram glaubte dem Herrn, und Gott rechnete Abrams Glauben ihm als Gerechtigkeit an (Genesis 15:6, Neuinterpretation des Autors). So bedeutete Abrams Glaube an Gott, dass er sowohl glaubte als auch gehorchte (auf das handelte, was Gott sagte). *Das ist der Grund, warum Abrams Glaube, nicht seine guten Werke, ihm eine rechte Stellung vor den Augen Gottes verschaffte. Das zählt tatsächlich. Später werden wir lernen, dass Glaube zu guten Werken führt, nicht umgekehrt.*

Gott sagte zu Abram, dass er ihn aus Ur der Chaldäer herausgeführt hat, um ihm dieses Land zu geben. Dann konfrontierte Abram Gott erneut mit einer zweiten Frage und einem wankenden Glauben: „Herr Gott (Adonai Yahweh), wie kann ich wissen, dass dieses Land mir gehören wird?"

Gottes Zusicherung über das Land (Genesis 15:7–21)

Abram wurde aufgefordert, einen Vertrag im antiken Stil zwischen zwei Personen vorzubereiten. Er sollte eine drei Jahre alte Kuh (ein junges Rind, das noch nicht gekalbt hat), eine drei Jahre alte Ziege, einen drei Jahre alten Widder, eine Turteltaube und eine junge Taube bereitstellen. Nachdem Abram diese Tiere zu Gott gebracht hatte, schnitt er die Kuh, die Ziege und den Widder der Länge nach in zwei Hälften, vom Kopf bis zum Schwanz. Dann legte er jede geschnittene Halbkuh auf den Boden, Ende an Ende, gegenüber der anderen Hälfte, mit Platz für einen Pfad dazwischen. Dasselbe tat er mit der Ziege und dem Widder. Die beiden Vögel schnitt er nicht, sondern platzierte jeden ganz auf den Boden, angeordnet wie die Tiere, wobei ein Vogel auf jeder Seite des Pfades stand.

Solche Verträge würden normalerweise durch das gemeinsame Gehen der beiden Vertragsparteien auf dem Weg zwischen den geopferten Tieren besiegelt. Das würde den Vertrag mit einer stillschweigenden Vereinbarung besiegeln: „Wenn ich diesen Vertrag nicht erfülle, möge mit mir geschehen, was mit diesen Tieren geschehen ist."

Mit frischem Fleisch auf dem Boden flogen Raubvögel auf die Kadaver herab. Abram musste das rohe Fleisch schützen, indem er die Vögel bis zum Sonnenuntergang vertrieb. Dann fiel Abram in einen tiefen Schlaf. Eine große Dunkelheit fiel über ihn, und er wurde erschreckt. Gott offenbarte, dass Abrams Nachkommen Fremde in einer Nation sein würden, in der sie vierhundert Jahre lang unterdrückte Sklaven werden würden. Erst dann würden sie befreit und in das Land eintreten, das Gott versprochen hat.

Abram selbst würde ein Fremder in diesem Land sein und lange leben und friedlich sterben. Gott offenbarte, dass er lange warten würde, bevor er das Land den Nachkommen Abrams geben würde. Die jetzigen Bewohner des Landes hatten sich Feinde gemacht. *Gott liebt alle Menschen und will, dass alle Menschen die Möglichkeit haben, Buße zu tun, zu glauben und Ihm zu gehorchen, damit sie gerettet werden können.*

Während Abram noch schlief, sah er eine Vision eines rauchenden Ofens und einer flammenden Fackel (eine Manifestation Gottes), die zwischen den geopferten Tieren auf dem Boden umherging. So machte Gott einen Bund mit Abram und versprach, seinen Nachkommen das gesamte Land zwischen der Flussgrenze Ägyptens und dem Fluss Euphrat zu geben. Wie wir zuvor gelernt haben, *war Gottes Bund mit Abram und seinen Nachkommen (den*

Hebräern) bedingungslos und ist für immer gültig (Neuformulierung des Autors).

Hagar wird zur Nebenfrau (Genesis 16:1-16)

Nach zehn Jahren im Land Kanaan war Abram fünfundachtzig Jahre alt und Sarai fünfundsiebzig. Sarai erinnerte ihren Mann daran, dass Gott ihm versprochen hatte, der Vater einer großen Nation zu werden. Sarai dachte, dass *Gott sie nicht in der Lage versetzen konnte, einen Sohn zur Welt zu bringen. Sarai dachte auch fälschlicherweise, dass das Versprechen Gottes nur für ihren Mann und nicht für sie galt. Daher schlug sie törichterweise vor, dass sie Gott helfen müssten,* und erinnerte Abram an die Bräuche der einheimischen Bevölkerung. Sie könnte ihrer Dienerin Hagar geben, um Abrams Nebenfrau zu werden. Somit würde jedes Kind, das ihre Dienerin gebärte, als Sarais Kind angesehen werden.

Abram hörte auf seine Frau und stimmte *törichterweise* ihrem Plan zu. So kam Abram zu demselben fehlerhaften Schluss wie Sarai. Sarai nahm also ihre ägyptische Magd Hagar und gab sie Abram als Nebenfrau. Nachdem Hagar schwanger wurde, verachtete sie Sarai. Was für ein Schlag für Sarai. *Vielleicht behandelte Sarai sie immer noch wie eine Dienerin und nicht wie die zweite Frau ihres Mannes. Vielleicht fühlte Hagar sich, als würde sie benutzt, ohne respektiert zu werden. Auf jeden* Fall verstand Sarai, dass sie einen großen Fehler gemacht hatte, und bedauerte ihre Entscheidung, Hagar ihrem Mann zu geben.

Die Schwierigkeiten plagten jetzt das Haus. *Heute würden viele sagen, Abram hat bekommen, was er verdient hat. Es ist leicht, Abram zu beurteilen, während viele von uns heute auch an Gottes Fähigkeit zweifeln, unseren Bedürfnissen gerecht zu werden. So treffen wir, ähnlich wie Sarai und Abram, schlechte Entscheidungen, die unser*

Leben komplizieren. Abram war sechsundachtzig Jahre alt, als Hagar einen Sohn zur Welt brachte. Abram nannte ihn Ismael (Gott wird hören). *Der Wettbewerb zwischen Sarai und Hagar entfachte eine Situation, die wir als „dysfunktionale Familie" bezeichnen. Beide Frauen litten, und eines Nachts* floh eine schwangere Hagar aus ihrer Situation.

Der Engel des Herrn kam zu Hagar in die Wüste und sagte ihr, *dass sie in der Wüste sterben würde.* Er sagte ihr, sie solle nach Hause zurückkehren und sich Sarai unterwerfen, die ebenfalls litt. Der Engel Gottes sagte Hagar außerdem, dass Gott eine große Nation aus ihrem Sohn Ismael machen wird. Hagar gab dem Herrn dann den Namen „Gott, der sieht und versteht" (1. Mose 16:6-13, Umschreibung des Autors). Später werden wir erfahren, wer der Engel des Herrn ist.

Erstaunliche Ankündigung von Gott (Genesis 17:1-27)

Weitere dreizehn Jahre vergingen; Abram war dann neunundneunzig Jahre alt. Der Herr (Jahwe) erschien ihm erneut und verkündete: „Ich bin El Shaddai (Gott der Allmächtige). Gehe mit mir in Aufrichtigkeit, und ich werde den Bund festigen, den ich dir versprochen habe, bevor du vor vierundzwanzig Jahren das Haus deines Vaters verlassen hast, um mir zu folgen. Ich werde dich über alle Vorstellung hinaus vermehren. Du wirst der Vater vieler Nationen sein." Ein begeisterter Abram warf sich in Anbetung vor Gott nieder.

> Gott sagte: „Abram (erhöhter Vater), ich ändere deinen Namen in *Abraham* (Vater einer Menge). Ich werde Nationen aus dir machen, und viele Könige werden aus dir kommen. Mein Bund mit

> dir wird ein ewiges Versprechen sein und wird über deine Nachkommen in allen ihren Generationen ausgeweitet. Ich werde dir das Land Kanaan (Palästina) geben. Dieses Land Kanaan werde ich dir und deinen Nachkommen für immer geben."
>
> (Genesis 17:1-7, Umschreibung des Autors)

Gott sagte zu Abraham, dass die *Beschneidung das Zeichen ihres gemeinsamen Bundes sein würde.* „Jeder Mann in deiner Familie und deinem Haushalt, der acht Tage alt ist, soll beschnitten werden." Abraham, Ismael und die Männer seines Hauses waren bereits älter als acht Tage und sollten sofort beschnitten werden.

Dann ließ Gott seine Bombe platzen.

> Was deine Frau Sarai (Prinzessin) betrifft, so ändere ich auch ihren Namen. Sie soll Sarah (edle Frau) werden. *Ich werde sie segnen, und durch Sarah werde ich dir den „Sohn der Verheißung" geben.* Ich werde Sarah segnen. Sie wird Mutter von Nationen und Königen werden.
>
> (Genesis 17:15-16, Umschreibung des Autors)

Abraham konnte seinen Ohren nicht trauen. In seinem Kopf stellte er sich die Frage, wie ein einhundertjähriger Mann und seine neunzigjährige Frau gemeinsam ein Kind haben könnten. Wo war Abrahams Glaube jetzt? Er warf sich erneut vor Gott nieder (eine Haltung der Anbetung), *aber er betete nicht. Anstatt zu beten, lachte er und verspottete Gott leise für diese unmögliche Idee.* Abraham flehte Gott an: „Nimm einfach Ismael, das wäre genug für mich." Gott antwortete: *„Nein! Das wäre für mich nicht genug. Das würde* *meinen ewigen Plan ändern, wo Sarah die Mutter deines ‚Sohnes der Verheißung' ist.*

„Du wirst ihn Isaak nennen (lacht). Isaak ist der Sohn, den ich dir versprochen habe, nicht Ismael. *Warum denkst du, habe ich mich dir als Yahweh (Herr)* als El-Shaddai (Gott der Allmächtige) vorgestellt? *Es ist, weil nichts für mich unmöglich ist." Es wurde klar, dass Gottes Versprechen an Abraham auch Gottes Versprechen an Sarah war.* Sie musste an diese Wahrheit glauben und ihren persönlichen Glauben an Gott setzen, indem sie ihm vertraute und ihm gehorchte.

Gott fuhr fort: „Ich liebe Ismael und werde ihn segnen. Er wird der Vater von zwölf Fürsten werden. *Ich werde aus ihm eine große Nation machen. Mein Bund jedoch wird mit Isaak geschlossen, den Sarah nach dem Versprechen, das ich lange vor der Empfängnis Ismaels gegeben habe, zur Welt bringen wird. Erinnerst du dich, als du und Sarah versucht haben, mir zu helfen, indem du Hagar geheiratet hast, um einen Sohn zu bekommen? Jetzt wirst du lernen, dass ich deine Hilfe nicht brauche. Ich erfordere jedoch deinen Glauben und Gehorsam."*

Als Gott das Gespräch mit Abraham beendet hatte, ging er. Dann nahm Abraham den dreizehnjährigen Ismael zusammen mit all seinen männlichen Dienern und ließ sie beschneiden. Auch Abraham wurde beschnitten.

Gott sagt Sarah, dass sie einen Sohn haben wird (Genesis 18:1-15)

Einige Wochen später saß Abraham im Schatten vor seinem Zelt. Plötzlich erschien der Herr (Jahwe) ihm als Mann (eine Theophanie; *siehe Mini-Epilog Geschichte 6*) zusammen mit zwei Engeln, die ebenfalls als Männer erschienen. Die drei Männer standen nicht weit von Abrahams Zelt entfernt.

Abraham erkannte sie *(er hatte sie zuvor getroffen; siehe Genesis 17)* und lief ihnen entgegen. Er warf sich auf die Erde und sagte: „Mein Herr (adonai/mein Meister), bitte passiere nicht die bescheidene Unterkunft deines Dieners. Bleibe bitte eine Weile und lass mich Wasser bringen, um eure Füße zu waschen," sagte er, während er seine Gäste einlud, im Schatten eines Baumes zu ruhen. „Bitte ehre uns, indem du uns erlaubst, Essen für dich vorzubereiten, dann kannst du deine Reise fortsetzen."

Als seine Gäste sich auf einem Teppich am Boden niederließen, eilte Abraham ins Zelt. Er bat Sarah, einige Fladenbrote für die Besucher zu backen, dann lief er schnell zu seiner Herde, um ein ausgewähltes Kalb auszuwählen, und gab es einem Diener zum Schlachten und Kochen. Als alles zubereitet war, brachte Abraham Quark (Joghurt) und Milch zusammen mit dem gekochten Kalb und den Fladenbroten zu seinen Gästen. *Er holte Wasser und goss es langsam aus, während die Männer sich vorbeugten, um sich die Hände zu waschen, bevor sie aßen. Abraham winkte seinen Gästen, bitte zu essen, aber er aß nicht mit ihnen. Es war Brauch, dass er in der Nähe stand, bereit, seinen Gästen zu dienen.*

Nach dem Essen fragten die Männer: "Wo ist deine Frau, Sarah?"

"Sie ist dort im Zelt", sagte Abraham.

Die Männer verstanden, dass es der Brauch verbot, dass eine verheiratete Frau vor männlichen Gästen erschien, die nicht zur Familie gehören *(das ist in einigen Kulturen immer noch der Fall).*

Da sagte der Herr (Jahwe): „Ich werde nächstes Jahr zurückkommen, und Sarah wird einen Sohn haben."

Sarah hörte von drinnen im Zelt zu. Als sie hörte, dass sie einen Sohn zur Welt bringen würde, lachte sie leise spöttisch in sich hinein. Gleichzeitig dachte sie: „Als alte Frau, *soll ich Freude mit meinem Mann haben, wo er doch zehn Jahre älter ist als ich?"*

Der Herr fragte: „Warum hat Sara gelacht und gesagt: ‚Soll ich wirklich ein Kind bekommen, wenn ich alt bin?'" Der Herr fügte hinzu: „Ist irgendetwas zu schwierig für Gott, den Allmächtigen? Ich werde nächstes Jahr wiederkommen, nachdem dein Sohn geboren ist." Sara war von Furcht ergriffen und *flüsterte*: „Ich habe nicht gelacht." Der Herr antwortete: „Aber das hast du."

(Genesis 18:9-15, Neuinterpretation des Autors)

Sodom und Gomorra (1 Mose 18:16-19:38)

Die drei Gäste standen auf, um ihre Reise fortzusetzen. Abraham begleitete sie ein Stück weit, um ihnen einen höflichen Abschied zu geben. Der Herr (Jahwe) dachte bei sich: „Sollte ich Abraham sagen, dass ich im Begriff bin, Sodom und Gomorra zu zerstören? Schließlich wird er eine große und mächtige Nation werden, und durch ihn werde ich alle Völker der Erde segnen. Ich habe ihn gewählt, um sein Haus zu führen, mir zu folgen, gerecht zu leben und Gerechtigkeit für alle einzufordern."

So sagte der Herr zu Abraham, dass er Sodom und Gomorra für ihre bösen Sünden bestrafen werde. Die beiden Männer (Engel) wandten sich um und begannen, in Richtung Sodom zu gehen, während der Herr weiterhin mit Abraham sprach. Abraham trat näher und intervenierte höflich für Sodom.

„Wirst du wirklich die Gerechten mit den Ungerechten vernichten, wenn es fünfzig Gerechte in der Stadt gibt?"

Der Herr antwortete: „Wenn ich fünfzig Gerechte in der Stadt finde, werde ich der Stadt um ihrer willen die Strafe erlassen."

Abraham wusste über Sodom und Gomorra Bescheid; sein Neffe Lot lebte dort. Er wusste, dass beide Städte sehr böse waren. *Er dachte, dass es vielleicht nicht fünfzig Gerechte dort geben würde.* So begann er mit Gott zu verhandeln.

„Was wäre, wenn es fünfundvierzig sind, nur fünf weniger?" Die vorgeschlagene Zahl der Gerechten spiralte weiter nach unten, bis es nur noch „zehn gerechte Menschen" waren.

Gott antwortete: „Wenn es zehn gerechte Menschen gibt, werde ich Sodom um ihrer willen nicht zerstören." Damit endete ihr Gespräch. Der Herr (Jahwe) ging in Richtung Sodom, und Abraham kehrte zu seinem Zelt zurück.

Die beiden Engel, die wie Männer erschienen, kamen am frühen Abend in Sodom an. Lot, Abrahams Neffe, saß am Stadttor. Er bot ihnen, wie sein Onkel, Gastfreundschaft in seinem Haus an, aber die beiden Männer sagten: „Nein, danke. Wir haben vor, die Nacht auf dem Stadtplatz zu verbringen."

Lot, mit einem besorgten Blick auf seinem Gesicht, drängte sie nachdrücklich, in seinem Haus zu bleiben, anstatt auf dem Stadtplatz. Schließlich gaben sie nach und gingen mit Lot nach Hause, wo sie sich badeten und ein gutes Essen einnahmen.

Bevor die beiden Männer ins Bett gingen, umzingelte eine große Gruppe von Männern aus der Umgebung Lots Haus. Sie riefen Lot zu: „Wo sind die Männer, die heute Nacht mit dir nach Hause gekommen sind? Bring sie heraus, damit wir Sex mit ihnen haben können."

Lot ging hinaus und flehte sie an, „nicht böse zu handeln und meine Besucher nicht zu sodomisieren."

Dann sagte er etwas Unvorstellbares zu uns: „Ich habe zwei unverheiratete Töchter. Ich werde sie euch herausbringen, aber tut meinen Gästen nichts. Sie sind unter den Schutz meines Daches gekommen." *Das ist ein abscheuliches Beispiel dafür, wie krankhaft eine Kultur werden kann, wenn Gott verleugnet anstatt geehrt wird.* Die Menge wandte sich gegen Lot, der immer noch als Neuankömmling galt, und sagte ihm, sie würden ihn später bestrafen, aber jetzt wollten sie die Männer. Sie drängten gegen Lot und versuchten, die Tür einzutreten, aber in einem Augenblick, wie Superhelden, streckten die beiden Männer (Engel) *die Hände aus der Tür, zogen* Lot mit sich in sein Haus hinein, schlugen die, die versuchten einzudringen, mit Blindheit und schlossen die Tür. Nachdem sich die Dinge beruhigt hatten, fragten die beiden Männer (Engel): „Hast du noch andere Familienmitglieder in der Stadt? Du und deine Familie müsst sofort fliehen, denn der Herr hat uns geschickt, um die Stadt vollständig zu zerstören."

Lot ging schnell, um zwei potenziellen Schwiegersöhnen zu erzählen, was passieren würde, aber sie lachten und dachten, er mache einen Scherz, und weigerten sich, mit Lot zu gehen. Als er nach Hause zurückkam, zögerte Lot selbst, also packten die Männer (Engel) seine Hand und die Hände seiner Frau und seiner beiden Töchter und zogen sie nach draußen.

Einer der Männer sagte: „Lauft um euer Leben. Bleibt nicht im Tal, das nach Sodom führt, oder ihr werdet zusammen mit der Stadt zerstört. Eilt auf den Berg und schaut nicht zurück auf die Stadt." Der Herr ließ dann Feuer und brennenden Schwefel auf Sodom und Gomorra regnen.

Alle und alles in den beiden Städten wurde durch das Gericht Gottes zerstört, ein wenig wie die Flut zur Zeit Noahs. Als Lots Familie in Richtung Berg floh, *gehorchte seine Frau den Engeln nicht und blickte sehnsüchtig auf ihre Stadt zurück. Sie starb sofort und wurde zu einer Salzsäule.* Mit gebrochenen Herzen setzten Lot und seine Töchter ihre Flucht auf den Berg fort.

Am frühen nächsten Morgen ging Abraham zu dem Ort, an dem er mit dem Herrn gestanden hatte. Er blickte in Richtung Sodom und Gomorra, und große Rauchwolken stiegen noch immer über das Gebiet darunter auf. So kam es, dass Gott die bösen Städte des Tals vernichtete, Gott Abraham erinnerte und Lot vor der Gefahr rettete. Lot und seine Töchter suchten Zuflucht in einer Höhle im Berg.

Nach einigen Tagen flüsterte der Erstgeborene ihrer jüngeren Schwester: „Unsere Verlobten und alle, die wir kennen, sind tot. Wir werden niemals Ehemänner haben können. Unser Vater ist alt, und unsere Familienlinie ist dazu verurteilt, zu enden, wenn er stirbt – es sei denn, wir unternehmen etwas. Lass uns unseren Vater mit Wein betrunken machen. Wenn er nicht weiß, was er tut, wird jede von uns getrennt mit ihm schlafen. *Wir werden unsere Familie durch unseren Vater bewahren.*" Beide (unbenannten) Töchter hatten Söhne von ihrem Vater. Lots Erstgeborene nannte ihren Sohn Moab (vom Vater der Mutter). Er wurde der Stammvater der Moabiter. Der Sohn von Lots Jüngstem wurde *Ben-Ammi* (Sohn meines Volkes) genannt. Er wurde der Stammvater der Ammoniter (1. Mose 19:1-38, Neuschreibung des Autors).

Die Geburt Isaaks (Genes 21:1-8)

Der Herr (Jahwe) tat für Sarah, wie er versprochen hatte. *Selbst in ihrem fortgeschrittenen Alter von neunundachtzig Jahren gebar Sarah einen Sohn für Abraham.* Sie nannten ihren Sohn *Isaak* (Lachen), wie Gott es versprochen hatte. Er nannte Sarahs Sohn *Isaak* (Lachen). Als Isaak acht Tage alt war, wurde er beschnitten, so wie Gott es befohlen hatte. Abraham war einhundert Jahre alt, als sein Sohn Isaak geboren wurde. Sarah freute sich über die Geburt ihres Sohnes. Niemand glaubte, dass sie jemals ein Kind gebären würde, doch sie brachte Abraham einen Sohn zur Welt, wie Gott versprochen hatte. Als Isaak entwöhnt wurde, veranstaltete Abraham ein riesiges Barbecue, um das Ereignis zu feiern. Jedes Mal, wenn einer von ihnen Isaak rief, erinnerten sich Abraham und Sarah an die Freude, die er ihnen brachte. Isaak war auch eine Erinnerung daran, dass jeder von ihnen Gott ins Gesicht gelacht hatte.

Isaak wurde geopfert (1. Mose 22:1-19)

Jahre vergingen. Isaak war wahrscheinlich etwa zwölf Jahre alt, als Gott Abraham prüfte. Auf die eine oder andere Weise prüft Gott alle, die ihm folgen. Er prüft uns, um uns selbst zu validieren. Gott versucht uns niemals zur Sünde oder dazu, zu scheitern. Abraham hatte eine wechselhafte Glaubensbilanz in seinem Umgang mit Gott, *wie viele von uns heute.* Manchmal vertraute er ganz auf Gott. Zu anderen Zeiten verließ sich Abraham auf seine eigenen Fähigkeiten und Wünsche. *Wenn es darauf ankommt, wo würde Abraham Stellung beziehen?*

Gott kannte bereits das Herz Abrahams. Diese Prüfung von Gott würde Abrahams wahres Wesen ihm selbst offenbaren. Eines Nachts sprach Gott erneut zu Abraham.

„Abraham, du hattest gehofft, Kinder zu haben, als du Sarah geheiratet hast, aber Sarah konnte keine Kinder bekommen. Du warst viele Jahre kinderlos, aber du hast vaterlose Kinder aufgenommen, wie Lot, nachdem dein Bruder gestorben war, und wie Eliezer aus Damaskus auch.

Ich habe dich gerufen, dein Heimatland und die Familie deines Vaters zu verlassen und Mir zu vertrauen. Ich habe versprochen, dich zu einer großen Nation zu machen. Du bist mir fünfundzwanzig Jahre gefolgt, bevor ich dir Isaac gab, jetzt der verheißene Sohn, Isaac ist zwölf Jahre alt. Nimm diesen Sohn, den du liebst. Nimm ihn mit ins Land Moriah und opfere ihn Mir."

Abraham konnte die meiste Nacht nicht schlafen. *Er wälzte sich hin und her, während er darüber nachdachte, was Gott gesagt hatte. Er zweifelte an seinem eigenen Gehör und stellte Gott in Frage. „Sicherlich hat Gott mir nicht gesagt, dass ich Isaac opfern soll." Doch er hatte gehört und verstanden, was Gott ihm geboten hatte, aber Abraham sagte sich: „Gott war immer gegen Menschenopfer. Es ist unvernünftig, dass Gott das jetzt wollen würde. Ich bin 112 Jahre alt. Isaac ist meine letzte Chance, das Versprechen Gottes zu empfangen. Er hat versprochen, aus mir eine große Nation zu machen und alle Völker durch mich zu segnen. Warum sollte Gott mir jetzt den Boden unter den Füßen wegziehen?" Schließlich überzeugte Abraham sich selbst: „Gott hat mir gesagt, dass ich meinen Isaac auf dem Morija opfern soll."*

Abraham traf schließlich seine Entscheidung: „Was auch immer die Folgen sind, ich muss gehorchen. Nein! Ich wähle es, Gott zu gehorchen, egal was passiert. *Aber ich kann Sarah nicht sagen, was ich vorhabe. Ich sage ihr einfach, dass wir nach Moriah gehen, um dem Herrn ein Opfer zu bringen." Dann fiel Abraham in einen tiefen Schlaf.*

Erstaunlicherweise stand Abraham am nächsten Morgen voller Ruhe früh auf. Er splittete Holz für ein Feuer für das Brandopfer. Er spannte einen Esel an, nicht um zu reiten, sondern um das Holz für das Feuer und Proviant für die Hin- und Rückreise zu tragen. Es war eine dreitägige Reise nach Moriah und dann noch einmal drei Tage für die Rückreise. *Abraham bereitete rote, glühende Kohlen in einem Tontopf vor und befestigte lange Lederstreifen, um den heißen Behälter zu transportieren. Er packte genug selbstgemachten Holzkohle, um die Kohlen für die dreitägige Reise am glühend zu halten. Es war damals nicht so einfach ohne Feuerzeugflüssigkeit und Streichhölzer.*

Sarah kochte reichlich Fladenbrot (ähnlich wie Tortillas), das sich mehrere Tage gut hält. Sie fügte auch reichlich Trockenfleisch und getrocknete Früchte für die Reise hinzu. Abraham sagte zwei seiner jungen Arbeiter, sie sollten sich vorbereiten, um sie zu begleiten. Als alles bereit war, frühstückten sie gemeinsam, und die vier machten sich auf den Weg.

Am dritten Tag sah Abraham den Berg Moriah in der Ferne. Er sagte zu den jungen Männern: „Bleibt hier bei dem Tier. Der Junge und ich werden dorthin gehen," *und zeigte auf den großen Hügel.*

„Wir werden den Herrn anbeten und dann zu euch zurückkehren." Abraham nahm das Holz für das Brandopfer und legte es auf den Rücken seines Sohnes. Er steckte sein Messer in seinen Gürtel und hob den *Tontopf mit den geheizten Kohlen auf.* Die beiden machten sich gemeinsam auf den Weg. Nachdem sie aus der Hörweite der jungen Männer waren, fragte Isaac seinen Vater:

Isaak. Papa, haben wir nicht etwas vergessen?

Abraham. Was meinst du, mein Sohn?

Isaak. Nun, du hast das Feuer, ich habe das Holz, aber wo ist das Lamm für das Opfer?

Isaaks Frage war wie ein Dolch ins Herz seines Vaters. Abraham war einen Moment lang sprachlos und wandte schnell sein Gesicht ab, um seine Tränen zu verbergen. Dann, die Wahrheit seiner Absichten ignorierend, griff er tief in den Grund seiner Seele und antwortete im Glauben: *„Mein Sohn, Gott selbst wird das Opflamm bereitstellen."*

Die beiden setzten ihren Aufstieg zum Hügel in Stille fort, bis sie den Ort erreicht hatten, den Gott bestimmt hatte. Sie sammelten große flache Steine, bauten einen Altar und legten das Holz auf den Altar. Als alles bereit war, holte Abraham ein Seil heraus und streckte es Isaac entgegen. *Der Blick in den Augen seines Vaters sagte Isaac: „Du, mein Sohn, bist das Opfer, das Gott bereitgestellt hat." Isaac war jung und stark; er hätte vor seinem alten Vater weglaufen können. Doch, während sein Vater gelernt hatte, dem himmlischen Vater zu vertrauen, hatte Isaac gelernt, seinem Vater zu vertrauen.* Isaac streckte seine Hände aus, um seinem Vater zu erlauben, sie zu binden, dann seine Füße zu fesseln und ihn auf den Altar zu legen. *Was für Porträts des Glaubens, sowohl des Vaters als auch des Sohnes.*

Der unvermeidliche Moment war gekommen. Abraham nahm das Messer aus seinem Gürtel und hob es hoch, bereit, es in das Herz seines Sohnes zu stoßen, bevor er das Feuer anzündete. In diesem kritischen Moment sprach der Engel des Herrn: *„Abraham! Was machst du da?"*

Abraham *schnappte nach Luft* und sagte: *„Herr, ich tue, was du befohlen hast."*

Der Engel des Herrn sprach sanft: „Füge Isaac keinen Schaden zu. Dein Herz und deine Taten beweisen, dass du bereits alles getan hast, was ich verlangt habe. *Nun weißt du, was ich bereits wusste. Nun weißt du, dass ich dir wichtiger bin als alles oder irgendjemand, sogar dein einziger Sohn des Versprechens. Du bist jetzt das Vorbild des Glaubens für alle Generationen. Deshalb habe ich beschlossen, alle Völker durch dich zu segnen.*"

Als Abraham langsam seinen Atem ausließ, raschelte es im Gebüsch. Er schaute zurück und sah einen männlichen Steinbock, der sich mit seinen Hörnern in einem nahegelegenen Busch verfangen hatte. Abraham befreite schnell Isaac, und gemeinsam fingen sie den Widder und opferten ihn. Gott hatte in der Tat ein Opfer anstelle von Isaac bereitgestellt.

Der Engel des Herrn sprach erneut: „Ich werde dich segnen, wie ich es versprochen habe. *Durch deinen Samen (Nachkommen—Plural, Genesis 22:17)* werden ihre Feinde im Kanaan besiegt werden. *Durch deinen Samen (Nachkomme—Singular, Genesis 22:18)* werden alle Nationen auf Erden *durch ihn gesegnet werden, der der Messias ist—alles, weil du meiner Stimme gehorcht hast.*" Hinweis: „Der Engel des Herrn", der zu Abraham sprach, war kein gewöhnlicher Engel (himmlischer Diener Gottes). *Der Engel des Herrn ist das präinkarnierte Wort Gottes.*

Abraham nannte diesen Ort *„Jahwe-Jireh"* (Der Herr wird versorgen), oder wie der Autor lieber sagt, der Herr selbst ist unsere Versorgung. *Jahwe-Jireh ist ein weiterer zusammengesetzter Name Gottes, der in dieser Geschichte gelehrt wird. Dieser Name offenbart den Charakter Gottes von Liebe, Treue und Versorgung für alle, die ihn* *lieben. Gottes Liebe und Versorgung sind jedoch nicht nur auf diejenigen beschränkt, die ihn lieben.*

Nach dem Opfer stiegen Vater und Sohn mit einander umschlungen den Hügel hinunter. Sie lobten Gott für seine Gnade, während sie fröhlich lachten. Abraham sagte: *„Sohn, wir müssen uns beeilen, nach Hause zu gehen und deiner Mama alles zu erzählen, damit sie sich mit uns freuen kann."*

Nachkommen Abrahams durch seine drei Frauen

Durch Sarah Durch Hagar Durch Ketura

Isaak
Jakob und Esau Ishmael hatte zwölf Söhne, Araber Midianiter
Jesus, ca. 4 v. Chr.Mohammed, 600 n. Chr.

Abraham starb im Alter von 175 Jahren und wurde neben Sarah von seinen Söhnen Isaak und Ismael begraben (Genesis 25:7-10).

Geschichte 7

DER GEISTIGE WIDERSTAND (Hiob 1:1-42:17)

Einführung

Hiob war möglicherweise ein Zeitgenosse von Abraham, obwohl manche sagen, er sei ein arabischer Weiser gewesen, drei hundert Jahre nach Abraham. Eine verkürzte Version von Hiobs Geschichte wird vor den fortlaufenden Geschichten über Abrahams Nachkommen eingefügt.

Geschichte

Es war ein Mann namens Hiob (gehasst oder verfolgt). Er lebte im Land Uz, möglicherweise östlich von Palästina, in einem Teil des heutigen Arabien. Gott (Elohim) beschrieb Hiob als einen Mann von ausgezeichnetem Charakter. Er war untadelig, rechtschaffen, gottesfürchtig und mied das Böse. Hiob war ein Mann von Integrität.

Hiob und seine Frau hatten zehn Kinder – sieben Söhne und drei Töchter. Er war sehr wohlhabend. Er hatte viele Diener und besaß eine große Anzahl verschiedener Arten von Vieh. Er war der angesehenste Mann in seiner Gegend.

Satan war ein gefallener Engel und wurde ein Widersacher Gottes, der Menschheit und allem Guten. Eines Tages trat Satan vor den Herrn (Jahwe), und der Herr fragte Satan, wo er gewesen sei und was er vorhatte.

> Satan antwortete: „Ich habe die Erde umher durchstreift." Der Herr fragte: „Was weißt du über meinen Diener Hiob? Wo würdest du einen anderen wie ihn finden? Er ist ein Mann von Integrität, der das Böse meidet und mich anbetet."
>
> (Hiob 1:7-8, umgeschrieben durch den Autor)

Satan schnitt dem Herrn (Jahwe) ein höhnisches Lächeln und antwortete,

> Sicher, das weiß ich, aber Jobs Gehorsam dir gegenüber ist nicht umsonst. Er weiß, auf welcher Seite sein Brot geschmiert ist. Du hast eine Schutzmauer um ihn und all seinen Besitz errichtet. Du hast ihn mit dem „Midas-Touch" gesegnet und ihm großen Reichtum gegeben. Wenn du Jobs wahren Charakter kennenlernen möchtest, nimm ihm seinen Reichtum, und er wird dich verfluchen.
>
> (Hiob 1:9-11, Umschreibung des Autors)

„Okay," sagte der Herr, „ich werde dir erlauben, Job durch seine Besitztümer zu versuchen. Tu, was du willst, nur nimm ihm nicht das Leben." Gott schränkte Satan ein, gab *ihm jedoch viel Spielraum.*

Als Satan das hörte, verließ er *mit einem bösen Grinsen im finsteren Gesicht die Gegenwart Gottes.* Er ließ sich keine Zeit. Noch am selben Tag kam ein Bote zu Job gerannt und sagte: „Die Sabeer (ein altes Volk aus dem südlichen Arabien) haben alle deine Ochsen und Esel gestohlen und deine Hirten mit Schwertern getötet. Ich allein habe überlebt."

Während er noch sprach, kam ein anderer und sagte: „Feuer fiel vom Himmel und tötete all deine Schafe und Hirten. Ich allein bin entkommen."

Ein anderer Diener lief zu Hiob und berichtete: „Die Chaldäer (aus dem unteren Mesopotamien, an den Persischen Golf grenzend) überfielen und stahlen alle deine Kamele und töteten deinen Hirten mit dem Schwert. Ich allein bin entkommen."

Hiob war benommen von den schlechten Nachrichten, als ein letzter Bote erschien und die herzzerreißende Nachricht brachte, dass alle von Hiobs Kindern in dem Haus ihres älteren Bruders aßen und tranken, als ein riesiger Tornado auftrat, das Haus zerstörte und alle seine Kinder tötete.

Hiob riss sein Gewand, schor sich das Haupt und fiel vor Gott nieder. Er betete und sagte: „Herr, ich bin nackt aus dem Mutterschoß geboren, und nackt werde ich zum Staub zurückkehren. Der Herr hat gegeben, und der Herr hat genommen. Gelobt sei der Herr." Hiob ertrug all diese Tragödie, ohne zu sündigen, indem er Gott (Elohim) beschuldigte oder ihn verfluchte.

An einem anderen Tag trat der Satan erneut vor den Herrn. Gott fragte ihn wieder: „Wo warst du, und was machst du?"

Der Satan antwortete: „Ich streife nur über die Erde."

Wie zuvor sagte Gott: „Was weißt du über meinen Diener Hiob? Es gibt keinen wie ihn. Obwohl du mich ohne Grund gegen ihn aufgehetzt hast, gibt es immer noch niemanden wie ihn."

Mit einem Hauch von Selbstzufriedenheit auf seinem Gesicht erwiderte Satan: "Ein Mann wird alles geben, um sein eigenes Leben zu retten. Schlage Jobs Gesundheit, und er wird wie ein gefangener Schwein quieken und *dich ins Gesicht verfluchen.*"

"Du wirst sehen," sagte Gott. "Ich werde dir erlauben, Job erneut zu versuchen. Mach weiter, schlag ihn mit deinem besten Schlag, aber du kannst ihm das Leben nicht nehmen."

Satan verließ die Gegenwart des Herrn (JHWH) und schlug sofort Job mit Geschwüren (Infektionen im Blut). Sein ganzer Körper war mit ekligen, eitergefüllten Geschwüren übersät. Während er im Staub saß, nahm Job einen Scherben aus einem zerbrochenen Tontopf und kratzte sich, um den Eiter aus seinen Wunden fließen zu lassen.

Jobs Frau verspottete ihren Mann: "Vertraust du immer noch Gott? Du solltest ihn verfluchen und sterben."

Job antwortete ihr mit einer freundlichen Stimme: „Liebling, nur törichte Frauen sprechen so, und du bist keine von ihnen. Wollen wir gute Dinge von Gott genießen, aber das Unglück nicht annehmen?" Job hielt weiterhin an seiner Integrität fest.

Als drei von Jobs Freunden, Eliphaz, Bildad und Zophar, von seinem Unglück hörten, reisten sie, um Job zu sehen und ihn zu trösten. Als sie ihn sahen, waren sie schockiert. Er war nicht wiederzuerkennen, da Geschwüre seinen Körper vollständig bedeckten. Jobs Freunde weinten um ihn und rissen ihre Gewänder. Sie warfen Staub in die Luft, ließen ihn auf sich niederfallen und setzten sich dann still im Staub mit Job. Jeder erkannte, dass Job fast unerträgliche Schmerzen litt.

Nach einer Woche der Stille verfluchte Hiob den Tag seiner Geburt. „Warum bin ich nicht an dem Tag gestorben, an dem ich geboren wurde?" Da sprachen seine Freunde nacheinander. Jedes Mal, wenn sie sprachen, wurden sie zunehmend vergeltungssüchtig gegenüber Hiob und zunehmend selbstgerecht gegenüber sich selbst. Sie begannen zu rechnen: „Wenn Hiob all diese schrecklichen Dinge erleidet, dann muss es daran liegen, dass er selbst etwas Schreckliches getan hat, und somit leidet er nur unter der Vergeltung seiner eigenen Sünden."

Hiob gab nach jedem Freund eine Widerlegung. In der heutigen Alltagssprache könnte man sagen: „Mit Freunden wie ihnen, wer braucht da Feinde?" Hiob übertrieb jedoch damit, seine eigene Integrität und Gerechtigkeit zu betonen, um seine Unschuld zu verteidigen. Hiob war von Stolz erfüllt, anstatt Gott zuzulassen, seine Unschuld zu offenbaren.

Elihu tritt ins Bild ein

In den Kapiteln 32-37 von Hiob kam ein jüngerer Freund von Hiob. Sein Name war Elihu (Er ist mein Gott). Er war auch jünger als Hiobs andere Freunde. Aufgrund der Kultur sprach Elihu nicht, bis die älteren Männer mit Hiob fertig waren. Ein jüngerer Elihu war tatsächlich weiser als Hiob und seine drei älteren Freunde. Elihu sprach auch gegen Hiob, aber aus einem anderen Grund. *Er beschuldigte Hiob scharf, "sich selbst vor Gott zu rechtfertigen" (Hiob 32:2). Hiob hatte behauptet: "Ich bin gerecht, aber es ist so, als ob Gott mich zu Unrecht des Übels beschuldigt und mich dann bestraft hat"* (Hiob 34:5).

Wir beginnen jetzt zu verstehen, dass Hiob, der fromme Mann, *die gleiche schlechte Theologie hatte wie seine Freunde* Eliphas, Bildad und Zofar.

Der gängige Irrglaube bezog sich auf Vergeltung. Die meisten Menschen dachten fälschlicherweise, dass Gott die Gerechten immer mit guten Dingen (Gesundheit, Reichtum usw.) belohnt und die Sünder immer bestraft (mit Krankheit, Armut usw.).

Hiob litt sehr; als seine Freunde annahmen, er müsse ein schrecklicher Sünder sein, litt Hiob umso mehr. Sie dachten, Gott hätte Hiobs Reichtum und Gesundheit wegen seiner geheimen Sünden genommen.

Da Hiob sich selbst als einen gerechten Mann ansah, ging er davon aus, dass Gott ihm Gesundheit und Reichtum schulde und nicht leid und Armut. Indem er sich selbst rechtfertigte, machte Hiob Gott verantwortlich dafür, dass er ihm Reichtum und Gesundheit genommen hatte.

Auf der anderen Seite sagte *"Elihu zu Hiob, dass er ohne Wissen sprach"* (Hiob 34,35) und fragt weiter: "Denkst du, du bist gerechter als Gott?" (Hiob 35,1-2). *Elihu riet Hiob, sich von seinem Stolz abzuwenden und ein demütiger Nachfolger Gottes zu werden,* auch ohne besondere Segnungen. *Viele Menschen heute kämpfen ebenfalls mit der Frage, warum ein guter Gott Böses und Leid zulässt.*

Schließlich trat der *Herr (Jahwe) in das Gespräch ein. Er sprach zuerst zu Hiob:* „Wer ist das, der den Rat mit Worten ohne Wissen verdunkelt? Gürte deine Lenden wie ein Mann. Wo warst du, als ich den Grund der Erdelegte? Sag es mir, wenn du Wissen hast." Dann fragte der Herr Hiob: „Wird der Tadelnde mit dem Allmächtigen streiten?" (Hiob 40:1 NASB).

Dann antwortete Hiob dem Herrn in Demut: „Ich bin nichtig. Was kann ich sagen, um zu dir zu antworten?" Hiob bekannte vor dem Herrn: „Ich weiß, dass du alles tun kannst. Dein Plan kann nicht vereitelt werden. Wer ist das, der den Rat ohne Wissen verbirgt? Daher *habe ich Dinge erklärt, die zu wunderbar für mich sind, die ich nicht verstand. Ich ziehe zurück und bereue in Staub und Asche*" (Hiob 42:1-6 NASB).

Hiob, wie Abraham (Geschichte 6), entdeckte, dass Gott allmächtig ist und das Beste für die Menschheit im Sinn hat. Gott nutzte die bösen Pläne Satans, um *seine eigenen guten Pläne für Hiob zur Vollendung zu bringen.* Hiobs Glauben und seine Beziehung zu Gott wurden gestärkt. Die Geschichte von Hiob hat einige Ähnlichkeiten mit der Geschichte von Joseph (Geschichte 10, die noch kommen wird).

Gott war unzufrieden mit Jobs Freunden. Nach dem Gespräch mit Job sprach der Herr zu Eliphaz, Bildad und Zophar: „*Mein Zorn ist gegen euch entzündet, weil ihr nicht die Wahrheit über Mich gesprochen habt wie Mein Diener Job.* Deshalb bereitet sieben Stiere und sieben Widder vor und geht zu Meinem Diener Job und bringt ein Brandopfer für euch dar. Mein Diener Job wird für euch beten, und ich werde euch nicht nach eurem Torheiten bestrafen, dass ihr nicht die Wahrheit über Mich gesagt habt." Die Männer taten, wie der Herr es ihnen angewiesen hatte (Hiob 42:7-9 NASB).

Nachdem Job seinen Freunden vergeben und für sie gebetet hatte, stellte der Herr sein Vermögen wieder her. Der Herr verdoppelte alles, was Job früher hatte. Job wurde ein noch gottesfürchtigerer Mann. Alle Jobs Brüder und Schwestern kamen und aßen mit ihm. Sie trösteten und ermutigten ihn in all den Widrigkeiten, die der Herr ihm hatte erleiden lassen. Jeder gab ihm Geld und einen goldenen Ring.

Der Herr segnete Hiob mehr als in den frühen Tagen seines Lebens. Hiob und seine Frau hatten sieben weitere Söhne und drei weitere Töchter. Hiob ging in der Frage der Erbschaften gegen die Kultur. Andere gaben den Töchtern kein Erbe, weil die Töchter heirateten und von ihren Ehemännern unterstützt wurden. Hiob hingegen gab seinen Töchtern das gleiche Erbe, das er seinen

Söhnen gab. Danach lebte Hiob 140 Jahre und sah seine Söhne und seine Enkel, vier Generationen.

Fragen

1. Diese Geschichte erwähnt Satan zum ersten Mal. Satan war der Gegner von wem? Wen versucht Satan noch zu besiegen?
2. Gott gab Satan die Erlaubnis und einen großen Spielraum, Hiob zu quälen, schränkte jedoch Satans Macht über Hiob ein. Was war diese Einschränkung?
3. Was lernen wir in dieser Geschichte über Gott?
4. Warum denkst du, hat Gott es zugelassen, dass Satan Hiob plagt und versucht?

Mini-Epilog

Wer ist Satan? Woher kommt er? Die Antwort kommt von den Propheten Jesaja und Ezechiel, die beide mehrere hundert Jahre nach dieser Geschichte prophezeit haben. Ich erwähne dies nur in diesem Epilog. Im Buch Jesaja, Kapitel 14, *gab der Prophet eine Prophezeiung mit doppeltem Sinn:* Erstens als Spott über den König von Babylon (Jesaja 14:4-23). *Zweitens als Erklärung für einen, der Luzifer, Satan, den Teufel, den Widersacher, usw. genannt wird* (Jesaja 14:12-15 NASB). „Wie bist du vom Himmel gefallen, o Morgenstern, Sohn der Morgenröte" (Hebräisch: *Helel*, d.h. „der Leuchtende"/ Luzifer).

Satan, du bist zur Erde niedergestreckt worden. Du, der du die Nationen geschwächt hast! Du hast in deinem Herzen gesagt: „Ich werde zum Himmel aufsteigen; ich werde meinen Thron über die Sterne Gottes [El] erheben. Ich werde auf dem Versammlungsberg sitzen, in den Tiefen des Nordens [dunkel]. Ich werde über die Höhen der Wolken aufsteigen; ich werde mich dem Höchsten gleich machen." Aber stattdessen wirst du in die Tiefe [Scheol/Hades/Hölle] gestoßen werden, in die Tiefen der Grube. (Jesaja 14:13-15)

Siehe auch Hesekiel 28:1-19.

Geschichte 8

EINE BRAUT FÜR ISAAK (GENESIS 24:1-67)

Kurz nach Sarahs Tod, im Alter von 127 Jahren, sah Abraham die Notwendigkeit, eine Frau für Isaac, seinen vierzigjährigen trauernden Sohn, zu finden. Abraham rief seinen vertrauenswürdigsten Diener, der die Verantwortung *(mawshal)* über all das hatte, was er besaß. Abraham beauftragte seinen Diener, in Abrahams Heimatland in Mesopotamien (dem heutigen Irak und den Grenzgebieten von Iran und der Türkei) zurückzukehren, *um eine gottesfürchtige Frau für Isaac zu finden*.

Der Diener Abrahams wird nicht namentlich genannt, aber Diener wurden oft nach der Arbeit, die sie verrichteten, angesprochen. Da dieser Diener Verwalter über all das war, was Abraham besaß, hatte er eine Autoritätsposition; er hatte das Sagen *(mawshal)*. Lassen Sie uns ihn daher in dieser kurzen Geschichte "Mawshal" nennen.

Abraham versprach Mawshal, dass der Herr (Jahwe) seinen Engel senden würde, um eine sichere und erfolgreiche Reise zu gewährleisten. Abraham war sehr intensiv und bat Mawshal, zu versprechen, dass er nicht einfach irgendeine Braut zurückbringen würde, sondern eine Braut aus Abrahams Familie, die Gott auswählte. Mawshal stimmte zu und machte sich mit zehn Kamelen auf den Weg, die mit Notwendigkeiten für die Hin- und Rückreise sowie einer Vielzahl von Geschenken und anderen Gütern als Mitgift und Geschenken für eine zukünftige Braut beladen waren.

Als Mawshal nach der Stadt Nahor ankam, etwa vierhundert Meilen später, ließ er die Kamele in der Nähe des Wasserbrunnens am Rand der Stadt niederknien. Er hatte erfahren, dass dieser Brunnen der Ort war, an dem Frauen und junge Damen kamen, um Wasser für den Abend zu schöpfen.

> „Oh Herr (Jahwe)“, betete er. „Bitte gewähre mir heute Erfolg und zeige meinem Meister Abraham Freundlichkeit. Während ich hier warte, werde ich junge Damen um Wasser zu trinken bitten. Möge es sein, dass die junge Dame, die Sie zum Meister Isaak erwählt haben, zu mir kommt und mir antwortet, indem sie sagt: „Hier ist ein Getränk für Sie, Herr. Ich werde auch Wasser für deine Kamele schöpfen. Auf diese Weise werde ich wissen, dass Du mich liebevoll auf Deine Braut für Meister Isaak hingewiesen hast."
>
> (1. Mose 24:12-14)

Sein Gebet hatte kaum seine Lippen verlassen, als eine junge Dame kam, um ihm ein Glas Wasser zu bringen und dann seine Kamele zu tränken. Mawshal beobachtete still das Mädchen, während sie all die Bitten erfüllte, die er an Gott gerichtet hatte. Als sie fertig war, nahm er einen aufwendigen goldenen Nasenring und zwei goldene Armbänder aus der Tasche um seine Taille und gab sie der jungen Dame und fragte: „Wer ist dein Vater?"

Mawshal war begeistert und konnte seine Freude kaum zurückhalten, als er erfuhr, dass dieses sehr schöne, junge Mädchen, Rebekah, die Tochter von Bethuel war, der der Sohn von Milcah, der Frau von Nahor, war, der Abrahams eigener Bruder war. Mawshal fragte schnell Rebekah: „Hat dein Vater einen Platz für einen Übernachtungsgast?"

"Ja, wir haben ein Gästezimmer. Wir haben auch einen Platz und genügend Futter und Stroh für deine Kamele."

Rebekah füllte schnell ihr Lehrewasserkrug nach und eilte dann voraus, um ihrer Familie zu melden, dass ein besonderer Gast kommt. Ihr Bruder, Laban, wurde zurück zum Brunnen geschickt, um Mawshal zu finden und ihn zu ihrem Zuhause zu führen.

In der Zwischenzeit betete Mawshal,

> Gesegnet sei der Herr (Jahwe), der Gott (Elohim) meines Herrn Abraham, der Seine Güte und Wahrheit gegenüber meinem Herrn nicht verlassen hat. Herr (Jahwe), Du hast mich zum Haus des Bruders meines Herrn geleitet. Danke, Herr.

Nachdem seine Kamele in die Ställe gebracht worden waren, wurde Mawshal sein Zimmer gezeigt, und er badete. Als ihm eine Mahlzeit vorgesetzt wurde, sagte er schnell: „Ich kann nicht sitzen und essen, bis ich euch erzählt habe, warum ich gekommen bin. Ich bin der Diener eures Bruders Abraham. Ich wurde hierher geschickt, um eine Braut für den Sohn meines Herrn, Isaak, zu finden." Mawshals Augen leuchteten und seine Stimme klang vor Aufregung, als er erzählte, wie Gott ihn direkt zu ihrer Tochter geleitet hatte. Nachdem die Familie seinen erstaunlichen Bericht über seine Reise und wie er Rebekah traf, gehört hatte, entschied sie, dass dies Gottes Plan war.

Mawshal verbeugte sich vor dem Herrn, dann gab er ihnen Geschenke von seinem Meister – Gegenstände aus Silber und Gold sowie Kleidungsstücke für Rebekah. Er gab auch kostbare Gegenstände ihrer Mutter und ihrem Bruder. *Dann aßen er und die Männer zusammen und feierten, während sie bis spät in die Nacht Familiengeschichten austauschten.*

Am nächsten Morgen bat Mawshal sie, ihn bitte zu seinem Meister zurückzuschicken. Sie versuchten, ihn zu überzeugen, zehn Tage länger zu bleiben, aber er sagte, er müsse sich beeilen, nach Hause zu kommen. Rebekahs Eltern hofften, dass sie ihn überzeugen könnte, länger zu bleiben, aber Rebekah sagte sanft zu ihren Eltern, *dass sie bereit sei, mit Mawshal in ihr neues Leben und Heim in Kanaan zu gehen.*

In dem Bewusstsein, dass sie ihre Tochter möglicherweise niemals wieder sehen würden, stimmte Rebekahs Familie mit großer Mühe zu, Rebekahs Entscheidung zu akzeptieren und gab ihren Segen. Nachdem Rebekah und ihre Dieninnen hastig ihre persönlichen Besitztümer zusammengeräumt hatten, umarmte sie ihre Familie und verabschiedete sich. Die jungen Damen bestiegen die Kamele, winkten und verließen schnell mit Abrahams Diener den Ort. *Rebekahs Gefühle wurden durch Tränen in ihren Augen und ein wunderschönes Lächeln auf ihrem Gesicht deutlich.*

Wochen später, als das Ende ihrer Reise in Sicht war, sah Isaac ihre Kamele aus dem Norden kommen. *Sein Herz hüpfte, als er sich fragte: War Mawshal erfolgreich? Kannte er eine Braut für mich? Wenn ja, wie ist sie?*

Etwa zu dieser Zeit entdeckte Rebekah einen einsamen Mann auf einem Feld. Sie fragte sich: *Ist das mein zukünftiger Ehemann? Wartete er, wie ich, sehnsüchtig auf meine Ankunft?* Sie hielt ihr Kamel an und gab ihm das Zeichen, sich niederzuknien. Sie stieg schnell ab und fragte Mawshal: „Wer ist der Mann, der uns entgegenkommt?"

„Das ist mein Meister Isaak, dein zukünftiger Ehemann," antwortete *er mit einem Funkeln in den Augen.* Rebekah nahm schnell ihren Schleier und bedeckte ihren Kopf, ihr Gesicht und ihre Schultern.

Nachdem die Damen ihre Unterkünfte gezeigt bekommen hatten und gebadet hatten, aßen sie gemeinsam eine besondere Mahlzeit. Nach dem Essen erzählte Mawshal die ganze Geschichte, wie Gott ihn zu Rebekah und ihrer gastfreundlichen Familie geführt hatte. *Was Isaac betrifft, so war es Liebe auf den ersten Blick bei* Rebekah – ähnlich wie bei Rebekah, die sich entschieden hatte, Isaac zu lieben und zu heiraten, nachdem sie Mawshal's Beschreibung von ihm gehört hatte.

Schließlich, ohne Zeremonie, aber mit dem Segen seines Vaters, nahm der vierzigjährige Isaac Rebekah mit zu dem, was einst das schöne Zelt seiner Mutter gewesen war. Isaac und Rebekah wurden durch Gottes Wahl und Führung Mann (ish) und Frau (ishshah).

Fragen

1. Ist Ihnen bewusst, dass in den meisten Teilen der Geschichte die Eltern den Ehepartner ihrer Kinder gewählt haben? Das ist auch heute noch für einen Großteil der Welt wahr. Kennen Sie jemanden, dessen Ehepartner von seinen Eltern gewählt wurde? Wenn nicht, versuchen Sie, sich mit einigen Paaren aus Indien, dem Nahen Osten, Afrika oder Asien anzufreunden.
2. In dieser Geschichte, wer zeigte seinen Glauben, dass Gott den Weg zur Frau weisen würde, die Gott für Isaak

ausgewählt hatte? Nennen Sie die Person oder Personen, die einen solchen Glauben hatten.

3. Welche Rolle spielte das Gebet in dieser Geschichte? Wie viele Gebete kannst du zählen? Denkst du, dass es viele andere nicht erwähnte Gebete gab? Warum denkst du das? Deutet das darauf hin, dass das Gebet eine bedeutende Rolle in unserem täglichen Leben spielen sollte?
4. Wie spielte Dankbarkeit eine Rolle in der Geschichte? Sollte Dankbarkeit eine bedeutende Rolle in unserem täglichen Leben spielen? Warum?
5. Was gab Rebekahs Eltern die Kraft, ihre Tochter so weit weg ziehen zu lassen, ohne Hoffnung, sie jemals wiederzusehen? Wenn du dich nicht erinnerst, gehe zurück zu dem Gespräch des Dieners mit Rebekahs Familie, um den Grund zu finden.
6. Versuchen Sie, die Anzahl der Male zu zählen, die kulturelle Belange eine wichtige Rolle in dieser Geschichte gespielt haben. Kultur kann pro-Gott, neutral oder anti-Gott sein. Welche Rolle spielte die Kultur in dieser Geschichte?

Geschichte 9

LERNEN, GOTT ZU VERTRAUEN (1. MOSE 25:19-36:43)

Isaak und Rebekah liebten einander, und ihre glückliche Ehe war wie ein Märchen. Sie erkannten die Rolle Gottes, der sie zusammengebracht hatte. Ihre Liebe zu Gott und ihr Vertrauen in ihn wuchsen.

Nach zwanzig Jahren Ehe konnte Rebekah immer noch keine Kinder bekommen. *Isaak betete zum Herrn (Yahweh) für seine Frau,* und der Herr ermöglichte es ihr, schwanger zu werden. Doch es schien, als würde in ihrem Leib ein Kampf stattfinden. *Also betete Rebekah und fragte den Herrn: „Was passiert hier?"*

Der Herr offenbarte, dass sie Zwillingssöhne erwartete; zwei Söhne, die zwei Nationen repräsentieren, waren in ihrem Leib. *Der Konflikt hatte bereits begonnen.* „Der Ältere wird stärker sein. Er wird jedoch dem Jüngeren dienen."

Als die Zeit ihrer Entbindung kam, setzte der Kampf fort. Sie brachte Zwillinge zur Welt. Der erste kam mit roter Haut und einem sehr haarigen Körper zur Welt. Sie nannten ihn Esau (haarig).

Sein kleiner Bruder folgte sofort; tatsächlich wurde er geboren, während er an Esau's Ferse hielt. Sie nannten ihn Jakob (Usurpator/Intrigant).

Als die Jungs erwachsen wurden, wurde Esau ein rauer Naturbursche und ein geschickter Jäger ohne hohe Ambitionen. Jakob hingegen war ein hellhäutiger Hausmann, der seinen Verstand einsetzte, um zu planen, wie er das bekam, was er wollte. *Keiner der Söhne schien besonders religiös zu sein.* Ihre Eltern machten zwei große Fehler: *Erstens erlaubten sie ihren Söhnen, zwischen ihnen zu stehen, und zweitens wählte jeder einen Favoriten. Esau war Isaaks Lieblingssohn, während Rebekka Jakob bevorzugte. Als die Jungen junge Männer geworden waren, war die Märchenhochzeit von Isaak und Rebekka in eine dysfunktionale Familie verwelkt.*

Einmal, nachdem Jakob etwas Eintopf gekocht hatte, kam sein Bruder Esau hungrig von einem Jagdausflug nach Hause.

„Kleiner Bruder," sagte er. „Ich habe Hunger. Bitte gib mir etwas von deinem Linseneintopf."

„Gut," sagte Jakob. „Aber zuerst musst du mir dein Erstgeburtsrecht als Erstgeborener verkaufen."

Esau stimmte zu, verachtete somit sein Erstgeburtsrecht und verkaufte es für eine Schüssel Eintopf.

Als Isaac alt wurde, verschlechterte sich sein Sehvermögen sehr. Isaac bat Esau, auf die Jagd zu gehen und seinen Lieblingswildschwein-Eintopf zuzubereiten. „Nachdem ich gegessen habe," sagte er, „werde ich dir meinen Segen geben."

Rebekah hörte, was ihr Mann sagte, also planten sie, nachdem Esau auf die Jagd gegangen war, gegen Isaac und Esau.

Hatte Rebekah, wie Sarai, beschlossen, Gott zu helfen, sein Versprechen für Jakob zu erfüllen? Oder zeigte sie einfach wie gewohnt ihre Vorliebe? Wie dem auch sei, sie bereitete schnell einen Eintopf zu und half auch Jakob, sich zu verkleiden. Sie bedeckte seine glatten Arme mit den Häuten eines jungen Ziegenbocks, um ihren fast blinden Mann zu täuschen und ihn glauben zu lassen, Jakob sei Esau. Sie gab Jakob auch einige von Esaus ungewaschenen Kleidern, damit er wie Esau roch. Das ermöglichte es dem betrügerischen Jakob, das Erstgeburtsrecht (den Segen ihres Vaters) von seinem älteren Bruder zu stehlen. Diese Taktiken wirkten.

Kurz darauf kam Esau von der Jagd nach Hause, bereitete den Lieblingswildschwein-Eintopf seines Vaters zu und brachte ihn ihm. Esau erwartete, den versprochenen Segen von seinem Vater zu erhalten. Es war sein Geburtsrecht als ältester Sohn. Doch sein Vater wurde alarmiert und fragte: „Wer bist du?"

„Dad, ich bin es, Esau, dein erstgeborener Sohn. Ich war auf der Jagd und habe deinen Lieblingswildschwein-Eintopf zubereitet, genau wie du es gewünscht hast."

„Oh nein! Was habe ich getan?" stöhnte Isaak. „Ich habe dein Geburtsrecht bereits an Jakob gegeben. Ich war misstrauisch, aber er überzeugte mich, dass er du bist, und ich habe ihm deinen Segen gegeben."

Esau zitterte und rief: „Segne mich auch, Vater"; aber Isaak sagte: „Ich kann nichts tun. Jakob kam hinterhältig und hat deinen Segen weggenommen, ich habe ihn zu deinem Herrn gemacht."

Esau sagte zu seinen Eltern: „Du hast Jakob gut benannt (Schwindler). Zuerst hat er mich um mein Erbe betrogen. Jetzt hat er mich auch um meinen Segen betrogen." Esau wurde bitter und hegte einen Groll gegen seinen Bruder. Er war so wütend, dass er begann, Pläne zu schmieden, um seinen Bruder zu töten.

Nachdem Isaac von Esaus teuflischem Plan erfahren hatte, bat er Gott, Jakob zu segnen. Er riet seinem Sohn, zu dem Haus des Vaters seiner Mutter nach Haran, Paddan-Aram (im heutigen nordwestlichen Irak), zu fliehen. Er sollte eine Frau aus den Töchtern Labans, dem Bruder seiner Mutter, nehmen. *Das Wissen um diese*

Töchter zeigt uns, dass es eine Kommunikation zwischen Rebekka und ihrer Familie gab.

Isaac und Rebekka wollten nicht, dass Jakob eine ungläubige Frau nimmt, so wie Esau es getan hatte. Daher gehorchte Jakob seinen Eltern und verließ das Haus, um dem Zorn seines Bruders zu entkommen. Jakob würde seine Mutter nie wiedersehen. Esau erkannte, dass seine Heiratsentscheidung mit den Töchtern Kanaans seinen Eltern Missfallen bereitete. Um sich wieder in ihr Wohlwollen zu bringen, ging er zu Onkel Ismael, dem Sohn Abrahams, und heiratete Ismaels Tochter Mahalath als seine dritte Frau.

Jakobs Traum (Genesis 28:12-22 NASB)

In der Zwischenzeit war Jacob auf dem Weg nach Haran, einer Reise von über vierhundert Meilen. In der Nähe der Stadt Luz hatte Jacob einen Traum. Er sah eine Leiter, die auf der Erde stand und deren Spitze den Himmel erreichte. Engel Gottes stiegen die Leiter hinauf und hinab. Über der Leiter stand der Herr (Jahwe) und sprach zu Jacob: *„Ich bin der Herr (Jahwe), der Gott (Elohim) von Isaac und Abraham."*

Gott gab Jacob ein bedingungsloses Versprechen. „Eines Tages werde ich dieses Land, in dem du geschlafen hast, dir und deinen Nachkommen geben. Ich habe deinem Großvater Abraham versprochen, dass ich dieses Land seinen Nachkommen geben werde. Jetzt erweitere ich dieses Versprechen auf dich und deine Nachkommen. Ich verspreche dir auch, bei dir zu sein. Ich werde für dich sorgen und dich beschützen, wo auch immer du hingehst. Eines Tages werde ich dich in dieses Land zurückbringen, aus dem du jetzt um deines Lebens willen fliehst."

Jakob wachte aus seinem Schlaf auf und sagte: „Der Herr (Jahwe) ist hier, und ich wusste es nicht einmal." Jakob war von

Furcht ergriffen und sagte: „Dies ist ein beeindruckender Ort. Es muss das Haus Gottes sein, das Tor zum Himmel." Er nannte den Ort „Bethel" (Haus Gottes).

Dann legte Jakob ein *Bedingungsversprechen* ab und sagte: „*Wenn Gott* (Elohim) mit mir sein wird, *wenn* Er für mich sorgt und mich auf dieser Reise beschützt, wenn Er mich mit Nahrung und Kleidung versorgt und mich sicher in das Haus meines Vaters zurückbringt, dann werde ich den Herrn (Jahwe) als meinen Gott (Elohim) annehmen." *Jakob kannte, wie viele heute, nicht die Person Gottes noch seinen ewigen vertrauenswürdigen Charakter. Es ist offensichtlich, dass Jakob nicht wusste, mit wem er sprach.*

Jakob fand einen großen Stein, der zur Hälfte im Boden vergraben war, und errichtete ihn dort, wo er geschlafen hatte, und sagte: „Ich habe diesen Stein als Zeichen und Zeugen gesetzt, dass ich, von allem, was Gott (Elohim) mir gibt, einen Zehnten meines Geldes an Gott zurückgeben werde" (Genesis 28:27).

Jakob setzte seine Reise fort und erreichte schließlich die Umgebung seines Ziels. Er entdeckte einen Brunnen mit drei Herden von Schafen, die darauf warteten, gewässert zu werden. Er fragte die Hirten: „Woher seid ihr?"

Sie antworteten: „Wir sind von hier, aus Haram."

Jakob lächelte und fragte: „Kennt ihr zufällig Laban, den Sohn von Nahor?"

„Ja, das tun wir," sagte einer von ihnen.

„Nun, das muss euer Glückstag sein," sagte ein anderer. „Hier kommt Rachel (die Muttersau), Labans Tochter, die ihm bei der Schäferei hilft."

Jakob verlobt sich mit Rachel (Genesis 29:8-20)

Als sich Rachels Schafe niederlegten, half Jakob, sie zu tränken. Dann stellte er sich ihr vor und küsste sie auf die Wangen. Daraufhin lief sie nach Hause, um ihrem Vater zu sagen, dass der Sohn seiner Schwester in die Stadt gekommen war. Als Laban die Nachricht hörte, eilte er hinaus, um Jakob zu treffen. Er umarmte Jakob, küsste ihn auf jede Wange und führte ihn in ihr Zuhause. Jakob berichtete von seiner Familie in Kanaan, ohne zu verraten, dass er vor seinem Bruder Esau geflohen war. Laban war glücklich, Rebekkas Sohn bei sich zu haben.

Nach einem Monat bot Laban seinem Neffen einen Job an und fragte, wie viel er ihm bezahlen solle. Jakob hatte sich in Rachel, Labans jüngste Tochter, verliebt und sagte schnell: "Ich werde sieben Jahre für Rachels Hand in der Ehe dienen."

Rachels Vater wusste, dass sie sich ebenfalls in Jakob verliebt hatte. "Okay", sagte er. "Es ist besser, wenn ein Familienmitglied sie heiratet als ein Fremder."

Laban dachte auch, dass diese sieben Jahre von Jakobs Dienst sicherlich eine profitabel Mitgift sein würden, auch wenn es ihn sieben Jahre Unterkunft und Verpflegung für Jakob kosten würde.

Sieben Jahre schienen schnell vergangen zu sein, weil er Rachel so sehr liebte und sie auch täglich sehen konnte. Schließlich sagte Jakob zu Laban: "Ich habe meinen Dienst beendet. Jetzt ist es an der Zeit, dass du mir Rachel als Frau gibst." Laban stimmte zu und arrangierte ein Hochzeitsfest.

Laban betrügte seinen Neffen (Genesis 29:21-25)

Am Abend, als die Hochzeitsgäste versammelt waren, ließ Laban Leah (müde), die ältere Schwester von Rachel, in Hochzeitskleidung und Schleiern kleiden und zu Jakob bringen. Laban gab seiner Tochter auch seine Dienerin Zilpah als Magd. Während der Hochzeit sprach

Leah nicht und machte keinen Laut. Jakob nahm an, dass Rachel die Frau unter diesen Schleiern war. So nahm er sie mit nach Hause und ging im Dunkel seines Zimmers zu ihr.

Als der Morgen kam, war Jakob schockiert zu entdecken, dass er betrogen worden war und die falsche Schwester geheiratet hatte. Jakob, der Betrüger, war selbst betrogen worden, überlistet von seinem gewieften Onkel, der nun Schwiegervater war.

„Was hast du mir angetan?" beschwerte sich Jakob. „Ich habe sieben Jahre für dich gedient, um Rachel zu heiraten, nicht Leah! Warum hast du mich getäuscht?"

„Werd' nicht so aufgeregt," antwortete Laban. „Es ist unsere Kultur! Wir geben die jüngere Tochter nicht zur Ehe, bevor ihre ältere Schwester verheiratet ist. Nächste Woche kannst du meine jüngere Tochter Rachel heiraten, aber nach der Hochzeit musst du mir weitere sieben Jahre für sie dienen."

Rachel wird seine zweite Frau (1. Mose 29:28-30:24)

Die nächste Woche, vor Rachels Hochzeit mit Jakob, gab Laban ihr seine Dienerin Bilha als ihre Magd. So heiratete Jakob auch Rachel. Er liebte Rachel mehr als Lea. Jakob diente Laban weitere sieben Jahre für Rachel. Der Herr sah, dass Lea ungeliebt war, also machte Er es möglich, dass sie Kinder bekam. Rachel blieb jedoch unfruchtbar.

Lea wurde schwanger und bekam einen Sohn und nannte ihn Ruben (siehe, ein Sohn). Sie rief: „Der Herr hat mein Elend gesehen. Sicherlich wird mein Mann mich lieben, jetzt da ich ihm einen Sohn gegeben habe." Lea gebar vier aufeinanderfolgende Söhne: Ruben, Simeon (gehört), Levi (vereinigt) und Juda (gepriesen).

Rachel konnte nicht schwanger werden, und doch fühlte sich ihre ältere Schwester unloved und war sehr eifersüchtig auf ihre kinderlose, aber sehr geliebte jüngere Schwester. *Wir können uns eine solche Situation nicht vorstellen, doch viele von uns sind mit Eifersucht, Rivalität, Unzulänglichkeit, Verrat, Intrigen usw. vertraut, die uns oder andere auf verschlungene Wege führen, was zu leeren oder ruinierten Leben führt.*

Die Saga zwischen den Schwestern wird komplizierter. Nachdem Judah von Lea geboren wurde, konnte sie nicht mehr schwanger werden. Obwohl Rachel die geliebte Frau war, war sie eifersüchtig auf ihre ältere Schwester. Lea hatte Jakob vier Söhne geschenkt, doch sie selbst blieb kinderlos. Eine wütende Rachel wandte sich an ihren Mann und sagte: "Warum hast du mir keine Kinder gegeben, wie du es für meine Schwester getan hast? Gib mir Kinder, oder ich werde sterben."

Bei dieser Abwertung explodierte Jakob vor Wut über seine geliebte Frau. "Gib mir nicht die Schuld. Es ist Gott (Elohim), der deinen Mutterleib geschlossen und dir Kinder verweigert hat."

Dann kam Rachel mit einem verzweifelten, unüberlegten Plan auf, der aus Eifersucht und Wut geboren wurde. „Nun gut", sagte Rachel. „Ich werde dir meine Magd Bilhah (belastet) als Ersatzfrau in meinem Namen geben. Sie kann dir ein Kind für mich geben, so wie Sarai ihrer Dienerin Abram gab (1. Mose 16)." Jakob beruhigte seine geliebte Frau und nahm ihre Magd als Ersatzfrau.

Bilhah wurde mit einem Sohn schwanger, und Rachel fühlte, dass Gott sie gerechtferigt hatte. Rachel nannte den Sohn von Bilhah Dan (ein Richter) und *beanspruchte ihn somit als ihren eigenen Sohn. In modernen Begriffen könnte man Bilhah eine Leihmutter nennen.* Dann wurde Bilhah wieder schwanger und nannte ihn Naphtali (Ringen), weil Rachel das Gefühl hatte, sie kämpfe mit ihrer Schwester um das Herz ihres Mannes.

Die eifersüchtigen Schwestern hörten nicht dort auf. Jetzt war Leah wieder an der Reihe. Da sie keine Kinder mehr zur

Welt bringen konnte, gab sie ihrer Magd Zilpa (eine fließende) Jacob als Ersatzfrau in ihrem Namen. Zilpa gebar Jacob zwei Söhne, Gad (Truppe) und Asher (glücklich). Dann konnte Leah erneut empfangen und gebar zwei weitere Söhne, Issachar (es gibt Vergeltung) und Zebulon (erhöht) sowie eine Tochter, Dina (Urteil).

Erst dann segnete Gott Rachel, Jacobs Lieblingsfrau, die kinderlos war. Rachel konnte endlich empfangen und gebar Jacob einen Sohn, Joseph (der Herr hat hinzugefügt). Mehrere Jahre später würde ein zweiter Sohn, Benjamin (Sohn der rechten Hand), geboren werden.

Jakob prosperiert endlich (Genesis 30:25)

Nachdem Rahel Joseph geboren hatte, bat Jakob Laban, seinen Schwiegervater, ihn fortzulassen (ihn zu entlassen, damit er in sein eigenes Land zurückkehren kann). Laban verhandelte mit Jakob: „Bitte bleibe! Gott hat mich reich gesegnet, seit du in die Familie gekommen bist, nenne mir einfach deinen Preis. Was muss ich dir geben, damit du bleibst?"

Viele Jahre zuvor hatte Jakob Laban um Erlaubnis gebeten, Rahel, Labans jüngste Tochter, zu heiraten. Ohne es zu wissen, stellte Jakobs Bitte ihn auf eine Täuschung von Laban ein. Labans Täuschung sorgte dafür, dass beide seiner Töchter einen Ehemann hatten, bescherte ihm viele Enkelkinder und hat ihn auf Jakobs Kosten bereichert.

Jetzt kam Laban mit gefalteten Händen zu Jakob. Labans Bitte gab Jakob die Gelegenheit, seinen Schwiegervater zu übervorteilen. Jakob hatte einen hinterhältigen Plan, der ihn auf Labans Kosten bereichern würde.

Jakob verspottete Laban ein wenig. „Erinnerst du dich, wie klein deine Herden waren, bevor ich kam? Mit meinem Kommen hat Gott dich vielfach gesegnet. Alles, was ich für dich tat, hat deinen Reichtum vermehrt. Ich habe dir gut gedient, aber jetzt habe ich eine große Familie, und es ist Zeit, für meinen eigenen Haushalt zu sorgen."

„Ich weiß, mein Sohn," sagte Laban. „Was muss ich dir also geben, damit du bei mir bleibst?"

„Eigentlich musst du mir nichts bezahlen," sagte Jakob. „Es gibt jedoch etwas, das du für mich tun kannst. Denk daran, ich habe vierzehn Jahre ohne Lohn gearbeitet, um deine Töchter zu heiraten. Ich habe dir ein anderes Angebot."

"Wie ihr wisst, sind die meisten eurer Schafe und Ziegen weiß. *Ich werde während weiterer sechs Jahre ohne Bezahlung über eure große Herde wachen, wenn ihr* mir erlaubt, durch eure Herden zu gehen und jedes gescheckte und gefleckte Schaf sowie jedes schwarze Lamm auszusondern, um mir selbst eine kleine Startherde von Schafen zu beschaffen, ebenso mit den Ziegen. Wenn das akzeptabel ist, gehören ab jetzt alle weißen Schafe oder Ziegen aus meiner Herde euch. Alle gescheckten oder gefleckten Schafe und schwarzen Lämmer und Ziegen aus eurer Herde gehören mir."

"Klingt gut für mich", sagte Laban. "Lass uns das als Vereinbarung festlegen."

So wurden die Herden gemäß der Vereinbarung getrennt. Jakobs Herde wurde drei Meilen von Labans Herden entfernt. Jakobs Söhne würden für seine gescheckten und gefleckten Schafe und Ziegen verantwortlich sein. Jakob kümmerte sich weiterhin ohne Bezahlung um Labans Herden.

Jakobs Betrug bestand darin, dass er seine eigenen gescheckten und gefleckten Böcke in die Nähe der besten weißen Schafe Labans brachte, um sich zu paaren, was zu gefleckten oder gescheckten Lämmern und Ziegen führte. Allerdings hielt Jakob seine eigenen Schafe weit weg von den Böcken Labans. So wuchs Jakobs Herde schnell. Er wurde wohlhabend und konnte viele Kamele und Esel kaufen und Diener einstellen.

So schien der betrügerische Jakob das Blatt gegen seinen betrügerischen Schwiegervater gewendet zu haben. Labans Einstellung änderte sich, als er sah, dass Jakobs Herde schneller wuchs als seine eigene. Er wusste, dass er übertölpelt worden war und war Jakob nicht mehr freundlich gesinnt.

Jakob verlässt heimlich Kanaan (Genesis 1:1-21)

Dann sprach der Herr (Jahwe) zu Jakob: „*Du denkst, du hast deinen Schwiegervater überlistet,* der dich von Anfang an ausgenutzt hat. Von Geburt an hast du durch selbstgeschaffene Illusionen gelebt. Jetzt lebst du in der Illusion, dass deine betrügerischen Pläne dich überaus reich gemacht haben. *Die Wahrheit ist, dass ich verantwortlich dafür bin, dass du wohlhabend geworden bist, nicht du selbst.*"

Der Herr fuhr fort: „*Ich bin müde von deinen Spielchen.* Hast du vergessen, wie ich mich dir in einem Traum während deiner Reise nach Haran offenbart habe? In diesem Traum hast du meine Engel gesehen, die eine Leiter hinauf- und hinunterstiegen, die von der Erde bis zum Himmel reichte. Ich stand oben auf der Leiter und *gab dir ein bedingungsloses Versprechen.* Ich versprach, dass meine Gegenwart mit dir sein würde, und dass ich mich um dich kümmern würde, wo immer du hingingst. Ich versprach auch, dass ich dich sicher in das Land deiner Geburt zurückbringen würde. Ich enthüllte, *dass du ein wichtiger Teil meines ewigen Plans bist, um alle Familien der Erde zu segnen.*"

Zusammenfassend tadelte der Herr Jakob: „Erinnerst du dich nicht daran, wie du auf Mein Versprechen reagiert hast? *Du hast mir ein sehr bedingtes Versprechen gegeben.* Du hast gesagt, wenn ich (Gott) dich während deiner Reise begleite, dir immer Nahrung und

Kleidung gebe und dich sicher zu deinem Vaterhaus zurückbringe, dann wäre ich (der Herr) dein Gott. Ich habe mein Versprechen dir gegenüber gehalten, ebenso wie deine Bedingungen mir gegenüber. Jetzt ist es an der Zeit, dass du dein Versprechen hältst. *Ich fordere deinen Einsatz – entweder aufgeben oder beweisen. Mach dich bereit.* Ich werde dich sicher in deine Heimat zurückbringen."

Jacob kehrte nicht zu seinem Haus zurück, sondern schickte einen Bote zu seinen Frauen und sagte: „Kommt zu mir zu unseren Herden und bringt unsere Kinder mit. Wir werden uns beeilen zu gehen."

Als seine Frauen sich versammelten, sagte Jakob ihnen alles, was der Engel (Bote) Gottes (Elohim) ihm gesagt hatte. Gott wird sie vor Laban schützen, aber sie müssen sofort nach Kanaan aufbrechen.

Rachel und Leah stimmten bereitwillig zu und sagten: „Wir haben keinen Anteil am Reichtum unseres Vaters mehr. Wir sind ihm fremd geworden. Er hat uns an dich verkauft und unser Geld verbraucht. Sicherlich gehört all der Reichtum, den Gott von unserem Vater genommen hat, uns und unseren Kindern. Also, Ehemann, tu alles, was Gott dir gesagt hat zu tun." Jakobs *Frauen waren bereit, ihrem Ehemann überallhin zu folgen, wohin er sie führte.*

Er setzte seine Frauen und Kinder sofort ohne Laban auf Kamele, ohne es ihm zu sagen. Jakob, seine älteren Söhne und die Diener gingen mit dem Vieh. Sie überquerten den Euphrat und machten sich auf den Weg ins Hügelland von Gilead, östlich des Jordanflusses.

Drei Tage vergingen, bevor Laban erfuhr, dass Jakob mit seiner Familie und seinem Vieh geflohen war. Bei dieser Entdeckung wurde er wütend, versammelte hastig seine Verwandten und machte sich auf die heiße Verfolgung. Sieben Tage später holte er schließlich Jakob ein. Jakob, seine Familie und Herden campierten im Hügelland von Gilead.

Beide Parteien waren so schnell gereist, wie sie konnten. Da Laban unbeschwert war, konnte er in sieben Tagen das zurücklegen, was Jakobs Gefolge zehn Tage benötigte. Laban schlug sein Zelt in einiger Entfernung auf und wartete bis zum Morgen, um Jakob zu konfrontieren.

Laban war voller Anschuldigungen, als er Jacob bei Tagesanbruch gegenüberstand. „Du hast mich betrogen. Du hast meine Töchter wie Gefangene fortgebracht. Du hast mir nicht einmal erlaubt, mich von meinen Enkeln zu verabschieden. Ich kann verstehen, dass du deinen eigenen Vater sehen willst, aber warum hast du meine Hausgötter gestohlen? Wie du weißt, habe ich die Macht, dir zu schaden, aber letzte Nacht hat mich der Gott deines Vaters in einem Traum gewarnt, Abstand zu halten und dir nicht zu schaden."

Laban suchte Jakobs Zelt, dann Leas Zelt, dann das Zelt der beiden Mägde (Jakobs zwei Ersatzfrauen, Zilpah und Bilhah). Schließlich betrat Laban Rachels Zelt. Sie hatte die Götzen in dem Sattel des Kamels versteckt. Sie täuschte ihren Vater, indem sie auf dem Sattel saß, während er ihr Zelt durchsuchte. Sie bat ihren Vater um Verzeihung, weil sie nicht aufgestanden war, um ihn zu ehren.

„Sei nicht verärgert," sagte sie. „Ich habe meine Periode und kann nicht stehen." So fand Laban auch seine Götzen in Rachels Zelt nicht.

Dann nahm Jakob die Gelegenheit wahr, seinen Zorn über Laban auszudrücken. „Du hast unsere Sachen durchsucht und nichts gefunden, das dir gehört. Welches Verbrechen? Welche Sünde? Was habe ich getan, dass du mich wie einen Verbrecher verfolgt und all diese Anschuldigungen gegen mich erhoben hast? Jetzt ist es an mir, wütend zu sein. Ich war zwanzig Jahre bei dir. Ich habe mich um deine Schafe und Ziegen gekümmert. Wenn es Verluste gab, habe ich sie selbst getragen. Ich habe nicht von deinen Herden gegessen. Ich habe für dich hitzige Tage und kalte Nächte gearbeitet. Oft habe ich auf Schlaf verzichtet, um dir zu nutzen, nicht mir selbst. Ich habe vierzehn Jahre gearbeitet, um deine beiden Töchter zu heiraten, und sechs weitere Jahre, um meine Startherde von dir zu bekommen. Du hast meinen Lohn zehnmal *gesenkt – zehnmal* – um dir selbst auf meine Kosten zu nutzen!"

Mit falscher gerechter Empörung fuhr Jakob fort: „Ich habe begonnen zu verstehen, dass *es Gott war, der über mich gewacht hat und mich in den letzten zwanzig Jahren befähigt hat.* Zuvor dachte ich, es seien meine eigenen Pläne und meine List, die mich erfolgreich gemacht haben. Wenn der Gott (Elohim) meines Vaters mich nicht beschützt hätte, hättest du mich leer heimgeschickt. Ich danke Gott, dass Er mich gesegnet hat. Gott sah mein Leid und die Mühe meiner Hände wegen dir. Deshalb hat Gott (Elohim) dich gestern Nacht getadelt. Vielleicht hast du keine Angst vor mir, aber du fürchtest meinen Gott."

Ein sanfter gesprochener Laban änderte das Thema. „Genug von Herden, Töchtern und Enkeln. Komm, lass uns einen Bund miteinander schließen. Wir können einen Steinhaufen als Zeugen unserer Vereinbarung aufschütten. Die Steine werden uns an unser Versprechen erinnern. Ich werde nicht an diesen Steinen vorbeigehen, um dir zu schaden, und du wirst nicht an diesen Steinen vorbeigehen, um mir zu schaden."

Beide legten sein Gelübde ab. Jakob bat dort ein Opfer an und lud seine Verwandten (Laban und diejenigen, die mit ihm waren und sie verfolgt hatten) zu einem Essen ein. Am nächsten Morgen küsste Laban seine Enkel und seine Töchter und segnete sie, bevor er in Frieden nach Hause zurückkehrte. Jakob hingegen setzte seine Reise in Richtung des Hauses seines Vaters fort.

Frieden mit Laban, muss aber trotzdem Esau gegenübertreten

Jakobs Konflikt mit seinem Schwiegervater war vorbei. Dennoch sah er sich einem älteren, ernsthafteren Konflikt mit seinem Bruder gegenüber. Esau hatte geschworen, Jacob zu töten, weil er ihm das Erstgeburtsrecht und den Segen ihres Vaters gestohlen hatte. Jacob war vor zwanzig Jahren vor dieser Gefahr geflohen. Nun reisten Jacob, sein Haushalt und sein Reichtum an Vieh in Richtung des Hauses seines Vaters Isaak. Das würde ihn für Esau zugänglich machen, der Jacob töten wollte.

Jakob und seine Familie überquerten die Grenze nach Kanaan. Er wurde erneut von Engeln Gottes getroffen, wie vor zwanzig Jahren, als er vor dem Zorn seines Bruders floh. Jetzt kehrte Jakob nach Hause zurück, und die Engel Gottes erschienen ihm wieder. Jakob nannte den Ort Mahanaim (zwei Lager), was bedeutet: "Das ist das zweite Mal, dass ich hier unter den Engeln Gottes gelagert habe."

Jakob sandte Boten mit einem Grußschreiben an seinen Bruder und hoffte, dass Esau ihm freundlich gesinnt sein würde. Wie der alte Jakob hatte er einen Plan im Kopf. Er war immer noch der listige Planer, der sich auf sich selbst statt auf Gott verließ. Sein Plan war, einen Teil seines Reichtums mit Esau zu teilen, um seinen dummköpfigen Bruder von seinem Plan abzulenken, ihn zu töten.

Nachdem die Boten den Brief an Esau überbracht hatten, kehrten sie mit der Nachricht zurück, dass Esau mit vierhundert Männern zu ihnen kommen würde. Das erschreckte Jakob umso mehr. Es war offensichtlich, dass er immer noch den Versprechen Gottes nicht traute. Er verlässt sich auf seine eigenen Pläne ohne Gott, also machte er Pläne für die unvermeidliche Begegnung mit Esau. Er teilte die Menschen in seinem Haushalt und seine Tiere in zwei große Gruppen auf. So könnte, falls Esau die vordere Gruppe angreifen würde, die hintere Gruppe entkommen.

Nachdem er seine eigenen Pläne gemacht hatte, betete Jakob, dass Gott seinen Willen tun würde. Er sagte,

> Vor zwanzig Jahren habe ich mein Land mit nur einem Gehstock verlassen; jetzt kehre ich mit einer großen Familie, vielen Dienern und riesigen Herden zurück. Bitte rette mich aus der Hand meines Bruders Esau. Ich fürchte, er wird mich und meine Familie angreifen.

Am nächsten Tag bereitete Jakob Geschenke für Esau vor: zweihundert weibliche Ziegen und zwanzig männliche Ziegen, zweihundert Mutterschafe und zwanzig Böcke, dreißig milchgebende Kamele und deren Fohlen, vierzig Kühe und zehn Stiere sowie zwanzig weibliche Esel und zehn männliche Esel. Jakob übergab all diese Tiere seinen Dienern und sagte ihnen, sie sollten vor ihm hergehen und sie Esau als Geschenk überreichen.

Jakob verbrachte eine weitere Nacht im Lager. In der Mitte der Nacht ließ er jedoch seine verbleibenden Diener seine Frauen und Kinder über den flachen Bach Jabbok bringen. *Er dachte endlich an jemand anderen als an sich selbst.*

Jakob blieb alleine in der Nähe des Flusses. Ein Engel (Bote Gottes), der wie ein Mann erschien, kam und rang bis *zum Morgengrauen mit* Jakob.

Engel. Lass mich gehen, denn der Morgen bricht an.

Jakob. Ich lasse nicht los, es sei denn, du segnest mich.

Als der Engel erkannte, dass Jakob nicht aufgeben würde, berührte er Jakob an der Stelle, wo seine Oberschenkel und Hüfte zusammenkamen.

Engel. Wie heißt du?
Jacob. Mein Name ist Jacob.
Engel. Dein Name wird nicht länger *Jacob* (Falschspieler) sein; dein neuer Name wird *Israel* (Gott siegt) sein.
Jacob. Wie heißt du?
Engel. Warum fragst du nach meinem Namen?

Dann segnete er Jakob. So nannte Jakob den Ort „Pniel“ (Angesicht Gottes). Er sagte: „Ich habe Gott (Elohim) von Angesicht zu Angesicht gesehen, und doch wurde mein Leben bewahrt.” Als die Sonne aufging, hinkte Jakob an seinem Oberschenkel, als er den Jabbok querte, um zu seiner Familie zu gelangen. Sein Hinken war *Gottes Erinnerung daran, dass er ein neuer Mensch war* (Genesis 32:24-31 NASB).

Frieden mit Esau (Genesis 33:1-17)

Als Esau am Horizont erschien, stellte Jakob seine beiden Ersatzfrauen (Bilhah und Zilpah) und deren Kinder vorne auf, dann Leah und ihre Kinder, und schließlich Rachel (die mit ihrem zweiten Kind schwanger war) und Joseph zuletzt. Dann ging Jakob vor seiner Familie und näherte sich seinem Bruder mit Demut. *Alle waren überrascht, als Esau seine Waffe fallen ließ, zu Jakob rannte, ihn umarmte und ihn auf die Wangen küsste.* Auch Jakob umarmte Esau. Beide Männer weinten; *nun gab es Vergebung und Frieden zwischen den Zwillingsbrüdern.* Jakob stellte seine Frauen und Kinder Esau vor.

Esau. Was meinst du mit all den Tieren, die von deinen Männern begleitet wurden, die ich auf meinem Weg hierher getroffen habe?
Jacob. Um in deinen Augen Gnade zu finden, mein Bruder.
Esau. Ich habe genug, Bruder. Behalte, was du für deine Familie hast.
Jacob. Wenn ich in deinen Augen Gnade gefunden habe, bitte nimm mein Geschenk an. Wir sind endlich wieder in brüderlicher Liebe vereint.
Esau. In Ordnung, wenn du willst. Lass uns deine Reise zusammen fortsetzen.
Jacob. Nein, du solltest besser vorausgehen, Esau. Einige meiner Kinder sind sehr klein, und meine Herden haben noch Junge. Die jungen Tiere werden sterben, wenn wir sie zu schnell treiben.
Esau. In diesem Fall lass zumindest mich und meine Männer bleiben, um zu helfen.
Jacob. Das ist nicht nötig. Geh voraus. Wir werden in unserem eigenen Tempo kommen.

So zog Esau mit seinen vierhundert Männern in seine Heimat nach Seir, Edom. *Jakob lernte langsam, Gott zu vertrauen. Gott kann ihn beschützen und auch das Herz seines Bruders Esau verändern. Es war schwer für Jakob, den einen wahrhaft lebendigen Gott zu begreifen, aber die Wahrheit über den einen großartigen Gott begann sich ihm zu erschließen.*

Der Autor übersprang eines von Jakobs Abenteuern, das stattfand, nachdem Esau nach Hause zurückgekehrt war. Möglicherweise hatte Jakob immer noch Angst vor seinem Bruder und kaufte Land in Sichem in Kanaan, weit weg von Esaus Land. Das ging nicht gut (1. Mose 33:1-34:31).

Jakob berief eine Familienversammlung ein, und seine Diener waren einbezogen. „Wir gehen nach Bethel, um den einen wahren Gott (El) anzubeten. Er hat mir in meiner Not vor zwanzig Jahren geholfen. Er war bei mir, wo immer ich seitdem hingegangen bin."

Bei ihrer Ankunft in Bethel (Haus Gottes) in Kanaan bauten sie einen Altar und nannten ihn El-Bethel (Gott des Hauses Gottes).

> Gott [Elohim] erschien erneut Jakob und sagte ihm ein zweites Mal, dass sein Name in Israel [Gott siegt] geändert werden würde. Gott erinnerte Jakob: „Ich bin Gott, der Allmächtige (El-Shaddai). Seid fruchtbar und vermehret euch. Eine Nation und eine Schar von Nationen sowie Könige werden von dir kommen. Das Land, das ich deinem Großvater Abraham und deinem Vater Isaak gegeben habe, gebe ich jetzt dir und deinen Nachkommen nach dir."
>
> (Genesis 35:9-12 NASB)

Rachel stirbt bei der Geburt von Benjamin (Genesis 35:16-20)

Sie verließen Bethel und reisten in Richtung Ephrath (Bethlehem), etwa fünfunddreißig Meilen südlich von Bethel. Rachels Geburtswehen begannen, während sie sich noch in großer Entfernung befanden, und sie litt unter einer sehr schwierigen Entbindung. Ihre Hebamme versuchte, sie aufzumuntern, und sagte: „Es ist in Ordnung. Du hast einen anderen Sohn." Rachel lag im Sterben und nannte mit ihrem letzten Atemzug ihren zweiten

Sohn „Ben-Oni" (Sohn meines Kummers). Jakob nannte ihren Sohn um in „Benjamin" (Sohn meiner rechten Hand).

Ein gebrochener Jakob beerdigte seine geliebte Rachel nahe der Straße nach Ephrath (Bethlehem, Haus des Brotes) und errichtete ein Steindenkmal über ihrem Grab. Schließlich kehrte Jakob zu dem Haus seines Vaters Isaak in Mamre, in Kiriath-Arba (heute Hebron genannt), zurück. Abraham hatte dort auch gelebt, bevor Isaak geboren wurde. Nicht lange nach Jakobs Rückkehr nach Hause starb Isaak im Alter von 180 Jahren. Esau und Jakob begruben ihren Vater gemeinsam.

Fragen

1. Warst du überrascht, wie genau Jakobs Name seinen Charakter beschrieb?
2. Warum denkst du, hat Gott Jakobs Namen geändert?
3. Was sind mehrere Dinge, die du über Gott in dieser Geschichte gelernt hast?
4. Hat es dich überrascht, dass Jacob trotz Gottes wiederholter Treue immer noch an seinen Versprechen zweifelte?
5. Warst du überrascht von Gottes Geduld mit Jacob?
6. Ist Gott auch heute noch geduldig mit der sündhaften Menschheit? Welche Beispiele fallen dir ein?

Die Nachkommen Esaus sind in 1. Mose 36:1-43 und 1. Chronik 1:35-50 aufgeführt.

GESCHICHTE 10

Ein „ART" DES LEIDENDEN DIENSTEN (GENESIS 37:1-50:26)

Im Alter von siebzehn Jahren hütete Joseph zusammen mit seinen älteren Brüdern die Herden seines Vaters Jakob. Joseph sagte seinem Vater, dass seine älteren Brüder nicht gut auf die Schafe aufpassten. Jakob traf eine unkluge Entscheidung. Er machte Joseph zum Aufseher über die Arbeit seiner Brüder. Er gab Joseph auch einen langen bunten Mantel, der symbolisierte, dass Jakob der Aufseher über seine älteren Brüder war. In Geschichte 9 erfuhren wir, dass Jakob Joseph mehr liebte als seine älteren Söhne, weil er Josephs Mutter, Rahel, mehr liebte als ihre Mütter, Lea, Bilha und Silpa. All dies ließ sie ihren jüngeren Bruder hassen.

Ein unreifer, unweiser Teenager, Joseph, hatte einen Traum, in dem er und seine Brüder Garben von Weizen bandeten (doppelte Handvoll Weizenhalme zu Bündeln banden). Seine Bündel standen hoch, während die Bündel seiner Brüder sich vor Joseph verbeugten. Seine älteren Brüder fragten: „Denkst du wirklich, du wirst über uns herrschen?" Sie hassten Joseph noch mehr wegen seiner Träume und aufgrund seines Stolzes, ihnen von seinem Traum zu erzählen.

> Joseph hatte einen weiteren Traum und konnte es kaum erwarten, seinen Brüdern davon zu erzählen. „In meinem neuen Traum sah ich die Sonne, den Mond und elf Sterne, die sich vor mir verneigten." Als sein Vater von diesem Traum hörte, wies er Joseph zurecht und sagte: „Was ist das für ein Traum, den du hattest? Soll ich, deine Mutter und deine Brüder uns vor dir verneigen?" Seine Brüder waren neidisch, aber Jakob bewahrte Josephs Worte in seinen Gedanken.

Die Brüder von Joseph brachten die Herden ihres Vaters etwa achtundvierzig Meilen von Hebron zur Weide in die Gegend von Sichem. Später schickte Jakob Joseph nach Sichem, um nach seinen Brüdern zu sehen. Als er ankam, konnte er sie nicht finden.

Ein Mann fragte: „Wonach suchst du?"

„Ich suche meine zehn Brüder, die sich um eine große Herde kümmern," sagte Joseph.

Der Mann sagte, er habe sie sagen hören, dass sie ihre Herde nach Dothan bringen würden, also ging Joseph weitere zwanzig Meilen.

Schnell ausgeklügelter Plan (Genesis 37:18-28)

Von weit her konnten die Brüder Josephs langen bunten Mantel im Wind wehen sehen. Sie schmiedeten einen Plan, um ihn loszuwerden. „Hier kommt der Träumer. Lass uns ihn loswerden. Wir können ihn töten und seinen Körper in eine Grube werfen und

Dad dann sagen, dass er von einem wilden Tier gefressen wurde." Sie stimmten zu und lachten: „Was wird dann aus seinen Träumen werden?"

Reuben, der älteste Bruder, hörte sie reden und unterbrach sie. „Wir können unseren eigenen Bruder nicht töten. Lass uns ihn in diese leere Grube werfen und einen besseren Plan machen, aber wir dürfen sein Blut nicht vergießen." Reuben hoffte, dass er Joseph retten und ihn nach Hause bringen könnte.

Als Joseph ankam, zogen sie ihm seinen langen Mantel aus und warfen ihn in eine leere Grube, die gegraben wurde, um Regenwasser aufzufangen. Dann setzten sie sich hin und aßen zu Mittag. Joseph flehte sie ständig an, ihn zu befreien. Während sie dort saßen und fröhlich waren, sahen sie eine Kamelkarawane vorbeiziehen. Sie war mit Fracht beladen, die nach Süden Richtung Ägypten ging. Karawanen reisten oft nah beieinander, um ihren Schutz gegen Banditen zu erhöhen.

Das gab Juda eine Idee. "Es bringt keinen Gewinn, unseren Bruder zu töten. Warum verkaufen wir Joseph nicht an jemanden in der nächsten vorbeikommenden Karawane? Das würde unseren lästigen kleinen Bruder loswerden und jedem von uns ein paar Silbermünzen einbringen." Die Brüder stimmten zu und führten ihren Plan aus, während Reuben die Herde überprüfte.

Ein wenig später entdeckten die Brüder eine andere Karawane, die kam, also zogen sie Joseph aus dem Brunnen und verkauften ihn für zwanzig Schekel Silber. Joseph flehte sie an, ihn nicht als Sklaven zu verkaufen, aber seine Brüder ignorierten seine Schreie. Die Karawane verschwand bald in der Ferne, und Joseph war auf dem Weg nach Ägypten.

Als Ruben zurückkam, ging er zum Brunnen, um nach ihrem jüngeren Bruder zu sehen, aber Joseph war nicht dort. Ruben zeriss aus Qual seine Kleider, weil er versäumt hatte, seinen jüngeren

Bruder zu beschützen. Er fragte: "Was habt ihr mit ihm gemacht?" Nachdem er ihre Erklärung gehört hatte, sprach Ruben erneut: "Was soll ich tun? Als älterer Bruder liegt die Sicherheit unseres jüngeren Bruders in meiner Verantwortung. Ich habe versagt. Was kann ich Papa sagen?"

Um Ruben zu schützen, schlachteten die Brüder einen ihrer Ziegen, zerfetzten Josephs Tunika und tauchten sie in das Blut. Sie brachten die Tunika zu ihrem Vater. "Wir fanden dies auf dem Weg. Ist es die Tunika deines Sohnes?"

„Es ist Josephs Tunika," jammerte Jakob. „Joseph ist sicher zerrissen und von einem wilden Tier verschlungen worden."

Nun war es ihr Vater, der in Qual seine Kleider riss und Sackcloth (eine aus Jute oder anderen groben Stoffen gefertigte Trauerbekleidung) anzog. Er betrauerte seinen Sohn lange Zeit. Alle seine Söhne versuchten, ihn zu trösten, aber er weigerte sich, Trost anzunehmen. Er sagte: „Ich werde meinen Sohn bis zu meinem Grab betrauern" (1. Mose 37:29–35 NASB).

Josefs gute Einstellung und Glaube an Gott (Genesis 39:1-18)

Als die Karawane der Händler Ägypten erreichte, wurde Joseph an Potiphar, einen ägyptischen Militäroffizier, der als Hauptmann der Leibwache des Pharaos diente, verkauft. Trotz der Situation war der Herr (Jahwe) mit Joseph, der ein guter und profitabler Sklave für seinen Herrn wurde.

Es dauerte nicht lange, bis Potiphar erkannte, dass Josephs Gott mit ihm war, denn alles, was Joseph anfasste, gedieh. Joseph fand nicht nur Gnade in den Augen Gottes; er fand auch Gnade in den Augen seines Herrn. Er wurde mehrmals befördert, bis er Potiphars persönlicher Diener wurde. Schließlich wurde Joseph zum Aufseher über den gesamten Haushalt von Potiphar und alles, was er besaß, ernannt. Von dem Zeitpunkt an, als Joseph zum Aufseher von Potiphars Haushalt gemacht wurde, segnete der Herr (Jahwe) das Haus des Ägypters wegen Joseph.

Potiphar war tageweise zu Hause, aber seine militärischen Pflichten hielten ihn oft für Tage am Stück von zu Hause fern. *Es war Josephs Ehrlichkeit und seine Arbeitsmoral, die Potiphars Aufmerksamkeit erregten, aber es war Josephs hübsches Gesicht und sein muskulöser Körper, die das Interesse von Potiphars einsamer Frau weckten.* In Abwesenheit ihres Mannes begann die Dame des Hauses, subtile Avancen gegenüber Joseph zu machen.

Zunächst ignorierte er ihre Flirtversuche einfach; doch mit der Zeit konnten ihre immer offensichtlicheren und gewagteren Avancen nicht länger ignoriert werden. Er wies ihre Avancen, zusammen zu sein, sanft, aber höflich zurück, doch Tag für Tag drängte sie sich Joseph auf. Trotzdem weigerte er sich, ihr nachzugeben. Er war ein junger Mann und *kämpfte täglich aufgrund ihrer Verführung mit Versuchungen.*

Er erklärte: „Da ich hier die Dinge leite, kann mein Meister seine Pflichten gegenüber seinem König unbesorgt erfüllen. Ich habe sein volles Vertrauen gewonnen. Nur dich hat er mir vorenthalten, und so sollte es sein. Ich darf das Vertrauen meines Meisters nicht verraten, ich werde auch das Vertrauen meines Gottes nicht verraten und diese böse Sünde gegen ihn begehen."

Eines Tages betrat Joseph das Haus, um seine Arbeit zu verrichten, aber keiner der anderen Diener war da. Sie packte ihn an seinem äußeren Gewand und bestand darauf: „Niemand ist hier mit uns. Du musst mit mir schlafen!" Joseph entkam ihr und floh nach draußen – aber nicht ohne sein äußeres Gewand in ihren Händen zu lassen.

Ihr Verlangen wurde zurückgewiesen, und ihre falsche Liebe verwandelte sich sofort in Hass. Sie schrie und rief die Männer des

Haushalts (Sklaven wie Joseph). Als sie hereinkamen, behauptete sie, Joseph habe versucht, sie zu vergewaltigen, aber als sie schrie, floh er und ließ seine Tunika bei ihr zurück.

Sie ließ die Tunika neben sich, bis ihr Mann zurückkam, dann sagte sie: „Dieser hebräische Sklave, den du uns gebracht hast, ist hereingekommen, um sich über mich lustig zu machen. Er hätte mich vergewaltigt, wenn ich nicht um Hilfe geschrien hätte. Hier ist seine Tunika, die er bei mir gelassen hat." Potiphars Zorn brannte, und er warf Joseph ins Gefängnis, wo die Gefangenen des Königs eingesperrt waren (1. Mose 39:17-20 NASB).

Ein unschuldiger Joseph im Gefängnis (Genesis 39:19-23)

Joseph fühlte sich wie ein Jo-Jo; auf und ab, auf und ab. In jungen Jahren erreichte er die Spitze des Familienunternehmens – nur um von seinen eifersüchtigen Brüdern in die Sklaverei verkauft zu werden. Nachdem er wieder ganz unten als Sklave von Potiphar angefangen hatte, arbeitete er sich zum obersten Sklaven hoch – nur um von der ehebrecherischen Frau Potiphars fälschlicherweise beschuldigt zu werden, versucht zu haben, sie zu missbrauchen. Joseph war nicht mehr nur ein Sklave; er war zu einem inhaftierten Sklaven geworden.

Dennoch ermöglichte ihm Josephs Glaube an Gott, zu vergeben, zu vergessen und weiterzumachen. Er glaubte nicht nur an Gott, *er vertraute Gott voll und ganz mit seinem Leben, egal in welcher Situation. Joseph weigerte sich, von der Vergangenheit kontrolliert zu werden; daher betrachtete er sich niemals als Opfer.* Er glaubte, dass Gott ihn durch jede Situation leiten und ihm neue Möglichkeiten eröffnen würde.

Jetzt inhaftiert, fand sich Joseph wieder am Boden, aber *der Herr (Jahwe) war auch im Gefängnis bei Joseph. Gott gab ihm Gunst in den Augen des Chefwächters. Joseph wurde bald ein Vertrauensmann und trug Schlüssel im Gefängnis.* Erstaunlicherweise schlug Potiphar vor, dass der Chefwächter Joseph mit der Aufsicht über die anderen Gefangenen beauftragen sollte.

Unter anderem vermittelte Joseph bei kleinen Problemen unter den Insassen. Ebenso erstaunlich war, dass der Chefwächter nichts überwachte, was unter Josephs Verantwortung fiel. Es war offensichtlich, dass der Herr mit Joseph war, denn alles, was Joseph tat, gedeihte. *Es gab ein gegenseitiges Vertrauen zwischen Gott und Joseph.*

Die Zeit verging, und der Hauptschankmeister und der Hauptbäcker des Königs beleidigten ihren König. Der Pharao war wütend und ließ sie in das Gefängnis bringen, in dem Joseph eingesperrt war. Der Hauptmann der Leibgarde (Josephs Meister Potiphar) war auch der Aufseher dieses Gefängnisses. Gott bewegte ihn, Joseph mit der Aufsicht über den Schankmeister und den Bäcker des Königs zu beauftragen, die in Einzelhaft waren.

Eines Nachts hatte jeder von ihnen getrennte Träume. Am nächsten Morgen waren sie beide deprimiert.

Joseph fragte: „Warum sind eure Gesichter heute traurig?"

Sie antworteten: „Wir hatten jeder getrennte Träume, und es gibt niemanden, der sie für uns deuten kann."

Joseph sagte: „Gehören Deutungen nicht Gott? Erzählt mir eure Träume."

Der oberste Mundschenk teilte bereitwillig seinen Traum mit Joseph. „In meinem Traum stand ein Weinstock vor mir. Er hatte drei Zweige, und jeder trieb Knospen und brachte reife Trauben hervor. Aus irgendeinem Grund hielt ich den Becher des Pharao in meiner Hand, also presste ich die Trauben in den Becher und gab den Becher in die Hand des Pharao."

Joseph sagte: „Gott hat deinen Traum offenbart. Die drei Äste repräsentieren drei Tage. Innerhalb von drei Tagen wird Pharaoh dich wieder in dein Amt als oberster Mundschenk einsetzen." Joseph bat den Mundschenk, ihn Pharaoh zu nennen und ihm zu helfen, aus dem Gefängnis zu kommen.

Als der oberste Bäcker sah, dass Joseph günstig für den obersten Mundschenk gedeutet hatte, war er bereit, Joseph seinen Traum zu erzählen. „In meinem Traum gab es drei Körbe mit weißem Brot auf meinem Kopf. Im obersten Korb waren alle möglichen Sorten gebackenes Brot für Pharaoh, aber Vögel fraßen Brot aus diesem obersten Korb."

Joseph sagte: „Gott hat auch deinen Traum offenbart. Das ist die Bedeutung deines Traums. Die drei Körbe sind drei Tage. In drei weiteren Tagen wird Pharaoh dich an einen Baum hängen, und die Vögel werden dein Fleisch fressen."

Am dritten Tag war Pharaos Geburtstag, und er stellte den Obersten Mundschenk in sein Amt wieder ein, aber er ließ den obersten Bäcker hängen, wie Joseph es gedeutet hatte. Der oberste Mundschenk wurde befreit, erinnerte sich jedoch nicht an Joseph.

Die verstörenden Träume des Pharao (Genesis 41:1-37)

Zwei Jahre später hatte Pharao selbst einen Traum. Er stand am Nil, als sieben Kühe aus den Untiefen des Flusses kamen. Sie waren schlank und fett und weideten auf dem Schilf, aber dann kamen sieben andere Kühe vom Rand des Nils. Diese Kühe waren hässlich und sehr dünn. Die sieben dünnen Kühe fraßen die sieben fetten Kühe, doch sie blieben genauso dünn wie zuvor.

Pharao wachte aus seinem Traum auf, schlief aber dann wieder ein und hatte einen zweiten Traum. Er sah sieben Ähren mit Korn, die an einem einzigen Halm wuchsen. Diese Ähren waren dick und gut. Er sah sieben andere Ähren wachsen, aber sie waren dünn und vertrocknet vom brennenden Wind. Dann verschlangen die sieben dünnen Ähren die sieben dicken Ähren, aber die dünnen Ähren blieben dünn.

Der Pharao erwachte ein zweites Mal und erkannte, dass es alles ein Traum war. Die beiden Träume machten ihm Sorgen, also rief er die weisesten Magier und Wahrsager in Ägypten, um seine Träume zu deuten. Sie versuchten es alle, aber niemand konnte die Träume des Pharaos deuten. Nach diesem Fiasko und Gottes Timing erinnerte sich der Oberster Weinzer an Joseph.

Er trat vor den Pharao und sagte: „Bitte verzeihen Sie mir, dass ich alte Dinge anspreche, aber Sie waren einmal wütend auf mich und Ihren obersten Bäcker und ließen uns ins Gefängnis werfen. Eines Nachts hatten wir beide Träume, und jeder von uns war über seinen Traum besorgt. Ein junger Hebräer, ein Diener des Hauptmanns der Leibgarde, war ebenfalls in Haft. Er war in der Lage, meinen Traum sowie den Traum des obersten Bäckers zu deuten. Seine Deutungen waren korrekt, denn ich wurde in mein Amt wieder eingesetzt, aber der oberste Bäcker wurde gehängt."

Pharao fühlte sich verzweifelt und schickte sofort Diener, um Joseph in den Palast zu bringen. Als Joseph ankam, kam Pharao sofort zur Sache. „Ich hatte beunruhigende Träume, aber niemand kann sie deuten. Ich habe gehört, dass du in der Lage bist, Träume zu deuten."

Joseph erkannte demütig an: „Ich kann Träume nicht deuten, aber Gott (Elohim) wird Pharao eine Antwort geben." Josephs Antwort war Pharao akzeptabel, der sofort seine Träume schilderte.

> Joseph sprach mit Zuversicht und sagte: „Die zwei Träume des Pharao sind zwei Weisen, dieselbe Wahrheit zu erzählen. Gott (Elohim) hat im Traum

> zum Pharao gesprochen. Er hat offenbart, was Er in Ägypten tun wird. Die zwei Arten von Kühen und die zwei Arten von Ähren repräsentieren zwei Sätze von sieben Jahresperioden."
>
> (Genesis 41:25 NASB)

„Die sieben gesunden Kühe und die sieben gesunden Ähren Getreide zeigen, dass es sieben Jahre landwirtschaftlichen Überfluss geben wird. Die sieben ungesunden Kühe und die sieben ungesunden Ähren Getreide, die die gesunden Kühe und gesunden Ähren Getreide verschlungen haben, zeigen diese sieben Jahre des Überflusses, aber diese guten Jahre werden von sieben Jahren der Hungersnot gefolgt—einer Hungersnot, die dein Land verwüsten wird. Wenn die Hungersnot kommt, wird sie so schlimm sein, dass die Menschen sich nicht an die vorhergehenden Jahre des Überflusses erinnern werden."

Pharao war von Josephs Deutung seiner Träume fasziniert, aber noch beeindruckter war er von dem Rat des jungen hebräischen Sklaven. *Der grausame Herrscher war still und aufmerksam,* während Joseph einen Aktionsplan für Pharao teilte. Gott ermöglichte es Joseph, Pharao *mit einer demütigen Stärke zu beraten.*

Der Pharao sollte proaktive Maßnahmen ergreifen. Wähle weise Männer mit Einsicht und ernannte sie zu Aufsehern über das Land. Die Aufseher erhalten die Autorität, einen Teil des gesamten landwirtschaftlichen Überflusses zu nehmen und während der sieben Jahre reicher Ernte zu lagern. Es wird zu einem Nahrungsreserve für die sieben Jahre der Hungersnot. Das wird dein Volk erhalten und verhindern, dass sie während der Hungersnot verhungern.

Josef wurde zum Gouverneur von Ägypten ernannt (Genesis 41:38–57)

Josefs Vorschlag erntete das Lob und das Vertrauen des Pharaos und seiner Beamten. Der Pharao fragte: „Können wir jemanden wie Joseph finden? Sein Gott spricht zu und durch ihn zum Nutzen von uns." Der Pharao sagte zu Joseph: „Da Gott (Elohim) dir all dies offenbart hat und dir die Weisheit gegeben hat, einen Plan aufzustellen, damit wir in guten und schlechten Zeiten gedeihen, setze ich dich über meine Nation. Das Volk wird dir gehorchen. Nur ich werde größer sein als du." Der Pharao zog seinen Siegelring ab und steckte ihn Joseph an den Finger, kleidete ihn in feine Leinengewänder und legte ihm eine goldene Halskette um den Hals. Der Pharao gab Joseph auch seinen Ersatzwagen und seinen Wagenlenker für seine Beförderung.

Ein gottloser altägyptischer Herrscher erkannte, dass Gott (Elohim) der Freund seiner Nation und nicht deren Feind war. Er gab zu, dass Gott durch Joseph sprach und ihn zum Wohl des Volkes Ägyptens einsetzte. Doch in Amerika und Europa betrachten viele Führungspersönlichkeiten heute Gott und seine Anhänger als Pseudo-Wahrheit und Feinde des Volkes und der Nation. Das ist ein Zeichen für die Macht der Sünde über die Menschheit heute. Joseph war dreißig Jahre alt, als er vor Pharao trat.

Josephs dreizehn Jahre des Leidens in Ägypten (fast die Hälfte seines Lebens) endeten. Pharao gab Joseph einen ägyptischen Namen, der „Schatz des glorreichen Friedens" bedeutet. Joseph wurde eine Frau namens Asenath gegeben.

Josef reiste durch das Land Ägypten. Er befahl den Bau von riesigen Lagerhäusern für Getreide und ernannte Bezirksaufsichtspersonen, um Lebensmittel zur Lagerung zu sammeln. Während der sieben Jahre des Überflusses wurde so viel Nahrung gelagert, dass sie nicht alles wiegen konnten. In diesen

Jahren wurden Josef und Asenath mit zwei Söhnen gesegnet. Der erste wurde Manasseh genannt (zum Vergessen bringen), Josef verkündete: „Gott hat mir ermöglicht, all die Probleme zu vergessen, die mir meine Brüder bereitet haben." Der zweite wurde Ephraim genannt (Gott ließ mich fruchtbar sein) wegen der Segnungen Gottes in Ägypten.

Sieben Jahre später kam die Hungersnot mit voller Wucht. Als das Volk den Pharao um Hilfe rief, wurde ihnen gesagt: ‚Geht zu Joseph und tut, was er sagt.' Joseph befahl, alle Speicher zu öffnen, damit die Menschen Getreide bekommen konnten. Als die Menschen aus den umliegenden Ländern hörten, dass Ägypten Getreide hatte, gingen auch sie nach Ägypten, um Getreide zu kaufen.

Joseph testete seine Brüder (1. Mose 42:1-38)

Josefs Vater, Jakob (Israel), hörte, dass Ägypten Getreide zu verkaufen hatte. Er sagte den zehn älteren Brüdern von Joseph, sie sollten aufhören, sich gegenseitig anzustarren. "Geht nach Ägypten und kauft Getreide, damit wir nicht verhungern.:=" Allerdings erlaubte Jakob nicht, dass Benjamin, der jüngere Bruder von Joseph, mitkam. Er hatte Angst, dass etwas Schlimmes Benjamin passieren würde.

Als die Söhne Israels nach Ägypten gingen, um Getreide zu kaufen. Unsere Geschichte nimmt eine neue Wendung, während sie auf einen wichtigen Schluss zusteuert – einen Schluss, der uns einen Schritt näher zu einem Verständnis von Gottes ewigem Plan für uns bringt. Als Ausländer kamen, um Getreide zu kaufen, mussten sie sich zuerst die Erlaubnis von Joseph holen.

Joseph erkannte seine Brüder sofort. Sie waren Männer, als sie ihn in die Sklaverei verkauften; ihre erwachsenen Gesichter hatten sich über die Jahre nicht viel verändert. Joseph war damals jedoch erst siebzehn, also hatte sich sein Gesicht im Laufe der Jahre drastischer verändert. Joseph trug auch ägyptische Kleidung, sprach mit ihnen in der ägyptischen Sprache und benutzte einen Dolmetscher, als ob er kein Hebräisch verstand.

Die Brüder wussten nicht, ob Joseph überlebt hatte. Sie hätten sich ganz sicher nicht seinen gegenwärtigen Zustand vorgestellt. Als seine Brüder sich vor ihm verbeugten, erinnerte er sich an seine Träume, in denen seine Brüder sich vor ihm verbeugten.

Joseph sprach scharf zu ihnen. „Woher kommt ihr?"

„Wir kommen aus dem Land Kanaan," antworteten sie.

„Ihr seid Spione! Ihr seid gekommen, um ungeschützte Teile unseres Landes zu erkunden," erwiderte er durch einen Dolmetscher.

Diese unerwartete Wendung der Ereignisse erschreckte seine Brüder. „Nein, mein Herr, wir sind gekommen, um Nahrung zu kaufen. Wir sind alle Söhne eines Mannes. Wir sind ehrliche Männer, keine Spione."

Doch Joseph beschuldigte sie ein zweites Mal. „Nein! Ihr seid gekommen, um nach ungeschützten Teilen unseres Landes zu suchen."

Sie antworteten: „Mein Herr, deine Diener sind zwölf Brüder insgesamt, die Söhne eines Mannes in Kanaan. Wir sind zehn, und wir haben einen jüngeren Bruder zu Hause bei unserem Vater, und ein Bruder lebt nicht mehr."

Joseph hatte ihnen lange zuvor vergeben; daher war seine Prüfung keine Rache für ihre Behandlung von ihm vor zwanzig Jahren. Damals konnten ihm seine Brüder nicht vertraut werden. Haben sie sich verändert? Kann er ihnen jetzt vertrauen? Sie waren verantwortlich, als sie ihm keine Gnade zeigten, nachdem sie beschlossen hatten, ihn in die Sklaverei zu verkaufen.

Joseph hat jetzt das Sagen. Seine Strenge war ein Versuch, die Wahrheit herauszufinden. Er würde weitermachen, bis er sicher war, dass sie vollkommen transparent mit ihm waren.

Joseph sagte ein drittes Mal: „Es ist, wie ich sagte – ihr seid Spione. Ich werde euch auf die Probe stellen. Ihr werdet von diesem Ort nicht weggehen, bis euer jüngerer Bruder vor mir steht. Ich werde einen von euch nach Hause schicken, um ihn hierher zu bringen, während der Rest von euch in Haft bleibt." Dann brachte Joseph alle zehn für drei Tage ins Gefängnis.

Am dritten Tag ließ Joseph seine Brüder vor sich bringen. „Wenn ihr leben wollt, müsst ihr meinen Anweisungen folgen. Ich fürchte Gott (Elohim)," sagte er. „Wenn ihr ehrliche Männer seid, soll einer von euch hier in Verwahrung bleiben, während der Rest nach Hause geht und Getreide für eure Familien mitnimmt. Dann, wenn ihr zurückkommt, um mehr Getreide zu kaufen, müsst ihr euren jüngsten Bruder mitbringen, damit eure Geschichte mir überprüft werden kann." Sie stimmten zu, das zu tun.

Die Brüder begannen, untereinander zu reden. „Wahrhaftig, wir sind schuldig in Bezug auf unseren Bruder Joseph. Wir sahen die Not seiner Seele, als er uns anflehte, doch wir wollten nicht hören. Jetzt steht die Uhr anders. Jetzt ist die Not über uns gekommen."

Reuben erinnerte sie daran. „Ich habe euch gesagt, dass ihr nicht gegen den Jungen sündigen sollt, und ihr wolltet nicht hören? Jetzt fällt die Abrechnung für sein Blut auf uns."

Weil ein Dolmetscher zwischen ihnen war, wussten sie nicht, dass der harte Mann alles verstand, was sie sagten. Joseph wandte sich von ihnen ab und weinte still. Als er sich wieder zu ihnen umdrehte, hatte er Simeon vor ihren Augen gefesselt und zurück ins Gefängnis bringen lassen.

Joseph gab heimlich den Befehl, ihre Säcke mit Getreide zu füllen und das Geld jedes Mannes zurück in ihre Säcke zu legen. Sie sollten auch Verpflegung für die Reise nach Hause erhalten.

Die Brüder, mit Ausnahme von Simeon, luden ihre Esel und machten sich auf den Weg. Als sie an einer Übernachtungsmöglichkeit ankamen, öffnete einer von ihnen seinen Sack, um seinem Esel Futter zu geben. Beim Öffnen seines Sacks stellte er fest, dass sein Geld in seinem Sack zurückgegeben worden war. Sie wurden alle unruhig und nahmen an, dass dies ein weiteres Problem verursachen würde, wenn sie nach Ägypten zurückkehren.

Sie begannen zu denken, ihre Probleme seien die Strafe Gottes für ihre Sünde gegen Joseph. *Es ist erstaunlich, wie ein schlechtes Gewissen unser Denken beeinflussen kann.* Bei ihrer Rückkehr zu ihrem Vater nach Kanaan gab es große Aufregung über die Nachricht, dass Simeon als Geisel festgehalten wurde, bis Benjamin sie auf ihrer Rückreise nach Ägypten begleitete. Jakob wollte nicht in Erwägung ziehen, dass Benjamin mitgehen konnte. Ruben argumentierte, dass es notwendig sei. Die anderen Brüder entdeckten, dass ihr Geld ebenfalls zurückgegeben worden war, und ihre Angst wuchs. Der gefürchtete Tag rückte näher.

Ihr Getreidevorrat ging zur Neige. Es war Zeit, nach Ägypten zurückzukehren oder zu verhungern. Jakob sagte ihnen, sie sollten nach Ägypten zurückkehren, um mehr Getreide zu kaufen, aber Benjamin konnte nicht mit ihnen gehen.

Judah äußerte sich. „Wenn Benjamin nicht geht, gehen wir alle nicht. Der strenge Beamte hat uns gesagt, dass wir sein Gesicht nicht wiedersehen werden, es sei denn, Benjamin ist bei uns. Was ist mit Simeon? Wir können ihn nicht im Gefängnis lassen. Außerdem können wir ohne die Erlaubnis dieses Mannes kein Getreide kaufen."

Die Diskussion dauerte eine Weile. Schließlich sagte Judah: „Schickt den Jungen mit mir. Wir werden gehen, damit unsere ganze Familie leben kann. Ich werde für Benjamin bürgen. Ihr könnt mich für ihn verantwortlich machen. Wenn wir nicht so lange mit all dieser Unentschlossenheit gewartet hätten, hätten wir bereits zweimal gehen und zurückkommen können."

Ihr Vater (Israel) gab schließlich nach. „Wenn es so sein muss, dann geht. Nehmt einige der besten Produkte des Landes in euren Taschen als Geschenk für den Beamten. Nehmt das doppelte Geld in eurer Hand sowie das Geld, das euch in euren Säcken zurückgegeben wurde. Möge Gott, der Allmächtige (El Shaddai), euch Mitleid im Angesicht des strengen Mannes gewähren, damit er Simeon freilässt und euch erlaubt, Getreide zu kaufen und zurückzukehren."

Als Joseph Benjamin mit ihnen sah, befahl er seinem Haushofmeister: „Nehmt sie mit in mein Haus. Schlachtet ein Tier und bereitet alles vor, denn sie werden um die Mittagszeit mit mir essen."

Der Hofmeister folgte Josephs Wünschen. Die Brüder waren erschrocken, weil sie in Josephs Haus gebracht wurden.

Sie flüsterten: „Es ist wegen des Geldes, das beim letzten Mal in unseren Säcken zurückgegeben wurde? Er sucht einen Vorwand, um unsere Esel zu nehmen und uns alle zu versklaven."

Als sie sich Josephs Haus näherten, sprachen sie vor dem Betreten mit dem Hofmeister. Sie erklärten, dass bei ihrer letzten Reise ihr Geld in ihren Getreidesäcken zurückgegeben worden war. Sie zeigten ihm das Geld und erklärten weiter, dass sie neben der Rückgabe dieses Geldes hier waren, um mehr Getreide zu kaufen und genug Geld hatten, um dafür zu bezahlen.

Der Steuermenschen lächelte und sprach sanft mit ihnen: „Bitte, macht euch keine Sorgen. Fürchtet euch nicht. Der Gott eures Vaters hat euch Schätze in euren Säcken gegeben. Ich habe noch das Geld, das ihr für das Getreide bezahlt habt." Dann brachte er Simeon zu ihnen und führte die elf Brüder ins Haus. Er stellte Wasser für sie bereit, damit sie sich spülen konnten, und ließ einen anderen Diener ihre Esel füttern.

Nachdem ihnen gesagt wurde, dass sie dort eine Mahlzeit einnehmen würden, bereiteten die Brüder ihre Geschenke für den strengen Mann vor. Joseph kam nach Hause, und sie brachten ihre Geschenke ins Haus und verbeugten sich vor ihm bis zu Boden. Joseph war besorgt um ihr Wohl und fragte: „Ist euer alter Vater, von dem ihr gesprochen habt, noch wohlauf?"

„Ja," antworteten sie. „Er ist lebendig und wohlbehalten."

Joseph wandte seinen Blick zu Benjamin, dem Sohn seiner Mutter, und fragte: „Ist das dein jüngster Bruder, von dem du gesprochen hast? Möge Gott dir gnädig sein, mein Sohn." Dann entschuldigte sich Joseph plötzlich aus dem Raum. Er war tief bewegt über Benjamins Anwesenheit. Ihre Mutter war bei der Geburt seines jüngsten Bruders gestorben. Joseph brauchte einen privaten Ort zum Weinen. Er ging in sein Zimmer, weinte, wusch dann sein Gesicht und kehrte zu seinen Gästen zurück.

Nach seiner Rückkehr sagte Joseph zu seinem Hausverwalter, dass er das Essen seinen Brüdern servieren solle, aber Joseph aß nicht mit ihnen. Die Brüder waren erstaunt, weil sie nach ihrem Alter gesetzt waren. Sie flüsterten untereinander: ‚Wie konnten sie nur unser Alter wissen?' Joseph brachte ihnen Portionen Fleisch von seinem eigenen Tisch, gab Benjamin jedoch viel mehr.

Letzter Test für die Brüder (Genesis 44:1-34)

Joseph war noch nicht bereit zu offenbaren, dass er ihr Bruder war. Er entwarf einen weiteren Test, um ihren Charakter zu bewerten. Sein Hausverwalter wurde instruierte, alle ihre Säcke wie zuvor zu füllen und seinen eigenen silbernen Becher in den Mund des Sacks des Jüngsten zu legen.

Am ersten Licht des nächsten Morgens machten sich die Brüder auf den Weg nach Hause. Kaum hatten sie die Stadt verlassen, als Joseph seinem Hausverwalter sagte: „Nimm bewaffnete Männer und hol die Brüder ein. Frag sie: ‚Warum habt ihr gutes mit Bösem vergolten? Ist das nicht der Becher, aus dem mein Herr trinkt? Ihr habt seinen silbernen Becher gestohlen.'“ Seine Diener gehorchten ohne Zweifel.

Die Brüder waren erschrocken und antworteten: „Warum spricht mein Herr solche Worte zu uns? Ihre Diener würden niemals so etwas tun. Erinnern Sie sich nicht daran, wie wir das Geld, das wir zuvor in unseren Säcken gefunden hatten, zurückgegeben haben? Warum sollten wir dann jetzt einen silbernen Becher von Ihrem Herrn stehlen? Suchen Sie uns ruhig. Wenn einer von uns den Silberbecher Ihres Herrn gestohlen hat, muss er sterben. Die übrigen von uns werden die Sklaven Ihres Herrn."

Der Verwalter sagte: „Es soll so sein, dass derjenige, bei dem der Becher gefunden wird, mein Sklave sein wird. Der Rest von euch wird unschuldig sein und frei sein zu gehen." Sie durchsuchten die Getreidesäcke eines jeden Bruders, angefangen beim ältesten bis zum jüngsten. Die Tasse wurde in Benjamins Tasche gefunden. Die älteren Brüder erschraken und zerrissen ihre Kleider. Sie beluden ihre Esel und kehrten in die Stadt zurück. Als Juda und seine Brüder zum Haus des harten Mannes kamen, war er immer noch da. Sie fielen vor ihm unterwürfig zu Boden.

Joseph sagte: „Was ist das für eine böse Tat, die du getan hast? Wussten Sie nicht, daß ein Mann wie ich Sie finden und vor Gericht stellen würde?"

Juda antwortete: „Was können wir sagen, mein Herr? Es gibt keinen Weg, wie wir uns rechtfertigen können. Gott hat unsere Schuld offenbart. Siehe, wir sind die Sklaven meines Herrn – wir sowie unser schuldiger Bruder."

Juda war der viertgeborene Sohn, nicht der Erstgeborene, doch jetzt übernahm er die Verantwortung wie ein Erstgeborener.

Er machte weder eine Ausrede noch eine Beschwerde über die Konsequenzen für das, was er für ein Verbrechen hielt, das von Benjamin begangen wurde.

Joseph war von Juda beeindruckt, antwortete jedoch: „Es wäre mir fern, euch alle zu bestrafen, wenn nur einer falsch gehandelt hat. Nein! Nur derjenige, in dessen Besitz der Becher gefunden wurde, wird mein Sklave. Die anderen dürfen in Frieden zu eurem Vater zurückkehren."

Judah trat noch näher und sagte: „Mein Herr, möge es deinem Diener gestattet sein, leise in dein Ohr zu sprechen? Sei bitte nicht wütend auf deinen Diener, denn ich respektiere deine Autorität. Du bist gleich Pharao. Bei unserem ersten Besuch in Ägypten fragte mein Herr seine Diener: ‚Habt ihr einen Vater oder einen anderen Bruder?' Wir sagten die Wahrheit über unseren Vater und unseren jüngsten Bruder.

„Du hast zu Recht gefordert, dass wir unseren jüngsten Bruder hierher bringen, damit du weißt, dass wir vertrauenswürdig sind. Wir haben erwähnt, dass es unseren Vater umbringen würde, wenn seinem jüngsten Kind etwas zustößt, aber wir mussten zurückkehren, um mehr Getreide zu kaufen, damit wir nicht verhungern. Du hast gesagt, wir müssen unseren jüngsten Bruder bringen, also kam er. Wenn wir ohne ihn nach Hause gehen, wird es unseren Vater umbringen. Wir sind in einer schrecklichen Lage. Bitte erlaube mir, deinem Diener, anstelle unseres jüngsten Bruders dein Sklave zu werden. Andernfalls wird das Herz meines Vaters gebrochen sein." So ist Juda, der Bruder, der vorgeschlagen hat, Joseph in die Sklaverei zu verkaufen, nun bereit, sein Leben für Benjamins zu opfern. Die Worte von Juda entflammten Josephs Herz. Er konnte sich nicht mehr beherrschen und weinte offen vor ihnen.

Joseph offenbart sich seinen Brüdern (Genesis 45:1-15)

Joseph sagte zu seinem Verwalter: „Schaffe alle aus dem Raum, außer diesen Fremden." Nachdem die Ägypter den Raum verlassen hatten, sagte er zu seinen Brüdern: *„Ich bin Joseph! Lebt mein Vater wirklich noch?"*

Seine Brüder waren sprachlos in Josephs Gegenwart und konnten nicht sprechen. Joseph weinte so laut, dass die Ägypter in den anderen Räumen ihn hören konnten.

Josef konnte endlich seine Emotionen kontrollieren und bat seine Brüder: „Bitte kommt näher." Als sie sich näherten, sagte er: „Ich bin euer Bruder Joseph, den ihr nach Ägypten verkauft habt. Seid nicht betrübt oder wütend auf euch selbst, weil ihr mich hierher verkauft habt. Durch Schwierigkeiten habe ich gelernt, *dass ich Gott vollkommen vertrauen kann. Ich verstehe jetzt, dass Gott einen Plan hatte, um mich vor euch zu senden, um unsere Familie zu bewahren.* Er hat eure böse Absicht genutzt, um mich hierher zu bringen, um das Leben unseres Vaters, euer Leben und das Leben eurer Kinder zu bewahren. *Ich glaube auch, dass Gott einen langfristigen Plan hat, den ich noch nicht verstehe.*

„Die Hungersnot ist seit zwei Jahren im Land. Es sind noch fünf Jahre ohne Pflügen oder Ernten. Du musst schnell zu meinem Vater nach Hause gehen und ihm sagen, dass ich, sein Sohn Joseph, lebe. Gott hat mich zum Herren über ganz Ägypten gemacht. Komm ohne Verzögerung zu mir. Bring die ganze Familie mit. Ich werde für dich sorgen und dir Land in Goschen geben. Es ist fruchtbares Land für euch und eure Herden." Dann umarmte Joseph Benjamin und küsste alle seine Brüder auf die Wangen und heulte an ihnen. Danach sprachen sie alle zusammen.

Als der Pharao die Nachricht hörte, dass Josephs Brüder gekommen waren, freute ihn das. Der Pharao sagte zu Joseph:

„Stelle Wagen für deine Brüder bereit, damit sie nach Hause fahren, und bring dann deinen Vater und deren Familien nach Ägypten, um zu leben. Es ist nicht nötig, all deine Haushaltsgegenstände mitzunehmen. Das Beste von ganz Ägypten wird dir gehören."

Joseph tat nach den Worten des Pharao. Er lud zehn zusätzliche Esel mit dem Besten des Landes als Geschenk für seinen Vater. Er gab seinen Brüdern neue Kleider und Vorräte für ihre Reise dorthin und zurück nach Ägypten.

Als sie das Haus ihres Vaters erreichten, erzählten sie ihm alle guten Nachrichten über Joseph. Jakobs Geist wurde wieder lebendig. „Es ist genug", sagte er. „Mein Sohn Joseph lebt noch. Ich werde ihn sehen, bevor ich sterbe." Jakob (Israel) machte sich mit seiner ganzen Familie, seinem Vieh und seinen Herden auf den Weg nach Ägypten. Als er in Beersheba (eine Stadt am südlichen Rand Israels vor dem Eintritt nach Ägypten) ankam, opferte er Gott (Elohim).

Gott sprach in einer Nachtvision zu Jakob (Israel). „Jakob, Jakob!" und er antwortete: „Hier bin ich." Gott sagte: „Ich bin Gott (El), der Gott (Elohim) deines Vaters. Fürchte dich nicht, nach Ägypten hinabzuziehen. Ich werde dich dort zu einer großen Nation machen. Ich werde mit dir nach Ägypten hinabgehen und ich werde dich auch wieder heraufbringen. Joseph wird deine Augen schließen."

Dann transportierten die Söhne Israels ihren Vater, ihre Frauen und kleinen Kinder in den Wägen, die der Pharao geschickt hatte, um sie zu bringen. Sie nahmen ihr Vieh und ihre Hausrat mit. So zog die gesamte Familie Jakobs nach Ägypten. Die Familie Josephs war bereits dort. Alle Nachkommen Jakobs zählten siebzig Seelen.

Jakob sandte Juda voraus zu Joseph, um den Weg nach Goshen zu zeigen, wo sie leben würden. Sie erwarben Land, waren fruchtbar und wurden zahlreich. Jakob lebte siebzehn glückliche Jahre in Ägypten. Als die Zeit kam, dass Jakob (Israel) sterben sollte, rief er seinen Sohn Joseph und sagte: „Bitte schwöre mir, dass du mich, wenn ich sterbe, nicht in Ägypten begräbst, sondern mich zum Begräbnisort meiner Väter zurückbringst." Joseph schwor, dass er den Wunsch seines Vaters erfüllen würde. Dann neigte Israel seinen Kopf in Anbetung.

Eines Tages hörte Joseph, dass sein Vater krank war, und nahm deshalb seine beiden Söhne, Manasseh und Ephraim, zu Jakob (Israel), um von ihm gesegnet zu werden. Joseph war verärgert, dass sein Vater Ephraim, Josephs zweitem Sohn, einen größeren Segen gab als den Segen, den er Manasseh gab. Israel machte Joseph darauf aufmerksam, dass Josephs zwei Söhne als Jakobs Söhne gezählt würden; sie wären somit die gleichen wie Reuben und Simeon. „Das bedeutet, dass ich dir einen Anteil mehr geben werde als deinen Brüdern."

Jakob rief alle seine Söhne zusammen und sagte: „Versammelt euch, damit ich euch erzählen kann, was euch in den kommenden Tagen zustoßen wird." Jakob segnete jeden seiner Söhne und sagte die Wahrheit über jeden Sohn (Genesis 49:3-20). *Der größere Segen fiel auf Juda, seinen vierten Sohn. Jakob nannte ihn einen Löwen und sagte, das Zepter (Herrschaftsgewalt) würde für immer auf ihm liegen. Wir werden in einer späteren Geschichte entdecken, was das bedeutete.* Jakobs Segen über Joseph war ebenfalls groß, und sein Vater sagte, Joseph sei der einzige bemerkenswerte Sohn unter den Brüdern. Da sagte Jakob (Israel) zu Joseph: „Siehe, ich bin im Begriff zu sterben, aber Gott wird mit dir sein und dich zurück in das Land deiner Väter bringen."

Nachdem er jeden seiner Söhne gesegnet hatte (Genesis 49:1-33), zog Jakob seine Füße ins Bett und starb. Jakob lebte 147 Jahre. Jakob war der dritte und letzte der drei wichtigsten Patriarchen

Israels (Abraham, Isaak und Jakob). Der Körper Jakobs wurde einbalsamiert, und Ägypten trauerte sieben Tage um seinen Tod; danach brachten Joseph und seine Brüder den Körper zurück nach Kanaan, um ihn gemäß den Wünschen ihres Vaters zu beerdigen, und kehrten dann nach Ägypten zurück.

Nach der Beerdigung ihres Vaters hatten Josephs Brüder Angst, dass Joseph sich an ihnen für den Verkauf in die Sklaverei rächen würde. Sie stellten sich vor, dass jetzt, wo Papa tot war, das Fallbeil bald fallen würde und ihre Hälsen auf dem Block liegen würden. Deshalb schmiedeten sie einen Plan, von dem sie hofften, dass er Joseph davon abhalten würde, sich zu rächen. Sie schickten Joseph eine täuschende Nachricht, in der stand: „Bevor dein Vater starb, sagte er uns, dich zu bitten, die Verfehlungen deiner Brüder und ihre schreckliche Sünde gegen dich zu vergeben." Sie sagten: „Wir bitten dich, uns für unsere Verfehlungen gegen dich zu vergeben."

Unakzeptierte Vergebung kann nicht genossen werden.

Joseph durchschaut ihren Plan, ihn zu manipulieren und ihn zu zwingen, ihnen zu vergeben, indem sie vortäuschten, dass dies der Wunsch ihres Vaters sei. Joseph war nicht wütend, sondern gebrochenen Herzens. Er hatte ihnen lange zuvor vergeben, als er noch ein Sklave war. Nachdem er sich dann seinen Brüdern offenbart hatte, vergab er ihnen ins Gesicht.

Joseph weinte, weil seine Brüder, obwohl sie siebzehn Jahre zuvor vergeben worden waren, seine Vergebung nicht akzeptiert hatten. Sie hatten siebzehn lange Jahre in der Angst vor Vergeltung gelebt.

Das scheint charakteristisch zu sein für Menschen, die die vergebende Gnade nicht verstehen; das Fehlen von Gnade führt zu

Schuldgefühlen, Leere, Groll oder Vergeltung. Nachdem ihr Plan gescheitert war, fielen sie vor ihrem jüngeren Bruder nieder und sagten: „Du hast gewonnen - wir sind deine Diener."

> Ein sehr geduldiger und vergebender Joseph antwortete: „Ich habe nichts gewonnen. Fürchtet euch nicht. Ich bin euer Bruder, nicht euer Gott. *Wie ich vor siebzehn Jahren sagte, obwohl ihr Böses gegen mich gemeint habt, als ihr mich als Sklaven verkauft habt, hat Gott es zum Guten gebraucht, um die gesamte Familie unseres Vaters zu bewahren.* Ihr braucht euch nicht zu sorgen oder Angst zu haben. Ich werde weiterhin für euch und eure Familien sorgen." Joseph tröstete sie und sprach freundlich zu ihnen
>
> (Genesis 50:19-21 NASB)

Joseph und seine Brüder und ihre Familien blieben in Ägypten. Joseph lebte 110 Jahre; das beinhaltete dreiundneunzig Jahre in Ägypten, von denen dreiundsechzig Jahre nach dem Tod seines Vaters waren. Joseph sah drei Generationen seiner Söhne.

Als der Tod näherkam, sagte Joseph zu seinen Brüdern: „Ich werde sterben, aber Gott wird weiterhin für euch sorgen. Er wird euch auch in das Land bringen, das er Abraham, Isaak und Jakob, unserem Vater, versprochen hat." Joseph ließ seine Brüder versprechen, dass sie seine Knochen mitnehmen würden, wenn sie Ägypten in das verheißene Land verlassen.

Bevor Sie sich mit Fragen zu Geschichte 10 beschäftigen, überprüfen Sie kurz die grundlegende Aussage des Alten Testaments (Genesis 1:1) und unsere vorherigen neun Geschichten. Was hat

Gott über (1) sich selbst? (2) Die Erde und das Universum? (3) Die Menschheit? (4) Die Sünde? (5) Das Urteil offenbart?

Was haben Sie bisher über Gottes ewigen Plan für die Menschheit gelernt?

Fragen

1. Joseph schien ein kluger junger Mann mit einem Talent für Management zu sein. Welche Rolle spielte Gott in seinem Erfolg?
2. Wie hat Gott Josephs Vertrauen wieder aufgebaut, nachdem er Sklave geworden war?
3. Wie könnte Sklaverei eine positive Rolle dabei gespielt haben, Joseph von einem ungestümen, unreifen Teenager zu einem verantwortungsbewussten Mann zu verändern?
4. Wie denkst du, hat Joseph aufgehört, sich selbst als Opfer zu betrachten, und gelernt, das Beste aus jeder Situation zu machen?
5. Wie verwandelt sich eine Person von der Grollhaltung hin zu einem Vergeber wie Joseph?
6. Siehst du irgendeinen Beweis dafür, dass Gott inkognito in und durch Joseph gewirkt hat?
7. Hast du Gottes inkognito wirkende Kraft in oder durch Menschen heute gesehen? Wenn ja, nenne ein Beispiel.
8. Hast du jemals bemerkt, dass Gott in oder durch dich wirkt? Wenn ja, hat Gott zu deinem Vorteil oder zum Vorteil anderer gewirkt? Wenn ja, sprich laut zu dir selbst und nenne ein Beispiel.
9. Hatte Gott einen übergeordneten Plan in seiner Beziehung zu Joseph? Was denkst du, war dieser übergeordnete Plan Gottes?

10. Hast du in dieser Geschichte etwas Neues über Gott gelernt?
11. Welche Botschaft hat Gott für dich in dieser Geschichte?
12. Hast du in dieser Geschichte etwas gesehen, das darauf hindeutet, warum Jakobs größte Segnung (die normalerweise dem Erstgeborenen vorbehalten ist) Judah, dem vierten Sohn, gegeben wurde? Wenn nicht, ist das in Ordnung; du wirst es später lernen, aber bete über diese Frage und bemühe dich, einen möglichen Grund zu finden.

Mini-Epilog

Die Geschichte 10 schließt unser Studium des Buches Genesis (Anfänge) ab.

Der Herr war mit Joseph. Er zeigte ihm Gnade und offenbarte ihm Dinge, *sprach jedoch offensichtlich nicht direkt mit Joseph, wie er es mit Abraham und Jakob getan hatte.* Schließlich werden wir entdecken, dass die Frage 12 oben wichtig für Gottes ewigen Plan ist.

GESCHICHTE 11

MOSES, EIN GOTTVOLLER FÜHRER (EXODUS BIS DEUTERONOMIUM)

Vierhundert Jahre vergingen zwischen Geschichte 10 und Geschichte 11.

Einführung

Josef war von Gott dazu gebraucht worden, Ägypten und die Kinder Israels während einer siebenjährigen Hungersnot vor der Zerstörung zu retten. Josef war ein Nationalheld in Ägypten geworden, aber nachdem viele Jahre vergangen waren, erhob sich ein neuer König (Pharao) über Ägypten, der sich nicht der Beiträge von Joseph für Ägypten bewusst war.

Die Nachkommen Israels vermehren sich in Ägypten (Exodus 1:7-10)

Jakob und seine siebzig Nachkommen waren nach Ägypten gezogen. Jetzt, über vierhundert Jahre später, überstieg ihre Zahl eine halbe

Million. Der neue König sagte seinem Volk, dass die Kinder Israels so zahlreich und stark seien, dass sie eine interne Bedrohung für Ägypten darstellten. Das wäre umso mehr der Fall, wenn sie sich mit einem benachbarten Feind zusammenschließen würden. „Wir müssen vorsichtig mit ihnen umgehen. Sie sind Teil unserer Wirtschaft, aber auch ein potenzieller Feind."

Nachkommen Israels, die von Ägypten versklavt wurden (Exodus 1:11-22)

Die Ägypter setzten Zuchtmeister über die Kinder Israels ein und zwangen sie zur Zwangsarbeit. Das war der Beginn von etwas Schlimmerem als bloßer Sklaverei. Die Ägypter wollten nicht nur die hebräische Bevölkerung kontrollieren; Sie zielten vor allem auf Männer ab, indem sie anstrengende und gefährliche Zwangsarbeitsprojekte durchführten. Mehrere Städte Ägyptens, darunter Ramses, wurden von Zwangsarbeitern erbaut.

Es reichte nicht, dass ihr Leben durch Zwangsarbeit verbittert wurde, die viele Todesopfer forderte. Der Pharao bemühte sich, die Vermehrung der Hebräer zu stoppen – ohne Erfolg. Je mehr sie geplagt wurden, desto mehr vermehrten sich die Hebräer, und so befahl der Pharao den hebräischen Hebammen, hebräische Knaben bei der Geburt zu töten. Hebräische Mädchenbabys sollten am Leben bleiben.

Die Hebammen fürchteten jedoch Gott (Elohim) und taten nicht, wie der König befahl. Als sie von den Behörden befragt wurden, sagten die Hebammen: „Hebräische Frauen sind stark und gebären, bevor die Hebammen ankommen." So war Gott gut zu den Hebammen und versorgte sie mit Häusern.

> Dann änderte der Pharao seinen Plan. Er befahl, dass jeder, der einen hebräischen Jungen sieht, das Kind in den Nil werfen soll, damit es ertrinkt
>
> (1. Mose 1:17-22 NASB).

Geburt von Mose (Exodus 2:1-10)

Amran (erhabenes Volk) und Jochebed (Jahwe ist Ruhm), ein hebräisches Paar aus dem Stamm Levi, waren verheiratet. Sie wurden mit zwei Kindern gesegnet: Miriam, einer Tochter, und Aaron, einem Sohn. Drei Jahre später ordnete der König (Pharao) von Ägypten an, dass alle hebräischen Jungen geboren werden sollten, um das Bevölkerungswachstum unter den Hebräern (Israeliten) zu verlangsamen.

Nach dem Erlass des Pharao brachte Jochebed einen weiteren Sohn zur Welt. Sie versteckte ihren Säugling für drei Monate. Als sie ihn nicht mehr sicher verstecken konnte, hatte diese liebevolle und einfallsreiche Mutter einen Plan. Sie machte einen Korb wasserdicht mit Teer und Pech, sodass er wie ein Boot schwimmen konnte. Sie legte ihren namenlosen Jungen in den Korb und ließ ihn zwischen den Schilfrohren in der Nähe des Ufers des Nils treiben. Miriam, die ältere Schwester des Babys, folgte dem schwimmenden Korb entlang des Flussufers und bewachte ihren kleinen Bruder.

Es geschah gerade so (Gott wirkt oft auf diese Weise), dass die Tochter des Pharao zum Baden in den Fluss kam. Sie sah den Korb, der zwischen den Schilfrohren trieb, und schickte eine ihrer Dienstmädchen ins Wasser, um ihn zu holen. Als die Prinzessin den Korb öffnete, *offenbarte das Gesicht des Babys, ebenso wie die armen Decke,* die es umhüllte, dass es sich um ein hebräisches Kind handelte. Das Baby begann zu weinen, und die Prinzessin hatte Mitleid mit ihm.

Eine mutige Miriam trat an die Prinzessin heran und fragte: „Möchtest du, dass ich eine hebräische Frau hole, um das Baby für dich zu stillen?"

Die Prinzessin lächelte das Mädchen an; vermutlich ahnte sie, was los war. „Ja, das wäre sehr hilfreich," antwortete sie.

So rannte Miriam nach Hause und brachte ihre Mutter zur Prinzessin. Die Mutter wurde gebeten, das Kind nach Hause zu nehmen und ihn zu stillen. Die Prinzessin bot Jochebed an, sie für ihre Mühe zu bezahlen. *Sie gab Jochebed auch weise ihren königlichen Schal, falls jemand nach dem Baby fragen sollte.* So ermöglichte Gott Jochebed, ihr Baby sicher zu behalten, bis es entwöhnt wurde.

Das Kind wuchs, und als die Zeit gekommen war, brachte Jochebed ihren Sohn zurück zur Tochter des Pharao. Ihr Sohn wurde der Sohn der Prinzessin, die ihn Mose nannte (aus dem Wasser herausgezogen). „Ja, Mose", sagte die Prinzessin zu Jochebed. „Weil ich ihn aus dem Nilfluss gezogen habe."

Jochebed kehrte mit leeren Armen und einem traurigen Herzen nach Hause zurück, freute sich jedoch, dass Gott ihren Sohn verschont hatte. Sie tröstete sich mit dem Gedanken, dass ihr Sohn, der Sohn einer Sklavin, eine Ausbildung und Privilegien erhalten würde, von denen andere Hebräer nicht einmal zu träumen wagen. Eine trauernde Mutter lobte Gott für seine Gnade. Alle Sklavenmütter überall zu allen Zeiten sowie heute würden Jochebeds Trauer ohne ihre Segnungen und die Privilegien ihres Sohnes kennen.

Viele Jahre vergingen. Moses, der dann vierzig Jahre alt war, ging unter seine Mithebräer und sah ihre harte Arbeit. Er sah einen Ägypter, der einen Hebräer schlug. Nachdem er in alle Richtungen gesehen hatte und niemand zusah, tötete Moses den Ägypter und versteckte seinen Körper. Am nächsten Tag sah Moses zwei Hebräer kämpfen.

Er fragte den, der den Streit begonnen hatte: „Warum schlägst du deinen Gefährten?"

Der Mann wusste, wer Mose war, und fragte: „Willst du uns töten, wie du diesen Ägypter getötet hast?"

Das brachte Moses in Panik. Er bekam Angst, dass sein Mord an dem Ägypter öffentlich bekannt würde. Der Pharao erfuhr davon und *wurde wütend. Er war nicht glücklich gewesen, als seine Tochter diesen hebräischen Jungen nach Hause brachte und ihn adoptierte. Mose hatte am Tisch des Königs gegessen. Er hatte alle Vorteile eines ägyptischen Prinzen genossen. Nun hatte er ihnen ins Gesicht gespuckt, indem er einen ägyptischen Bürger tötete.* Der Pharao versuchte, Mose zu finden und zu töten.

Eine Frau und Familie für Mose (Exodus 2:16-22)

Moses floh aus Ägypten und machte sich auf den Weg nach Midian (nördlich des Roten Meeres und östlich des Golfes von Akaba). Nachdem er Midian betreten hatte, setzte er sich an einen Brunnen und beobachtete, wie sieben junge Damen Wasser für die Herde ihres Vaters schöpften. Einige männliche Hirten kamen und versuchten, die Mädchen und ihre Schafe wegzujagen, aber Moses verteidigte die Mädchen und half ihnen, ihre Herde zu tränken. Das ermöglichte es den Mädchen, viel früher als gewöhnlich nach Hause zu kommen. Ihr Vater war überrascht und fragte: „Wie konntet ihr heute so früh nach Hause kommen?"

"Ein Ägypter hat uns vor den männlichen Hirten verteidigt. Er hat sogar Wasser geschöpft und unsere Herde getränkt."

"Nun, wo ist dieser Ägypter?" tadelte ihr Vater. "Wo sind eure Manieren? Ihr hättet diesen hilfsbereiten Mann einladen sollen, mit uns nach Hause zu kommen und mit uns zu essen."

So gingen die Töchter von Jethro, dem Priester von Midian, auch bekannt als Reuel, hinaus und riefen Mose. *Offensichtlich war Mose nicht weit entfernt, also war dies möglicherweise das Ergebnis, das die Mädchen geplant hatten.*

Jethro musterte Mose schnell: *Er war alleine in der Wüste, reiste ohne Gepäck. Er könnte ein Flüchtling sein, der um sein Leben läuft. Dennoch ist er ein ehrenwerter Mann. Er hat meine Töchter verteidigt. Er ist stark und hat ihre gesamte Herde getränkt, hat nichts im Gegenzug verlangt. Ja, dachte Jethro. Mose ist ein fleißiger, ehrenwerter Mann. Ich brauche mir keine Sorgen um seine Vergangenheit zu machen.*

Jethro beschloss, Moses seine Situation zu schildern. „Du hast meine sieben Töchter kennengelernt. Ich habe keine Söhne. Ich brauche einen verlässlichen Mann, der mir hilft." Jethro machte ein Angebot. „Wenn du bereit bist, hier zu bleiben und zu arbeiten, wirst du einen festen Job haben. Außerdem werde ich dich in die Familie aufnehmen und meine älteste Tochter, Zipporah, dir zur Frau geben." Mose nahm Jethros Angebot schnell an.

Moses und Zipporah wurden zwei Söhne geboren. Der erste wurde Gershom (Fremder) genannt. Moses war ein Fremder gewesen, wurde aber in die Familie aufgenommen. Der zweite wurde Eliezer (Gott der Hilfe) genannt. Moses dachte an sein früheres Unglück und daran, wie Gott ihn gerettet hatte. Moses lebte vierzig Jahre in Midian. Er war dann achtzig Jahre alt.

Eines Tages, während er Jethros Herde weidete, führte Mose die Herde zur Westseite der Wüste und kam dem Horeb (Berg Sinai), dem Berg Gottes (Elohim), nahe.

Der brennende Busch (Exodus 3:1-22)

Der Engel des Herrn (Jahwe) erschien Moses in einem lodernden Feuer aus der Mitte eines Strauchs. Moses beobachtete es von weitem und war erstaunt, dass der Strauch durch das Feuer nicht verbrannt wurde. Er dachte: *Das ist phänomenal. Ich muss näher hingehen und herausfinden, warum dieser Strauch nicht durch das Feuer verzehrt wird.*

Als Moses sich näherte, rief Gott (Elohim) ihn aus dem brennenden Strauch: „Moses! Das ist nah genug. Zieh deine Sandalen aus. Du stehst auf heiligem Grund *(nur heilig, solange Gott dort war).*"

Moses gehorchte, und Gott fuhr fort: „Ich bin der Gott (Elohim) deines Vaters, der Gott Abrahams, der Gott Isaaks und der Gott Jakobs."

Moses hatte Angst, Gott anzusehen, und verhüllte sein Gesicht.

> Der Herr (Jahwe) sprach aus dem lodernden Busch: „Ich bin mir der Not meines Volkes in Ägypten bewusst. Ich höre ihre Schreie der Angst. Ich kenne ihr Leiden unter ihren Aufsehern. Ich kümmere mich um ihr Wohl, und ich bin gekommen, um sie von der bösen Macht Ägyptens zu befreien"
>
> (2. Mose 3:3-8 NASB).

> Ich werde dich zu Pharao senden, damit du mein Volk, die Söhne Israels, aus Ägypten herausbringst.
>
> (2. Mose 3:10 NASB)

„Ich habe deinen Vorfahren ein Land versprochen, das von Milch und Honig fließt. Dieses Land gehört den kanaanäischen Stämmen. Ich war geduldig und barmherzig, indem ich ihnen über vierhundert Jahre Zeit gegeben habe, um Buße zu tun und mich als Herrn zu empfangen, doch sie weigern sich immer noch zu glauben.

Deshalb werde ich, derjenige, der dieses Land geschaffen hat, dieses Land Israel geben."

„Es gibt keine Möglichkeit, dass ich zu Pharao gehen und die Söhne Israels aus Ägypten führen kann."

„Das ist richtig," sagte Gott. *„Aber du wirst nicht allein sein. Ich werde mit dir sein* und dir ein Zeichen geben, dass ich dich gesandt habe. Dieses Zeichen wird sein, dass du, nachdem du das Volk aus Ägypten geführt hast, mich (Elohim) an diesem Berg (Horeb) anbeten wirst."

So *sagte Gott zu Mose, dass er, wie Abraham, im Glauben antworten müsse.* Abraham glaubte Gott und Gott rechnete seinen Glauben als Gerechtigkeit an (Genesis 15:6). Der Herr informierte Mose, dass der König von Ägypten nicht an ihn glaubte. Der Pharao würde seinen hebräischen Sklaven niemals die Erlaubnis geben, Ägypten zu verlassen, *es sei denn unter Zwang.*

> Gott sagte: „Ich werde Ägypten mit meinen Wundern schlagen, die ich vor den Augen ihres Volkes offenbaren werde. Nur dann wird der Pharao Israel ziehen lassen."
>
> (2. Mose 3:11-20 NASB, gemischt mit der Überarbeitung des Autors)

Moses, wie viele von uns heute, stellte Gott weiterhin Fragen und fand Ausreden, um ihm nicht gehorchen zu wollen. „Was ist, wenn sie mir nicht glauben oder nicht auf mich hören?"

Gott gab Moses zwei Zeichen, die die Hebräer davon überzeugen *würden, dass Gott ihn tatsächlich gesandt hatte,* um sie zu befreien. Zuerst sagte Gott zu Moses, er solle seinen Hirtenstab auf den Boden werfen. Als er gehorchte, wurde sein Stock zu einer Schlange. Moses floh vor der Schlange, aber Gott sagte ihm, er solle sie am Schwanz packen. Zögernd streckte Moses die Hand aus und packte den Schwanz der Schlange, und sie wurde wieder zu seinem Stock. Dann sagte Gott zu Moses, er solle seine Hand in seinen Gewand gegen seine Brust stecken. Er tat, wie Gott ihm gesagt hatte, und als er seine Hand aus seinem Gewand zog, war seine Hand aussätzig (eine gefürchtete Hautkrankheit). Dann steckte er seine Hand wieder in sein Gewand, und als er sie erneut herauszog, war sie normal wie der Rest seiner Haut.

„Was ist, wenn sie diese beiden Zeichen nicht glauben?"

„Dann wirst du Wasser aus dem Nil nehmen und es auf den Boden gießen, und es wird zu Blut werden", sagte Gott.

Mose antwortete: „Ich war nie ein guter Redner."

Gott hatte geduldig jede Frage und Ausrede, die Mose machte, angesprochen (2. Mose 3:10-4:12). Mose hatte jede Antwort von Gott ignoriert und tat es wieder, indem er sagte: „Sende, wen du willst, solange es nicht ich bin!"

Der Zorn des Herrn entbrannte gegen Mose. *Gott ist geduldig, aber selbst seine Geduld hat ihre Grenzen.*

Nichts überrascht Gott. Lange bevor Moses begann, seine Ausreden vorzubringen, schickte Gott Aaron, Moses' älteren Bruder, um Moses in der trostlosen Wüste nahe dem Berg Horeb zu treffen. Gott beabsichtigte, dass Aaron, ein eloquenter Redner, Moses' Sprecher wird. Gott würde sie befähigen, den Hebräern zu helfen, aus der Sklaverei befreit zu werden und sie ins verheißene Land zu führen. *Gott ist immer proaktiv, handelt, um Menschen oder Ressourcen bereitzustellen, noch bevor eine Auserwählte von einer Situation, Gelegenheit oder Notwendigkeit weiß.*

Gott sagte: ‚Zieh deine Schuhe an und nimm deinen Hirtenstab, mit dem du Zeichen und Wunder tun wirst. Bald wirst du auf dem Weg nach Ägypten sein, um die Hebräer zu gewinnen und mit dem Pharao zu kämpfen.'

Mose hatte Verpflichtungen gegenüber seinem Schwiegervater, also gab er zuerst alle Herden von Jethro zurück. Er bat um Erlaubnis, die Herden und seine Vereinbarung mit Jethro zu verlassen. Mose sagte Jethro, dass er zu Verwandten in Ägypten zurückkehren müsse. Jethro stimmte zu und gab ihm seinen Segen. Der Herr (Jahwe) versicherte Mose, dass diejenigen, die ihm nach dem Leben trachteten, alle tot seien. Mose setzte seine Frau und seine Söhne auf einen Esel und reiste nach Ägypten. Mose nahm auch seinen Hirtenstock mit, aber nun war er in seiner Hand zum „Stock Gottes (Elohim)" geworden. Die Bezeichnung „Stock Gottes" zeigt an, dass Gott den Hirtenstock von Mose benutzte, um zahlreiche Wunder zu vollbringen. *Der Stock selbst hatte keine magischen Kräfte.*

Auf dem Weg nach Ägypten traf Aaron Moses am Berg (Horeb). Es war ein wunderschönes Treffen von Brüdern, *die sich vermutlich seit mindestens vierzig Jahren nicht mehr gesehen hatten.* Mose erzählte Aaron alles, was der Herr (Jahwe) ihm über die Reise nach Ägypten gesagt hatte; das umfasste Gottes Plan, sie zu benutzen, um das hebräische Volk zu befreien, und die Zeichen, die Gott Mose befahl, auszuführen.

Als sie Ägypten erreichten, rief Aaron eine Versammlung der Ältesten (Stammesführer) Israels ein. Es war wichtig, die Unterstützung der Ältesten zu gewinnen, damit alle Menschen kooperieren und ihnen folgen würden. Aaron stellte Moses der Versammlung vor und erzählte den Ältesten, was der Herr (Jahwe/Ich bin der ich bin) Mose gesagt hatte.

Sie zeigten die zwei Zeichen (Wunder), die Gott Moses gegeben hatte. Die Ältesten glaubten den Worten von Moses, die durch Aaron, seinen Sprecher, übermittelt wurden. Sie wiederum gingen zu den Menschen in Israel mit der Nachricht, dass der Herr (Jahwe) sich um sie kümmerte. Das Volk Israel wurde aufgeregt und warf sich nieder und betete den Herrn an (2. Mose 4:29-31).

Nachdem sie die Unterstützung des hebräischen Volkes gewonnen hatten, erhielten Moses und Aaron die Erlaubnis, sich mit dem Pharao zu treffen. Aaron überbrachte dem Pharao die Worte Gottes.

> So spricht der Herr Gott (Jahwe Elohim) von Israel: „Lass mein Volk ziehen, damit sie mir ein Fest in der Wüste feiern." *Der Pharao antwortete: „Wer ist dieser Herr, dass ich ihm gehorchen sollte?* Ich kenne ihn nicht, und ich will Israel nicht ziehen lassen."
>
> (2. Mose 5,1-2, Umschreibung des Autors)

Aaron antwortete: „Gott sagte, wenn wir drei Tage lang nicht opfern dürfen, wird er Pestilenz über Ägypten bringen."

Der Pharao entgegnete schnell: „Warum wollt ihr die Leute von ihrer Arbeit abhalten? *Seht, Leute, ihr bittet um Freizeit für Tausende meiner Arbeiter. Denkt an die verlorene Produktion, die das kosten würde.*"

Danach versammelte der Pharao die Aufseher, die über die hebräischen Vorarbeiter standen, die wiederum die hebräischen Arbeiter (Sklaven) beaufsichtigten. Der Pharao sagte zu ihnen: „Unsere Sklaven rebellieren, und wir müssen gegen sie vorgehen. Wir werden keinen Stroh mehr für die hebräischen Arbeiter, die Ziegel machen, bereitstellen. Von nun an müssen sie es sich selbst besorgen. Das wird viel Zeit in Anspruch nehmen, aber sie müssen weiterhin die gleiche Menge an Ziegeln täglich produzieren."

Die hebräischen Arbeiter konnten jedoch kein Stroh sammeln und schneiden und trotzdem die tägliche Quota an Ziegeln produzieren. Daher schlugen die Aufseher die Vorarbeiter und sagten ihnen, sie sollten die Arbeiter zwingen, härter und schneller zu arbeiten. Die Vorarbeiter appellierten an den Pharao, aber er lehnte es ab, zuzuhören. Er sagte: „Eure Landsleute sind faul“ (Exodus 5:1-17).

Gott versicherte Mose und Aaron, dass der Pharao schließlich erlauben würde, dass sein Volk Ägypten verlässt - aber nur unter Zwang. „Ich werde das Herz des Pharao verhärten, damit ich meine Zeichen und Wunder im Land Ägypten vermehren kann. Wenn der Pharao nicht auf euch hört, werde ich Ägypten mit schweren Strafen belasten und mein Volk durch strenge Urteile aus Ägypten hinausführen. Dann werden sie wissen, dass ich der Herr bin.

„Kehrt zu Pharao zurück, und wenn er nach einem Wunder fragt, sag Aaron, er solle den Stab Gottes vor Pharao fallen lassen, und er wird zu einer Schlange werden."

Moses und Aaron gehorchten dem Herrn, aber der Pharao rief seine Magier und Zauberer, die ihre eigenen Stäbe hinwarfen, und deren Stäbe verwandelten sich ebenfalls in Schlangen. Doch Aarons Stab verschlang ihre Stäbe. Dennoch war das Herz des Pharao verhärtet. Er wollte ihnen nicht zuhören, obwohl der Herr gesagt hatte. Um Seine Macht über den Pharao und die Götter Ägyptens zu zeigen, sandte der Herr eine Reihe von zehn Plagen über das Land Ägypten.

Die erste Plage: Die Ägypter verehrten den Nil als heilig. Am nächsten Morgen sandte Gott Mose und Aaron zu dem Pharao, um Gottes Gericht zu verkünden. Als der Pharao zum Nil hinausging, um zu baden, streckte Mose seinen Stab über das Wasser und sagte ihm, was geschehen würde. „Weil du dich weigerst, auf den Herrn zu hören und sein Volk ziehen zu lassen, wird der Herr den Nil in Blut verwandeln. Fische werden sterben, und die Menschen werden das Wasser nicht trinken können. So wird der Herr seine Macht zeigen." Es geschah, wie Gott gesagt hatte.

Gott erlaubte den Magiern des Pharao vorübergehend, dasselbe zu tun. Der Pharao *lachte* und ging in sein Haus. Gemäß dem Plan des Herrn erlaubte Gott den Magiern, das Zeichen zu duplizieren, aber sie konnten das Wasser nicht wieder rein machen. Die Menschen konnten das blutige Wasser des Nils nicht trinken. Sie mussten in einiger Entfernung vom Fluss graben, um trinkbares Wasser zu finden. Sieben Tage vergingen, bevor der Herr das Blut aus dem Fluss entfernte. Dann sandte der Herr Mose zu Pharao mit einem neuen Wort: „Lass mein Volk ziehen. Andernfalls wird er dein ganzes Land mit Fröschen schlagen. Frösche werden überall sein—sogar in den Haushalten."

Die zweite Plage: Der Herr sagte zu Mose, er solle Aaron anweisen, seinen Stab über Flüsse, Bäche und Teiche zu heben und die Frösche auf das Land Ägypten kommen zu lassen, und es geschah, wie Gott gesagt hatte. Den ägyptischen Magiern wurde erneut erlaubt, das Zeichen zu duplizieren. Der Pharao rief schnell Mose und Aaron und sagte: „Frag den Herrn (Jahwe), ob er die Frösche beseitigen kann; dann werde ich dem Volk erlauben, dem Herrn opfern zu gehen."

Moses stimmte zu und sagte: „Morgen werden die Frösche gehen, sodass ihr wisst, dass niemand ist wie der Herr, unser Gott." Mose betete zu dem Herrn und bat ihn, die Frösche wegzunehmen, damit das Unheil der Frösche weggenommen werde. Der Herr tat, wie Mose es verlangte. Als der Pharao jedoch sah, dass die Frösche verschwunden waren, *verhärtete er sein Herz und brach sein Versprechen, die Kinder Israels gehen zu lassen, wie der Herr es vorhergesagt hatte.*

Die Situation blieb ähnlich durch die nächsten sieben Plagen: die *dritte* (Stechmücken/ Läuse), die *vierte* (Schwarm von Fliegen), die *fünfte* (Viehpest), die *sechste* (Geschwüre), die *siebte* (Hagel), die *achte* (Heuschrecken) und die *neunte* (Finsternis).

Ab der dritten Plage waren die Magier des Pharaos nicht mehr in der Lage, Gottes Zeichen zu duplicieren. Die Magier sagten zum

Pharao, dass die Wunder von Mose keine Magie, sondern von der Hand Gottes waren. *Auch ab der dritten Plage* betrafen die Plagen ganz Ägypten, außer Goshen, wo die Israeliten lebten. Der Pharao blieb während neun Plagen hart und weigerte sich, dem Willen Gottes nachzugeben (Exodus 7:14-10:29).

Das Passah des Herrn (Exodus 11:1-12:29)

Der Herr (Jahwe) sagte zu Mose, dass er noch eine Plage über den Pharao und sein Volk bringen würde. Die letzte Plage würde der Tod aller Erstgeborenen Söhne jeder ägyptischen Familie sein. Der Erstgeborene Sohn des Pharaos wird nicht verschont bleiben. „Nach diesem, wird der Pharao euch befehlen, Ägypten zu verlassen." So muss an dem zehnten Tag dieses Monats jeder hebräische Haushalt ein fehlerfreies einjähriges männliches Lamm oder Zicklein beiseitelegen. Dieses Tier wird den Erstgeborenen Sohn der Familie repräsentieren. In der Dämmerung, am vierzehnten Tag des Monats, muss jedes Tier als Ersatz für die Erstgeborenen Söhne geopfert werden.

„Jeder hebräische Haushalt muss etwas von dem Blut des Lammes auf seine Türpfosten und den Türsturz über der Haustür malen. Das Blut repräsentiert Gottes Barmherzigkeit/Gnade durch ihren Glauben. Dann müssen sie das Fleisch über dem Feuer braten und es am Abend mit ungesäuertem Brot (ohne Hefe) essen. Sie müssen auch bittere Kräuter essen, um sich an die Bitterkeit der Sklaverei zu erinnern. Essensreste müssen mit Feuer verbrannt werden. Sie sollten das Essen in Eile einnehmen, mit ihren Reisekleidern und -schuhen und ihrem Wanderstock in der Hand, bereit. Es wird das Passahfest des Herrn sein. Er wird über die Häuser der Hebräer hinweggehen. Es wird auch der Beginn deiner Reise in das Land sein, das ich dir versprochen habe."

Doch als Gott durch das Land zieht, wird er alle Erstgeborenen in Ägypten schlagen, sowohl Menschen als auch Tiere aus jedem Haushalt und gegen all ihre falschen Götter. „Ich bin der Herr und spreche Urteile. *Blut an den Türpfosten und am Besen ist ein Zeichen des Glaubens an Mich* (kein Blut bedeutet keinen Glauben an Mich). Wenn ich das Blut sehe, werde ich an diesem Haus vorüberziehen, und der Erstgeborene wird leben. Wo kein Blut ist, wird der Erstgeborene Sohn dieses Haushalts sterben." Es geschah, wie Gott gesagt hatte; um Mitternacht begannen die Erstgeborenen der Ägypter zu sterben, einschließlich des Erstgeborenen Sohnes des Pharao. „Der Herr sagte zu den Kindern Israels, ihr sollt das Passah jedes Jahr feiern."

Der Pharao beugt sich (Exodus 12:30-32)

Der Pharao, seine Diener und alle Ägypter erhoben sich in der Nacht, und es erhob sich ein großer Schrei in Ägypten. In jedem ägyptischen Haus gab es einen Tod – von dem Erstgeborenen des Pharaos bis zum Erstgeborenen aller Menschen sowie dem Erstgeborenen ihres Viehs. Der Pharao ließ in der Nacht sofort Moses und Aaron rufen und sagte: „*Ich bin deinem Herrn nicht gewachsen.* Nehmt euer Volk aus Ägypten, geht und verehrt euren Gott, wie er es befohlen hat, nehmt eure Herden und Schafe mit euch und kommt nicht zurück. *Aber bevor ihr geht, segnet mich auch.*" Das ägyptische Volk wollte ebenfalls, dass die Hebräer sofort gehen. Sie gaben den ehemaligen Sklaven sogar Artikel aus Silber und Gold sowie Lebensmittel, Kleidung usw. *(ähnlich wie freiwillige Entschädigungen für Jahre der Sklaverei).* Es war, als hätten die Hebräer Ägypten geplündert.

Auszug aus Ägypten (Exodus 12:33-13:21)

Die Israeliten wurden durch die Macht Gottes aus der Sklaverei befreit und verließen Ägypten. Israel verließ Ägypten am Ende von 430 Jahren. Mose nahm die Gebeine Josephs mit, wie es von den Söhnen Jakobs vor etwa vierhundert Jahren versprochen worden war. Der Herr reiste mit seinem Volk und führte sie ins Gelobte Land. Gottes Gegenwart wurde durch eine Wolkensäule am Tag und eine Feuersäule in der Nacht sichtbar. So konnten sie entweder tagsüber oder nachts bequem reisen.

Der Pharao änderte seine Meinung (Exodus 14:1-12)

Nachdem die Hebräer Ägypten verlassen hatten, bedauerte der Pharao, seine Sklavenarbeitskräfte entkommen zu lassen. Diese Bedauern und sein Stolz überwogen seine Furcht vor God von den Ereignissen in der Nacht zuvor. Er versammelte seine Truppen und sechshundert ausgewählte Streitwagen sowie alle anderen Streitwagen in Ägypten. Es war eine der mächtigsten Kampfkräfte der damaligen Zeit. Er befahl ihnen, die hebräischen Sklaven zurück nach Ägypten zu bringen.

Durch das Rote Meer (Exodus 14:13-31)

Gott führte sein Volk an einen Ort zwischen dem Meer und dem ägyptischen Heer. Die Israeliten schienen gefangen zu sein, ohne Fluchtweg. Gott wählte es, seine Macht Pharao, den Ägyptern und den Söhnen Israels zu zeigen. Als die Hebräer sahen, dass das Heer Pharaos von hinten näher kam und das Meer sie daran hinderte, vorwärts zu gehen, verloren sie die Hoffnung. Angst überkam ihre Gedanken. Sie riefen Mose zu: „Gab es in Ägypten keine Gräber,

dass du uns hierher gebracht hast, um in der Wüste zu sterben? Wir haben dir in Ägypten gesagt, lass uns einfach in Ruhe, damit wir den Ägyptern dienen können. Doch du hast darauf bestanden, dass wir hierher kommen, um einen gewaltsamen Tod zu sterben."
Mose antwortete seinem Volk: „Fürchtet euch nicht! Ihr werdet heute die Macht des Herrn (Jahwe) in Aktion sehen. Der Herr wird für euch kämpfen, und das ägyptische Heer wird vor euren Augen zerstört werden. Dann werden die Ägypter die Macht Gottes erkennen."

Der Engel Gottes *(eine weitere Theophanie des Jahwe)* war vor dem Volk Israel gereist; jetzt wechselte er nach hinten. Die Wolkensäule bewegte sich ebenfalls nach hinten. Der Engel Gottes stellte sich zwischen das Volk Israel und die angreifenden Streitwagen Ägyptens. Dieser Schritt verhinderte, dass die Ägypter von hinten angriffen.

Gott sagte zu Mose, er solle seine Hand über das Meer ausstrecken, und der Herr antwortete, indem er das Meer mit einem starken Ostwind zurückkehrte. Gott verwandelte einen Teil des Meeres in einen trockenen Weg zwischen den beiden Seiten des geteilten Meeres (Exodus 14:21). Das Volk Israel konnte durch die Mitte des Meeres auf trockenem Land hindurchgehen und der als unausweichliche Falle geglaubten Situation entkommen.

Die erstaunten Ägypter entschieden sich, die Israeliten auf demselben trockenen Weg durch das Meer zu verfolgen, aber nachdem alle ihre Wagen und ihre Armee mitten im geteilten Meer waren, verursachte der Herr (Jahwe) Verwirrung in der ägyptischen Armee.

Sie riefen: „Rückzug! Ihr Jahwe kämpft gegen uns."

Zur selben Zeit sagte der Herr zu Mose: „Strecke erneut deine Hand über das Meer aus."

Mose gehorchte, und Gott antwortete, indem er die geteilten Wasser schloss und die ägyptische Armee und die Wagen verschlang. Niemand überlebte. Der Herr (Jahwe) rettete Israel aus der Hand Ägyptens. Körper ägyptischer Krieger säumten den Strand.

Als das Volk Israels die Macht des Herrn gegenüber den Ägyptern sah, fürchtete es ihn – *wahrscheinlich eine Mischung aus Ehrfurcht und Angst.* Zweifler begannen, dem Herrn zu vertrauen, und sein Diener Mose zeigte dies durch ihr Lobgesang (2. Mose 15:1-27).

> Lasst uns dem Herrn singen, denn er ist mächtig und erhaben. Er hat die Armee, die uns verfolgte, im Meer ertränkt. Der Herr ist unsere Stärke und unser Heil. Er ist unser Gott [El], wir werden den Gott unseres Vaters (Elohim) loben und erheben. Unser Herr ist ein Krieger; der Herr [Jahwe] ist sein Name.
>
> (2. Mose 15:1-3, Neuinterpretation des Autors)

> Wer ist wie Du unter den Göttern [Idolen], *o Herr, wer ist wie Du, majestätisch in Heiligkeit, beeindruckend in Lobpreisungen, Wunder wirkend? Du strecktest Deine rechte Hand aus und das Meer verschlang sie. In Deiner Gnade hast Du uns, das Volk, das Du erlöst hast, geleitet. Deine Stärke hat uns zu Deiner heiligen Wohnung geführt.*
>
> (Exodus 15:11-13, Neuinterpretation des Autors)

Gott macht bitteres Wasser süß (2. Mose 15:22-25)

Ihr Vertrauen in Gott schien von kurzer Dauer zu sein. Drei Tage nach der Überquerung des Roten Meeres kamen sie nach Mara (bitter).

Das Wasser dort war bitter und ungenießbar. Das Volk murrte gegen Mose und sagte, sie wären besser dran gewesen, wenn sie Sklaven in Ägypten geblieben wären. Dies war nur die erste Prüfung, der sie gegenüberstanden. *Wahre Glauben erfordert, dass wir lernen, Gott in jeder Situation mit unserem Leben und unserem Wohlbefinden zu vertrauen.*

Gott antwortete, indem er Mose anordnete, einen Zweig von einem bestimmten Baum ins bittere Wasser zu werfen, das dann süß (angenehm schmeckend) wurde. Gott antwortete auch dem Volk, indem er eine Vorschrift erließ, die besagte,

> Wenn du wirklich gehorchst, was ich, der Herr [Jahwe] dein Gott [Elohim] dir sage, dann wirst du nicht die Krankheiten erleiden, die ich über die Ägypter gebracht habe. Ich bin *Jahwe-Rophe*. Ich bin dein Herr und Heiler. Schau zu mir, nicht zu irgendeiner anderen Quelle.
>
> (Exodus 15:26 NASB)

Jahwe-Rophe (Jahwe unser Heiler) ist ein weiterer zusammengesetzter Name für Gott – ein Name, der offenbart, wer Gott ist und was Gott für uns tut.

Sie reisten weiter nach Elim und schlugen dort ihr Lager auf, umgeben von zwölf Wasserquellen und siebzig Dattelpalmen, bevor sie in die Wüste Zin gingen (*Zin war ein Ort; es war nicht dasselbe wie das englische Wort ‚sin'*). Sie erreichten Zin einen Monat nach dem Verlassen Ägyptens.

Gott versorgte mit Brot und Fleisch (2. Mose 16)

Die Leute grummelten wieder; diesmal ging es um Essen. Brot und Fleisch wurden zu den Themen ihrer Klage. „Wir hatten in Ägypten all das Brot und Fleisch, das wir essen konnten", prahlten sie. *Hatten sie so schnell vergessen, dass sie in Ägypten Sklaven waren?*

Gott nutzte die Situation als lehrreiche Gelegenheit. Er hatte das Volk aus der Sklaverei befreit und führte es von Ägypten nach Kanaan, dem Land, das wir heute Israel oder Palästina nennen. Es war eine mühsame und gefährliche Reise. Gott selbst musste die Notwendigkeiten des Lebens sowie Schutz vor einer rauen Umwelt und heftigen Feinden auf dem Weg bereitstellen.

Jahrhunderte zuvor hatte Abraham zwei neue Zusammensetzungen von Gottes Namen gelernt. Zuerst den Namen El-Shaddai (Gott, der Allmächtige) – nichts ist außerhalb der Fähigkeit von *El Shaddai*. Der zweite war *Yahweh-Jireh* (Gott wird versorgen, oder Gott selbst ist unsere Versorgung). Abraham hatte Schwierigkeiten, Gott vollkommen zu vertrauen. Jetzt war es die Nation Israel, die lernen musste, wer Gott ist und dass man ihm vollkommen vertrauen kann. *(Wir müssen diese Wahrheit auch heute lernen.)*

Essen, wie Wasser, wäre notwendig, um in der Wüste zu überleben. Wo würden eine halbe Million Menschen, die durch eine trockene Wüste gehen, genug Essen und Wasser finden, um das Leben zu erhalten? Der Herr (Yahweh) sagte Moses, dass er frisches, flockenartiges Brot jeden Morgen geben würde. Dieses Brot, das die Leute Manna (was ist das?) nannten, müsste jeden Morgen gesammelt werden. Gott prüfte die Menschen, um zu sehen, ob sie seinen Anweisungen folgen würden und ob sie dankbar für seine Gaben wären.

Sie sollten täglich etwa zwei Quarts Manna für jede Person in ihrem Haushalt sammeln. Ihnen wurde aufgetragen, nicht mehr und nicht weniger an jedem Tag zu sammeln. Am sechsten Tag der Woche sollten sie jedoch doppelt so viel sammeln, damit am Sabbat nicht gesammelt werden musste, wodurch der *Sabbat wiederhergestellt wurde*, der während der vierhundert Jahre der Sklaverei in Ägypten vernachlässigt worden war (2. Mose 16:1-7).

Der Test war, ob sie Gottes Anweisung befolgen würden oder nicht. Mit Gottes einfachem Test wusste jeder schnell, ob er bestanden oder versagt hatte. Wenn sie mehr Manna sammelten, als Gott ihnen gesagt hatte, würde das zusätzliche Manna am nächsten Morgen faul und übelriechend sein. Wenn sie nicht täglich sammelten, würden sie an diesem Tag hungrig sein. *Gottes Prüfungen sind nicht zur Bestrafung, sondern zu unserem Besten. Es gab essbare grüne Vegetation in der trockenen Wüste, die die Menschen auf dem Weg sammeln konnten, um in ihre Mahlzeiten aufgenommen zu werden.*

> Der Herr sprach zu Mose und sagte: „Sag den Kindern Israel, ihr sollt Meine Sabbate beobachten. *Sie sind ein Zeichen zwischen Mir und euch für alle eure Generationen, damit ihr wisst, dass* Ich der Herr bin, der euch heilig macht [euch für Mich absondert]."
>
> (2. Mose 31:13 NASB)

Die Einfachheit von Gottes Weg wurde manchmal zu einem Stolperstein für Israel. Sie neigten dazu, entweder (1) die Dinge auf ihre Weise anstatt auf Gottes Weise zu tun oder (2) sie wollten aufgeben und in ein idealisiertes Ägypten zurückkehren, das für sie nie existiert hatte. *Dieser erste Instinkt war das Problem von Adam und Eva sowie vielen anderen in unseren Geschichten. Gott sieht jedoch die Zukunft sowie die Vergangenheit und Gegenwart.* Er ist sehr geduldig mit Menschen wie uns. Mose selbst war ein Werk in Entwicklung, wuchs aber spirituell.

Mose trat für das Volk ein, um Protein zu bekommen. Der Allmächtige Gott sprach zu ausgewählten Tieren, um rechtzeitig zur Arche zu erscheinen; *nun sprach er täglich mit einer Anzahl von ausgewählten Wachteln, die jeden Abend im Lager erscheinen sollten, um Protein für Gottes Volk zu werden.*

Gott *(Elohim)* ist erstaunlich; nicht nur ist Er Yahweh-Jireh (Gott ist unsere Versorgung) und El Shaddai (Allmächtiger Gott), sondern Er ist auch Yahweh-Rophe *(Gott ist unsere Heilung).* Wir werden andere Namen lernen, die seinen Charakter und seine Beziehung zur Menschheit offenbaren. Gott hat einen ewigen Plan, aber Gottes ewiger Plan war den Israeliten noch nicht bekannt oder verstanden; *viele von uns wissen es auch nicht.*

Gott führte sein Volk zu seinem Bestimmungsort. Er hatte Abraham das Land Kanaan versprochen. Abraham hatte dort vor über vierhundert Jahren als Fremder gelebt. Gott sagte Abraham, dass seine Nachkommen vierhundert Jahre in Gefangenschaft verbringen müssten, bevor sie es besitzen würden. Das war, weil Gott in seiner Barmherzigkeit denen, die damals das Land besaßen, eine Chance zur Umkehr und Hinwendung zu ihm gab. Während ihrer langen Wartezeit in Ägypten wurde die Familie Israels zu einer Menge von Menschen. Gott war geduldig und liebevoll zu Israel, *und Er ist geduldig und liebevoll zu uns.*

Der Autor sagt gerne: „Die Reise ist ebenso wichtig wie das Ziel." Gott nutzte die Reise von Ägypten nach Kanaan, um eine „Menge von Menschen" vorzubereiten, um eine Nation zu werden – nicht irgendeine Nation, sondern eine Nation, die als „das Volk Gottes" bekannt ist.

Das Volk Israel wanderte durch die Wüste von Sin von Ort zu Ort, wie der Herr es anordnete. Sie lagerten zuerst in Dophkah, dann in Alush und dann nahe des Berges Sinai in Rephidim

(Ruhestätte in der Wüste) (Numeri 33:13-14). In Rephidim gab es kein Wasser; Gott wusste das im Voraus. *Es war wieder Prüfungszeit, und die Menschen schafften es erneut nicht, Gott zu vertrauen.* Diesmal schien das Volk Moses die Schuld zu geben und stritt mit ihm. „Du solltest das mit Gott klären, nicht mit mir," sagte er. Aber das Volk hatte Durst und murmelte weiterhin gegen Moses: „Warum hast du uns an diesen gottverlassenen Ort gebracht, um vor Durst zu sterben?"

Moses rief zum Herrn: „Was soll ich mit diesen Leuten tun? Sie sind fast bereit, mich zu töten."

Der Herr sagte zu ihm: „Nimm einige der Ältesten (Anführer) Israels sowie den Hirtenstab, mit dem du den Nil geschlagen hast, und geh spazieren. Ich werde dort vor dir neben dem Felsen am Horeb (den Ausläufern des Berges Sinai) stehen. Schlag den Felsen mit deinem Stab, und Wasser wird daraus fließen. So werden die Menschen und ihre Tiere ihren Durst stillen."

Wie der Herr gesagt hatte, geschah es. Moses nannte den Ort „Massah (Test) und Meribah (Zwietracht), denn die Leute stritten und prüften Gott, indem sie fragten: „Ist der Herr mit uns oder nicht?"

Israel besiegt Amalek (Exodus 17:8-16)

Während die Israeliten in Rephidim lagerten, griffen die Amalekiter (Nachkommen von Esaus, Jakobs Bruder) sie an. Mose sagte zu Josua, er solle Krieger rekrutieren, um gegen Amalek zu kämpfen. Josua tat, wie Mose ihm befohlen hatte. Mose, Aaron und Hur nahmen den Stab Gottes und gingen auf den Hügel. Wenn Mose den Stab Gottes emporhielt, siegte Israel über Amalek; aber als Mose müde wurde und seine Arme senkte, siegte Amalek. Aaron und Hur sagten zu Mose: „Setze dich auf einen großen Stein, während jeder von uns zu deiner rechten und linken Seite steht und deine Arme stützt." Dadurch konnte Mose den Stab Gottes bis zum Sonnenuntergang emporhalten. So ermöglichte Gott es Josua und seinen Männern, Amalek zu besiegen, dessen Überlebende um ihr Leben flohen.

Der Herr sagte zu Moses: „Schreibe dies als ein Gedächtnis und lies es Joshua vor, dass ich (in der Zukunft) das Gedächtnis Amaleks auslöschen werde." Moses baute einen Altar für den Herrn und nannte *ihn Yahweh-Nissi (der Herr ist unser Banner/ Flagge).* Yahweh-Nissi vereint unseren Geist und ermutigt uns, ohne aufzugeben voranzugehen. *Dieser Name, wie die anderen zusammengesetzten Namen Gottes, offenbart die Person Gottes und wie Er uns hilft und unseren Charakter entwickelt.*

Guter Rat für Mose (2. Mose 18)

Jethro, der Schwiegervater von Mose, hörte Nachrichten darüber, wie der Herr Mose und das Volk Gottes aus der Hand Ägyptens befreit hatte. Jethro brachte Morries Frau Zippora und ihre beiden Söhne zu ihm. (*Denke daran, dass Jethro in der allgemeinen Nähe des Sinai lebte. Mose hatte seine Familie bei seinem Schwiegervater gelassen.)* Mose begrüßte seine Familie und seinen Schwiegervater und erzählte ihnen alles, was der Herr für ihn und für Israel getan hatte. Jethro freute sich über das Werk und die Befreiung Gottes. Er sagte: ‚Jetzt weiß ich, dass der Herr (JHWH) größer ist als alle Götter (elohim/Idole).' Jethro brachte Brandopfer und Opfergaben für Gott (Elohim, der wahre Gott).

Am nächsten Tag saß Mose, um das Volk zu richten, während viele den Großteil des Tages herumstehen mussten und auf ihre Zeit bei Mose warteten. Das ging von früh bis spät. Danach fragte Jethro seinen Schwiegersohn: „Warum versuchst du, die Probleme und Streitigkeiten zwischen dem Volk ganz allein zu regeln? Du erschöpfst dich und dein Volk ebenfalls. Du solltest viel von dieser Arbeit delegieren."

Mose antwortete: „Ich kann das nicht. Das Volk hängt von mir ab, um ihre Streitigkeiten zu schlichten."

Jethro entgegnete: „Es ist nicht gut, dass du alles selbst machst. Wähle fähige und ehrliche, gottesfürchtige Männer und setze jeden als Führer einer Gruppe von Menschen ein. Gib ihnen die Autorität, geringfügige Streitigkeiten zu klären, und sende größere Streitigkeiten zu dir. Wenn dies Gottes Wille ist, wirst du und das Volk nicht mit diesen Situationen erschöpft sein."

Mose hörte auf seinen Schwiegervater und folgte seinen Empfehlungen. Damit erledigt, kehrte Jethro an seinen eigenen Ort zurück.

Erweitertes Lager am Berg Sinai (Exodus 19-40)

Im dritten Monat, nachdem die Kinder Israel Ägypten verlassen hatten, brachen sie das Lager in Rephidim auf und zogen in die Wüste Sinai, vor dem Berg Gottes. Gott hatte geplant, dass Sinai ein wichtiger Aufenthaltsort für Mose und das Volk sein sollte. *Es wurde eine verlängerte Zeit, um Grundlagen für die zukünftige Nation zu legen.*

Gott sagte zu Mose, er solle auf den Berg gehen für ein Treffen. „Sag dem Haus Jakob (Israel), dass ihr gesehen habt, was ich den Ägyptern angetan habe und wie ich euch auf Adlersflügeln getragen habe, um euch zu mir zu bringen. Wenn ihr meiner Stimme gehorcht und meinen Bund haltet, dann sollt ihr mein Eigentum unter allen Völkern sein. Die Erde gehört mir, und ihr sollt mir ein Königreich von Priestern, eine heilige Nation sein." (Hinweis: Das *war ein bedingter Versprechen Gottes: „Wenn ihr wollt...dann werde ich...")*

Mose ging ins Lager, versammelte die Führer der Stämme und erklärte alles, was der Herr (Jahwe) von ihnen wollte. Die Führer informierten die Leute über das Angebot Gottes an sie. Die Leute antworteten einstimmig: „Wir werden tun, was der Herr gesagt hat." Mose brachte die Entscheidung des Volkes zu dem Herrn zurück. Natürlich wusste Gott bereits über die Entscheidung des Volkes Bescheid; *er weiß alles.*

Der Herr sagte zu Mose: „Ich werde zu dir in einer dichten Wolke kommen. *Ich möchte, dass das Volk hört, was ich dir sage.* So werden sie nicht denken, dass du erfunden hast, was ich sage. *Ich möchte, dass sie immer auf deine Worte vertrauen.* Geh zurück und weihe dein Volk (widme es meinem Zweck). Lass sie morgen ihre Kleider waschen und sei bereit, mich am dritten Tag auf dem Berg zu empfangen."

Der Herr setzte Grenzen für das Volk zur Vorbereitung auf seinen Besuch: Das Volk darf nicht auf den Berg steigen oder sich auch nur bis zur Grenze begeben. Jede Übertretung würde den sofortigen Tod zur Folge haben. Sie müssen sich auch der Sexualität enthalten, um sich auf den Besuch des Herrn vorzubereiten.

Zehn Gebote und Schma (Exodus 20/Deuteronomium 6)

Bei Tagesanbruch am dritten Tag gab es Donner, Blitze, eine dicke Wolke auf dem Berg und einen sehr lauten Trompetenton. Alle Menschen im Lager zitterten vor Ehrfurcht. Mose führte sie aus dem Lager, um Gott (Elohim) zu begegnen. Sie standen am Fuß des Berges, um Gott zu ehren und zu hören, was Er zu Mose zu sagen hatte. Gott kam herab, wie versprochen, und offenbarte Seine Gesetze für das geistige, moralische und soziale Wohl von Individuen und der Nation. Wir nennen sie die zehn Gebote. *Sie bilden die*

Grundlage für die geistige Ganzheit mit Gott und ein moralisches Leben in der Gesellschaft. Detailliertere Gesetze würden folgen.

Gott sagte: „Ich bin der Herr (Jahwe) dein Gott (Elohim), der dich aus der Sklaverei in Ägypten geführt hat."

> 1. Du sollst keine anderen Götter [Elohim/Götzen] neben mir haben. Du sollst dir kein Götzenbild oder Bildnis *[um mich darzustellen oder als Rivalen zu mir]* machen. 2. Du sollst keine Götzen anbeten oder ihnen dienen; denn ich, der Herr, dein Gott, bin ein eifriger Gott [El]. *Das Wort für „eifersüchtig" wird nur im Zusammenhang mit Gott verwendet und ist daher nicht dasselbe wie menschliche Eifersucht.* 3. Du sollst den Namen des Herrn nicht missbrauchen [falsch, lügen, fluchen oder für persönlichen Gewinn]. 4. Gedenke des Sabbat-Tages *[Samstag]*. 5. Ehre deinen Vater und deine Mutter *[achte ihre Stellung als Eltern]*. 6. Du sollst nicht töten. 7. Du sollst nicht ehebrechen. 8. Du sollst nichts stehlen *[von anderen]*. 9. Du sollst kein falsches *[unechtes]* Zeugnis gegen andere ablegen. 10. Du sollst nicht nach dem Haus, der Frau oder irgendetwas von deinem Nächsten gelüsten.

Kurz nachdem die Zehn Gebote gegeben wurden, *gab der Herr das, was unsere jüdischen Freunde das „Schema" („höre und gehorche")* nennen, das sagt:

> Höre, Israel! Der Herr [Jahwe] ist unser Gott [Elohim], der Herr ist eins! Du sollst den Herrn, deinen Gott, lieben mit deinem ganzen Herzen,

> deiner ganzen Seele und deiner ganzen Kraft [mit anderen Worten, mit deinem ganzen Wesen und all deinen Fähigkeiten].
>
> (Deuteronomium 6:4-5 NASB,
> Überarbeitung des Autors)

Dies ist im Wesentlichen eine Erklärung der ersten vier Gebote. Es gibt ein Begleitgesetz zu den Zehn Geboten und dem Schema.

> Du sollst keine Rache nehmen und keinen Groll gegen die Söhne deines Volkes hegen, sondern deinen Nächsten lieben wie dich selbst. Ich bin der *Herr* [Jahwe].
>
> (3. Mose 19,18)

Dieses Gesetz klärt die Absicht der Gebote fünf bis zehn.

Das Heiligtum, ein Zelt der Anbetung

(Exodus 31)

Nach diesen Geboten gab Gott Vorschriften für das Volk, wie man Arbeiter behandelt, persönliche Verletzungen, Eigentumsrechte, Sabbatanbetung und zahlreiche andere Gesetze.

Die Kapitel 20-40 des Buches *Exodus befassen sich mit dem, was wir als Anweisungen zur Anbetung und zur Beziehung zu Gott* bezeichneten, unter anderem. Sie enthalten die Zehn Gebote, Gottes detaillierte Pläne (mündliche Baupläne) zum Bau eines großen tragbaren Zeltes der Anbetung (Heiligtum), wie man Blutopfer zur Sühne für Sünde bringt, Gottes Gegenwart und die Geschichte, wie Gott Moses seine Herrlichkeit offenbart (2. Mose 33:18-23).

Gottes Pläne für das Heiligtum umfassten auch Möbel, Artikel, Utensilien, Altäre und Aktivitäten der Anbetung, einschließlich Opfer für Gott wegen der Sünden des Volkes. *Das Zelt konnte abgebaut und von Ort zu Ort bewegt werden, während die Israeliten auf dem Weg ins Gelobte Land waren.*

Eine besondere Sache beim Bau des Heiligtums, seiner Möbel, Utensilien usw. ist, dass Gott darauf bestand, dass alles genau so sein sollte, wie er es geplant hatte. Daher erfüllte *Gott Bezalel mit dem Geist Gottes* und allen Arten von Handwerkskunst, um künstlerische Designs zu erstellen. Er beauftragte auch Oholiab und andere, um mit Bezalel zu arbeiten, und gab ihnen besondere Fähigkeiten, damit sie alles genau so machen konnten, wie Gott es befohlen hatte (2. Mose 31:1-6). Das Gold, Silber und die Schätze, die im Heiligtum verwendet wurden, waren von den Ägyptern frei gegeben worden, um sich der Hebräer zu entledigen, als sie Ägypten verließen (2. Mose 12:35). *Gott tat das für die Handwerker; er kann es auch für uns tun, um zu bezeugen und zu dienen.*

Gottes ursprünglicher Plan umfasste eine wetterfeste Lederauskleidung für das aufwendige Zeltheiligtum. Das Zelt war fünfzehn Fuß breit und fünfundvierzig Fuß lang. Wenn es errichtet wurde, war es immer nach Osten ausgerichtet. Die vorderen dreißig Fuß des Heiligtums wurden als „der Heilige Raum" bezeichnet. Er wurde täglich von Priestern betreten. Er enthielt den Tisch für die Schaubrote (ungesäuertes Brot aus einem speziellen Rezept) auf der Nordseite. Der goldene Leuchter (Menora) stand auf der Südseite. Der Räucheraltar befand sich am Westende des Heiligen Raums. Hinter dem Räucheraltar war ein Vorhang, der den „Heiligen Raum" vom „Heiligsten Raum" trennte (physisch und visuell).

Die hinteren fünfzehn Fuß des Tabernakels wurden als „das Allerheiligste" bezeichnet. Es stellte den heiligen Ort Gottes dar. Es enthielt nur die Lade des Bundes, und nur der Hohepriester durfte das Allerheiligste betreten, und das auch nur einmal im Jahr. Er trat mit dem Blut eines Opfers ein; das Blut wurde auf die Lade als Opfer für seine Sünden und die Sünden des Volkes gelegt. Versöhnung *(eins werden, akzeptabel für Gott werden)* war der Schlüssel zum Gottesdienst im Tabernakel.

Opfertiere mussten männlich und ohne Fehler sein. (Denn aus dem Menschen Adam sind wir alle Sünder geworden). Tieropfer konnten die Sünde des Menschen nicht reinigen, sondern waren symbolisch für Gottes zukünftige Bereitstellung von Gnade für eine unwürdige Menschheit. Zu dieser Zeit verstanden die Menschen nicht, wie die Sünde eines Menschen gesühnt werden konnte oder wie die Beziehung eines Menschen zu Gott vollständig wiederhergestellt werden konnte. Daher war die „Sühne", ein Schlüsselelement in Gottes ewigem Plan, *zu diesem Zeitpunkt der Offenbarung Gottes über sich selbst und seinen ewigen Plan für uns noch nicht verstanden.* Sie wussten nur, dass der Glaube eines Menschen an Gott seine Akzeptanz brachte, so wie „Abrahams Glaube an den Herrn ihm zur Gerechtigkeit gerechnet wurde" (Genesis 15:6 NASB).

An diesem Punkt in unserer Geschichte wissen wir, wie Israel, dass Tieropfer nur Sühne symbolisieren. Das Opfer, das Sühne erreicht und es uns ermöglicht, eine persönliche Beziehung zu Gott zu haben, wie Adam und Eva sie vor ihrer Sünde genossen haben, steht noch zur Enthüllung in unserem chronologischen Studium.

Draußen, im Hof vor (im Osten des Heiligtums), stand ein großes Waschbecken (eine große bronzene Schüssel oder Becken). Es hielt Wasser für die Priester, um ihre Hände und Füße zu waschen, bevor sie im Zelt dienten oder bei der Durchführung von Opfergaben im Freien.

Vor/Östlich des Waschbeckens befand sich der große Brandopferaltar, der für Tieropfer genutzt wurde. Er war viereinhalb Fuß hoch und hatte eine Fläche von siebeneinhalb Fuß. Das Feuer auf dem Altar wurde von den Priestern aufrechterhalten und brannte immer *als Symbol dafür, dass die Menschheit keinen Zugang zu Gott hat, außer als Sünder, der durch Blut gesühnt wurde.*

Tatsächlich trugen alle Aspekte des Heiligtums und seiner Anbetung symbolische Bedeutungen für die Beziehung der Menschheit zu Gott. Alle diese Bedeutungen werden uns letztendlich von Gott offenbart werden. Der Innenhof des Heiligtums war von einem 7,5 Fuß hohen Stoffzaun umgeben, der 150 Fuß lang und 75 Fuß breit war (er umschloss das Heiligtum, das große bronzene Becken und den Brandopferaltar *mit viel zusätzlichem Platz für Holz usw.*).

Als die Menschen am Sabbat und an anderen besonderen Anlässen zum Gottesdienst kamen, betraten sie die Stiftshütte nicht. Sie umschlossen sie. Sie standen im Freien nach Stämmen geordnet, jenseits des Stoffzauns um den Vorhof der Stiftshütte. Die Tieropfer wurden im Freien im Innenhof dargebracht.

Mit der Stiftshütte nahm das Wachstum des Priestertums aus dem Stamm Levi zu, ebenso wie die Anordnungen für die Arbeit und den Dienst des Priestertums. Die Stiftshütte wurde zum Zentrum sowohl des Gottesdienstes als auch des nationalen Lebens. Das alte Israel begann als Theokratie, mit Gott an der Spitze; es gab keine „Trennung von Kirche und Staat", um einen amerikanischen Begriff zu verwenden.

Gott sprach vierzig Tage (ohne Nahrung oder Schlaf) zu Mose auf dem Berg Sinai, um Israel viele Verordnungen und Gesetze zum Wohle von Familie und Gemeinschaft, zum Schutz von Arbeitern und Tieren, für Opfer, Opfergaben und Gehorsam gegenüber Gott, das Priestertum, die Nation und darüber hinaus zu geben. Als Gott mit dem Sprechen fertig war, gab er Mose zwei Steintafeln, auf denen die Zehn Gebote mit dem Finger Gottes geschrieben waren.

Das goldene Kalb (Exodus 32)

Inzwischen sahen einige der Leute im Lager, dass Moses sich von seinem Rückweg vom Berg verzögerte. Eine Gruppe von mehreren Hundert Männern versammelte sich um Aaron und schien zu fordern, dass er ein Idol für sie mache. „Dieses Idol wird uns führen", sagten sie. „Denn wir wissen nicht, wo Moses ist, der uns in die Wüste geführt hat."

Offensichtlich sagte ein willfähriger Aaron zu ihnen: „Nehmt goldene Ohrringe von euren Frauen, euren Söhnen und Töchtern und bringt sie mir."

Aaron schmolz diese Ohrringe über ein sehr heißes Feuer und goss das verflüssigte Gold in eine Form eines Kalbs. Nachdem das Gold abgekühlt und in Form eines Kalbs gehärtet war, verkündeten die Männer, dass das goldene Kalb ihr Gott (Idol) sei. Sie bestanden darauf, dass das goldene Kalb der Gott sei, der sie aus Ägypten geführt hatte. *Das ist ein weiteres Beispiel dafür, wie Menschen Gott ins Gesicht spucken. Sie entschieden sich, ein von Menschenhand gemachtes Idol anzubeten,* anstatt den allmächtigen Gott anzubeten, der die Menschheit erschaffen hat. Gott allein ist unser Schöpfer, Erlöser und Erhalter.

Moses, der noch immer mit Gott auf dem Berg war, war sich nicht bewusst, was unten am Berg geschah. Gott sagte zu Moses: „Geh sofort hinunter, denn dein Volk, das du aus Ägypten geführt hast, *hat sich verdorben.*" *Das war eine ernste Aussage von Gott – dieselbe Aussage, die Gott über das Volk zu Noahs Zeiten machte. Die Menschen hatten ihre Wege verderbt, und das führte zur Flut (Genesis 6:12-13). Das Erstellen des Bildnisses schuf eine ernste Situation für Israel. Es führte zur Anbetung des Idols, zu Opfergaben für es und gab sogar dem Idol die Anerkennung, Israel aus der Sklaverei befreit zu haben.*

Gott nannte sie ein widerspenstiges Volk und drohte, sie auszulöschen (wie er es zur Zeit der Flut tat) und von neuem mit Mose und seinen Nachkommen zu beginnen. *Mose trat für sein Volk ein* und bat den Herrn, seinen Zorn gegen sie zu vergessen. „Erinnere dich an dein Versprechen an Abraham, Isaac und Jakob."

So tat der Herr Israel kein Unrecht, sondern sandte Mose den Berg hinunter, um sich mit dem Volk zu befassen, das das Idol gemacht hatte. *Gott bildete Mose (ermöglichte ihm, als geistlicher Führer zu wachsen). Mose näherte sich dem Lager mit den Steintafeln, auf denen Gott* die Zehn Gebote geschrieben hatte. Da bemerkte er eine große Gruppe von Männern, die vor dem goldenen Kalb tanzten. Er war so wütend auf sie, dass er die Tafeln zu Boden warf und sie zerbrachen.

Nachdem er das goldene Idol zerstört hatte, trat Mose in das Lager ein und versammelte Männer, um die zu bestrafen, die sich gegen Gott aufgelehnt hatten. Eine Truppe von Männern aus dem Stamm Levi (Priester Stamm) zog aus und hieb dreitausend mit ihren Schwertern nieder. Wegen Aarons Rolle bei der Herstellung des goldenen Kalbes war der Herr so zornig, dass er auch ihn vernichten wollte, aber Mose betete, und Gott erlaubte ihm zu leben.

Nachdem die Israeliten fast ein Jahr lang am Sinai gelagert hatten, sagte der Herr zu Mose, dass es beinahe an der Zeit sei, weiterzuziehen. Gott sagte, dass er "den Engel der Gegenwart Gottes" *(eine Theophanie Gottes)* nicht senden würde; er würde es nicht mehr tun. *Gott informierte Mose, dass er nicht persönlich mit ihnen gehen würde, weil das Volk hartnäckig war.*

Als das Volk das hörte, begann es zu trauern und zeigte Anzeichen der Buße. Mose trat für sie bei Gott ein. "Herr, Du hast mir gesagt, dass ich dieses Volk anführen soll, aber Du hast mir nicht gesagt, wen Du senden wirst, um mich zu leiten. Du hast mir gesagt, dass Du meinen Namen kennst und mich begünstigst. Wenn

Du mit mir zufrieden bist, lehre mich Deine Wege, damit ich Dich besser kennenlernen und weiterhin Gnade vor Dir finden kann."

Zeige mir Deine Herrlichkeit (2. Mose 33:18-23)

Moses hatte eine weitere Bitte an Gott: *„Herr, zeige mir Deine Herrlichkeit."*

„Okay," sagte Gott. „Ich werde meinen Glanz und meine Güte vorübergehen lassen und dir meinen Namen verkünden. Du kannst jedoch nicht mein Angesicht sehen, denn niemand kann mein Angesicht sehen und leben. Es gibt einen weitläufigen Spalt in diesem großen Felsen. Drücke dich in die Klüfte des Felsens, und ich werde dich mit meiner Hand bedecken, während ich vorbeigehe. Nachdem ich an dir vorbeigezogen bin, werde ich meine Hand entfernen, und du darfst meinen Rücken sehen" (Umschreibung des Autors). *Ein unbekannter Gläubiger fügte hinzu: „Gottes Rücken ist ein Anblick, den nur die sehen, die ihm folgen."*

Moses wurde auch angewiesen, zwei neue Steintafeln zu schnitzen, um die zerbrochenen Tafeln der Zehn Gebote zu ersetzen. Moses sollte die neuen Steintafeln mit sich auf den Gipfel des Berges bringen. Gott würde die Zehn Gebote wie zuvor auf ihnen neu niederschreiben (5. Mose 10:1-5). Moses sollte sicherstellen, dass niemand sonst auf dem Berg war. Am folgenden Tag bestieg Moses den Berg, und der Herr kam in einer Wolke herab und stand bei Moses (die Wolke symbolisierte die Gegenwart Gottes).

> *Verborgen durch die Wolke ging der Herr an Mose vorbei und offenbarte seine moralischen Eigenschaften. Er verkündete: „Der Herr Gott [Jahwe El]: heilig, gerecht, mitleidvoll, gnädig, langsam zum Zorn, reich an liebender Güte und Wahrheit [Integrität seines eigenen*

> *moralischen Charakters]. Er bewahrt liebende Güte für Tausende, er vergibt Ungerechtigkeit [Perversion], Übertretung [Revolte gegen Gott und seine Moral] und Sünde [das Verfehlen des Ziels, das Gott für uns gesetzt hat]; dennoch wird er die Schuldigen auf keinen Fall unbestraft lassen [jemand, der sich weigert, Buße zu tun]. Der Herr wird die Ungerechtigkeit der Väter auf die Kinder und Enkel bis zur dritten und vierten Generation heimsuchen."*
>
> (2. Mose 34,6-7 NASB)

So offenbarte der Herr seinen grundlegenden moralischen Charakter: Liebe, Gerechtigkeit, Wahrheit und Heiligkeit. Er vergibt allen, die wahrhaft bereuen und ihn als ihren Herrn und Retter anerkennen.

Die Sünde hat schwerwiegende Konsequenzen für diejenigen, die sich weigern zu bereuen und sich Gott zuzuwenden. Das Gericht wird über sie fallen, ebenso wie über Nachkommen, die von der Verderbtheit ihrer Eltern beeinflusst sind; so werden, wie ihre Eltern, auch die, die sich weigern zu bereuen, von Gott gerichtet werden (Umschreibung des Autors).

Moses war überwältigt von Gottes Offenbarung seines moralischen Charakters und fiel nieder und betete an und sagte: „Wenn ich Gnade in deinen Augen gefunden habe, o Herr (*Adonai = Besitzer oder Meister von allem,* was die Majestät Gottes bezeichnet), bitte gehe mit uns auf unserer Reise ins Gelobte Land, obwohl das Volk hartnäckig (halsstarrig) ist. Bitte vergib uns unsere Ungerechtigkeit (moralische Perversität) und unsere gewohnheitsmäßige Sündhaftigkeit. Bitte akzeptiere uns als dein Eigentum.

Nachdem das Heiligtum fertiggestellt und geweiht worden war, bedeckte die Wolke der Gegenwart Gottes das Zelt der

Begegnung. Die Herrlichkeit des Herrn erfüllte das Heiligtum (das Zelt der Begegnung). Von da an packten die Söhne Israels ihre Sachen und setzten ihre Reise fort, wenn die Wolke vom Heiligtum aufgehoben wurde. Wenn die Wolke nicht aufgehoben wurde, reisten sie nicht weiter, bis zu dem Tag, an dem die Wolke aufgehoben wurde.

Danach, als sie ihre Reise anhielten und für viele Tage lagerten, wurde das Heiligtum errichtet. Dann war in Sicht der Leute die Wolke des Herrn tagsüber über dem Heiligtum und nachts ein Feuer darin (2. Mose 40:34-38). Nachdem sie etwa ein Jahr am Sinai gelagert hatten, sagte Gott, es sei Zeit, ihre Reise ins Gelobte Land fortzusetzen. *Wir überspringen den Rest ihrer Reise bis sie die Wüste Paran (Kadesch-Barnea)* erreichten und dort eine Zeit lang lagerten.

Mose sendet Spione nach Kanaan (Numeri 13)

Während sie im Wilderness von Paran (Kadesh-Barnea) lagerten, wurde aus jedem Stamm ein Mann gewählt, um das Land Kanaan auszuspionieren. Mose beauftragte die zwölf Spione, Informationen über das Land Kanaan zurückzubringen: Sind die Menschen schwach oder stark? Wie hoch ist die Bevölkerung jeder Stadt und Region? Sind die Städte befestigt? Gibt es Wälder und wo befinden sich die Wälder? Und schließlich, bringt Proben von Früchten und Erzeugnissen mit.

Die Zwölf zogen über das Land Kanaan. Sie kehrten nach vierzig Tagen mit Mustern von Früchten zurück. In ihrem Bericht an Mose gaben alle zwölf Spione zu, dass das Land fruchtbar war. Doch zehn von ihnen sagten: "Die Städte sind befestigt. *Die Menschen sind riesig und zu stark für uns. Wir fühlten uns wie Heuschrecken in ihrer Mitte.*" Nachdem sie den Mehrheitsbericht gehört hatten, waren die Israeliten ängstlich und entmutigt. *Es scheint seltsam, aber wenn wir uns mit unseren Feinden oder einer Aufgabe, die Gott uns gibt, vergleichen, fühlen wir uns oft minderwertig für die Aufgabe, und die Angst lähmt uns. Wenn wir jedoch unsere Feinde oder unsere von Gott gegebenen Aufgaben mit unserem Allmächtigen Gott vergleichen, der uns befähigt, "gibt es nichts, was wir nicht tun können, wenn Gott uns dazu stärkt"* (Philipper 4:13, Umschreibung des Autors).

Kaleb und Josua wussten, dass Gott Israel in die Lage versetzen würde, das Land zu erobern. Sie gaben positive Berichte und ermutigten das Volk, Gott zu vertrauen, dass er ihnen helfen würde, das Land wie versprochen zu erwerben. Als *die Israeliten die beiden unterschiedlichen Berichte hörten, neigten sie sich zum negativen Bericht der zehn Spione anstatt zum positiven Bericht von Kaleb und Josua.* Das Volk wählte, sich selbst als Heuschrecken zu sehen, so wie es die zehn Spione, die den negativen Bericht gaben, beschrieben hatten. Die Leute stimmten ab (nur die Männer durften abstimmen) und weigerten sich, Gottes Anweisungen zu folgen. Sie erwogen sogar, Kaleb und Josua wegen ihres positiven Berichts zu steinigen.

Die Herrlichkeit des Herrn erschien im Zelt der Begegnung für alle Söhne Israels, und der Herr sprach,

> Wie lange wird dieses Volk sich weigern, an mich zu glauben, trotz aller Zeiten, in denen ich sie aus Not und Gefahr gerettet habe? Vielleicht sollte ich sie mit einer Epidemie beseitigen. Ich könnte Mose zu einer größeren Nation als Israel machen.
>
> (Numeri 14:10-12, Umschreibung des Autors)

> Mose sprach mit dem Herrn: „Wenn Du dieses Volk zerstörst, werden die ungläubigen Nationen sagen: ‚Der Gott der Hebräer konnte seine Versprechen

> nicht halten, also hat er sie in der Wüste geschlachtet.' Du hast unbegrenzte Macht. Du bist langsam zum Zorn, reich an Güte, vergibst die Sünden der Ungerechtigkeit und bestraft doch die Sünden derjenigen, die sich weigern, Buße zu tun. Auf dieser Grundlage bitte ich Dich, die Ungerechtigkeit Israels gemäß der Größe Deiner Güte zu vergeben."
>
> (Numeri 14:10-19, Umschreibung des Autors)

Darin zeigt sich die Größe von Moses; er, wie Abraham, lernte, dem Herrn und seinem Plan von ganzem Herzen zu vertrauen und zu gehorchen. *Er ließ Gott ihn in einen gottesfürchtigen Mann der Liebe und Geduld verwandeln. Er lernte, andere anstelle von sich selbst zu unterstützen. Seine fürsorglichen Gebete für die Menschen Israel könnten als eine Fortsetzung der Vermittlungen zwischen seinem Volk und seinem Gott bezeichnet werden.*

„Okay, Moses," sagte der Herr. *„Ich werde das Volk nach deinem Wunsch erlösen. Die Männer, die sich weigerten, an meine Worte zu glauben oder zu gehorchen, obwohl sie meine Wunder und Herrlichkeit während der langen Reise aus Ägypten gesehen haben, werden bekommen, was sie wollen. Da sie sich weigerten, in das Land einzutreten, werden alle erwachsenen Männer, die gegen den Eintritt in das Land gestimmt haben, nicht eintreten dürfen."* Der einzige Grund für die zusätzlichen vierzig Jahre war, um auf den natürlichen Tod aller Männer zu warten, die sich weigerten, in das Land einzutreten – *ein weiteres Beispiel dafür, wie die Sünden einiger die vielen beeinflussen.*

Spirituelle Giganten sind nicht perfekt

Numeri 20:7-11 zeigt, dass die wandernde Nation mit einer weiteren Situation konfrontiert war, in der es kein Wasser für die Menschen und ihr Vieh gab. Die Leute beschwerten sich bei Mose. Der Herr sagte zu Mose und Aaron: „Versammelt das Volk. *Nehmt den Stab Gottes mit euch und geht, sprecht leise zu dem Felsen vor den Augen und Ohren des Volkes. Ich werde das benötigte Wasser bereitstellen.*"

Mose war wütend auf sein Volk. Er versammelte sie und rief ihnen zu: *„Ihr seid Unruhestifter.* Aaron und ich werden euch Wasser aus diesem Felsen geben." *Anstatt Gott zu gehorchen und sanft zu dem Felsen zu sprechen, schlug Mose zweimal mit dem Stab Gottes auf den Felsen.* Aus dem Felsen sprudelten mehr als genug Wasser für das Volk und das Vieh. *Der Herr trat Mose und Aaron entgegen. Weil ihr mich nicht geehrt und gehorcht habt oder mich vor den Augen des Volkes als heilig behandelt habt,* werdet ihr beide nicht in das Land führen dürfen, das ich ihnen gegeben habe" (Numeri 20:8-12 NASB).

Aaron starb und wurde in der Wüste begraben. *Moses hatte Zeit, das Volk auf seinen Abschied vorzubereiten.* Er erinnerte sie an die Liebe und Macht Gottes und an alles, was seit ihrer Verlassen Ägyptens geschehen war. Er sprach mit jedem der Stämme Israel und schrieb all diese Dinge im Buch Deuteronomium auf. Er wollte, dass sie Gottes Gesetze befolgen, damit sie das Leben und den Wohlstand genießen können. Moses warnte auch, dass, wenn sie Gott nicht folgten, sie Widrigkeiten und sogar den Tod erleiden würden. *Die einfache Wahrheit der Erfüllung ist: „Liebt den Herrn, euren Gott, und lebt nach all seinen Geboten."*

> Gott gehorsam zu sein, wird es dir ermöglichen zu leben, dich zu vermehren und Gottes Segnungen zu empfangen; aber wenn dein Herz sich von Gott abwendet und du ihm nicht gehorchst und beginnst, falschen Göttern zu verehren und zu dienen, wirst du zugrunde gehen. Es liegt an dir — wähle Gott oder wähle Wege, die zu deinem Untergang und

dem Verlust des Landes führen, das Gott dir gegeben hat.

(5. Mose 30:14-19, Umschrift des Autors)

Nachdem Mose seine Anweisungen beendet hatte, nahm Gott ihn von den Ebenen Moabs auf den Gipfel des Berges Nebo (im heutigen Jordanien). Von seinem Bergausblick aus konnte Mose nach Westen zum Jordanfluss schauen. Westlich des Jordans konnte er Jericho und darüber hinaus sehen. *Der Herr wies auf die verschiedenen Gebiete Kanaans hin und wo jeder Stamm sich ansiedeln würde.*

Das lange Landstück auf dieser Seite des Jordans wird zwischen Ruben, Gad und der Hälfte von Manasseh aufgeteilt. Direkt gegenüber dem Jordan im Westen werden Benjamin und Ephraim sein. Jenseits des Flusses und leicht südlich [aber nicht so weit wie der Negev] wird sich der Standort von Juda befinden, usw. Mose, der Diener des Herrn, starb dort in Moab, wie der Herr [Jahwe] gesagt hatte. Der Herr begrub Mose, und niemand weiß, wo der Ort ist. Mose lebte 120 Jahre, und Israel trauerte um seinen Tod. (5. Mose 34:1-8, Umschreibung des Autors)

Fragen

1. Wie viele Nachkommen Jakobs zogen nach Ägypten? Ungefähr wie viele Nachkommen Jakobs verließen Ägypten mit Mose vierhundert Jahre später?
2. Warum wurden die Israeliten in Ägypten versklavt?
3. Warum gab Mose‘s Mutter ihn weg?
4. Das Leben Moses kann in wie viele Segmente unterteilt werden? Wie viele Jahre hat jedes Segment?
5. Was geschah am „brennenden Busch“?

6. Was ist die Bedeutung des „Passah“?
7. Denkst du, dass Gott wirklich das Meer öffnete, damit Israel vor der ägyptischen Armee fliehen konnte? Warum glaubst du, dass Gott das tat oder nicht tat?
8. Warum hatten die Israeliten so große Schwierigkeiten, Gott voll zu vertrauen? Ist das heute ein Problem für uns?
9. In vorherigen Geschichten haben wir mehrere zusammengesetzte Namen Gottes gelernt. Einige werden in dieser Geschichte wiederholt (z.B. *Yahweh-Rophe und El Shaddai*). Wir haben in dieser Geschichte zwei weitere zusammengesetzte Namen Gottes gelernt. Kannst du sie nennen? Was war der Anlass für jeden dieser Namen?
10. Üblicherweise sprach Gott durch Mose zu den Menschen, aber als Gott die Zehn Gebote gab, wollte er, dass alle Menschen ihn sprechen hören. Warum wollte Gott, dass alle Menschen ihn dann hören?
11. Wo befinden sich die Zehn Gebote in der Bibel (Buchname und Kapitel)?
12. Was ist das „Sch‘ma“ und wo findet man es in der Bibel?
13. Was weißt du über die Stiftshütte?
14. Was war so schlimm am „goldenen Kalb“?
15. Mose bat Gott, ihm Gottes Herrlichkeit zu zeigen. Lies Exodus 33:18-23 und Exodus 34:3-7. Was lernte Mose über den Charakter Gottes? Enthüllt dies etwas über Gottes Plan für uns und den Charakter, den Gott in uns schaffen möchte? *Nimm dir Zeit zum Beten darüber.*
16. Warum verbrachten die Söhne Israels vierzig zusätzliche Jahre in der Wüste? (Numeri 13:1-3 und Numeri 14:26-33).

17. Lies Numeri 20:8-12. Warum bestrafte der Herr Mose, indem er ihm nicht erlaubte, das Gelobte Land zu betreten?
18. Was hat Gott für Mose vor seinem Tod Besonderes getan? Wenn du es nicht weißt, lies 5. Mose 34:1-8, um die Antwort zu finden.

Mini-Epilog

Der Engel des Herrn (Jahwe) erschien Mose in einem brennenden Busch. Das *war kein gewöhnlicher Engel,* denn er offenbarte Mose eindeutig seinen Namen. Dies ist eine weitere *„Theophanie Gottes."* Der Herr (Jahwe) erschien Mose, ebenso wie er Abraham in Genesis 18:1-13 (und in vorherigen Begegnungen in Genesis 12:7 und 14:18-20) und Jakob in Genesis 32:24-30 erschien. Das Feuer, das Mose im Busch sah und das nicht verbrannte, war möglicherweise die strahlende „Shekinah-Ehre" des Herrn (Jahwe) anstelle eines Feuers. Ein weiterer zusammengesetzter Name Gottes ist der Herr, der heiligt oder *der Herr selbst ist unsere Heiligung* (3. Mose 20:8). Der Herr heiligt und gibt uns die Möglichkeit, eine Beziehung zu ihm zu haben.

Geschichte 12

EIN WIDERWILLIGER ANFÜHRER (JOSUA 1:1-24:33)

Nach dem Tod von Mose wählte der Herr Josua, den Helfer von Mose, um sein Volk ins Gelobte Land zu führen, aber das Volk Gottes musste das Land genug wollen, um es den Kanaanäern abzunehmen.

Der letzte der Männer, die vor vierzig Jahren gegen Gottes Plan stimmten, dass Israel in Kanaan eintritt, war endlich gestorben. Ihre Sünde gegen Gott hatte zu einer vierzigjährigen Verzögerung des Eintritts Israels in Kanaan geführt. Es war Zeit für Israel, Kanaan zu betreten. Gott sagte zu ihnen: „Jeder Ort, den Israel erobert, gehört ihnen, aber sie verlieren jeden Teil des Landes, den sie nicht erobern."

Gott kennt uns bis in die Tiefen unserer Gedanken. Josua war ein vertrauenswürdiger Assistent von Mose. Er hatte auch erfolgreich die Männer Israels in den Kampf gegen die Amalekiter geführt, die versucht hatten, die Nachzügler Israels in der Wüste zu töten und auszurauben (2. Mose 17:8-16). Doch Josua hatte offensichtlich Zweifel an seinen Fähigkeiten, Mose zu ersetzen.

Gott versprach Josua, dass Er während der Eroberung des Landes bei ihm sein würde. Wenn Josua Gott gehorchte, würde niemand gegen ihn bestehen können. Josua müsste jedoch Gott vertrauen und stark und mutig sein, um sein Volk zu führen und das Land zu besitzen.

Josua glaubte an Gott und nahm Gottes Ruf an, das Volk in das Land zu führen und es zu besitzen. Er traf sich mit den Anführern jeder Stämme und legte seinen Plan dar. Josua befahl diesen Anführern, dass sie

> Bereitet eure Stämme vor; in drei Tagen werdet ihr den Jordan überqueren und das Land in Besitz nehmen, das euch Gott gibt.

Vor seinem Tod hatte Mose einen Vertrag mit den Stämmen Ruben, Gad und dem halben Stamm Manasseh geschlossen. Es wurde vereinbart, dass diese drei Stämme unbesiedeltes Land auf der Ostseite des Jordanflusses besitzen durften. Ihre Frauen, Kinder, Vieh usw. mussten den Fluss nicht überqueren. Ihre Männer waren jedoch verpflichtet, den Fluss mit den anderen neun Stämmen zu überqueren, um ihnen zu helfen, ihre Teile des Landes zu erobern, das Gott ihnen gegeben hatte. So vereinigten sich die Stämme Israels zum Wohl aller.

Spione, die nach Jericho gesandt wurden (Josua 2)

Tage zuvor hatte Josua heimlich zwei Männer aus ihrem Lager geschickt, um den Fluss zu überqueren und Jericho auszuspionieren. Nach dem Überqueren des Jordan würde Jericho die erste befestigte

Stadt sein, mit der Israel in Kontakt treten würde. Die Spione fanden Unterkunft im Haus von Rahab, einer Prostituierten. Es war eine kluge Strategie, da eine Dame ihres Berufes viele männliche Kunden hatte und die Gerüchte der Stadt kannte.

Rahab lebte in einem Haus, das an einer der Wände gebaut war, die die Stadt umgaben. Sie informierte die beiden Spione, dass ihr Volk viel über die kommenden Israeliten gehört hatte. Die Leute von Jericho hatten gehört, wie Gott das Rote Meer austrocknete, um Israel vor vielen Jahren aus Ägypten zu befreien. Sie hatten auch gehört, dass die Israeliten die beiden Könige der Amoriter besiegt hatten. Sie gestand: „Als wir diese Dinge hörten, schmolzen unsere Herzen, und unsere Männer verloren ihren Mut. Der Herr, euer Gott (Jahwe Elohim), ist ein mächtiger Gott im Himmel und auf Erden."

Rahab schloss einen Handel mit den Spionen. „Ich habe mein Leben riskiert, indem ich freundlich war und euch vor dem Tod geschützt habe. Bitte erwidert meine Freundlichkeit, wenn euer Volk unsere Stadt erobert. Bitte schützt meine Eltern, Geschwister und deren Kinder, damit wir nicht getötet werden."

Die Spione versprachen, dass sie, wenn sie nicht erzählt, warum sie in Jericho waren, freundlich und treu mit ihr und ihrer Familie umgehen würden, wenn der Herr Jericho ihnen gibt. Sie ermutigte sie, zuerst in die Hügelregion zu gehen, damit die Soldaten, die nach ihnen suchten, sie nicht finden würden. Nachdem sie dort mehrere Tage versteckt waren, würden diejenigen, die nach ihnen suchten, aufgeben und leer zurück in die Stadt kehren. Dann könnten sie sicher in ihr eigenes Lager zurückkehren. *Rückblickend scheint Gott durch Rahab gesprochen zu haben.*

Die Spione erinnerten Rahab daran, dass sie, wenn sie in großer Zahl zurückkehren würden, ihr Haus erkennen müsse, indem sie einen Ball aus scharlachrotem Faden in ihr Fenster knüpfen. Alle

Mitglieder von Rahabs Familie mussten in ihrem Haus versammelt bleiben und dürften nicht hinausgehen, bis sie gerettet wurden. Nachdem ihre Pläne beschlossen waren, öffnete Rahab das Fenster und ließ die beiden Männer mit einem Seil auf den Boden außerhalb der Stadtmauer hinunter. Nachdem sie in ihr Lager zurückgekehrt waren, gaben die Spione Joshua einen umfassenden Bericht über die Lage in Jericho.

Israel überschreitet den Jordan und besiegt Jericho (Josua 3)

Josua sagte zu den Stammesführern, sie sollten durch ihre Lager gehen und Anweisungen geben, um ihr Volk auf den Umzug vorzubereiten. Ihnen wurde gesagt, sie sollten Nahrung vorbereiten und, noch wichtiger, sich selbst vorbereiten. Sie müssen sich weihen (sich reinigen und sich geistig vorbereiten) für den nächsten Tag, an dem der Herr (Jahwe) Wunder unter ihnen tun würde. Früh am nächsten Morgen brachen Josua und die Kinder Israels ihr Lager auf und bewegten sich in Richtung der Ufer des Jordan.

> Der Herr [Jahwe] sagte zu Josua: „Heute will ich dich in den Augen ganz Israels erhöhen. Ich werde das tun, damit sie wissen, dass ich mit dir bin, so wie ich mit Mose war."
>
> (Josua 3,7 NASB)

Als der Tag der Überquerung des Jordan näher rückte, war der normalerweise schmale, langsam fließende Fluss Hochwassermarke. Er war tief, weit über seinen Ufern, und sehr gefährlich mit schnellen, schäumenden Wellen. Die Leute wurden angewiesen, den Priestern zu folgen, wenn sie die Lade des Bundes aufheben und beginnen, sie in Richtung des Flusses zu tragen.

Gott sagte zu Josua, er solle den Priestern sagen, die Lade in die Mitte des trockenen Flusses zu tragen. Die Priester gehorchten Josua und gingen auf den wütenden Fluss zu. Als ihre Füße an den Wasserrand traten, stoppte Gott den Fluss. Das Wasser erhob sich wie eine Wand, und der Fluss staut sich weit flussaufwärts. Das führte dazu, dass die strömende Flussrichtung zum Toten Meer vollständig abgeschnitten wurde. *Gott trocknete das Flussbett an der Stelle des Überquerens, wie er es zuvor beim Überqueren* des Roten Meeres getan hatte (2. Mose 15). Die Priester trugen die Lade in die Mitte des Flussbettes und standen dort, während die Stämme überquerten.

Nachdem alle Menschen hinübergegangen waren, hob ein Vertreter aus jedem Stamm einen großen Stein aus der Mitte des Flussbettes auf. Nachdem die zwölf Männer ihre Steine hinübergetragen hatten, überquerten die Priester mit der Arche nach Kanaan. Dann ließ Gott den Fluss wieder frei fließen. Die zwölf Männer trugen ihre Steine zum ersten Lager Israels in Kanaan, östlich von Jericho. Die zwölf großen Steine wurden als Denkmal für Gott aufgestapelt. Es erinnerte die Menschen daran, dass der allmächtige Gott es war, der Israel ermöglichte, den Jordan auf trockenem Boden sicher zu überqueren.

Alle Männer, die aus Ägypten kamen, waren beschnitten, aber keiner der Männer, die in der Wüste geboren wurden, war es. Der Herr befahl Joshua, sie vor Beginn der Eroberung Kanaans beschneiden zu lassen. Der Herr sagte zu Joshua: „Heute habe ich die Schmach Ägyptens von euch genommen" (Josua 5:9 KJV). Sie nannten ihr Lager „Gilgal (Rollen)". Das Passah wurde gefeiert, und am folgenden Tag begannen sie, Erzeugnisse und gerösteten Weizen aus Kanaan zu essen. Sie benötigten das „Manna" und die Wachteln, die Gott ihnen während ihrer Jahre in der Wüste gegeben hatte, nicht mehr.

Als Joshua nahe Jericho war, sah er einen Mann vor sich stehen, der sein Schwert gezogen hatte. Joshua fragte ihn: „Bist du für uns oder für unsere Gegner?"

Der Mann antwortete: „Ich bin der Hauptmann des Heeres des Herrn."

Joshua fiel mit dem Gesicht auf den Boden und fragte: „Was hat mein Herr zu seinem Diener zu sagen?"

Der Hauptmann des Heeres des Herrn antwortete: „Zieh deine Sandalen aus, denn der Ort, auf dem du stehst, ist heilig" (Josua 5,13-15 NASB).

Hinweis: *Vergleiche den obigen Absatz über Joshua mit Exodus 3,2-6 über Mose. Der Engel des Herrn und der Hauptmann des Heeres des Herrn könnten dieselbe Person sein.*

> Der Herr sagte zu Josua, dass Er Jericho und seine Bewohner bereits in seine Hände gegeben hatte. Josua und seine Soldaten sollten einmal am Tag für sechs Tage um die Stadt marschieren. Sieben Priester, die Trompeten trugen, sollten vor der Lade des Bundes marschieren. Am siebten Tag sollten die Soldaten Israels sieben Mal um die Stadt marschieren, während die Priester ihre Trompeten bliesen. Dann sollten sie einen langen Blast auf dem Widderhorn ertönen lassen. Sobald das gehört wird, müssen alle Männer Israels laut schreien *(denn der Herr hat ihnen den Sieg gegeben)*, und die Stadtmauern werden einstürzen. Dann wird die gesamte Armee die Stadt überfallen.
>
> (Josua 6:3-5, Umschreibung des Autors)

Joshua warnte sein Volk, dass nichts aus der Stadt genommen werden darf: keine Souvenirs, keine Beute, keine Diener—nichts. Die Stadt und alles, was darin ist, gehören Gott. *Nur Rahab, die Hure, und die Familie ihres Vaters sollen leben, weil sie die Spione Israels beschützt hat.* Wenn jemand etwas für sich selbst nimmt, wird er dem ganzen Lager Israels Unheil bringen. Die beiden Männer, die die Stadt ausspioniert haben, sollten in Rahabs Haus gehen, sobald die Mauern fallen. Sie werden sie und die Familie ihres Vaters wie versprochen in Sicherheit führen. Alles geschah, wie der Herr versprochen hatte. Der Herr war mit Joshua, und sein Ruhm verbreitete sich im ganzen Land.

Israel wurde bei Ai besiegt (Josua 7)

Ein Mann gehorchte Gott nicht und ignorierte das Verbot. Er nahm die Beute für sich selbst. Deshalb war der Herr zornig auf Israel. Nach dem totalen Sieg ohne Verluste gegen die befestigte Stadt Jericho sandte Josua Männer, um die unbefestigte Stadt Ai, östlich von Bethel, auszuspionieren. Sie kehrten mit einem optimistischen Bericht zurück: „Es ist nicht nötig, unsere gesamte Armee nach Ai zu schicken. Sie sind schwach. Schickt nur zwei oder drei tausend Truppen. Das wird mehr als genug sein."

Etwa dreitausend übermäßig selbstbewusste Männer griffen die Stadt an und wurden besiegt und flohen. Die Männer von Ai verfolgten sie den Hügel hinunter und töteten siebenunddreißig flüchtende Israeliten. Nach dieser überraschenden Niederlage schmolz das Herz der Israeliten wie Wasser. Joshua und die Führer Israels rissen sich in Trauer die Kleider, schütteten sich Staub über und fielen bis zum Abend auf ihre Gesichter. Joshua rief: „Herr Gott (Adonai Yahweh), warum hast du das geschehen lassen? Nun, da Israel uns den Rücken gekehrt und vor unseren Feinden geflohen ist, werden alle unsere kanaanäischen Feinde davon hören und sich gegen uns verbünden und uns auslöschen. Wer wird dann deinen großen Namen verteidigen?"

Der Herr (Jahwe) sprach zu Josua: „Gib mir eine Pause. Steh auf und hör auf zu jammern. Israel hat sich bei Ai blamiert, weil Israel gesündigt hat. Sie haben Beute aus Jericho genommen, obwohl ich ihnen gesagt habe, das nicht zu tun. Deshalb konnten deine Truppen nicht gegen die Leute von Ai bestehen. Ich werde Israel keinen Sieg geben, bis du die Beute loswirst und die bestrafst, die für die Beute verantwortlich sind. Bereite das Volk darauf vor, sich zu reinigen und sich morgen um diese Sache zu kümmern."

Am nächsten Morgen stand Israel vor dem Herrn. Der Herr ging durch das Volk und wählte den Stamm Juda aus. Aus den Clans von Juda wählte der Herr den Clan von Serah. Aus den Familien von Serah wählte der Herr Achan, den Sohn von Karmi. „Es ist wahr," sagte Achan. „Ich habe gegen den Herrn gesündigt. Ich sah einen schönen babylonischen Mantel und nahm ihn mit etwa fünf Pfund Silber und einem Goldbarren, der etwa ein Pfund wog. Ich vergrub sie in meinem Zelt."

Da Achan für schuldig befunden wurde, gegen Gott gesündigt und Unheil über ganz Israel gebracht zu haben, wurden er und seine Familie vom Volk hingerichtet *(seine Familie hätte gewusst, dass er die Beute im Zelt versteckt hatte)*. Ihre Leichen und die gestohlene Beute wurden verbrannt und mit Steinen bedeckt. Die Leute nannten den Ort „Trouble Valley". *Es war eine schwere Strafe, aber Achans Sünde trotzte Gott und verursachte den Tod von siebenunddreißig Männern, ein weiteres Beispiel dafür, dass die Sünde eines Menschen viele andere betrifft.*

Ai Besiegung und Eroberung von Kanaan (Josua 8)

Dann sprach der Herr zu Josua: „Nimm deine gesamte Armee und kehre nach Ai zurück. Fürchte dich nicht. Ich werde dir den Sieg geben. Diesmal wirst du die Beute und das Vieh für dich behalten können. Bereite dich darauf vor, die Stadt von hinten anzugreifen." Früher am Morgen näherte sich Josua mit etwa fünftausend Mann Ai. In der Nacht manövrierten die größeren Truppen seiner Männer unbemerkt hinter der Stadt.

Am Morgen sah der König von Ai Joshua und seine Männer, die wie zuvor von vorne herannahen. Er nahm all seine Männer mit, um Joshua anzugreifen. Joshua und seine Männer begannen, sich wie zuvor zurückzuziehen und führten die Männer von Ai immer weiter von ihrer Stadt weg. Dann trat Joshuas größere Soldatengruppe aus dem Versteck hervor, eroberte die Stadt und setzte sie in Brand. Als Joshua die Flammen in der Stadt sah, wandte er seine Truppen um, um den Männern von Ai gegenüberzutreten, und griff sie direkt an. Dann griffen seine Truppen, die die Stadt von hinten erobert hatten, die Armee von Ai von hinten an. So fingen und vernichteten Joshuas geteilte Truppen die Armee von Ai.

Die Eroberung Kanaan dauerte lange. Die Schlacht bei Jericho und die beiden Schlachten bei Ai sind in gewisser Weise indicativ für die vielen Kämpfe, die folgten. Alle Kämpfe waren schließlich beendet, und das Land wurde unter den zwölf Stämmen Israels aufgeteilt. Jeder Stamm hatte ein Mitspracherecht über das Land, das er erhielt. Jeder Stamm war unabhängig von den anderen Stämmen, und jeder kümmerte sich um seine eigenen Angelegenheiten ohne eine vereinte Regierung.

Nicht alles Land wurde jedoch erobert. Es wurden Vereinbarungen mit bestimmten kanaanitischen Nationen getroffen. Es trat eine Zeit des Friedens ein, *aber das Versagen der Israeliten, Gott zu gehorchen und alle Städte und ländlichen Gebiete zu erobern, führte zu sporadischen Problemen und Konflikten.* Josua warnte die zwölf Stämme Israels, dass die *„verbleibenden ungläubigen kanaanitischen Nationen ein permanentes Problem für jeden Stamm sein werden und sie euch von Gott zu falschen Göttern führen werden.* Sie werden eine Falle für Israel werden wie kleine essbare Tiere."

Als Joshua alt war (Josua 23), hielt er eine Abschiedsrede an die Stämme Israels und sagte unter anderem: „Ich bin alt und werde bald sterben. Ihr habt gesehen, wie der Herr zu eurem Gunsten gewirkt hat. Wenn ihr wollt, dass Gott euch weiterhin segnet und beschützt, gehorcht ihm und tut alles, was im Buch des Gesetzes Moses geschrieben steht. Folgt nicht den Wegen der ungläubigen Menschen, die unter euch leben. Seid treu zum Herrn. Ihr wisst, dass der Herr, euer Gott, alles getan hat, was er versprochen hat. So wie Gott jedes Versprechen gehalten hat, wird er auch jede Drohung umsetzen, wenn ihr die Gebote Gottes nicht befolgt. Wenn ihr andere Götter (Götzen) anbetet, wird der Zorn Gottes euch bestrafen."

> Wenn ihr den Herrn nicht dienen wollt, wählt euch heute, wem ihr dienen wollt, den Göttern, die eure Väter jenseits des Euphrat dienten, oder den Göttern der Amoriter, in deren Land ihr wohnt. *Ich aber und mein Haus, wir werden dem Herrn dienen.*
>
> (Josua 24:15 NASB)

Josua war 110 Jahre alt, als er starb (Richter 2:8)

Er wurde im Bergland des Stammes Ephraim beigesetzt. Als seine Generation starb, kannte die jüngere Generation den Herrn nicht persönlich und wusste nicht, was der Herr für Israel getan hatte *(ähnlich wie Amerika heute)*.

Nach dem Tod Josuas gab es keinen Führer mehr über alle Stämme Israels, und sie versäumten es, Gottes Regeln zu befolgen. So erlaubte Gott von Zeit zu Zeit, dass eines der in dem Land verbliebenen Kanäanäer-Nationen (die Kanäaner, Hethiter, Amoriter, Perizziter usw.) sowie benachbarte Nationen (die Moabiter, Midianiter, Amalekiter und Ammoniter) gegen einen oder mehrere Stämme Israels aufstanden.

Wenn die Kinder Israels dann umkehrten und auf Gott vertrauten, erhob er einen israelitischen Richter, der auch als militärischer Führer diente, um diesen Feind zu besiegen; aber in Wirklichkeit war es der Herr (Jahwe), der den Sieg gab (d.h. Gideon in Richter 6-8).

Fragen

1. Warum verbrachten die Israeliten vierzig Jahre mit sinnlosem Wandern?
2. Was sind einige Dinge, die Gott Joshua sagte, um ihn zu ermutigen, die Eroberung Kanaan zu leiten?
3. Wie hieß die kanaanäische Prostituierte, die den israelitischen Spionen half? Warum half sie ihnen?
4. Was tat Gott, um den Israeliten zu ermöglichen, den überfluteten Jordan zu überqueren und nach Kanaan einzutreten?
5. Nach dem Überqueren des Jordan lagerten die Israeliten in Gilgal und führten drei wichtige Dinge durch: (a) Josua 5.1: Sie stapelten zwölf große Steine vom Flussbett des Jordan als ein ____________ (b) Josua 5:2: Die Männer und Jungen, die nach dem Auszug Israels aus Ägypten

geboren wurden, waren ________ (c) Josua 5:3: Sie hielten das ________ ein.

6. Warum hörte Gott nach dem Passah auf, Manna für Israel bereitzustellen?
7. Erzählen Sie in Ihren eigenen Worten die Geschichte der Schlacht von Jericho. Was geschah mit Rahab und ihrer Familie?
8. Nach Israels einfacher Niederlage von Jericho, einer stark bewaffneten Festung, warum wurde Israel von der schwächeren Stadt Ai besiegt? Was sagt das über Sünde aus?
9. Gott befahl Israel, ganz Kanaan zu erobern. Hat Israel ganz Kanaan erobert, wie Gott es geboten hat? Was war das Ergebnis?

Mini-Epilog

Alle Sünden werden vergeben, wenn der Sünder seinen Glauben an Gott setzt, indem er Buße tut und Gott gehorcht. Auch wir müssen allen vergeben, die zum Glauben an Gott kommen. Rahab, die Prostituierte in Jericho, wurde von Gott vergeben und verändert. Später heiratete Rahab Salmon, und sie bekamen einen Sohn namens Boaz. Boaz heiratete Ruth, eine ausländische Ungläubige, die gläubig geworden war. Boaz und Ruth hatten einen Sohn namens Obed. Obed wurde der Vater von Jesse, und Jesse wurde der Vater von David, dem König (Matthäus 1:5-6). So wurde Rahab die Urgroßmutter von David, und Ruth wurde die Großmutter von David. Jesus war ein Nachkomme sowohl von Rahab als auch von Ruth.

In Richter 6:24 entdecken wir einen weiteren "Zusammennamen" Gottes. Da baute Gideon dort einen Altar für den Herrn und nannte ihn *"Der Herr ist Frieden"* oder "*Der Herr selbst ist unser Frieden."* Die Gegenwart des Herrn bringt den Gläubigen immer Frieden, unabhängig von den Umständen.

Die bekanntesten Richter waren

Otniel und Israels Ablassung unter Cushanrischtaim, dem König von Mesopotamien (Richter 3:7-11); Ehud gegen die Moabiter (Richter 3:12-30); *Shamgar* gegen die Philister (Richter 3:31 und Richter 5:6); *Debora* gegen die Kanaaniter (Richter 4 und 5); *Gideon* gegen die Midianiter (Richter 6-8); *Jephtha* gegen die Ammoniter (Richter 10:11); *Simson* gegen die Philister (Richter 13-16).

Im Buch der Richter gab es einen fortwährenden geistlichen Krieg gegen das Volk Gottes durch den Baalismus. Die Kultur und der Götzendienst der Kanaaniter hinterließen Spuren im Glauben Israels an den einen wahren Gott. Durch die Propheten des Alten Testaments kämpfte Gott gegen den geistlichen Krieg, der durch den Götzendienst des Baalismus geführt wurde.

Heute findet der geistliche Kampf auch in Amerika statt, durch den *Unglauben an Gott, der durch Atheismus gefördert wird, und durch den Unglauben an die Wahrheit der Bibel (gefällen durch atheistische Professoren, die das Klassenzimmer nutzen, um die Überzeugungen von spirituell unvorbereiteten Studenten anzugreifen).*

Der Autor glaubt, dass das primäre Schlachtfeld des geistlichen Kampfes heute die *Weltlichkeit von Massen von Gläubigen und Massen von Kirchen über Konfessionsgrenzen hinweg zu sein scheint.*

Heute scheinen viele Amerikaner kulturelle Christen zu sein, besuchen aber selten den christlichen Gottesdienst und sind zu praktischen Verehrern einer modernen Form des Baalismus geworden, die Humanismus genannt wird. Humanismus wertschätzt die Menschheit über Gott oder, häufiger, die Menschheit ohne Gott. *Im Humanismus gilt alles – ich und meine Interessen zuerst, Reichtum, Sex, Drogen usw. – alles, was gut tut, sowie die Verehrung von Geld, Ruhm, Prominenten, Sport usw.*

Gott wird alle Menschen und alle Nationen richten. *Die Sünde bringt ihre eigene Strafe mit sich. Da wir Gott nicht ehren wollen, hat er uns anscheinend* „den Begierden unserer Herzen für Unreinheit, unseren erniedrigten Leidenschaften und unseren verkehrten Gedanken" überlassen (Römer Kapitel 1, umgeschrieben durch den Autor).

Geschichte 13

ISRAEL WILL WIE DIE ANDEREN SEIN (1 SAMUEL 1-10)

Scheinbar unbedeutende Menschen und Ereignisse werden oft zur Grundlage für die Gründung von Nationen, die Gott Abraham versprochen hat.

Hannahs Geschichte (1 Samuel 1:1-2)

Elkanah (Gott hat erschaffen), ein Mann aus dem Hügelgebiet des Stammes Ephraim, hatte zwei Frauen, Hannah (Gnade) und Peninnah (Juwel). Peninnah hatte Kinder; Hannah hatte keine.

Jedes Jahr reiste Elkanah treu zum Tabernakel (Zelt der Anbetung) in Shiloh (Ort der Ruhe). Er ging, um den Herrn der Heerscharen (Jahwe) zu verehren und Opfer zu bringen. Eli (Himmelsfahrt) und seine beiden Söhne, Hophni und Phinehas, dienten als Priester.

Als der Tag kam, an dem Elkanah sein Opfer bringen sollte, gab er Peninnah und all ihren Söhnen und Töchtern einen Anteil;

aber Hannah gab er zwei Anteile, denn er liebte Hannah, obwohl sie keine Kinder haben konnte. Ihre Rivalin, die andere Frau, ärgerte Hannah, weil sie kinderlos war.

Peninnah war eifersüchtig auf Hannah, weil Hannah die geliebte Frau war *(nicht unähnlich der Situation der beiden Schwestern, Leah und Rachel, in Geschichte 9)*. Peninnahs Beleidigungen waren immer außerhalb des Gehörs ihres Mannes und geschahen jedes Jahr, wenn sie gemeinsam zum Haus des Herrn gingen, um ihre Opfer darzubringen. Offensichtlich lebten die beiden Frauen von Elkanah in getrennten Häusern und sahen sich nur einmal im Jahr. Die jährlichen Reisen nach Shiloh waren traurige Zeiten für Hannah; Peninnahs Spöttereien brachten sie immer zu Tränen, und sie wollte nicht essen. Elkanah wusste, dass Hannah traurig war, weil sie keine Kinder hatte. Wenn sie weinte, fragte er immer: „Mein Schatz, warum bist du gebrochenen Herzens? Bin ich dir nicht besser als zehn Söhne?"

Bei einem Ausflug zum Gottesdienst in Shiloh weinte Hannah bitterlich im Ohr von Eli, dem Priester. Sie war niedergeschlagen und betete zum Herrn (Jahwe). Während sie weinte, legte sie ein Gelübde ab und sagte,

> Oh Herr, wenn du auf die Affliction deiner Magd schaust und mir einen Sohn gibst, werde ich ihn dir zurückgeben.
>
> (1 Samuel 1:11 NASB)

> Eli beobachtete Hannah, während sie weinte und betete. Sie betete aus den Tiefen ihres Herzens. Ihr Mund bewegte sich, aber ihre Stimme war nicht zu hören. Eli dachte, sie sei betrunken und sagte es ihr. Aber Hannah antwortete: „Nein, mein Herr, ich

> bin eine kinderlose Frau, die im Geist bedrängt ist. Ich habe keinen starken Trunk getrunken. Ich gieße mein Herz vor dem Herrn aus. *Bitte halte mich nicht für eine wertlose Frau, ich habe aus Besorgnis und Provokation zu Gott gesprochen.*"
> (1 Samuel 1:12-16, Umschreibung des Autors)

Eli antwortete: „Okay, ich verstehe. Gehe in Frieden, und möge der Gott (Elohim) Israels den Wunsch erfüllen, den du Ihn gebeten hast." Hannah dankte Eli und ging weg, um zu essen. Ihr Gesicht war nicht mehr traurig. Der Herr segnete Hannah und sie gebar einen Sohn, den sie Samuel nannte (von Gott erbeten) (1. Samuel 1:17-20).

Im folgenden Jahr, als Elkanah und seine Familie nach Shiloh reisten, um ihr jährliches Opfer dem Herrn darzubringen, blieb Hannah mit ihrem Baby zu Hause. Sie sagte zu ihrem Mann: „Ich werde nicht nach Shiloh zurückkehren, bis mein Kind entwöhnt ist. Dann werde ich ihn zum Haus des Herrn bringen, wo er für immer bleiben wird."

Elkanah stimmte zu. „Tu, was dir am besten erscheint. Bleib zu Hause, bis das Kind entwöhnt ist, aber *stelle sicher, dass dies auch der Plan des Herrn ist.*"

Der junge Samuel dient Eli, dem Priester (1 Samuel 1:27)

Nach Samuels Abstillung (möglicherweise im Alter von vier Jahren) brachten Elkanah und Hannah ihren Sohn nach Shiloh, um ihn beim Priester zu lassen. Sie brachten auch einen Stier, mehrere Gallonen Mehl und einen Krug Wein für Eli, den Priester. Hannah begrüßte Eli und sagte: "*Oh, Meister Eli, das ist mein Sohn Samuel, ich habe ihn dem Herrn für sein Leben versprochen.*" Hannah betete ein Gebet des Glaubens und des Dankes (1 Samuel 2:1-10). Dann kehrten sie und ihr Mann nach Ramah zurück, was einen etwa zwanzig Meilen langen Fußweg bedeutete. Der junge Samuel blieb in Shiloh und diente dem Herrn unter der Aufsicht von Eli.

Eli konnte seine Söhne nicht z дисциплинировать, als sie jung waren, und sie wuchsen zu wertlosen Männern heran. Obwohl sie im Tabernakel dienten, kannten sie den Herrn nicht persönlich und schätzten die Gepflogenheiten des Gottesdienstes nicht. Sie schliefen mit Frauen, und als Menschen rohes Fleisch zum Opfern an Gott brachten, schickten Hophni und Phinehas ihre Diener, um die besten Portionen für sich selbst zu verlangen. Ihre Sünde war groß, denn sie verachteten das Opfer des Herrn. Eli litt wegen ihnen, aber es war ihnen egal. *(Traurigerweise geschieht dies manchmal auch heute noch Pastoren oder ihren Kindern).*

Samuel trug ein leinenes Ephod (ein priesterliches Gewand), als er dem Herrn diente. Seine Mutter machte ihm jedes Jahr neue Gewänder und brachte sie ihm, wenn sie und ihr Mann jährlich zurückkehrten, um ihre Opfer für den Herrn zu bringen. Eli war dankbar für sie und bat den Herrn, sie mit vielen Kindern zu segnen anstelle des einen, den sie dem Herrn geweiht hatten. Der Herr besuchte Hannah und Elkanah und segnete sie mit drei weiteren Söhnen und zwei Töchtern. Ihr Sohn Samuel wuchs stetig im Herrn.

> Inzwischen kam *ein Mann Gottes zu Eli mit einer Botschaft von Gott.* „Ich habe mich deinen Vorfahren, den Nachkommen Levis, offenbart, als sie in Ägypten in der Gefangenschaft waren. Ich habe sie aus den anderen Stämmen gewählt, um Priester an meinem Altar zu sein. Ich habe für dich und deine Familie gesorgt, warum verachtest du mich und meinen Ruf zu dir? *Ich werde das Priestertum von deiner Familie*

> *nehmen.* Das Zeichen meines Urteils ist, dass deine Söhne am selben Tag sterben werden. Dann werde ich mir einen treuen Priester wählen, einen Priester, der meinen Wünschen folgen wird, nicht seinen."
>
> (1 Samuel 2:27-29, 34-35 NASB/ Autor)

Gott ruft Samuel (1 Samuel 3)

Wegen Elis Familie waren die Worte Gottes selten. Eines Nachts, als alle im Bett waren, rief der Herr Samuel. Er stand auf und lief zu Eli und sagte: "Hast du mich gerufen?"

Eli antwortete: "Nein, mein Sohn, ich habe dich nicht gerufen. Geh zurück ins Bett."

Der Herr rief Samuel erneut. Samuel stand wieder auf und ging zurück zu Eli. "Ich habe dich rufen hören, und hier bin ich"; aber Eli antwortete: "Nein, das war nicht ich. Geh zurück ins Bett."

Samuel kannte den Herrn noch nicht persönlich, noch war das Wort des Herrn ihm offenbart worden. Der Herr rief Samuel zum dritten Mal, und er ging wieder zu Eli. Dieses Mal erkannte Eli, dass der Herr den Jungen rief, und sagte: ‚Geh zurück ins Bett, und wenn er wieder ruft, sag: ‚Sprich, Herr. Dein Diener hört.' So Samuel went back to bed. *The Lord came and stood by Samuel's bed and called him as before.* Samuel answered, *„Speak, Lord. Your servant is listening."*

Der Herr offenbarte Samuel, dass Er etwas tun würde, das ganz Israel schockieren wird. Der Herr war im Begriff, das Haus Elis wegen der Ungerechtigkeit seiner Söhne zu richten. Eli wusste von ihren Sünden, weigerte sich jedoch, etwas dagegen zu unternehmen. Der Herr hatte Eli bereits darüber informiert, was Er tun wollte.

Samuel ging wieder ins Bett, konnte aber nicht schlafen. Als der Morgen endlich anbrach, stand er auf und öffnete die Türen zum Haus des Herrn, aber er hatte Angst, Eli von der Vision zu erzählen, die er gesehen hatte. Eli rief Samuel und sagte: „Samuel, mein Sohn, was hat dir der Herr letzte Nacht gesagt? Hab keine Angst, es mir zu erzählen, selbst wenn es schlechte Nachrichten für mich sind." Also erzählte Samuel ihm alles, was der Herr gesagt hatte. Eli antwortete: *"Gott wird das tun, was nötig ist. Ich werde seinen Willen annehmen."*

Die Zeit verging. Samuel wuchs auf, und der Herr war mit ihm. Alles, was Samuel vorhersagte, trat ein. Ganz Israel begann zu erkennen, dass Gott Samuel als seinen wahren Propheten bestätigt hatte. Gott offenbarte sich weiterhin Samuel und sprach durch Samuel, seinen treuen Propheten.

Die Philister zogen erneut gegen Israel in den Krieg. Die Israeliten schlugen ihr Lager in Ebenezer auf, etwa zwanzig Meilen von Schiloh entfernt. Die Philister lagerten in Aphek, nicht weit entfernt, und besiegten Israel, das in der Schlacht viertausend Soldaten verlor.

Als sie zurück in ihr Lager kamen, fragten die Ältesten Israels: „Warum hat uns der Herr heute bestraft? Lasst uns nach Schiloh gehen und die Kiste (die Bundeslade des Herrn, *als hätte sie magische Kräfte) holen.* Sie hofften, dass sie Israel den Sieg über seine Feinde bringen würde. Als die Philister hörten, dass die Lade Gottes (Elohim) im Lager der Israeliten war, hatten sie Angst, weil sie gehört hatten, wie Elohim die Feinde Israels besiegt hatte.

Als die Philister jedoch erkannten, dass eine Niederlage bedeutete, dass sie Sklaven der Israeliten werden könnten, schufen sie sich den Mut und töteten dreißigtausend Fußsoldaten Israels. Sie eroberten auch die Lade Gottes. Hofni und Phinehas, die Söhne Elis, wurden getötet. Als der achtundneunzigjährige Eli erfuhr, dass die Lade Gottes gefangen genommen worden war und seine Söhne getötet worden waren, fiel er rückwärts von seinem Hocker und starb an einem gebrochenen Hals.

In der Zwischenzeit nahmen die Philister die gefangene Lade Gottes nach Ashdod (nahe Gaza). Ashdod war eine ihrer bedeutendsten Städte, gelegen an der Küste des Mittelmeers. Sie stellten sie in den Tempel von Dagon (dem Fischgott), ihrem wichtigen Götzen. Am nächsten Morgen entdeckten sie, dass der Götze Dagon vor der Lade Gottes auf sein Gesicht gefallen war. Sie stellten ihn an seinen Platz zurück, aber am nächsten Morgen lag der Götze wieder auf seinem Gesicht vor der Lade Gottes, und sein Kopf und seine Hände waren abgebrochen.

Der Herr (Jahwe) bestrafte die Menschen von Aschdod und dem umliegenden Gebiet, indem er einen Ausbruch von Tumoren unter ihnen verursachte. Nachdem die Bundeslade Gottes sieben Monate unter den Philistern war, forderten die Einheimischen, dass sie nach Israel zurückgeschickt werde. Sie beschlossen, ein Schuldopfer aus Gold an den Gott Israels zu bringen und legten das Opfer in die Lade. „Vielleicht wird er uns heilen und seinen Zorn von uns, unseren Göttern und unserem Land abwenden" (1 Samuel 5:1-6:21).

Samuel wurde Hohepriester, Prophet und Richter.

Israel bedauerte, nicht näher beim Herrn (Jahwe) zu sein. Samuel sagte ihnen, der Herr könne sie von den Philistern befreien. Sie müssten jedoch zuerst Buße tun und mit ganzem Herzen zum Herrn zurückkehren, nicht nur mit Worten. Sie müssten auch ihre fremden Götzen loswerden. So war es ein weiteres von Gottes bedingten Versprechen an Israel. Gott wusste, dass sie launisch und unzuverlässig waren.

Die Söhne Israels taten Buße und entfernten die Baals (fremden Götzen) und die Fruchtbarkeitsgöttinnen (Fruchtbarkeitsgötzen) und begannen wieder, dem Herrn zu dienen.

Samuel sagte: „Versammelt ganz Israel in Mizpa, und ich werde für euch zum Herrn beten." Israel versammelte sich in Mizpa, schöpfte Wasser und goss es dann vor dem Herrn aus (ein Akt des Opfers/Verehrung), während sie selbst fasteten (nicht aßen oder tranken), und sie gestanden: „Wir haben gegen den Herrn gesündigt."

Die Philister erfuhren, dass Israel sich in Mizpah versammelt hatte, und ihre Anführer führten ihre Truppen gegen Israel. Israel hatte Angst vor den Philistern und bat Samuel, für sie zu beten. Samuel nahm ein junges Lamm, opferte es als Brandopfer und betete für Israel. Der Herr antwortete ihm und verwirrte den Feind, indem er ein besonders lautes Donnern um ihre Truppen herumlaufen ließ, sodass sie geschlagen wurden. Ein ermutigtes Israel verfolgte den Feind bis nach Beth-car und schlug sie auf dem Weg nieder.

Dann nahm Samuel einen Stein und setzte ihn zwischen Mizpah und Shen als Erinnerung an Gottes Hilfe bei der Niederlage der Philister. Die Philister traten während Samuels gesamtem Leben nicht mehr in Israel ein, denn die Hand des Herrn (Jahwe) war gegen sie.

Als Samuel alt wurde, ernannte er seine Söhne, Joel und Abijah, zu Richtern über Israel. Aber die Führer Israels gingen zu Samuel und sagten ihm: „Deine Söhne folgen deinem Beispiel nicht. Sie suchen nach unrechtmäßigem Geld, nehmen Bestechungsgelder an, verkehren die Gerechtigkeit und der Herr spricht nicht durch sie. *Bitte ernenn einen König über uns. Wir wollen wie die anderen Nationen sein.*" Samuel war ein guter Mann, ein guter Richter und Priester, aber er machte den gleichen Fehler mit seinen Söhnen, den Eli mit seinen gemacht hatte.

Samuel war mit der Bitte des Volkes nicht zufrieden und betete zum Herrn. Der Herr antwortete Samuel: „Höre auf das Volk. Es bist nicht du, sondern ich, den sie verworfen haben. Seit ich sie aus der Sklaverei in Ägypten befreit habe, haben sie sich gegen mich gewandt und Götzen verehrt. Gib ihnen, was sie wollen, aber warne sie, dass ein König sie und ihre Familien zu seinen Dienern machen wird. Das Volk wird dann gegen ihren König schreien und um meine Hilfe bitten, aber ich werde nicht antworten."

Samuel gehorchte dem Herrn und sagte dem Volk, was Gott gesagt hatte, aber die Anführer schenkten seiner Warnung keine Beachtung. *Sie verlangten einen König, damit sie wie die anderen Nationen sein konnten.* Samuel betete erneut, und der Herr sagte: „Setze ihnen einen König ein. Ich werde Saul aus dem Stamm Benjamin senden, und du sollst ihn zum König salben."

Der Herr führte Saul, den Benjaminiter, zu Samuel. Er war ein gutaussehender Mann in der Blüte seines Lebens. Er war groß und ragte über alle anderen in Israel hinaus. Samuel salbte Saul zum König von Israel. Samuel küsste Saul auf die Wange, goss eine Flasche Öl auf seinen Kopf und sagte: „Der Herr (Jahwe) salbt dich zum Herrscher über Sein Erbe." (Hinweis: Gottes Salbung von Saul machte ihn nicht zum König.)

Der Geist Gottes kam über Saul. Er versammelte eine große Gruppe von Männern, um mit ihm die Leute von Jabesch-Gilead zu befreien, die von der Armee des Nahasch, des Ammoniters, belagert worden waren. Nach Sauls Sieg entschieden die Leute von Israel, dass er König werden sollte.

Samuel sagte zu den Leuten: „Lasst uns nach Gilgal gehen und das Königreich dort erneuern." Die Leute waren begeistert und stimmten zu, Samuels Plan zu folgen. Sie salbten Saul zum König vor dem Herrn. Sie opferten auch dem Herrn.

> Samuel fragte das Volk vor dem Herrn: „Habe ich jemals meine Stellung zu meinem eigenen Vorteil genutzt? Habe ich jemals das Esel eines anderen genommen? Wen habe ich betrogen oder

> unterdrückt? Von wessen Hand habe ich einen Bestechungsgeld erhalten?" „Nein!" rief das Volk einstimmig. „Du hast niemals so etwas getan."
>
> (1 Samuel 12:3-4 KJV)

Samuel erinnerte sie an Gottes Führung, Schutz und Versorgung für Israel in den Jahren seit Er rettete sie aus der Sklaverei in Ägypten. „Der Herr ist Israel treu geblieben, auch wenn Israel dem Herrn nicht treu war."

Samuel zeigte auf Saul und fuhr fort: „Hier ist der König, den ihr euch gewünscht habt. Siehe, der Herr hat einen König über euch eingesetzt. Wenn ihr in Ehrfurcht vor dem Herrn lebt, Ihm treu dient, auf Seine Stimme hört und nicht gegen Seine Gebote aufbegehrt, *dann* wird der Herr mit euch sein und euch und euer Land segnen *(eine bedingte Verheißung)*."

Nach seiner Krönung führte Saul seine Armee gegen die Feinde Israels. Sie besiegten Moab, Ammon, Edom, Zobah und in Geplänkeln mit den Philistern. *Doch König Saul folgte den Geboten Gottes nicht lange.* Die Philister versammelten sich erneut, um gegen Israel zu kämpfen (1. Samuel 13). Saul wurde gesagt, er solle darauf warten, dass Samuel kommt und ein Gebet sowie ein Opfer für Gott darbringt, bevor Saul Israel in die Schlacht führt, aber als Samuel sieben Tage zögert, ergriff Saul selbst die Initiative. Er opferte selbst.

Kaum hatte Saul das Opfer gebracht, als Samuel erschien und fragte: „*Saul, warum hast du Jahwe missachtet?* Du hast töricht gehandelt, indem du dein Vertrauen in dich selbst statt in Gott gesetzt hast. *Gott hätte deine Dynastie für immer über Israel errichtet, aber jetzt wird deine Dynastie nach deinem Tod nicht bestehen bleiben.* Der Herr hat nach einem neuen König gesucht, der an deiner Stelle regieren wird, wenn du stirbst. Er wird jemanden wählen, der Ihm gehorcht, einen Mann, der den Willen Gottes sucht, nicht seinen eigenen Willen."

Die Menschen baten Samuel, für sie zu beten. Er sprach ihnen von ihrer Sünde, versicherte ihnen jedoch, dass „wenn ihr Buße tut, der Herr euch nicht verlassen wird." Samuel versprach auch, weiter für sie zu beten.

Der Herr gab Israel an diesem Tag einen kleinen Sieg über die Philister, aber dieser Sieg war durch die Heldentat von Sauls Sohn Jonathan und seinen Waffenträger und nicht durch irgendetwas, was König Saul geplant oder getan hatte. Die Philister zogen sich zurück und gingen an ihren Platz zurück, ebenso wie das Heer von König Saul (1. Samuel 13-14, Umschreibung des Autors).

Der Herr sprach erneut durch Samuel zu Saul. „Ich habe Amalek (ein nomadischer Stamm, Nachkommen Esaus) mehr als genug Zeit gegeben, um von ihren mörderischen Angriffen auf Israel Buße zu tun, aber sie weigern sich, Buße zu tun, und verspottet mich und Israel weiterhin. *Du musst sie und alles, was sie haben, vernichten.*"

Der Keniterstamm, der unter den Amalekitern lebte, hatte den Söhnen Israels Freundlichkeit gezeigt, als sie aus Ägypten kamen. Daher warnte Saul sie, sich von den Amalekitern fernzuhalten, damit sie während des Kampfes nicht verletzt würden. Dann besiegte Sauls Armee die Amalekiter, schonte jedoch Agag, den König der Amalekiter, und das Beste von den Schafen, Rindern, Vieh, Lämmern und allem, *was gut war.* Er zerstörte nur, was er für sich selbst nicht wollte.

Der Herr sagte zu Samuel, dass er es bereute, Saul zum König gemacht zu haben, weil Saul sich weigerte, zu gehorchen und Seine Befehle auszuführen. Saul log Samuel an und sagte, er habe alle Befehle Gottes zur Zerstörung der Amalekiter befolgt, aber Samuel konfrontierte ihn damit: „Wenn du dem Herrn gehorcht hast und die Amalekiter sowie ihr Eigentum ausgerottet hast, warum höre ich dann Schafe blöken und Rinder muhen?"

„Oh das," sagte Saul. „Meine Soldaten haben die besten Schafe und Rinder der Amalekiter gerettet, um sie dem Herrn, deinem Gott, zu opfern, aber den Rest haben wir völlig vernichtet."

Samuel erwiderte: *„Der Herr hat viel mehr Freude an Gehorsam als an Brandopfern und Schlachtopfern.* Weil du dich von Gottes Wort abgewandt hast, hat Er dich als König verworfen (Umschreibung des Autors). Saul versuchte, mit Krokodilstränen die Schuld von sich auf seine Soldaten zu schieben. Er log erneut und sagte, er habe Angst vor seinen Truppen und habe daher getan, was sie wollten, anstatt das zu tun, was Gott wollte.

Samuel antwortete: „Wir sollten Gott fürchten anstatt die Menschen."

Saul bat Samuel, seine Sünde zu vergeben und zu ihm zurückzukehren, damit er den Herrn anbeten könne. Samuel wollte Saul nicht verlassen, aber er hatte keine Wahl, also sagte ein stoischer Samuel, dass er nicht auf der Seite von Saul gegen Gott stehen könne. Saul hatte das Wort des Herrn zurückgewiesen, und der Herr hatte Sauls Königreich über Israel ihm entzogen. Ein tief gedemütigter Saul gab seine Sünde zu und bat Samuel, ihn bitte vor den ältesten seiner Leute zu ehren, damit er sein Gesicht wahren könne, indem er mit Samuel vor ihnen anbetet. Samuel stimmte dem zu. Danach ließ Samuel Agag auf Befehl des Herrn hin hinrichten. Die Tragödie von König Saul war, dass Gott ihm die Möglichkeit bot, ein Mann nach dem Herzen Gottes zu werden, aber Saul war mehr an seinem eigenen Stolz interessiert (die Tragödie der Menschheit im Allgemeinen) (1. Samuel 15, Umschreibung des Autors).

Fragen

1. Hat dich die Zahl der prominenten Frauen in der Bibel, die kinderlos waren, überrascht? Kennst du persönlich Frauen, die unter Kinderlosigkeit leiden?
2. Eli war ein von Gott auserwählter Priester. Was war sein Untergang?
3. Warum beendete Gott Sauls Dynastie? Warum verwies Gott Saul als König? (Zwei Fragen)

Mini-Epilog

Bevor Saul König wurde, regierte und leitete Gott Israel (eine Theokratie), aber das Volk Israel gehorchte Gott nicht immer. *Beginnend mit Saul* wurde das alte Testament Israel zu einer Monarchie (ein König regierte). *Gott kann in jeder Regierungsform wirken, obwohl einige Regierungsformen das Volk Gottes mehr verfolgen als andere.*

Geschichte 14

EIN MANN NACH DEM HERZEN GOTTES (1 Samuel 16:1; 1 Könige 2:12)

David wurde zum nächsten König gesalbt (1. Samuel 16)

Der Herr (Jahwe) sagte zu Samuel, er solle aufhören, um Saul zu trauern. „Gehe nach Bethlehem. Ich habe einen der Söhne Isais gewählt, um König zu sein." Aber Samuel hatte Angst, dass Saul davon erfahren und ihn töten würde. Der Herr sagte zu ihm, er solle eine Färse zum Opfern mitnehmen und Isai einladen. Nach dem Opfer würde der Herr ihm sagen, was er als Nächstes tun soll.

Samuel gehorchte und ging nach Bethlehem. Er lud die Stadtführer zum Opfer ein, denn Samuel wollte Gott bitten, ihre Stadt zu segnen. Samuel sagte den Führern, die Bürger sollten sich spirituell durch rituelle Reinigung vorbereiten und am Opfer teilnehmen. Samuel lud auch Isai, den Vater Davids, ein.

Nach dem Opfer ging Samuel zu Isais Haus. Sieben seiner Söhne wurden Samuel vorgeführt, als ob sie Teilnehmer an einem imaginären „schönster Mann"-Wettbewerb wären. Samuel schaute zuerst auf Eliab, den ältesten, und dachte: *Das muss der Sohn sein, den Gott gewählt hat;* aber der Herr sagte zu Samuel: „Sieh nicht auf sein Aussehen, seine Körpergröße oder seine Höhe. Gott schaut auf das Herz eines Menschen." Eliab wurde nicht gewählt. Keiner der sieben wurde gewählt.

Ein verzweifelter Samuel fragte Jesse: „Sind das alle deine Söhne?"

Jesse antwortete: „Ich habe noch einen Sohn, aber er ist noch ein Junge."

Samuel sagte: „Bitte sende jemanden, um ihn hierher zu bringen, damit ich ihn sehen kann."

Als David ankam, noch in seiner Arbeitskleidung, sah Samuel einen rötlichen Jüngling mit stechenden Augen und một angenehmen Aussehen. Der Herr sagte: „Das ist der, den ich gewählt habe," also nahm Samuel Öl und goss es auf Davids Kopf. Die Salbung Davids machte ihn nicht zum König. Das würde viele Jahre später geschehen, nach dem Tod Sauls. Als David gesalbt wurde, kam der Geist Gottes auf David und verließ ihn nie. Gleichzeitig verließ der Geist Gottes Saul. Als der Geist Gottes Saul verließ, kam ein böser Geist über ihn und terrorisierte ihn oft.

Sauls Diener fragten um seine Erlaubnis, einen geschickten Musiker zu suchen, der ihn mit der Harfe beruhigen könnte. Saul gab sein Einverständnis, und einer seiner jungen Männer sagte: "Ich kenne genau die richtige Person – David, den Sohn von Isai aus Bethlehem. David ist jung, aber ein außergewöhnlich guter Musiker. Er ist stärker und weiser als die meisten Männer, und er ist vorsichtig in seiner Rede und seinem Verhalten."

"Wow! Was für ein Lebenslauf", sagte ein anderer.

Saul schickte Boten zu Isai und bat um die Dienste von David. Isai reagierte, indem er einen Esel mit Brot, einem Krug Wein und einer jungen Ziege belud und es mit David schickte.

David wurde Sauls Diener, und er konnte Saul mit Musik von seiner Harfe beruhigen. Saul machte David auch zu seinem Waffenträger.

Zuweilen war David bei Saul; zuweilen war er zu Hause und half seinem Vater mit den Herden. Wenn Sauls Geist unruhig wurde, schickten sie nach David, der Saul mit Musik beruhigte. Nachdem Saul wieder normal war, ging David nach Hause (1. Samuel 16, Überarbeitung des Autors).

Nach einiger Zeit sammelten die Philister ihre Armee, um gegen Israel zu kämpfen. Sie schlugen ihr Lager auf einem Hügel auf, der über ein Tal blickte. Saul und seine Soldaten lagerten auf einem Hügel gegenüber diesem Tal. Die Philister hatten einen neuen Champion namens Goliath. Jeden Morgen trat Goliath aus dem Lager der Philister heraus und verspottete die israelischen Truppen. Er war ein Riese, zweieinhalb Meter groß. Seine Rüstung und Waffen waren dementsprechend riesig. Er rief der Sauls Armee zu: „Schickt euren Champion, um gegen mich zu kämpfen. Wenn er mich tötet, werden wir eure Diener. Wenn ich ihn tötet, werdet ihr unsere Diener."

Als Saul und seine Männer die laute Herausforderung hörten, waren sie verängstigt. Den Riesen zu besiegen schien unmöglich. In der Zwischenzeit war David zu Hause in Bethlehem und hütete Schafe. Sein Vater erfuhr, dass eine Schlacht gegen die Philister bevorstand. Er sagte David, er solle seinen älteren Brüdern, die in Sauls Armee dienten, Lebensmittel bringen.

Krieg mit den Philistern (1 Samuel 17)

David verließ am nächsten Morgen früh mit Nachschub für seine Brüder und ihren Kommandeur. Er war aufgeregt bei dem Gedanken, eine Schlacht zu sehen. Er kam genau rechtzeitig, als die beiden Armeen in Schlachtordnung gingen und Schlachtrufe zwischen den beiden Armeen hin und her riefen. Er lief entlang der Schlachtlinie, um mit seinen Brüdern zu sprechen. Während sie sprachen, trat der Riese vor und verspottete Israel.

David war schockiert, dass niemand aus Sauls Armee sich dem Philister stellte. Stattdessen zeigten ihre Gesichter ihre Angst, und einige begannen sogar zu fliehen.

Goliath verspottete Israel noch lauter. David ergriff das Wort: „Wer ist dieser ungläubige Philister, der die Armee Gottes verachtet?

Welcher unserer mutigen Soldaten wird sich erheben und diesen Riesen besiegen?" Davids Brüder waren wütend über seine Unverschämtheit, aber jemand berichtete dem König Saul von Davids Worten, der nach David schickte.

David besiegt Goliath (1 Samuel 17:31-58)

David sagte zu dem König: „Wenn keiner deiner Truppen Goliath herausfordern will, werde ich es tun."

Saul antwortete: „Du bist nur ein Junge. Goliath ist ein Riese und ein Krieger seit seiner Jugend. Es gibt keine Möglichkeit, dass du dieses Biest besiegen kannst."

„Mein Herr," sagte David. „Ich habe Bären und Löwen konfrontiert, während ich die Schafe meines Vaters hütete. Jedes Mal, wenn eines dieser Tiere kam und ein Lamm aus der Herde nahm, ging ich ihm nach und rettete das Lamm aus seinem Maul. Jedes Mal, wenn ein Biest sich gegen mich erhob, habe ich es getötet."

Abschließend sagte David: „Der Herr (Jahwe), der mich von Löwe und Bär befreit hat, wird mich auch von diesem unglaubigen Philister befreien."

Saul hatte keinen Champion, also willigte er ein und sagte: „Okay, kämpf gegen ihn, und möge Gott dich beschützen."

David wies die Bemühungen zurück, ihn in eine Rüstung zu stecken und ein Schwert zu tragen. Er trug seine eigene einfache Kleidung, hielt seinen Hirtenstab in der Hand und wählte fünf glatte Steine, die er in seine Tasche steckte. Mit seiner Schleuder (um einen Stein zu schleudern) in der Hand näherte sich David dem Riesen.

Der Philister trat mit seinem Schildträger vor ihm auf David zu, bemerkte aber schnell, dass David nur ein Junge war. Der Riese zeigte jedoch keinen Respekt vor David. Er schrie David an: „Bin ich ein Hund, dass du mit Stöcken auf mich zukommst?" Er verfluchte David und sagte: „Ich will dich den Geiern zum Fraß vorwerfen"; doch ein ruhiger David antwortete dem Philister: „Du kommst mit einem Schwert und einem Speer, aber ich komme zu dir im Namen des Herrn der Heere, dem Gott der Heerscharen Israels, den du verhöhnt hast. Der Herr wird dich in meine Hand geben, und jeder wird wissen, dass es einen Gott in Israel gibt."

Als der Riese näher kam, rannte ein furchtloser David auf ihn zu und hielt nur an, um einen Stein in seiner Schleuder zu platzieren. David wirbelte ihn immer wieder herum und ließ den Stein los, der mit großer Geschwindigkeit auf Goliath zuflog. Er traf ihn an der Stirn, und der massive Riese fiel mit dem Gesicht nach unten und war tot, bevor er den Boden berührte. Als die philistische Armee sah, dass ihr Champion tot war, floh sie schnell, während die Israeliten sie verfolgten (1. Samuel 17, Umschreibung des Autors).

Saul wendet sich gegen David (1 Samuel 18)

Sauls Sohn Jonathan und David wurden Seelenverwandte, wie Zwillingsbrüder. Jonathan gab David seinen eigenen königlichen Mantel und sein Schwert. Die Armee kehrte nach Hause zurück zu einem Umzug mit spielenden Kapellen und Frauen, die auf der

Straße tanzten. Während sie tanzten, sangen sie: „Saul hat seine Tausende getötet und David seine Zehntausende."

David wurde über Nacht ein Nationalheld. *König Saul war wütend und wurde sehr eifersüchtig.* Sie haben David alles gegeben, aber mein Königreich.

Von diesem Tag an war Saul misstrauisch gegenüber David. Nicht lange danach kam ein böser Geist wieder über Saul. Während David auf seiner Harfe spielte, in der Hoffnung, seinen König zu besänftigen, schleuderte Saul einen Speer nach ihm und versuchte, ihn an die Wand zu pinnen. David schaffte es, dem Speer auszuweichen und zu entkommen. Saul bekam Angst vor David, denn der Herr war mit David, aber hatte ihn verlassen. *Eifersucht und Zorn sind gefährliche, selbstzerstörerische Sünden.*

Saul schloss David von seiner Anwesenheit aus. David spielte ihm keine beruhigende Musik mehr vor und aß nicht mehr am Tisch des Königs. Schließlich machte Saul David zu einem Befehlshaber von tausend Soldaten in der Hoffnung, dass die Philister ihn im Kampf töten würden, doch stattdessen bekam David mehr Kontakt zu den Menschen und erlangte noch mehr Popularität. Michal, eine der Töchter König Sauls, liebte David und wollte ihn heiraten. Saul stimmte der Ehe zu, weil er seine Tochter nutzen wollte, um David eine Falle zu stellen. Jonathan trat für David ein, aber Sauls Wut führte ihn dazu, seinen eigenen Sohn mit einem Speer zu töten.

Nach einiger Zeit überzeugte Jonathan seinen Vater, dass David nicht gegen Saul war. Jonathan sagte zu seinem Vater: "Sünde nicht gegen deinen unschuldigen Diener. Alles, was David getan hat, war zu deinem Nutzen." Saul hörte auf seinen Sohn und schwor, dass David nicht getötet werden würde. David wurde wieder in Sauls Nähe gebracht, um den König mit Musik zu beruhigen, doch ein böser Geist überkam Saul erneut und er warf einen weiteren Speer auf David.

David floh um sein Leben (1 Samuel 19:1-24)

David floh vor Saul, aber Saul nahm dreitausend elite Männer aus seiner Armee und suchte David mit der Absicht, ihn zu töten. Es gab treue Anhänger von David, die im ganzen Land verstreut waren. Sie informierten David, wo Saul war. Saul schickte Spione durchs Land, um Davids Standort zu entdecken. David und seine Männer wechselten oft den Standort. Jedes Mal, wenn Saul einen von Davids Spionen ergriff, ließ er sie töten. David und seine Männer hielten sich immer einen Schritt vor Saul.

Wir werden ständig an Davids guten Charakter erinnert. Als die philistische Armee versuchte, David zu fangen, der sich in einer befestigten Stellung im Wald versteckte. Ein Platoon von Philistern lagerte in Bethlehem, falls er in seine Heimatstadt zurückkehren würde. Unterdessen war David erschöpft und äußerte den Wunsch, einen Schluck Wasser aus dem Brunnen in Bethlehem zu haben. Unbekannt für David schlüpften seine drei besten „mächtigen Männer" aus der Festung, schlichen sich nach Bethlehem, schöpften Wasser aus dem Brunnen in Bethlehem, schlüpften wieder aus Bethlehem und brachten das Wasser zu David.

Als David erkannte, dass seine „mighty men" ihr Leben riskiert hatten, um das Wasser zu holen, wollte er es nicht trinken. Er goss es als Trankopfer für den Herrn aus. David fühlte sich unwürdig gegenüber dem Mut seiner Soldaten und dachte, *nur Gott ist solch eine Hingabe wert* (2. Samuel 23:13-17).

Viel später, nachdem David König geworden war, befahl er gegen den Willen Gottes eine Volkszählung in Israel. Er wollte wissen, wie viele Männer er zusätzlich in seine Armee einberufen konnte. Damit *vertraute David mehr auf den Menschen als auf Gott.* Sogar Joab, der Befehlshaber der Armee, hielt die Volkszählung für unklug, aber Davids Wille setzte sich durch. Nach Abschluss der Volkszählung plagte Davids Gewissen. Er wusste, dass er im Unrecht war. David bat Gott um Vergebung und sagte: „Ich habe schwer gesündigt in dem, was ich getan habe. Bitte nimm meine Ungerechtigkeit weg, denn ich habe töricht gehandelt."

Gott sendete eine Seuche über Israel, und viele starben. David flehte zu Gott: „Ich bin derjenige, der gesündigt hat. Bitte lass Deine Hand gegen mich und meine Familie sein. Lass nicht das Volk für meine Sünde leiden."

Gott antwortete: „Baue einen Altar für den Herrn auf der Tenne Araunahs, des Jebusiters."

David ging, um das Gebot Gottes zu erfüllen. Als Araunah den König kommen sah, verbeugte er sich vor David und fragte: „Mein Herr, warum bist du zu deinem Diener gekommen?"

„Um deine Tenne zu kaufen," antwortete David. „Ich möchte einen Altar für den Herrn bauen. Ich flehe zu ihm, die Pest zu stoppen, die unser Volk tötet."

Araunah antwortete seinem König: „Nimm, was ich habe, Eure Majestät, und biete, was du dem Herrn wünschst," aber David antwortete schnell: „Ich werde das bezahlen, was es wert ist, *denn ich werde dem Herrn, meinem Gott, nichts opfern, was mich nichts kostet*" (2 Samuel 24:24 NASB). David kaufte die Tenne und die Ochsen, baute dann den Altar und opferte Brandopfer und Friedensopfer dem Herrn. Der Herr stoppte die Pest (2 Samuel 24:1-25).

Es ist interessant, dass Gott einige Menschen und Orte wiederholt verwendet hat, d.h. im Buch Genesis sagte Gott zu Abraham, er solle seinen Sohn Isaak auf den Berg Moriah bringen und ihn dort opfern. In dieser Geschichte sagte Gott zu David, er solle ein Opfer auf der Tenne des Araunah auf dem Berg Moriah bringen. Nach Davids Tod erlaubte Gott dann Davids Sohn Salomo, den Tempel auf dem Berg Moriah in Jerusalem zu bauen (2. Chronik 3:1).

Davids ständiger Respekt vor König Saul offenbart Davids Charakter. Er respektierte den Gesalbten Gottes, obwohl Saul mehrmals versucht hatte, David zu töten. Er hatte mindestens zwei Gelegenheiten, den König unbemerkt zu töten, aber er weigerte sich, seinen König zu berühren, und ließ auch seine Männer nicht Saul töten (siehe 1. Samuel 24:1-22 und 1. Samuel 26:1-25).

Jedes Mal, wenn David Sauls Leben verschonte, gestand Saul ein, dass David besser war als er. Doch jedes Mal, wenn Saul davon abließ, Davids Leben zu suchen, hatte er später einen Sinneswandel und versuchte erneut, David zu töten. David erklärte seinen Männern, dass der Herr (Jahwe) zur richtigen Zeit den König selbst absetzen werde, „aber wir dürfen unsere Hände nicht gegen ihn erheben." So offenbarte David fortwährend sein eigenes Herz, indem er einen König schützte, der ihn töten wollte (1. Samuel 16-27, Umschreibung des Autors).

Fragen

1. Bewertest du, wie Samuel, manchmal eine Person nur nach ihrem äußeren Erscheinungsbild und nicht nach ihrem Herzen? Denk zurück – gibt es Menschen, die du wegen ihres Aussehens falsch eingeschätzt hast, es später aber als falsch erkannt hast? Wie kannst du das in Zukunft vermeiden?
2. Heute haben wir Musiktherapeuten; vielleicht war David der erste Musiktherapeut. In welcher Weise könnte Gott deine Talente und Fähigkeiten nutzen, um Menschen in physischem, emotionalem oder spirituellem Bedarf zu dienen? War der junge David übermütig (wie siebzehnjährige Joseph mit seinen Träumen), als er sich freiwillig meldete, um gegen Goliath zu kämpfen, oder stellte er Gott an erste Stelle? Warum denkst du das?

3. In welcher Weise führte die Eifersucht auf David zu Sauls Niederlage? Könnte Eifersucht auch uns behindern? Wie können wir uns gegen Eifersucht wappnen?
4. Wird Saul uns daran erinnern, dass Gott uns beiseite werfen kann (nicht im Sinne des Verlusts unserer Errettung)?

Mini-Epilog

> Der Geist des Herrn wichen von Saul und ein böser Geist beunruhigte ihn.
>
> (1 Samuel 16:14)

Der böse Geist könnte ein Dämon gewesen sein oder könnte sich auf eine geistige oder emotionale Krankheit beziehen. Diese Geschichte steht im Alten Testament. Gott gab seinen Geist nur wenigen Gläubigen zu bestimmten Zwecken und aus bestimmten Gründen. Er würde seinen Geist zurückziehen, wenn es angemessen wäre.

Nach seiner Buße für die Sünden des Ehebruchs und des indirekten Mordes betete David,

> Verwirf mich nicht von Deinem Angesicht und nimm Deinen Heiligen Geist nicht von mir.
>
> (Psalm 51:11 NASB)

Gottes Werk der ewigen Sühne durch den Retter wurde erst im Neuen Testament vollendet. *Erst dann empfangen alle Gläubigen den Heiligen Geist, und der Heilige Geist verlässt die Gläubigen nicht.*

Geschichte 15

KÖNIGE: DAVID, SALOMO UND EIN GETEILTES ISRAEL (2 SAMUEL 1:1 BIS 1 KÖNIGE 14:31)

Nach dem Tod von König Saul wählte der Stamm Juda David in Hebron (Juda, das Südreich) zu ihrem König. Die Stämme Israels standen der Familie Saul (Israel, das Nordreich) loyal gegenüber.

David suchte Frieden zwischen den beiden Königreichen, doch seine Armee, angeführt von General Joab, und die Armee Israels, unter dem Kommando von Sauls General Abner, kämpften eine Zeit lang gegeneinander. Davids Streitkräfte wurden immer stärker, während seine Gegner immer schwächer wurden. David und Abner riefen schließlich einen Waffenstillstand aus und begannen, zusammenzuarbeiten.

Abner überzeugte die Stämme Israels, dass sie David folgen sollten, und sie proklamierten David zu ihrem König. David war in der Lage, die Jebusiter zu besiegen und Jerusalem, ihre befestigte Stadt, zu erobern. David verlegte seine Hauptstadt von Hebron, im südlichen Juda, nach Jerusalem, das zentraler für die neue vereinte

Nation war. Es hatte den zusätzlichen Vorteil, neutrales Gebiet zu sein, da es neu erobert worden war. Es war ein Schritt, der half, die nördlichen Stämme unter David zu vereinen.

David wurde der größte König in der Geschichte Israels. Er eroberte alle Länder des heutigen Syrien (Land, das Gott Jakob versprochen hatte) und bis hinunter zum Bach Ägypten bis zur nördlichen Spitze des Golfs von Akaba. David liebte und diente Gott, doch er hatte eine Schwäche für Frauen und hatte mehrere Frauen. Die meisten von uns sind sich seiner Ehebruch mit Bathseba bewusst, der zum indirekten Mord an ihrem Mann führte, nach dem David sie heiratete. Nathan, einer von Gottes Propheten, tadelte König David wegen seiner Sünden und David bereute und er tötete den Propheten Nathan nicht, wie es die meisten anderen Könige getan hätten. Später nannte David einen seiner Söhne nach Nathan.

In Psalm 51 schrieb David,

> O Gott, hab Erbarmen mit mir um Deiner Liebe willen. Tilge meine vielen Sünden und mache mich wieder rein. Ich bin mir immer meiner Sünde bewusst und sie frisst mein Herz auf, weil ich gegen Dich gesündigt habe, Herr.
>
> (Psalm 51:1-4, Überarbeitung des Autors)

> Schaffe in mir ein reines Herz, o Gott; und erneuere einen richtigen Geist in mir. Bitte verstoße mich nicht von Deinem Angesicht; und bitte nimm Deinen Heiligen Geist nicht von mir. Bitte stelle mir die Freude an Deiner Rettung wieder her und unterstütze mich mit Deinem Geist.
>
> (Psalm 51:10-12 KJV)

David bereute und bat um Vergebung, wie Gott es verlangt. Gott vergab ihm, und David schrieb,

> Gesegnet sind die, deren Übertretung vergeben ist,
> deren Sünde vergeben ist.
>
> (Psalm 32:1 KJV)

Davids Sünde wurde vergeben. Dennoch entfernt Vergebung nicht die Folgen der Sünde. Der Herr (Jahwe) sprach durch den Propheten Nathan zu David:

> Du hast das Wort des Herrn verachtet, indem du Böses getan hast... das Schwert wird niemals von deiner Familie weichen... ich werde Böses gegen dich aus deinem eigenen Haus erwecken.
>
> (2 Samuel 12:9-11 NASB)

Davids Sünden waren eine Katastrophe für seine Familie. Das Kind seiner Untreue starb nach der Geburt (2. Samuel 12:15-23). Später gab Gott David und Bathseba einen weiteren Sohn, Salomo. Viel später vergewaltigte Davids Sohn Amnon Tamar, seine eigene Stiefschwester. Tamars Bruder Absalom tötete Amnon, seinen Stiefbruder, weil er Tamar vergewaltigt hatte. Dann floh Absalom um sein Leben (2. Samuel 13:24-39).

Absalom (Davids dritter Sohn) kehrte nach drei Jahren nach Hause zurück und versuchte, gegen seinen Vater zu intrigieren. Er wollte David stürzen und selbst König werden. David musste Jerusalem um seines Lebens willen verlassen.

Während David weg war, nahm Absalom die Nebenfrauen seines Vaters (zweite Frauen) vor den Augen ganz Israels für sich. Nachdem er das getan hatte, versammelte Absalom zwölftausend

Soldaten und verfolgte seinen Vater, um ihn zu töten. Doch Davids Soldaten töteten Absalom zuerst (2. Samuel 15:1-18:18).

Als David alt war und dabei, die Krone an Salomo zu übergeben, verschwörte sich Adonija, Davids vierter Sohn, um die Königsherrschaft von seinem Halbbruder Salomo zu nehmen. Nach Davids Tod wurde Adonija hingerichtet (1. Könige 1:1-2:27). David und seine Familie haben gewiss einen schrecklichen Preis für seine Sünden gezahlt.

Das Gleiche gilt heute. Wir können von unserer Sünde vergeben werden, aber die Konsequenzen unserer Sünde bleiben bestehen, d.h. Verlust des Arbeitsplatzes, Gefängnis, Scheidung, zerbrochene Beziehungen, möglicherweise Tod oder der Tod anderer und andere Tragödien, insbesondere wenn Kinder betroffen sind. Was wir säen, bringt eine Ernte hervor - ob gut oder böse.

Gott nutzte David, um nahezu die Hälfte der Psalmen zu schreiben, die im Allgemeinen Gedichte waren, die vertont wurden. Das Buch der Psalmen war sowohl ein Gesangbuch als auch ein Gebetbuch für das jüdische Volk und behandelte viele Themen: Lob, Freude, Dankbarkeit, Trauer, Gebetsanliegen, Buße, Vergebung, Anbetung und viele andere Themen. Davids Psalm 23 ist der Liebling der meisten Menschen. Er beginnt mit *"Jahwe-Rohi"* (Der Herr ist mein Hirte). Viele von uns betrachten Jahwe-Rohi als einen weiteren zusammengesetzten Namen Gottes.

Viele übersehen die Tatsache, dass *König David auch ein Prophet Gottes war.* Viele seiner Psalmen enthielten Prophezeiungen über den Messias, der ein Nachkomme Davids selbst sein würde, d.h.

> Der Herr [Jahwe] sagte zu mir: „Du bist mein Sohn. Heute habe ich dich gezeugt. Bitte mich, und ich werde dir gewiss die Nationen [nicht-jüdische

> Nationen] als dein Erbe geben und die äußersten Enden der Erde als deinen Besitz."
>
> (Psalm 2:7 NASB)

Der Herr [Jahwe] sagte zu mir: „Du bist mein Sohn. Heute habe ich dich gezeugt. Bitte mich, und ich werde dir die Nationen [nichtjüdische Nationen] als dein Erbe geben und die Enden der Erde als deinen Besitz." (Psalm 2:7 NASB) Vergleiche mit Hebräer 5:5 ff:

> So verherrlichte sich Christus nicht selbst, um ein Hoherpriester zu werden, sondern der, der zu ihm sprach: „Du bist mein Sohn, heute habe ich dich gezeugt."
>
> (Psalm 2:7-8 NASB)
>
> Was ist der Mensch, dass du seiner gedenkst, und der Sohn des Menschen, dass du ihn beachtest? Doch du hast ihn ein wenig niedriger als Gott gemacht und ihn mit Ehre und Hoheit gekrönt! Du lässt ihn über die Werke deiner Hände herrschen; du hast alles unter seine Füße gelegt.
>
> (Psalm 8:4-6 NASB)
>
> Vergleiche mit *Epheser* 1:19b-23
>
> Du [Gott] wirst meine Seele nicht dem „Scheol" *[dem Ort der Toten]* überlassen, noch wirst Du Deinen Heiligen verkommen lassen. Du wirst mir den Weg des Lebens bekannt machen; in Deiner Gegenwart ist die Fülle der Freude; zu Deiner Rechten sind ewig Freude (Bild der Auferstehung).
>
> (Psalm 16:10-11 NASB)

> Mein Gott, mein Gott, warum hast Du mich verlassen?
>
> (Psalm 22:1 NASB)

Siehe Matthäus 27:46 und Markus 15:34, eine Prophezeiung, die eine Kreuzigung beschreibt, tausend Jahre bevor Rom die Kreuzigung erfand.

> Sie schütteln den Kopf und sagen: „Engage dich für den Herrn [Jahwe]; lass ihn dich befreien. Lass ihn ihn retten, denn er freut sich über ihn."
>
> (Psalm 22:7b-8 NASB; vergleiche mit Matthäus 27:43 und Markus 15:34)

> Sie haben meine Hände und Füße durchbohrt.
>
> (Psalm 22:16 NASB; vergleiche mit Johannes 20:25)

> Sie teilen meine Kleider unter sich und für mein Gewand werfen sie das Los.
>
> (Psalm 22:18 NASB; vergleiche mit Matthäus 27:35)

> Denn der Eifer für dein Haus [den Tempel] verzehrt mich.
>
> (Psalm 69:9a NASB; vergleiche mit Johannes 2:16-17)

> Die Schmach derer, die dich beschimpfen, ist auf mich gefallen.
>
> (Psalm 69:9b NASB; vergleiche mit Römer 15:3)
>
> Der Herr [Jahwe] sagte zu meinem Herrn [„Adonai" = Meister/Erlöser]: „Setze dich zu meiner rechten

> Hand, bis ich deine Feinde zu einem Schemel für deine Füße mache."
>
> (Psalm 110:1 NASB; vergleiche mit Matthäus 22:43-46, Markus 12:36 und Lukas 20:42)

> Der Herr [Jahwe] hat geschworen und wird seine Meinung nicht ändern: „Du bist Priester für immer, nach der Ordnung Melchizedeks."
>
> (Psalm 110:4 NASB; vergleiche mit Hebräer 7:21-28)

Es gibt andere Psalmen von David, die ebenfalls über den Messias prophezeien.

David war der beliebteste König von Israel. *Bevor er starb, machte David Salomo zum König über Israel. Salomo war nicht in der Erbfolge, aber er war ein Sohn von Batseba, Davids Lieblingsfrau.* Das ist der Grund, warum Davids Sohn Adonija, ein weiterer Sohn Davids, erfolglos versuchte, das Königtum von seinem Halbbruder Salomo (wie zuvor in der Geschichte erwähnt) zu übernehmen.

Salomo wurde König von Israel (1 Könige 2:10-12)

> Salomo betete: „O Herr, mein Gott (Jahwe, mein Elohim), Du hast mich zum König gemacht, anstelle meines Vaters David. Aber ich bin jung und *verstehe nicht, wie ich dieses Volk führen soll...* Bitte gib mir ein verständnisvolles Herz, um Dein Volk zu leiten und zwischen Gut und Böse zu unterscheiden."
>
> (1 Könige 3:7-9 NASB)

Weil Salomo Gott um Weisheit bat, um Israel zu führen, anstatt um Reichtum, langes Leben usw., war Gott erfreut und machte ihn zum weisesten Mann auf Erden. Gott gab ihm auch Reichtum. „Wenn du mir folgst und mir gehorchst, wie dein Vater David es tat, werde ich auch deine Tage verlängern" (1 Könige 3:10-14).

Salomo begann gut. Er liebte den Herrn (Jahwe) und erniedrigte sich vor dem Herrn. Er baute das Haus des Herrn, das sein Vater David geplant hatte, um das alte Heiligtum (das Zelt der Anbetung) zu ersetzen. Während der Weihe des Tempels betete Salomo zum Herrn, und der Tempel wurde mit der Shekinah-Ehre des Herrn (einem hellen feurigen Licht) erfüllt. Sie warfen sich nieder, um den Herrn anzubeten und zu loben (2 Chronik 7:1-3, Umschreibung des Autors).

> In jener Nacht erschien der *Herr* [Jahwe] Salomo und sagte: "Ich habe dein Gebet gehört und diesen Tempel für ein Haus des Opfers gewählt. 'Wenn' jedoch die Sünde Israels dazu führt, dass ich den Himmel verschließe, sodass kein Regen fällt, oder Heuschrecken sende, um deine Ernte zu vernichten, oder gefürchtete Krankheiten über mein Volk sende. *Dann, wenn sie sich demütigen, beten, mein Angesicht suchen und von ihren Sünden umkehren, werde ich sie hören und ihr Land heilen.*"
>
> (2. Chronik 7:13-14, Autorenumschreibung)

Der Herr fügte hinzu: „Aber *wenn* ihr von mir abkehrt, meine Gebote ignoriert und Götzen anbetet, *dann* werde ich euch aus dem Land ausreißen, das ich euch gegeben habe, und aus diesem Tempel, den ich nur für meinen Namen geheiligt habe" (2. Chronik

7:19-21, bearbeitet vom Autor). *Gott legte seinen Finger auf Salomos Schwäche.*

Im Laufe der Jahre heiratete Salomo viele ungläubige ausländische Frauen aus politischen Gründen und aufgrund seiner Lust. Er hatte siebenhundert Frauen und dreihundert Nebenfrauen (sekundäre Frauen), und diese Frauen führten sein Herz von Gott (Elohim) weg. Er hatte Gott nicht vollständig verlassen, aber seine Frauen führten ihn zu anderen Göttern (d.h. Baal, Aschtoreth, Milkom, Chemosh, Molech usw.). Er war dem Herrn (Jahwe) seinem Gott (Elohim) nicht ganz ergeben.

Obwohl Salomo kein Krieger war, wurde das Land Israel unter Salomo bis zum Euphrat im Norden und bis zur Grenze Ägyptens im Süden erweitert. Salomo war außergewöhnlich reich und zwang die Menschen, extrem hohe Steuern zu zahlen. Er schrieb die biblischen Bücher Sprüche, Prediger und das Hohelied. *Salomo starb 933 v. Chr.,* und sein Sohn Rehabeam wurde König.

Jerobeam, der die zehn nordlichen Stämme Israels vertrat, bat Rehabeam, die Steuern für das Volk zu senken. Ein törichter Rehabeam hörte auf schlechten Rat und hatte einen stolzen Stolz, also sagte er zu Jerobeam, dass er noch höhere Steuern als sein Vater Salomo erheben würde. So führte Jerobeam die zehn nordlichen Stämme zur Rebellion gegen Rehabeam und trennte sich von Juda und etablierte sich als ein neues Königreich. *Die zehn Stämme behielten den Namen Israel.* König Jerobeam wandte sich von Gott ab und führte Israel (das Nordreich) dazu, zwei goldene Kalbe anzubeten. Die Anbetung des Götzen Baal wurde ihre Hauptreligion. Keiner ihrer Könige war gut; keiner von ihnen folgte Gott. Das Nordreich begann, sich in eine Abwärtsspirale zu drehen.

Das Nordreich wurde schließlich 721 v. Chr. mit der Niederlage Samarias durch den assyrischen König Sargon II. zerstört. Die Mehrheit der Bevölkerung wurde in Gefangenschaft genommen und weggeführt, während Gefangene aus anderen Ländern in das, was einst das Nordreich war, gebracht wurden. Das assyrische Reich, das Israel (das Nordreich) zerstörte, war etwa dreihundert Jahre lang die Weltmacht. Die Assyrer wurden 609 v. Chr. von den Babyloniern besiegt.

Das Südreich, das aus zwei Stämmen bestand, wurde Juda. Juda hatte viele gute Könige, aber auch viele böse Könige. Juda geriet ebenfalls in einen Abwärtsstrudel, jedoch nicht so schnell wie das Nordreich. Juda fiel schließlich 605 v. Chr. in die Hände der Babylonier. Jerusalem wurde später zerstört. Die Menschen von Juda wurden in Wellen nach Babylon ins Exil geführt (607 v. Chr., 597 v. Chr. und die Massen 586 v. Chr.). Daniel und seine drei Freunde Schadrak, Meshach und Abednego waren von königlichem Blut und wurden 607 v. Chr. nach Babylon gebracht, um im Hof von König Nebukadnezar zu dienen.

Gott sprach durch seine Propheten und ließ sagen, dass das Exil siebzig Jahre dauern würde. Während die Menschen von Juda ins Exil geführt wurden, gab der Prophet Jeremia ihnen eine Botschaft von Gott:

> Du wirst für deine Sünden bestraft, deine Strafe wird siebzig Jahre dauern. Dennoch habe ich gute Pläne des Friedens für dich, nicht Pläne des Unheils. Ich habe Pläne, dir Hoffnung und eine gute Zukunft zu geben. Wenn du dann zu mir betest, werde ich zuhören. Wenn du mich von ganzem Herzen suchst, werde ich gefunden und dich in deine Heimat zurückbringen.
>
> (Jeremia 29:10-14, Umschreibung des Autors)

Am Ende von siebzig Jahren der Gefangenschaft stürzten die Perser die Babylonier ohne Kampf. Im Jahr 538 v. Chr. setzte Kyros, der persische König, die Hebräer frei, um nach Jerusalem zurückzukehren. Im Jahr 536 v. Chr. führte Serubbabel über 42.000 von ihnen zurück in ihr Heimatland. Viele Hebräer blieben jedoch in Persien. Eine kleinere Gruppe kehrte 457 v. Chr. mit Esra zurück, um den Tempel in Jerusalem wieder aufzubauen. Eine weitere kleine Gruppe kehrte 444 v. Chr. mit Nehemia zurück, um die Mauern von Jerusalem wieder aufzubauen.

Das Buch Esther gibt einen Einblick in das Leben der Hebräer, die in Persien blieben, anstatt nach Israel zurückzukehren. Esther, eine schöne jüdische Dame, wurde Königin von Persien, als sie im Jahr 478 v. Chr. König Ahasveros (Xerxes I.) heiratete, etwa achtundfünfzig Jahre nachdem die babylonische Gefangenschaft beendet war.

Als sie erkannte, dass ihr unwahrscheinlicher Aufstieg zur Royalität Gottes Plan war, um ihr Volk (die Juden, die noch in Persien lebten) zu retten, riskierte die mutige Königin Esther ihr eigenes Leben und stoppte erfolgreich einen Plan zur Vernichtung aller Juden (Tausende) in Persien. Es ist ein interessantes Buch, das Gott niemals erwähnt, doch Gott ist inkognito auf jeder Seite zu finden. So viele Dinge ‚geschahen einfach so', doch Gott arbeitete daran, sein Volk zu schützen und seinen Willen zu vollbringen.

Die beiden am meisten erinnerte Passagen findet man in Esther 4:14-16, als Mordechai Königin Esther sagte,

> Wer weiß, ob du für eine solche Zeit wie diese zur Königswürde gelangt bist?

Und Esthers mutige Antwort an Mordechai in 4:15-16:

> Lass unser jüdisches Volk drei Tage und Nächte für mich fasten. Ich und meine Mägde werden das Gleiche tun. Dann werde ich zum König gehen, was gegen das Gesetz ist; und wenn ich hingerichtet werde, so werde ich zugrunde gehen.

Das Buch Esther ist ein Muss für beide Geschlechter – zehn wirklich kurze Kapitel (nur zwölf Seiten in der Bibel).

Die Gräber von Esther und Mordechai (Esthers älterem Cousin, der nach dem Tod ihrer Eltern als ihr Elternteil fungierte) befinden sich in Hamadan, Irak. Schau es dir mit deinem Smartphone oder Computer an.

Einige Juden leben noch heute im Iran (ehemals Persien), aber viele flohen in der jüngeren Geschichte aus dem Iran.

Geschichte 16

PROPHETEN GOTTES

Einführung

Priester und Propheten waren in biblischen Zeiten beide sehr wichtig. Die Rolle eines Priesters war es, das Volk vor Gott zu vertreten. *Ein Priester würde im Namen seines Volkes zu Gott intervenieren. Ein Prophet würde Gott dem Volk repräsentieren.*

Ein Prophet war der Sprecher Gottes für Gottes Volk. Ein Prophet verkündete das Wort Gottes an das Volk. Manchmal prophezeiten Propheten auch zukünftige Ereignisse. Einige der Propheten Israels waren sehr redegewandt ohne zu schreiben (z.B. Nathan, Elia, Elisa und andere).

Einige der Propheten waren sowohl rednerisch als auch schriftlich tätig (z.B. Jesaja, Jeremia, Ezechiel und Daniel). Nur-rednerische Propheten waren den Propheten, die sowohl rednerisch als auch schriftlich waren, nicht unterlegen.

Vier der schreibenden Propheten verfassten längere Bücher (Jesaja, Jeremia, Hesekiel und Daniel) und werden als „große Propheten" bezeichnet. Zwölf der schreibenden Propheten schrieben kürzere Bücher (Hosea, Joel, Amos, Obadja, Jona, Micha, Nahum, Habakuk, Zefanja, Haggai, Sacharja und Maleachi) und werden als „kleine Propheten" bezeichnet. Kleine Propheten waren den großen Propheten nicht unterlegen; sie schrieben einfach kürzere Bücher.

Einige Propheten vollbrachten Wunder (d.h. Mose, Elia und Elisa); einige taten dies nicht (d.h. Daniel, Hosea und Amos). Der Autor denkt, dass Abraham, Mose, David und Jesaja die bedeutendsten Personen im Alten Testament waren. Mose ist bekannt für (1) das Verfassen des Pentateuchs, der ersten fünf Bücher der Bibel (Genesis, Exodus, Levitikus, Numeri und Deuteronomium; (2) er führte die Kinder Israels aus der Sklaverei in Ägypten und leitet sie durch die Wüste ins Gelobte Land; (3) seine Fürbitten für Israel, seine Wunder und seine Verkündigung der Worte Gottes.

Im Allgemeinen hatten die Propheten Gottes einen Hauptauftrag: für Gott zu sprechen („so spricht der Herr") und sie hatten *fünf Hauptbotschaften:*

1. Zunächst einmal versuchten die Propheten, Israel von der Götzenanbetung abzubringen und zu der Anbetung Jahwes allein zurückzuführen.
2. Bekehre dich von der Sünde und kehre zum Herrn zurück, oder stelle dich dem Gericht.
3. Gerechtigkeit und Freundlichkeit für die Armen, einschließlich fairer Löhne.
4. Gott wird einen Messias/Erlöser bereitstellen, um für die Sünde Sühne zu leisten und alle zu erlösen, die bereuen und gehorchen.
5. Gott liebt alle Menschen und sorgt sich um alle, sogar um diejenigen, die sich weigern, ihn anzubeten und ihm zu gehorchen.

Im Folgenden sind mehrere kurze Beispiele einiger Propheten Gottes.

Der Prophet Elia (Jahwe ist mein Gott) (1 Könige 16:28 bis 2 Könige 2:1–14:9)

Wettkampf zwischen Baal und dem Herrn Gott (1 Könige 18:20-46)

Der Prophet Elia befahl den Menschen und dem bösen König Ahab, sich auf dem Berg Karmel zu versammeln. Der König sollte die 450 Propheten des Götzen Baal mitbringen.

Der Gottesprediger sprach offen zu den Hebräern über ihre Langsamkeit bei der Entscheidung, wem sie dienen wollten, also *schlug Elia einen Wettstreit vor*: „Ich stehe für den Herrn (Jahwe), und hier sind 450 Propheten des Baal (eines Götzen) mit uns. Die Propheten des Baal sollen zwei Ochsen für ein Opfer bereitstellen. Die Propheten des Baal können ihren Ochsen wählen und mir den anderen geben."

Die Propheten Baals werden einen Holzstapel aufschichten, ihr Ochseopfer darauf legen und es in Brand setzen. Auch Elia wird das Gleiche tun. Der Gott, der Feuer vom Himmel sendet, wird beweisen, dass er Gott ist. Das ganze Volk fand diese Idee gut und stimmte dem Wettkampf zu, den Elia vorschlug.

Die Propheten Baals bereiteten ihr Opfer vor und begannen, Baal aufzurufen, damit er Feuer sendet und ihr Opfer verzehrt, doch Baal antwortete ihnen nicht. Statt aufzugeben, wurden sie intensiver und riefen immer lauter. Baal antwortete nicht – keine Stimme, kein Feuer, nichts.

Dann rief Elia das Volk zu sich: "Kommt her, während ich den Altar des Herrn repariere, den ihr vernachlässigt habt." Er baute den Altar des Herrn wieder auf und lehrte sie damit, *wie man für einen Altar Gottes sorgt.*

Dann grub er einen Graben um den Altar, der tief genug war, um viele Gallonen Wasser zu halten. Elia legte das Feuerholz auf den Altar und platzierte seinen geschlachteten Ochsen auf dem Holz. Dann überraschte er alle, indem er Wasser über den Ochsen und das Feuerholz goss, und das Abwasser überflutete den Graben. Elia betete und bat Gott, den Menschen zu zeigen, wer Er ist, und ihre Herzen zu Ihm zurückzuführen. Unmittelbar nach Elias Gebet fiel *das Feuer des Herrn vom Himmel.* Es verzehrte das Brandopfer, das Holz, die Steine, den Staub und verschlang das Wasser im Graben. Die Menschen fielen auf ihr Angesicht und riefen: Der Herr ist Gott. Elia befahl dann dem Volk, die falschen Propheten Baals gefangen zu nehmen. Sie ergriffen sie, brachten sie zum Bach Kischon und richteten sie hin. *Das Urteil Gottes fiel über diese Propheten Baals, weil sie für die Schlachtung und das Opfern unbekannter Zahlen von Kindern an das Götzenbild Baal verantwortlich waren.*

Der Prophet Elisa (Gott ist Rettung) (2 Könige 1:1-13:25)

Elia hatte Elisa zum Nachfolger gesalbt. Es gibt viele kurze Geschichten über Elisa. Gott gebrauchte ihn für viele mehr Wunder als den berühmteren Elia. Wir werden uns nur eine Geschichte über Elisa ansehen.

Naaman war der Hauptmann der Armee des Königs von Aram (dem heutigen Syrien). Er war ein tapferer Krieger und sehr respektiert, auch wenn er ein Aussätziger war. Der Herr (Jahwe) gebrauchte ihn, um Sieg für Aram zu bringen.

Seine Frau hatte eine junge jüdische Dienerin, die während eines Überfalls in Israel gefangen genommen worden war. *Das Mädchen machte offensichtlich das Beste aus ihrer Gefangenschaft und diente gut.* Sie teilte ihren Glauben an Gott und den Propheten Gottes, Elisa. Sie äußerte ihre Hoffnung, dass ihr Meister (Naaman) den Propheten Gottes in Samaria besuchen könnte. Sie war zuversichtlich, dass der Prophet Naaman von seinem Aussatz heilen könnte.

Naaman ging zu seinem Meister, dem König von Aram (Syrien), und erzählte ihm, was der junge Diener seiner Frau gesagt hatte. Der König war mehr als glücklich, seinen General mit einem offiziellen Schreiben zum König von Israel zu senden. Der König schickte auch Geschenke aus Silber, Gold und Kleidung. Der König von Israel las den Brief, dachte aber, dies sei ein Plan, um einen Streit zu provozieren, was zu einem Krieg zwischen ihnen führen würde.

Elia, der Mann Gottes, hörte, dass der König verärgert war. Er ließ ausrichten, dass sein König den Syrer zu Elia senden sollte, damit er herausfand, dass es einen wahren Propheten Gottes in Israel gibt. Naaman und seine Männer fuhren mit ihren Wagen zu Elias Haus und standen am Eingang seines Hauses. Elia jedoch kam nicht heraus, um sie zu begrüßen. Er sandte stattdessen einen Diener. Der Diener sagte zu Naaman, dass er sich siebenmal im Jordan waschen sollte, und er würde geheilt werden.

> Als Naaman diese Botschaft von einem einfachen Diener hörte, war er außer sich vor Wut. Er schimpfte unaufhörlich darüber, was er vom Propheten erwartet hatte, nämlich dass dieser seinen Gott anrufen würde, um seine Lepra zu heilen. Warum sollte er sich im schmutzigen Jordanfluss baden? Warum nicht zurück zu den schönen, sauberen Flüssen von Aram geschickt werden, um geheilt zu werden?
>
> (2 Könige 5:11-12, Umschreibung des Autors)

Naamans Diener näherte sich seinem Meister demütig und riet ihm sanft, dass die Anweisungen des Propheten äußerst einfach zu befolgen seien – einfach baden und geheilt werden. Da sie bereits so weit gekommen waren, was hatten sie zu verlieren? Naaman schluckte seinen Stolz herunter, ging hinab in den Jordanfluss und tauchte sich siebenmal, wie es das Wort des Mannes Gottes vorgeschrieben hatte. Sein Fleisch wurde sofort wie das eines neugeborenen Kindes. Er war kein Aussätziger mehr.

Naaman und seine Männer kehrten zu dem Mann Gottes zurück, um ihm zu danken. Er gestand auch: "Jetzt weiß ich, dass es nur einen wahren Gott gibt und dass er in Israel ist. Bitte akzeptiere ein Geschenk von deinem Diener." Aber *Elisa weigerte sich, sich für das, was Gott getan hatte, Anerkennung zu nehmen.*

Naaman sagte: „Auch wenn Sie meine Geschenke nicht annehmen werden, bitte schenken Sie mir zwei Ochsengespanne Erde aus Israel, die ich mit nach Hause nehmen kann. Ich möchte den Herrn (Jahwe) auf Boden aus Israel anbeten. Ich werde keine falschen Götter mehr anbeten oder Opfer für sie darbringen." Naaman fuhr fort: „In dieser Angelegenheit möge der Herr mir vergeben, wenn ich meinen Meister, den König, zum Tempel von Rimmon (Baal) bringen muss, damit er anbeten kann. Ich muss auch mit meinem Meister, dem König, niederfallen. Möge der Herr mir vergeben."

Elia lächelte und sagte: „Gehe in Frieden."

Naaman machte sich mit dem angeforderten Boden aus Israel auf den Weg nach Aram (Syrien). Gehazi, der Diener Eliahs, dachte jedoch, dass sein Meister Naaman, dem aramäischen General, zu nachsichtig gewesen war. Er hätte die Geschenke annehmen sollen, die Naaman ihm angeboten hatte. Gehazi beschloss, Naaman zu Fuß zu verfolgen und ihn um Geschenke zu bitten.

Als Naaman merkte, dass Gehazi ihm nachlief, hielt er den Wagen an, stieg ab und fragte Gehazi: „Ist alles in Ordnung?"

„Ja, mein Herr, es ist alles gut, aber nachdem Sie gegangen waren, kamen zwei junge Propheten mit Bedürfnissen. Mein Meister hat mich gesandt, um Sie zu bitten, bitte ein Talent Silber (heute über 4.000 Dollar wert) und zwei Anzüge für diese beiden jungen Propheten bereitzustellen."

Naaman war glücklich, helfen zu können, und sagte: „Nehmen Sie stattdessen zwei Talente Silber anstelle von einem, zusammen mit den zwei Anzügen. Zwei meiner Diener werden es für Sie zurückbringen."

Das taten sie, aber als sie sich Gehazis Haus näherten, nahm er die Geschenke und schickte die beiden Männer zu ihrem Meister zurück. Nachdem er die Geschenke in seinem Haus verstaut hatte, kehrte Gehazi zu Elishas Wohnsitz zurück.

> Elisha asked, "Where have you been, Gehazi?"
> „Oh, nowhere," he said.
> Elisa fragte: "Wo bist du gewesen, Gehasi?"
> "Oh, nirgendwo," antwortete er.
>
> Elisa antwortete: „Mein Herz war bei dir, als du Naaman nachjagtest. Du bist habgierig geworden. Du hast Naaman angelogen und dir Geschenke genommen. *Gott hat Naaman geheilt, nicht du.* Deshalb wird die Aussatzkrankheit Naamans auf dich und deine Familie übertragen."
>
> (2. Könige 5:25-27 NASB)

A servant of God should never expect special treatment nor use God's goodness as an opportunity to enrich himself or herself. He or she does so at their own peril. God's judgment, whether immediate or delayed, is sure. This story reveals God's love and concern for unbelievers and foreigners as well as believers. *The healing of Naaman, an enemy to Israel, led to his conversion, but conversion was not a prerequisite for his healing.*

The prophet Hosea became a living symbol of God's love and grace (Hosea 1:1-3:35):

Ein Diener Gottes sollte niemals eine Sonderbehandlung erwarten oder die Güte Gottes als Gelegenheit nutzen, um sich selbst zu bereichern. Er oder sie tut dies auf eigenes Risiko. Das Urteil Gottes, ob sofort oder verzögert, ist sicher. Diese Geschichte offenbart Gottes Liebe und Fürsorge für Ungläubige und Ausländer sowie für Gläubige. *Die Heilung Naaman's, eines Feindes Israels, führte zu seiner Bekehrung, aber die Bekehrung war keine Voraussetzung für seine Heilung.*

Der Prophet Hosea wurde zu einem lebendigen Symbol von Gottes Liebe und Gnade (Hosea 1:1-3:35):

> Wer: Hosea war ein Prophet Gottes im bösen Nordreich Israel. „Das Wort des Herrn (Jahwe) kam zu Hosea (Hilfe), dem Sohn Beeri (möglicherweise 760-720 v. Chr.)."
>
> Was: Der Herr (Ich bin, der ich bin) sprach zu Hosea und sagte: „Hosea, nimm eine Prostituierte zur Frau und habe Kinder mit ihr."
>
> Warum: Das Volk Israel galt als Gottes Braut, beging jedoch eklatante geistliche Unzucht, weil es Götzen anbetete anstelle Gottes.

Die „Liebesgeschichte“ von Hosea ist sehr seltsam und offenbart Hoseas bedingungsloses Vertrauen in den Herrn und des Herrn bedingungsloses Vertrauen in Hosea. Lassen Sie uns das unvorstellbare Gebot des Herrn an seinen Propheten betrachten. Hosea sollte ein liebevoller und treuer Ehemann für seine Frau sein, obwohl sie untreu werden würde. Er sollte auch ein liebevoller und treuer Vater für die Kinder sein, die seine Frau zur Welt bringen würde, obwohl er nicht wissen würde, ob sie alle wirklich seine eigenen sind. *DNA war zu dieser Zeit unbekannt.*

Hosea sollte Gottes Gebot gehorchen, weil das Volk Israel Gott verlassen und dem Götzen Baal gefolgt war. Hoseas Frau würde ein Symbol für die untreue Nation Israel werden, und Hosea würde ein Symbol für Gott sein, der das sündige Israel liebt und verspricht, Israel zurückzugewinnen. Hosea gehorchte Gott und heiratete Gomer (Vollständig), die Tochter von Diblaim, und sie wurde schwanger und gebar ihm einen Sohn.

Der Herr sagte: „Nenne ihn Jesreel, denn ich werde bald den König von Israel für die Morde bestrafen, die sein Vorfahr Jehu in Jesreel begangen hat. Ich werde die militärische Macht Israels im Tal von Jesreel zerstören“ — ein fruchtbares Tal, das fünfundzwanzig Meilen südwestlich der südwestlichen Spitze des Galiläa-Sees liegt (2. Könige 9,1-10 NASB).

Gomer brachte dann eine Tochter zur Welt. Der Herr sagte zu Hosea, er solle sie Lo-Ruhamah nennen (sie hat kein Mitgefühl erlangt), denn „ich werde kein Mitgefühl mehr mit Israel haben und ihre Sünden gegen mich nicht vergeben. Ich werde jedoch Mitgefühl mit dem Volk Judah haben und sie vor der Zerstörung retten.” Juda glaubte an Gott, folgte ihm aber nicht immer. Dennoch würden sie schließlich auch siebzig Jahre Gefangenschaft als Strafe erleiden.

Nachdem Gomer ihre Tochter entwöhnt hatte, *wurde sie wieder schwanger und gebar einen weiteren Sohn.* Der Herr sagte zu Hosea, er solle ihn Lo-Ammi (nicht mein Volk) nennen, denn „Israel ist nicht länger mein Volk, und ich bin nicht länger Israels Gott. Aber der Tag wird kommen, an dem Judah und Israel wieder vereint werden und sie wieder mein Volk sein werden, und ich werde wieder ihr Gott sein."

Einige Zeit später verließ Gomer Hosea und die Kinder. Sie hatte eine Reihe von Liebhabern, von denen jeder ihr Dinge geben konnte, die ihr Ehemann nicht bieten konnte. Doch sie raubten ihr Jugend und Schönheit, und die Zeit kam, als sie zu einer Ausgestoßenen wurde und als Sklavin zum Verkauf angeboten wurde.

Hosea liebte seine Frau und hatte ohne Erfolg nach ihr gesucht. *Dann fand Hosea durch Gottes Gnade Gomer an dem Tag, an dem sie als Sklavin verkauft werden sollte.* So fand ein treuer Ehemann schließlich seine untreue Frau. Hosea bot für Gomer und zahlte fünfzehn Silberstücke und sieben Scheffel Gerste und nahm seine Frau mit nach Hause.

Was für eine Art von Liebe ist das? Der Prophet zeigte die göttliche Liebe einer Frau, die sie nicht verdient hatte. Hoseas Liebe zu seiner Frau siegte schließlich über ihre Liebe zu ihm. Gomer bereute ihre Unzucht und wurde eine treue Frau und Mutter. Hat sie für ihre Sünde leicht davon bekommen? Nein, ihre Unzucht kostete sie viel – ihre Jugend, ihre Schönheit und beinahe ihr Leben und ihre Familie. Durch Hoseas Liebe zu ihr lernte sie, was echte Liebe ist.

Danach predigte der Prophet die Konsequenzen der Sünde, Götter anzubeten anstatt den einen wahren Gott anzubeten, aber Hosea predigte diese harten Sermons mit Tränen in den Augen. Israel wollte nicht umkehren; somit würden sie besiegt und in Gefangenschaft geführt werden, nachdem Sargon, der assyrische König, Samarien, ihre Hauptstadt, 720 v. Chr. erobert hatte.

Gott zog sich von dem Volk Israel zurück, aber er verließ sie nicht. Sie würden jedoch für ihre Sünde, Gott zu verlassen, bezahlen. Ihre Gefangenschaft durch Assyrien würde ihre Götzenanbetung heilen. Schon vor ihrer Gefangenschaft sagte Gott Israel durch Hosea, dass „der Tag kommen wird, an dem Juda und Israel wieder vereint sein werden und sie mein Volk werden und ich ihr Gott sein werde" (Hosea 3:5 NASB). Gottes Liebe zu Israel gewann schließlich ihre geistlich ehebrecherischen Herzen, ebenso wie Hoseas Liebe das Herz seiner ehebrecherischen Frau Gomer gewann.

Gott, nicht Hosea, ist die Hauptfigur dieser seltsamen, aber wahren Geschichte; *aber vielleicht ist sie nicht so viel seltsamer als viele Familien und Kulturen heute. Ungefähr die Hälfte aller Ehen in den USA endet in Scheidung, viele davon betreffen Untreue. Der Prozentsatz der Menschen, die Gott in unserer Nation anbeten, hat sich langsam aber stetig verringert. Gleichzeitig scheint es, dass die Kultur unserer Nation immer gottloser wird.*

Wir brauchen dringend eine geistliche Erweckung, und Gott gab König Salomo eine Straßenkarte zur Erneuerung. Erneuerungen beginnen mit dem, was Gläubige (nicht Ungläubige) tun müssen. Gott sagte zu König Salomo,

> Wenn mein Volk, das nach meinem Namen genannt ist, sich demütigt und betet und mein Angesicht sucht und von seinen bösen Wegen umkehrt, dann werde ich vom Himmel hören, ihre Sünde vergeben und ihr Land heilen.
>
> (2. Chronik 7:14 NASB)

Gott warnte auch König Salomo davor, sich von Gott abzuwenden, um falschen Göttern zu dienen.

> Wenn ihr euch von mir abwendet und meine Regeln und Gebote verlasst, die ich euch gegeben habe, und beschließt, falschen Göttern zu dienen und sie anzubeten, werde ich die Nation Juda, die ich ihnen gegeben habe, ausreißen.
>
> (2. Chronik 7:19-20 NASB)

Und was ist mit Amerika?

Der Prophet Amos war ein Bürger und Prophet aus Tekoa, im Judäa, dem südlichen Königreich, aber Gott sandte ihn auf eine temporäre Missionsreise (ca. 750 v. Chr.) ins nördliche Königreich Israel, um gegen ihre Sünden zu predigen.

In seiner Predigt an Israel übermittelte Amos weise eine Botschaft über Gottes Urteil über die benachbarten Länder, einschließlich Judäa (Amos 1,3-2,5). *Das Volk Israel nahm es begierig auf, weil ihre Feinde bestraft werden würden. Dann überraschte Amos Israel plötzlich und sprach vom Urteil Gottes über Israel.* Sie verehrten zwei goldene Kälber und den Götzen Baal anstelle von Gott. Ihre Richter wurden mit Geld bestochen (sie verkauften die Gerechten für Geld). Ihre Gläubiger waren böse und kauften die Hilflosen für Geld und verkauften die Bedürftigen für ein paar Schuhe. Sie unterdrückten ständig die Armen und drückten die Hilflosen nieder.

In Gottes Augen waren Raub (durch Betrug) und Unterdrückung der Armen schwere Sünden. Sie waren unmoralisch. Sie erlaubten es nicht, dass Gottes Propheten frei sprechen konnten. Amos verglich die reichen Frauen Israels mit gemästeten Kühen. Sie sagen ihren Ehemännern, sie sollen ihnen Alkohol zum Trinken bringen. Sie verabscheuen diejenigen, die die Wahrheit sprechen, und sie erheben hohe Mieten von den Armen und stehlen deren Getreide, *indem sie die armen Getreidehändler zwingen, ihre Preise zu senken, wodurch die ohnehin schon mageren Gewinne der armen Händler weiter verringert werden.*

Doch Gott bietet Vergebung an, wenn sie Buße tun. Wenn sie das Gute statt des Bösen suchen und sich für Gerechtigkeit für die Armen einsetzen, wird Gott mit ihnen sein. Gott interessiert sich nicht für religiöse Opfer auf Kosten der Armen. Sie müssen aufhören, die Armen auszunutzen, und stattdessen Gerechtigkeit für die Armen schaffen.

> Lass das Recht wie Wasser fließen und die Gerechtigkeit wie einen ewig fließenden Strom.
> (Amos 5:24 NASB).

In den USA heute ist die Vermögensdisparität zwischen den Reichen und den Armen größer als je zuvor in der Geschichte. Die Schließungen während der COVID-19-Pandemie haben die Armen ärmer gemacht und unzählige kleine Unternehmen zerstört, die im Besitz der Mittelschicht waren. Wo sollen die Armen Jobs finden, um ihre Familien zu ernähren? Doch die obersten 1 Prozent haben während der Schließungen Millionen - ja, Milliarden - verdient. Beamte haben Gesetze erlassen, die die Menschen einschränken, aber sie selbst ignorieren die Gesetze, die sie anderen auferlegt haben. Wann wird das Gericht über uns beginnen, oder hat es bereits begonnen?

Jesaja, der messianische Prophet

Er diente Gott im südlichen Königreich Juda, beginnend im Jahr, als König Uzziah starb (ca. 740 v. Chr.).

Gott zeigte seinem Volk (Hebräern) eine erstaunliche Menge an Geduld, Liebe und Barmherzigkeit. Dennoch bestrafte er sie schwer für ihre Bosheit, wie durch die Zerstörung des Nordreichs Israel und ihre

Gefangenschaft durch Assyrien und durch die Zerstörung des Südreichs Juda und ihre Gefangenschaft durch Babylon zu sehen ist. Gott nutzte diese Strafen, um sein Volk von der Götzendienerei zu heilen.

Jesaja war ein äußerst aktiver Prophet, ist aber heute vor allem als der messianische Prophet bekannt. Einige seiner Prophezeiungen über den kommenden Retter werden hier hervorgehoben:

1. Geboren von einer Jungfrau: „Der Herr (Adonai-Herr) selbst wird euch ein Zeichen geben: Eine Jungfrau wird einen Sohn gebären und ihn Immanuel nennen, Gott mit uns" (Jesaja 7:14 NASB).
2. *„Ein Kind wird uns geboren werden...* Sein Name wird heißen: Wunderbarer Ratgeber, Mächtiger Gott, Ewiger Vater, Friedefürst" (Jesaja 9:6-7 NASB).
3. *Leidender Diener:* „Er wurde verachtet und verlassen. Er trug unser Leid und unsere Sorrows; doch wir hielten ihn für einen Sünder, der von Gott verurteilt und bestraft wurde. *Aber wir haben uns alle irreführen lassen.* Er wurde für unsere Sünden verwundet, er wurde für unsere Ungerechtigkeiten geschlagen; er nahm selbst unsere Strafe auf sich, damit wir leben könnten. Er akzeptierte Schläge für uns, damit wir geheilt werden könnten" (Jesaja 53:3-5, Umschreibung des Autors).
4. *„Wir sind alle wie dumme Schafe, die unseren eigenen Weg wählen und davonwandern, verloren gehen und nicht wissen, wie wir den Weg zurück zu Gott finden.* Selbst dann legte Gott all unsere Sünde auf den Retter. Er nahm Unterdrückung und Leid ohne Beschwerde an. *Er, wie ein Lamm, schwieg, als böse Menschen ihn zur Schlachtbank führten. Gott ließ ihn sterben und gab sich*

selbst für die Sünder, Gottes leidender Diener rechtfertigte die Ungerechten" (Jesaja 53:6-11, Umschreibung des Autors).

5. *Es war der Plan des Herrn (Jahwe), dass der leidende Diener, der Gerechte Gottes, sich selbst als Opfer gibt, um viele zu rechtfertigen, indem er die Sünden (Verworfenheit) der Vielen trägt.* Der Gerechte starb für die vielen Schuldigen, damit die Vielen von Gott gerechtfertigt werden können (Jesaja 66:9-12). Diejenigen, die Buße tun und gehorchen, werden vergeben und erhalten somit ewiges Leben mit dem Vater im Himmel (Jesaja 66:15-18, Überarbeitung des Autors).
6. Jesaja gab andere Vorhersagen über den Messias. (Hinweis: Johannes 12,41 KJV sagt: „Jesaja sah die Herrlichkeit des Messias und sprach von ihm.")

Jesaja machte auch Vorhersagen über die Weltordnung. Zum Beispiel:

1. Jesaja 17:1-3: Assyrien wird Syrien zerstören und ihr Volk in die Gefangenschaft führen (dasselbe gilt für Israel (Nördliches Königreich).
2. Jesaja 39:5-7: Babylon wird Juda, das Südkönigreich, zerstören und ihr Volk nach Babylon in die Gefangenschaft führen.
3. Jesaja 13:17-22: Die Meder *(und die Perser)* werden Babylon zerstören.
4. Jesaja 44:28: Gott wird Kyros, einen Ungläubigen, für seinen eigenen Plan, die Juden zu befreien, benutzen.
5. Jesaja 65:17 KJV: *Der Herr wird neue Himmel und eine neue Erde schaffen; frühere Dinge werden nicht mehr erinnert werden, noch werden sie in den Sinn kommen. Diese*

Prophezeiung scheint nur hinter seinen Prophezeiungen über den Messias zu stehen.

6. *Wie bereits in unserer früheren Einführung zu den Propheten Gottes erwähnt, war ihre Hauptaufgabe, den Menschen zu sagen, was Gott gesagt hat: „So spricht der Herr."*

Ein Beispiel unter vielen, wie Gott durch Jesaja spricht, findet sich in Jesaja 1:18-20 (NASB):

„Kommt denn, lasst uns miteinander verhandeln", spricht der Herr. „Wenn eure Sünden auch scarlet sind, sollen sie doch weiß werden wie der Schnee; wenn sie rot sind wie Karmesin, sollen sie werden wie Wolle. Wenn ihr willig seid und gehorcht, werdet ihr das Gute des Landes essen; wenn ihr euch aber weigert und widerspenstig seid, werdet ihr vom Schwert verschlungen werden."

Der Prophet Jeremia, Prophet für Juda (das Südreich) (Jeremia 1:1-52:34)

Er, wie Jesaja, war ein vielbeschäftigter Prophet Gottes. Sein Dienst begann etwa 626 v. Chr., lange nach dem von Jesaja. Jeremia ist außergewöhnlich lang (einundfünfzig Kapitel), wie Jesaja (sechsundsechzig Kapitel) und Ezechiel (achtundvierzig Kapitel). *Jeremia war ein gewaltiger Prophet Gottes. Er war zeitweise schwerer zu verstehen. Gott tut sein Bestes, um Menschen und Nationen aus Schwierigkeiten herauszuhalten, ohne unsere „von Gott gegebene freie Wahl" zu verletzen.*

> Ich bin der HERR, der Güte, Gerechtigkeit und Rechtschaffenheit auf der Erde übt; denn an diesen Dingen habe ich Gefallen.

(Jeremia 9:24 NASB)

Jeremia führt uns in Jeremia 23:1-8 (Vers 6) in einen weiteren von Gottes zusammengesetzten Namen ein: *„Der Herr selbst ist unsere Gerechtigkeit“*, hebräische Wörter weggelassen.

Der Prophet Ezechiel ist in diesem Schreiben nicht enthalten. Er stellte uns jedoch einen weiteren zusammengesetzten Namen Gottes in Ezechiel 48:35 vor: *„Der Herr selbst ist dort (immer unter uns).”*

Der Prophet Daniel war ein wichtiger Prophet für das Volk Juda (das Nordreich), das nach dem Fall Judas an Babylon 587 v. Chr. gefangen genommen und nach Babylon gebracht wurde, um für den König ausgebildet zu werden. Daniel und seine drei Freunde Sadrach, Meschach und Abednego gehorchten Gott und wurden für ihre Treue bestraft. Wir werden diese wichtigen Geschichten (Daniel Kapitel 1, 3 und 6:1-28) auslassen.

Stattdessen wenden wir uns zwei wichtigen Träumen/ Visionen von König Nebukadnezar zu. *Zuerst* (Daniel 2:1-49) träumte der König von einer großen Statue eines Mannes. Der Kopf der Statue war aus Gold; ihre Brust und Arme waren aus Silber, ihr Bauch und ihre Oberschenkel aus Bronze, und ihre Beine waren aus Eisen, und ihre Füße waren teils aus Eisen und teils aus Ton. Dann traf ein Stein die Statue an ihren tonhaltigen Füßen und ließ die Statue fallen und zerbrechen.

Nur Daniel konnte sagen, was der Traum war, und dann die Bedeutung des Traums erklären. Der Kopf war aus Gold und repräsentierte König Nebukadnezar *(babylonisches Königreich).* Der Bauch und die Oberschenkel der Statue waren aus Bronze. Die Statue hatte Beine aus Eisen und Füße aus einer Mischung von Eisen und Ton.

In Nebukadnezars Vision *schlug ein Stein die Füße aus Eisen und Ton und zerbrach sie, wodurch die gesamte Statue umfiel und zertrümmert wurde.* Das Gold, Silber, Bronze, Eisen und die Mischung aus Eisen und Ton wurden gemeinsam auf der Tenne zerschlagen und wurden wie Spreu bei der Weizenernte. Dann blies der Wind die Spreu weg, und es blieb kein Zeichen zurück.

Nach Nebukadnezar würde ein weiteres Königreich entstehen (Brust und Arme aus Silber) und die Welt regieren, obwohl es dem Babylonien unterlegen war. Auch es würde fallen und gefolgt von einem weiteren Königreich (Bauch und Oberschenkel aus Bronze) das entstehen und die Welt regieren würde. Darauf würde ein viertes Königreich (Beine aus Eisen und Füße aus einer Mischung von Eisen und Ton) folgen. Auch es war stark und regierte die Welt. Doch dann schlug ein Stein die Füße der Statue und zerbrach die Füße aus Eisen und Ton. Das verursachte, dass die Statue nach vorne auf ihr Gesicht fiel und vollständig zertrümmert wurde.

Doch der Stein, der die Statue zerstörte, wurde zu einem Berg und erfüllte die Erde. Dieser Fels, der die Erde erfüllte, stellte das Reich Gottes dar, das niemals zerstört werden wird (Daniel 2:26-45).

Daniel präsentierte ein weiteres Beispiel dafür, wie Gott alle Menschen liebt. Nebukadnezar war ein grausamer König, erfüllt von Stolz und ein Götzenanbeter anstelle Gottes. Doch Gott benutzte ihn nicht nur für seinen eigenen Zweck. Gott bestrafte ihn auf eine Weise, die Nebukadnezars Augen für die Wahrheit öffnete und sein Herz für Gott gewann (Daniel 4:1-37. Es ist eine großartige Geschichte; bitte lesen Sie sie in Ihrer Bibel).

Dies schließt die verkürzte Einführung des Autors über einige der alten Propheten Gottes ab.

Geschichte 17

GOTT ARBEITETE UNBEMERKT FÜR EINEN VIERHUNDERT JAHRE

Die Geschichte 16 schloss unser Studium des Alten Testaments, ca. 430 v. Chr. Diese Geschichte ist eine kurze Beschreibung der Jahre zwischen dem Alten und dem Neuen Testament. Wir beginnen damit, den Traum zu wiederholen, den Gott König Nebukadnezar von Babylon gab. Dieser Traum war Gottes Prophezeiung zukünftiger Reiche. Wenn wir ihn mit der klassischen Geschichte kombinieren, ist offensichtlich, dass Gottes Prophezeiung absolut wahr ist.

Laut dem Traum von Nebukadnezar in Daniel Kapitel 2 sah der König eine Vision von einer riesigen Statue eines Mannes. Der Kopf war aus feinem Gold, was König Nebukadnezar repräsentierte (Daniel 2:36-38; Babylonisches Königreich; 626 v. Chr.). Schließlich fiel Babylon 539 v. Chr., und das Medo-Persische Königreich regierte (die Brust und Arme aus Silber repräsentierten sie). Die jüdischen Gefangenen in Babylon wurden kurz nach dem Fall Babylons von König Kyros aus der Gefangenschaft befreit. Viele Juden blieben in Babylon, viele kehrten in ihre Heimat zurück (Judah), und viele andere zogen in die Städte, die zu griechischen Städten werden sollten.

Das Persische Königreich fiel 330 v. Chr. an Alexander den Großen in der Schlacht von Gaugamela. Das griechische Königreich wurde durch den bronzenen Bauch und die Oberschenkel der Statue repräsentiert. Zuletzt besiegten die *Römer* die Griechen 146 v. Chr. in der Schlacht von Korinth.

Judea/Palaästina war 129 v. Chr. von der seleukidischen (griechischen) Herrschaft befreit worden und war etwa sechsundsechzig Jahre unabhängig. Diese Periode in der jüdischen Geschichte wurde als das Makkabäer-Zeitalter bezeichnet. Vierzehn Bücher, die in dieser Zeit geschrieben wurden, wurden die Apokryphen genannt. Die katholische Bibel enthält diese vierzehn Bücher. Die jüdischen Schriften und die protestantische Bibel lehnen diese Bücher als Schrift ab, vielleicht als Weisheitsliteratur, aber nicht als Schrift.

Das apokryphe Buch der 2. Makkabäer 12:42-45 *scheint zu sagen, dass Gebete und Opfer für verstorbene Katholiken Vergebung für unvergebene Sünden bringen können. Das Wort Fegefeuer wurde in diesem Makkabäer-Passus nicht verwendet, scheint aber das katholische Wort für einen angeblichen Zwischenort oder -zustand zwischen Erde und Himmel für die Toten geworden zu sein.*

Der Autor ist nicht katholisch und daher nicht qualifiziert, die katholische Lehre zu erklären. Dennoch lehrt die Bibel, dass der Tod Jesu an unserer Stelle vollständige Sühne für unsere Sünde bietet. *Es gibt keinen anderen Weg. Aufgrund dessen ist das Fegefeuer sowohl nicht existent als auch nicht nötig.*

Judea/Palästina kam 63 v. Chr. unter römische Herrschaft, als Pompejus Jerusalem eroberte.

Die ursprünglichen Bücher des Neuen Testaments wurden in Koine-Griechisch (gemeinsames Griechisch) verfasst, einer Sprache, die bei der Abfassung des ursprünglichen Neuen Testaments verwendet wurde. Tatsächlich wurde Koine-Griechisch in weiten Teilen der Welt verstanden, ähnlich wie Englisch heute.

Während der römischen Zeit wurden Stein-*Highways* gebaut, die die großen Städte im gesamten Reich verbanden. Diese Highways und die, die sie benutzten, wurden von der *römischen Armee* geschützt. Das machte das Reisen (zu Fuß, mit Tieren oder mit Tierwagen) einfacher und sicherer (einschließlich derjenigen, die das Evangelium verbreiteten).

Das *römische Recht* im gesamten Reich war ebenfalls eine enorme Verbesserung (d.h. es schützte den Apostel Paulus, einen jüdischen römischen Bürger). Das römische Recht bildete auch den grundlegenden Rahmen unseres Zivilrechts heute. Die Römer tolerierten die Juden, schienen sie aber nicht zu mögen.

*So arbeitete Gott während dieser vierhundert Jahre zwischen dem Alten und dem Neuen Testament stillschweigend. Er gebrauchte viele ungläubige Menschen und Länder, um den Weg für den kommenden Messia*s und die Verbreitung seines Evangeliums vorzubereiten. Jesus wurde in der römischen Zeit geboren, und die Kirche begann ebenfalls in dieser Zeit zu wachsen. Wie der Apostel Paulus später verkündete,

> Als die Fülle der Zeit kam, sandte Gott seinen Sohn, geboren von einer Frau, geboren unter dem Gesetz, damit er die, die unter dem Gesetz waren, erlösen könnte, damit wir die Annahme als Söhne empfangen könnten.
>
> (Galater 4:4-5 NASB).

Zusammenfassend lassen Sie uns lernen, wie biblische Daten bestimmt wurden.

Die Bibel (sowohl das Alte als auch das Neue Testament) erwähnt keine absoluten Daten, wie wir sie heute verwenden – d.*h. die Erklärung der Unabhängigkeit Amerikas von Großbritannien war am 4. Juli 1776. Die Bibel nutzt historische Ereignisse und historische Personen, um reale oder ungefähre Daten zu bestimmen. Beispielsweise wurden die Anfangs- und Enddaten der katastrophalen Flut während Noahs Lebenszeit* durch Noahs Alter bestimmt. 1. Mose 7:11-12 sagt,

> Im sechshundertsten Jahr des Lebens Noahs, im zweiten Monat, am siebzehnten Tag des Monats, brachen die Quellen der Tiefe auf, und die Fenster des Himmels wurden geöffnet. Wasser strömte aus dem Erdinneren und der Regen fiel vierzig Tage und vierzig Nächte vom Himmel. (NASB)

Genesis 8:13-16 NASB, fährt fort,

> Und es geschah im einhunderteinsjahrigen Jahr, im ersten Monat, am ersten Tag des Monats [im Alter Noahs], dass das Wasser von der Erde getrocknet war. Dann entfernte Noah die Decke der Arche, um zu sehen, und siehe, die Oberfläche des Bodens war trocken [kein stehendes Wasser]. Und im zweiten Monat, am siebenundzwanzigsten Tag des Monats [im Alter Noahs], war die Erde [Schlamm] getrocknet. Gott sprach zu Noah und sagte: „Gehe aus der Arche..." So dauerte die Flut ein Jahr und zehn Tage.

Wir datieren die Flut anhand des Alters von Noah, aber wie datieren wir Noah? Gehe zurück zur Geschichte 3, „Wie die Eltern, so die Kinder“, wo wir die Namen und Alter (Ahnenreihe) der Menschen finden, die Gott zu Beginn Seines Plans/Zwecks für die Menschheit benutzt hat.

Die Jahre zwischen der Schöpfung Adams und der Geburt Noahs betragen ungefähr 1.036 Jahre. Füge 600 Jahre hinzu, das Alter von Noah, als die Flut begann, und das Ergebnis ist 1.637. So sehen wir, dass die Flut ungefähr 1.636 Jahre nach Gottes Schöpfung der Erde und des Kosmos begann. Die Flut dauerte ein Jahr und zehn Tage (siehe Geschichte 4, Genesis 6-10). *Nun können wir die scheinbar langweiligen Ahnenreihen in Genesis zu schätzen wissen.*

Die datierte Geburt Jesu. Wenn v. Chr. = vor Christus und n. Chr. = im Jahr unseres Herrn, warum wurde Jesus dann nicht im Jahr n. Chr. 1 geboren? Das sollte korrekt sein; jedoch verwenden wir heute einen leicht fehlerhaften Kalender, möglicherweise aufgrund des Wechsels verschiedener Kalendersysteme.

Daher müssen wir zu der alten Methode zurückkehren, Ereignisse zu schätzen, indem wir historische Ereignisse und historische Personen nutzen, um ein Datum für die Geburt Jesu zu approximieren. Lukas, der Verfasser des Lukas-Evangeliums, war auch ein Mediziner, Historiker und Missionar. In Lukas 2:1-2 lesen wir,

> Es geschah, dass ein Erlass von Kaiser Augustus erging, dass die ganze römische Welt besteuert werden sollte. Diese Besteuerung fand zum ersten Mal statt, als Cyrenius Statthalter von Syrien war. (KJV)

Mit diesen Informationen *(dem ersten Steuerdekret von Kaiser Augustus und der Zeit, als Quirinius Gouverneur von Syrien war) wird die Geburt Jesu auf einen Zeitraum zwischen 6 und 4 v. Chr. datiert. Andere versuchen, das Todesdatum von König Herodes zu verwenden, um das Geburtsdatum Jesu zu ermitteln, und gelangen ebenfalls zu einem Zeitraum zwischen 6 und 4 v. Chr. Der Autor ist der Meinung, dass die Geburt Jesu wahrscheinlich zwischen 6 und 4 v. Chr. stattgefunden hat, jedoch ohne wissenschaftlichen Beweis.*

Grundlegende Aussagen des Neuen Testaments

Im Evangelium nach dem Apostel Johannes lesen wir Johannes 1:1-5, 9-14:

> Im Anfang war das Wort [Logos, Äußerung Gottes, existierte bereits]. Das Wort war bei Gott [*Theos*, der höchste göttliche Gottheit], und das Wort war Gott selbst. Er war von Anfang an bei Gott [vor der Schöpfung]. Alles, was geschaffen wurde [das Kosmos, die Erde, die Menschheit, Tiere, Bäume usw.], *kam durch Ihn zustande, ohne Ihn kam nichts ins Dasein.* (Vv. 1-3)
>
> *Durch Sein Leben begann das Leben auf der Erde* [lebende Wesen, Pflanzen usw.]. Sein Leben ist das Licht der Menschen. Das Licht scheint weiterhin in der Dunkelheit [Unklarheit], denn die Dunkelheit kann das Licht nicht überwinden. (Vv. 4-5)
>
> *Das wahre Licht kam in die Welt, um die Menschheit* [über Gott, die Menschheit, den Lebenssinn usw.] *aufzuklären. Das Wort/Licht kam in die Welt,* die Er geschaffen hat, und obwohl die Welt durch Ihn existiert und von Ihm gehalten wird, erkannte *die Welt insgesamt Ihn nicht. Sogar Sein eigenes Volk* [die Hebräer] *nahm Ihn nicht an. Doch allen, die Ihn annahmen* und auf Seinen Namen vertrauten [sich

Ihm anvertrauen und Ihm als Herrn gehorchen], gab Er das Recht, die geistlichen [nicht physischen] *Kinder Gottes zu werden,* die aus Gott geboren wurden, nicht durch irgendeine Anstrengung eines Menschen. (V. 9-13)

So wurde das Wort Mensch, sowie Gott, und lebte eine Weile auf der Erde unter uns. [Wörtlich: „Er schlug sein Zelt unter uns auf."] Im Alten Testament wohnte Jahwe unter Israel im Tabernakel. Im Neuen Testament [und darüber hinaus] wohnt Jahwe in Menschengestalt, in der Person Jesu. Wir sahen/ sehen seine Herrlichkeit, die Herrlichkeit des Einziggezeugten [einzigartigen] vom Vater, und er war voll von Gnade [geistlichem Segen] und Wahrheit. (v. 14)

Bitte vergleichen Sie die Überarbeitungen des Autors mit Ihrer Bibel.

Später in Johannes' erstem Brief fügt Johannes hinzu.

Was von Anfang an war, was wir gehört haben, was wir mit unseren eigenen Augen gesehen haben, was wir angesehen und mit unseren Händen berührt haben, was das *ewige* Wort des Lebens *[den Herrn]* betrifft – und das Leben ist uns offenbart worden –, was wir gesehen haben und auch euch bezeugen und verkünden, damit auch ihr Gemeinschaft mit uns habt; und in der Tat ist unsere Gemeinschaft mit dem Vater [Gott] und mit seinem Sohn, dem Herrn Jesus Christus. Wir schreiben dir diese Dinge, damit unsere Freude vollkommen sei. (1. Johannes 1:1-4)

Dies ist die Botschaft, die wir von Ihm gehört haben und euch verkünden: Gott ist Licht *[moralischer Charakter]*, und in Ihm ist keine Dunkelheit [Böses oder Sünde] zu finden. Wenn wir sagen, dass wir Gemeinschaft mit Ihm haben und doch in der Dunkelheit leben, lügen wir und praktizieren die Wahrheit nicht; aber wenn wir im Licht gehen, wie Er selbst im Licht ist, haben wir [Freude an] Gemeinschaft miteinander, und das Blut Jesu *[bezieht sich auf die Kreuzigung, den Tod und die Auferstehung]* des Sohnes Gottes reinigt uns von aller Sünde. Wenn wir jedoch sagen, dass wir keine Sünde haben, betrügen wir uns selbst und die Wahrheit ist nicht in uns. Wenn wir unsere Sünden bekennen, so ist Er [Gott] treu und gerecht, dass Er uns die Sünden vergibt und uns von aller Ungerechtigkeit reinigt. Wenn wir jedoch sagen, dass wir nicht gesündigt haben, machen wir Ihn [Gott] zum Lügner, und Sein Wort ist nicht in uns.

Fragen

1. Warum glaubst du, dass der erste Vers des Johannes wie der erste Vers des Genesis klingt?
2. Welche Lehren im Alten Testament stehen im Zusammenhang mit Johannes 1:9-14?
3. Was oder wer ist das Wort im ersten Vers?
4. Gehe zurück zur Geschichte von Abraham, der seinen Sohn Isaak Gott opfert (Geschichte 6). Gott erwähnt die Nachkommen (Plural) Abrahams und den Nachkommen (Singular) Abrahams. Spielt dieser einzelne Nachkomme Abrahams eine Rolle in der grundlegenden Aussage des Neuen Testaments? Wenn ja, welche? Wie?
5. Sagt uns diese grundlegende Aussage etwas über Gottes ewigen Plan für uns?

Mini-Epilog

Der Apostel Johannes verknüpft die Schöpfung und das Kommen des Retters in achtzehn kurzen Versen (Johannes 1:1-18). Nach vielen Geschichten, die tausend Jahre umfassen, ist der ersehnte Retter angekommen. Sind wir an dem Punkt angekommen, an dem wir nun die Grundlagen von Gottes ewigem Plan für uns verstehen können? Gott wird weitere einhundert Jahre der Offenbarung nach der Geburt Jesu nutzen, um seinen ewigen Plan für uns klarer zu machen. Wir kommen näher; aufregende Dinge stehen bevor. *Der Autor denkt, dass das erste Kapitel von Johannes die beste grundlegende Aussage ist.* Es gibt jedoch mehrere andere Passagen, die ebenfalls als grundlegende Aussagen des Neuen Testaments bezeichnet werden könnten. Wenn sie zusammengefügt würden, schienen sie eine klarere Aussage zu machen, aber das ist nicht der Weg, den Gott gewählt hat. Vielleicht war es für die Gläubigen des Neuen Testaments zu viel, um es auf einmal zu verarbeiten. *Heute haben wir eine bessere Sicht, doch viele Gläubige verstehen Gottes ewigen Plan nicht* und kämpfen weiterhin damit, die biblische Weltanschauung zu begreifen.

Drei weitere grundlegende Aussagen im Neuen Testament

Obwohl Jesus, der Christus, in der Form und Natur Gottes existierte, war er bereit, das aufzugeben, um uns von unserer Sünde zu retten. So entleerte er sich freiwillig und nahm die Natur eines Dieners an. Dadurch wurde er wie die Menschheit und übernahm freiwillig die Rolle eines Dieners. Als Mensch erniedrigte er sich, indem er gehorsam wurde, und nahm unsere Sünden auf sich und starb an unserer Stelle am Kreuz. (Philipper 2:6-11, Umschreibung des Autors)

Aus diesem Grund hat Gott [der Vater] ihn hoch erhoben und Jesus den Namen gegeben, der über jedem anderen Namen steht. Es ist Gottes Plan, dass jede Person im Himmel, auf der Erde und sogar die, die in der Hölle sind, sich vor Jesus verneigen und bekennen werden, dass er der Herr ist, zur Ehre Gottes des Vaters. (vv. 9-11; vergleiche mit deiner Bibel)

Jesus ist das genaue Abbild des unsichtbaren Gottes, der Erstgeborene aller Schöpfung. *Durch Ihn wurden alle Dinge erschaffen,* sowohl im Himmel als auch auf der Erde, Sichtbares und Unsichtbares. *Alle Dinge wurden durch Ihn und für Ihn geschaffen, und in Ihm hält alles zusammen.* Es war des Vaters Freude, *dass die Fülle der Gottheit in Jesus* wohnt, und durch Sein Blut, das am Kreuz vergossen wurde, machte Er den Weg frei, damit wir Frieden mit Gott haben können. (Kolosser 1:15-20 NASB)

Vor langer Zeit sprach Gott auf viele Arten durch unsere frühen Vorfahren und seine Propheten. In diesen letzten Tagen jedoch hat Gott zu uns in seinem Sohn gesprochen, der Erbe aller Dinge ist und durch den er das Universum und alles darin geschaffen hat.

Er erhält auch alles und hält alles zusammen. Der Sohn Gottes ist der verheißenen Messias [Der Christus/ Der Gesalbte]. Er [Yeshua] ist der Glanz von Gottes Herrlichkeit und das genaue Ebenbild von Gottes Wesen und Charakter. Nachdem er [Christus] Reinigung für unsere Sünden [durch seine Kreuzigung und Auferstehung] vollbracht hat, setzte er sich zur Rechten des allmächtigen Gottes. Die Majestät seines Vaters in der Höhe. (Hebräer 1:1-3, Umschreibung des Autors; bitte vergleiche mit deiner Bibel)

Geschichte 18

DIE GEBURT DES RETTERS (MATTHÄUS 1:1-2:23 UND LUKE 1:26-2:52)

Annehmbare Engagementsgeschichte des Autors:

Eines Abends, im Bergdorf Nazareth, besuchten Herr und Frau Jakob Herrn und Frau Eli. Der Sohn von Herrn Jakob, Josef, näherte sich dem Alter von dreißig Jahren, in dem er die Mannesreife erreichen und heiraten konnte. Die Tochter von Herrn Eli, Maria, war etwa siebzehn, ein heiratsfähiges Alter für junge Damen. Dies war der Anlass für den Besuch der Jakobs im Hause der Elis.

Maria wurde hoch geschätzt. Ihre Mutter hatte sie ausgebildet, um zu kochen und einen Haushalt zu führen. Die Jakobs hielten Maria für eine gute Kandidatin als Frau für ihren Sohn. Sie betrachteten ihren Sohn auch als einen guten Kandidaten als Ehemann für Maria. Er war ein stiller, moralischer Mann. Er war Zimmermann und somit in der Lage, für eine Familie zu sorgen. Ein weiterer Pluspunkt war, dass sowohl Josef (Matthäus 1,16) als auch Maria (Lukas 3,22) stolze Nachkommen von David waren, dem berühmtesten König Israels, der fast eintausend Jahre zuvor lebte.

Die meisten Amerikaner scheinen eine negative Meinung über arrangierte Ehen zu haben. Eine junge Dame in Indien sagte zu dem Autor: „Wir Inder heiraten und verlieben uns dann, aber ihr Amerikaner heiratet und verliebt euch aus." Autsch – aber in Wirklichkeit haben Indien und Amerika bei ihren Heiratsbräuchen etwa die gleichen Erfolgs- und Misserfolgsraten.

Maria und Joseph akzeptierten jeweils das arrangierte Verlöbnis (mehr als eine Verlobung und weniger als eine Ehe) mit einer zukünftigen Ehe (in etwa einem Jahr). Das Paar hatte das letzte Wort. Dennoch ist es schwer, gegen eine Entscheidung der eigenen Eltern zu gehen. Es würde eine Art kleine Verlobungsfeier geben.

Ein junger unverheirateter Pastor in Indien sagte dem Autor: "Eltern wissen viel mehr über die Ehe als wir, die wir im heiratsfähigen Alter sind. Ich vertraue auf die Wahl meiner Eltern für eine Frau für mich mehr, als darauf, selbst eine Frau zu wählen."

Die Vereinbarung von Josef und Maria, zu heiraten, war bindend. Die kulturelle Norm sah vor, dass eine Scheidung nötig war, um eine Verlobung zu lösen. Verlobte Paare durften nicht allein zusammen sein; es musste ein Elternteil oder erwachsener Begleiter anwesend sein, um die Jungfräulichkeit unverheirateter Paare bis zur Ehe zu gewährleisten.

Marias Besuch von einem Engel (Neufassung des Autors, Lukas 1:26-38)

Kurz nach der Verlobung sandte Gott seinen Engel Gabriel nach Nazareth, einem Bergdorf in der Provinz Galiläa. Gabriels Mission war es, mit Maria, der Tochter von Eli, zu sprechen. Maria, eine gläubige Anhängerin Gottes, war *etwa siebzehn Jahre alt und noch Jungfrau.*

Gabriel brachte schockierende Worte. „Der Frieden sei mit dir, Maria. Gott hat dich ausgewählt, die Mutter des lang erwarteten Messias (Erlösers) zu sein. Du wirst *plötzlich* schwanger werden und einen Sohn gebären. Du wirst ihm den Namen Jesus (Jeschua) geben. Er wird auf dem Thron von König David sitzen und den Sohn Gottes genannt werden."

Maria *schien zu verstehen, dass Gabriel sich auf eine sofortige Schwangerschaft bezog und* antwortete schnell: „Das ist nicht möglich. Ich habe keinen Mann. Ich bin Jungfrau. Ich hatte nie Kontakt mit einem Mann."

Gabriel antwortete *sanft*: „Das Baby wird geboren werden, ohne einen Vater zu haben. *Du weißt, dass nichts* für Gott unmöglich ist. *Er hat die Welt aus dem Nichts erschaffen. Er hat den ersten Menschen, Adam, ohne Mutter oder Vater geschaffen.* Gott wird dir ermöglichen, schwanger zu werden, ohne mit einem Mann zusammen zu sein (kein Sperma involviert). Der Geist Gottes wird kommen, und die Kraft Gottes wird auf dir ruhen. Deshalb wird dein Sohn der Sohn Gottes genannt werden."

Maria konnte immer noch nicht begreifen, wie das möglich sein könnte. Sie wusste, dass sie gesteinigt werden konnte, wenn sie vor der Ehe schwanger wurde. Diese tapfere junge Frau vertraute Gott, also sagte sie bereitwillig zu dem Engel: „Ich verstehe nicht, wie das sein kann, aber ich bin eine Dienerin Gottes, *also ist alles, was Gott will, gut genug für mich.*"

So wurde Maria, durch ein Wunder Gottes, ohne mit einem Mann zusammen zu sein *(ohne künstliche Befruchtung oder irgendeine Art von menschlicher Befruchtung), schwanger. Gott sagte einfach: „Sei mit dem Messias-Kind", wie bei der Schöpfung zu Beginn. Niemand wusste, dass Maria schwanger war. Maria selbst war sich des Moments, in dem sie schwanger wurde, nicht bewusst. Der Autor geht davon aus, dass Maria im Moment ihrer Zustimmung mit Gott schwanger wurde.*

Maria besucht Elisabeth (Lukas 1:39-56)

Kurz nach der Verlobung von Joseph und Maria und dem Besuch des Engels, *aber lange bevor ein Termin für die Hochzeit festgelegt worden wäre, wurde Maria von ihrem Vater etwa neunzig Meilen* zu einer Bergstadt in Judäa begleitet, um ihre ältere Cousine Elisabeth, die Mutter von Maria, zu besuchen.

Elisabeth war viel älter als die meisten Frauen, die ein Kind zur Welt bringen. Sie hatte keine Kinder bekommen können. Ihr Mann war ein jüdischer Priester, und sie waren über das gebärfähige Alter hinaus, aber Gott segnete Elisabeth und Zacharias und ermöglichte ihnen, in ihren späteren Jahren schwanger zu werden (wie die Geburt Isaaks durch Abraham und Sarah, die noch älter waren als Zacharias und Elisabeth, 1. Mose 21:1-8).

Elizabeth war zur Zeit von Marys Besuch sechs Monate schwanger. *Die Kultur diktierte, dass Verwandte in den letzten Schwangerschaftsmonaten helfen würden. Der Autor spekuliert, dass Mary die älteste Tochter war und jüngere Brüder und Schwestern hatte. Diese Spekulation basiert auf der Möglichkeit, dass Mary anstelle ihrer Mutter zu Elizabeth ging, um zu helfen. Möglicherweise blieb Marys Mutter zu Hause, um sich um ihre jüngeren Geschwister zu kümmern, die ihr über einen längeren Zeitraum besser gehorchten als ihrer älteren Schwester. Es war eine hastige Reise, was möglicherweise darauf hindeutet, dass ein Verwandter, der näher bei Elizabeth lebte, einen Besuch absagen musste. Diese Angelegenheit ist für uns nicht wichtig, aber sie offenbart das Leben und die Kultur zu dieser Zeit.*

Als Maria ankam und Elisabeth grüßte, hüpfte das Kind in Elisabeths Leib. In diesem Moment wurde Elisabeth vom Geist

Gottes erfüllt. Der Geist Gottes ermöglichte es Elisabeth zu wissen, dass Maria schwanger war und dass Marias Kind der lang erwartete Retter, das Lamm Gottes, sein würde. Elisabeth verkündete Maria: „Du bist unter den Frauen die Gesegnete, und gesegnet ist das Kind, das du gebären wirst. Warum sollte mir diese große Sache widerfahren, dass die Mutter meines Herrn zu mir kommt?"

Maria antwortete: „Meine Seele preist den Herrn, und mein Geist freut sich über Gott, meinen Retter. Denn er hat auf die Niedrigkeit seiner Magd geachtet; von nun an werden mich alle Generationen seligpreisen" (Lukas 1:46-48 NASB).

Maria diente Elizabeth fast drei Monate, erfüllte ihre persönlichen Bedürfnisse, kochte und erledigte andere Haushaltsarbeiten. Sie verließ das Haus, bevor Elizabeth gebar. Möglicherweise kam ein älterer Verwandter mit Erfahrung in der Geburtshilfe, um Maria zu ersetzen. Acht Tage später gebar Elizabeth einen Sohn. Sie nannten ihn Johannes nach dem Willen Gottes. Als Erwachsener wurde Johannes ein Prophet Gottes und wurde Johannes der Täufer genannt. Wir werden ihn später treffen.

Maria kehrt nach Nazareth zurück (Lukas 2:39-40)

Marys Vater hätte sie heim escortiert. Als Mary zu Hause ankam, wuchs ihr Bauch ein wenig, aber niemand dachte viel über ihr zusätzliches Gewicht nach. Später wurde jedoch für Marys Eltern offensichtlich, dass sie ein Kind erwartete. Sie waren am Boden zerstört, beschämt und versuchten, die Schwangerschaft geheim zu halten. Doch nach einigen Wochen begannen die Nachbarn über Marys „Babybauch" zu flüstern. Schließlich mussten Marys Eltern Josephs Eltern besuchen.

Es war ein schrecklicher Besuch, denn sie mussten gestehen, dass Mary schwanger war. Jeder nahm an: „Die süße Mary ist in die Sünde gefallen." Alle waren enttäuscht von ihr. Niemand hatte eine Ahnung, wer der Vater sein könnte; einige dachten, vielleicht sei es passiert, während sie von zu Hause weg war.

Ein Engel besucht Joseph (Matthäus 1:20-23)

Gott hatte Joseph noch nicht über Marias Zustand informiert. Er war reif und mochte Maria, aber er war zutiefst beunruhigt und dachte: *Wie kann ich eine Frau heiraten, die un rein ist? Noch schlimmer ist, dass sie von einem anderen Mann schwanger ist.* Er beschloss, dass er seine Verlobung mit Maria auflösen müsse, aber er würde niemandem von Marias Problem erzählen. Er war ein guter Mann und wollte nicht, dass sie verschmäht oder gesteinigt wird.

Belastet von Mary, *wälzte er sich in einem unruhigen Schlaf auf seinem Bett,* als ein Engel Gottes in einem Traum erschien. Der Engel sagte: „Josef, fürchte dich nicht und schäme dich nicht, Maria zu deiner Frau zu nehmen. Gottes Geist hat sie befähigt, ohne einen Mann schwanger zu werden. Sie wird einen Sohn zur Welt bringen, und du wirst ihn Jesus (Jeschua) nennen. Er wird der verheißene Retter sein, der sein Volk von seinen Sünden retten wird. *Gott hat dich ausgewählt, so wie er Maria ausgewählt hat. Du wirst eine wichtige Rolle* spielen, auch wenn du nicht der leibliche Vater von Jesus bist. *Er hat keinen leiblichen Vater,* aber du wirst für ihn wie ein Vater sein." *(Neuinterpretation des Autors).*

Gott ließ all dies geschehen, wie er es fünfhundert Jahre zuvor durch seinen Propheten Jesaja versprochen hatte:

> Eine Jungfrau wird schwanger werden und einen Sohn zur Welt bringen, und sie wird ihm den Namen Immanuel geben, was „Gott mit uns" bedeutet.
>
> (Jesaja 7:14 NASB)

Als Joseph aus seinem Schlaf erwachte, gehorchte er Gott. Er blieb mit Maria verlobt und heiratete sie später. Er hatte jedoch bis nach ihrer Genesung von der Geburt Jesu keine sexuellen Beziehungen zu ihr (Matthäus 1:24). Das bedeutete mindestens vierzig Tage nach der Geburt Jesu bis zur Reinigung Marias nach der Geburt. Sie war, als Jesus geboren wurde, noch Jungfrau (Matthäus 1:25). In den kommenden Jahren würden Joseph und Maria vier Söhne zusammen haben: Jakobus (Jakob), Joseph (Joses), Judas (Jude) und Simon sowie mindestens zwei nicht namentlich genannte Töchter (Matthäus 12:47, 13:55-56; Markus 6:3; und Johannes 7:5).

Die Geburt Jesu, ca. 5 v. Chr. (Matthäus 1:18-25; Lukas 2:1-7)

Beachten Sie die Erklärung zur Datierung der Geburt Jesu in Geschichte 17.

Kurz vor der Geburt Jesu befahl Kaiser Augustus Caesar von Rom, eine Volkszählung zu steuerlichen Zwecken im gesamten Römischen Reich durchzuführen (während der ersten Gouverneurschaft von Syrien durch Quirinius).

Israel war 63 v. Chr. von dem römischen General Pompeius dem Großen erobert worden. Was der Kaiser will, bekommt er. Josef, als neuer Familienvorstand, musste etwa hundert Meilen nach Bethlehem, der Stadt Davids, reisen, um sich zusammen mit Maria für die Volkszählung zu registrieren.

Die Reise nach Bethlehem dauerte wahrscheinlich viele Tage. Es war eine sehr beschwerliche Reise für Maria, die schwanger war. Als sie ankamen, war die kleine Stadt überfüllt von anderen, die ebenfalls wegen der Volkszählung dort waren. Alle Herbergo waren voll, und die Einheimischen hatten mehr Gäste aufgenommen, *als sie wirklich bewältigen konnten.* Der einzige verfügbare Unterschlupf, den Joseph finden konnte, war ein Stall (möglicherweise in einer Höhle*), aber die Tiere beschwerten sich nicht.*

Maria sagte: „Es ist in Ordnung. Auf Heu zu schlafen klingt besser, als auf unserem Esel zu reiten."

In dieser Nacht brachte Maria ihr erstes Kind zur Welt, einen Sohn, wie es der Engel Gabriel versprochen hatte. Sie zählte seine Finger und Zehen, und es fehlte nichts. Der Wirt gab ihnen Streifen aus Stoff, um das Baby warm zu halten. Joseph füllte eine Krippe (eine Futterbox für Tiere) mit frischem Stroh. Nachdem Maria Jesus eingewickelt hatte, legte sie ihn in die Krippe, sein erstes Bett (Lukas 2:1-8).

Die Hirten erfahren von der Geburt ihres Erlösers (Lukas 2:8-20)

Nachdem Jesus geboren war, erschien ein Engel zu den Hirten auf dem Feld mit ihren Schafen, und sie fürchteten sich. Der Engel verkündete: „Fürchtet euch nicht. Ich bringe euch gute Nachrichten von großer Freude für alle, besonders für die Armen." Heute Nacht wurde in der Stadt David der Retter geboren. Der Engel sagte ihnen, wie sie das neugeborene Kind in einem Stall finden konnten, schlafend in einer Krippe. Dann erschien ein ganzer Chor von Engeln, der Gott lobte. Nachdem die Engel von ihnen gegangen waren, beschlossen die Hirten, nach Bethlehem zu gehen und die Dinge zu sehen, von denen die Engel ihnen erzählt hatten. Sie fanden den Stall und das Kind – alles war genau so, wie die Engel gesagt hatten.

Marys müdes Herz fand neue Energie, weil ihr Herz so voller Freude über alles war, was geschehen war, und darüber, Geschichten von Engeln zu hören, die armen Hirten von ihrem Baby erzählten. Schließlich fiel sie in einen tiefen, erholsamen Schlaf. Nach dem

Verlassen des Stalls erzählten die Hirten allen, die sie sahen, von den Engeln und was sie über das Baby gesagt hatten.

Alle, die die Hirten hörten, waren erstaunt, dass solche einfachen Schäfer ihnen so wunderbare Dinge erzählen konnten. Die Hirten kehrten zu ihren Schafen zurück und lobten Gott für alles, was sie gesehen und gehört hatten.

Das Jesuskind wird im Tempel vorgestellt (Lukas 2:21–38)

Am achten Tag nach seiner Geburt wurde der Junge Jesus (Jeschua) genannt, der Name, den der Engel Maria vor seiner Empfängnis im Bauch gegeben hatte (und später auch Joseph). Nach seiner Namensgebung wurde der Junge noch am selben Tag gemäß dem Gesetz, das Gott durch Mose gegeben hatte (3. Mose 12:1-3), beschnitten.

Am vierzigsten Tag nach der Geburt reiste die junge Familie auf ihrem Esel nach Jerusalem (etwa sechs Meilen). Das Gesetz des Mose (Levitikus 12:3-7) verlangte einen Tag der Reinigung für Mütter. Maria folgte dem Reinigungsgesetz und opferte zwei Turteltauben: eine für ihr Reinigungsopfer und die zweite als Sündopfer. Marias Opfer erinnern uns daran, dass sie eine arme Familie waren und dass Maria eine normale Person war (nicht göttlich). Hätten Joseph und Maria nicht arm gewesen, hätten sie ein einjähriges Lamm und eine Turteltaube für ihre Opfer gemäß dem Gesetz des Mose (Levitikus 12:8) gebracht.

Nach den Reinigungsriten brachten Joseph und Maria Jesus in den Tempel in Jerusalem, um ihn dem Herrn (Kurios = Meister/ Gott) zu präsentieren und ein Opfer darzubringen. Gott hatte einen weiteren Zweck für diesen Besuch. Sein Plan war es, sie zwei besonderen Menschen vorzustellen und diese besonderen Menschen mit dem Messias bekannt zu machen.

Es war ein älterer Mann in Jerusalem, dessen Name Simeon war. Er war gerecht und fromm. Der Heilige Geist war auf ihm und offenbarte ihm, dass er nicht sterben würde, bevor er den lang erwarteten Messias sehen würde. An dem Tag, als das Baby Jesus zum Tempel gebracht wurde, bewegte der Heilige Geist Simeon, zum Tempel zu gehen.

Simeon sah sie, als sie ihren vierzig Tage alten Sohn in den Tempel trugen. Er erkannte sofort ihr Baby als den von Gott gesandten Messias. Simeon nahm das Baby Jesus in seine Arme und dankte Gott, dann sagte er:

> Herr, jetzt kann ich in Frieden sterben, denn ich habe Deinen Messias gesehen. Du hast das Heil für alle Menschen vorbereitet [„panta ta ethne“, koiner Griechisch, was jede ethnische Gruppe auf Erden bedeutet]. *Er ist das Licht Deiner Offenbarung für die Heiden [die Nicht-Juden] und der Ruhm und Lobpreis Deines Volkes Israel.*
>
> (Lukas 2:29-32, Umschreibung des Autors)

Maria und Joseph waren erstaunt über das, was Simeon über ihr Baby sagte. Simeon segnete sie und prophezeite: „Wisst, dass dieses Kind zum Fall und zum Aufstieg vieler in Israel bestimmt ist und ein Zeichen, dem widersprochen wird – und Trauer wird dein eigenes Herz brechen."

Anna, eine vierundachtzigjährige Witwe und Prophetin vom Stamm Ascher, lebte im Tempel und diente Gott Tag und Nacht mit Fasten und Gebet. Anna war nur sieben Jahre verheiratet, als sie Witwe wurde. Als sie das Baby Jesus sah, war sie seit etwa sechzig Jahren Witwe. *Sie sah Jesus und dankte Gott, während sie ihn in ihre Arme nahm.* Dann begann sie, über ihn zu sprechen zu allen, die auf die Erlösung Jerusalems durch den Messias warteten (Lukas 2:21-38). *Viele sagten, der Messias würde kommen, um Israel von der verhassten römischen Unterdrückung zu befreien, aber das war nicht der Grund, warum Gott den Messias sandte.*

Die Weisen (Matthäus 2:1-12)

Nach der Geburt Jesu sahen Magier im Osten (weise Männer, *Astronomen aus Persien*) einen neuen Stern, den Stern eines neuen Königs. Sie folgten diesem Stern mehrere Wochen und er führte sie nach Jerusalem. Dort fragten sie die Behörden: „Wo ist der neugeborene König der Juden? Wir haben seinen Stern gesehen, und er hat uns hierher geführt. Wir sind gekommen, um ihn zu ehren."

König Herodes hörte dies und wurde beunruhigt und eifersüchtig. Er versammelte die Hohenpriester und Schriftgelehrten und forderte sie auf, ihm zu sagen, wo der Messias (der Geölte) geboren werden würde. Sie sagten: „Der Prophet Micha sagte, sein Geburtsort wäre Bethlehem in Judäa" (Micha 5,2). Herodes hatte ein privates Treffen mit den Magiern und fragte nach dem genauen Datum, an dem der Stern des neuen Königs zum ersten Mal erschien. Nachdem er Antworten auf seine eigenen Fragen erhalten hatte, sagte Herodes zu ihnen: „Ihr müsst nach Bethlehem gehen." Dann fügte er hinzu: „Geht und seht das Kind, dann kommt zurück und sagt mir, wo das Kind ist, damit auch ich ihm meine Ehre erweisen kann."

Nachdem die Magier den König gehört hatten, machten sie sich auf den Weg, geleitet von dem Stern, der sie erneut zu dem Ort führte, wo das Kind war. Nachdem sie ins Haus gegangen waren *(nicht mehr im Stall; mehr als vierzig Tage waren vergangen und möglicherweise länger)*, sahen sie das Kind mit Maria, seiner Mutter. *Vielleicht arbeitete Joseph als Tagelöhner und war daher nicht zu Hause.*

Die Magier verliehen Jesus Ehre und knieten nieder. Sie öffneten ihre kostbaren Geschenke für den neuen König: Gold, Weihrauch und Myrrhe. Es gab drei Geschenke; die Schrift gibt nicht die Zahl der Magier an. In dieser Nacht, während sie in einer Herberge schliefen, wurden die Magier von Gott in einem Traum gewarnt: „Kehrt nicht zu Herodes zurück!" Daher machten sie sich am nächsten Morgen auf ihre Reise zurück nach Persien, umgingen jedoch Jerusalem.

Flucht nach Ägypten (Matthäus 2:13-15)

In der Nacht, nachdem die Magier gegangen waren, erschien ein Engel des Herrn Joseph im Traum. „Herodes wird nach dem Kind suchen, um es zu töten. Steh auf! Nimm das Kind und seine Mutter und flieh nach Ägypten. Bleib in Ägypten, bis ich dir sage, dass du zurückkehren sollst." Joseph brach bei Nacht mit seiner jungen Familie nach Ägypten auf.

Sie blieben in Ägypten bis zum Tod des Herodes (Matthäus 2:16-20). *Die Geschenke von Gold, Weihrauch und Myrrhe konnten gegen Geld eingetauscht werden, um ihren Lebensbedarf zu decken. Gott ist immer proaktiv für die Bedürfnisse der gläubigen Menschen und zu Seiner Ehre.*

Herodes ermordete Kinder (Matthäus 2:16–2)

König Herodes (Herodes der Große) geriet in Wut, als er erkannte, dass die Weisen nicht zurückgekehrt waren, um ihm Informationen über den Baby-König zu geben. Er schickte Truppen nach Bethlehem mit dem Befehl, jedes männliche Kind, das zwei Jahre alt oder jünger war, zu töten. Der böse König nahm an, dass die Altersverteilung groß genug sei, um den Tod des Kinderkönigs sicherzustellen.

Sein Befehl umfasste auch die umliegenden Regionen von Bethlehem. *Das von Jeremia vorhergesagte Kindermorden (Jeremia 31:15, etwa 600 v. Chr.) geschah in all seinem grauenhaften Horror* (ca. 6-4 n. Chr., Matthäus 2:16-19). *Noch viel grausamer ist das Feticid von Millionen unerwünschter amerikanischer Babys, die noch im Mutterleib waren. Viele werden bis in den neunten Monat getötet.*

Zuhause in Nazareth (Matthäus 2:19-23)

Nach dem Tod des Herodes erschien ein Engel des Herrn Joseph in einem Traum und offenbarte, dass Herodes tot war. So war es sicher, nach Israel zurückzukehren. Als sie in Israel ankamen, sagte Gott zu Joseph, dass er nach Nazareth gehen solle, da Archelaos, der böse Sohn Herodes', nun anstelle seines Vaters in Juda herrschte. Das Kind (Jesus) wuchs weiter und wurde stark, nahm an Weisheit zu, und die Gnade Gottes war auf ihm.

Jesus besucht Jerusalem im Alter von zwölf Jahren (Lukas 2:41-52)

Maria und Josef gingen gewöhnlich jedes Jahr zum Passahfest nach Jerusalem. *Jesus und ihre anderen Kinder gingen nicht mit; wahrscheinlich kümmerten sich die Großeltern während dieser Zeit um die Kinder.* Als Jesus jedoch zwölf Jahre alt wurde, reiste er (wanderte neunzig Meilen) mit seinen Eltern und vielen anderen zur Passahwoche nach Jerusalem. Als es Zeit war, nach Hause zurückzukehren, gingen Maria und Josef davon aus, dass Jesus mit Freunden in der Karawane war. Doch der junge Jesus war in Jerusalem geblieben. Sie reisten einen ganzen Tag, bevor sie erfuhren, dass er nicht in der Gruppe war.

Sie kehrten nach Jerusalem zurück *und waren in Panik, weil sie ihn erst drei Tage später fanden.* Schließlich entdeckten sie

Jesus, der im Tempel unter den Lehrern saß, ihnen zuhörte und Fragen stellte. Alle waren erstaunt über sein Verständnis. Sie waren noch verblüffter von der Tiefe seiner Fragen. Als seine Eltern ihn schließlich fanden, waren sie ebenfalls erstaunt über das, was im Tempel geschah.

Seine Mutter fragte: „Warum hast Du uns so heimgesucht? Wir waren außer uns, weil wir nach

Dir gesucht haben." Jesus antwortete: „Warum seid ihr nicht zuerst hierher gekommen? Wusstet ihr nicht, dass ich in meinem Vaterhaus sein muss?"

Seine Eltern waren von seiner Antwort verblüfft. *Seine Eltern verstanden die Botschaft der Engel vor seiner Geburt nicht vollständig.* Jesus ging mit ihnen nach Hause und lebte in Unterordnung gegenüber seinen Eltern. Er wuchs zudem in Weisheit, Größe und in Wohlgefallen bei Gott und den Menschen (Lukas 2,41-52 NASB).

Fragen

1. Kannst du nach dem Lesen dieser Geschichte mindestens vier Ehebetriebsarten aus der Zeit des Neuen Testaments nennen, die im Gegensatz zu unserer Kultur stehen?
2. Glaubst du oder glaubst du nicht, dass Maria schwanger wurde, ohne mit einem Mann zusammen zu sein?
3. Überrascht es dich, dass das sechs Monate alte Baby in Elisabeths Leib bei Marias Stimme hüpfte und dass Elisabeth sofort von Marias Schwangerschaft und wer Marias Kind sein würde, wusste? *Erkläre dir das verbal selbst.*
4. Welchen Herausforderungen sah sich Maria bei ihrer Rückkehr nach Nazareth gegenüber?

5. Wie konnte Joseph eine schwangere Verlobte akzeptieren, wenn das Kind nicht seines war?
6. Warum sollte Gott seinen Sohn in einem Stall gebären lassen?
7. *Warum wurde die erste Ankündigung der Geburt seines Sohnes an die Hirten, die ärmsten der Armen, gegeben?*
8. Waren die Hirten schüchtern darin, anderen von Jesus zu erzählen?
9. Warum denkst du, dass der Sohn Gottes in eine arme Familie geboren wurde?
10. Sollten die Fragen 7, 8 und 9 uns dazu bringen, unsere Meinung über die Armen von heute zu überdenken? Formuliere deine Antwort, *indem du in einen Spiegel schaust.*
11. Wie oft sprach Gott in dieser Geschichte durch Träume?
12. Spricht Gott heute noch zu den Menschen? Wenn ja, wie?
13. Als Jesus zwölf Jahre alt war, was glaubst du, wusste er über sich selbst? Hast du den letzten Satz in der Geschichte berücksichtigt? Verändert dieser letzte Satz in der Geschichte deine Meinung?

Mini-Epilog

Genealogien erscheinen für viele Menschen langweilig; sie enthalten jedoch manchmal unverzichtbare Informationen. Wusstest du zum Beispiel, dass es in der Bibel zwei Genealogien von Jesus gibt? *Es gibt drei grundlegende Unterschiede zwischen diesen beiden Genealogien:*

1. *Umgekehrte Reihenfolge:* Die Genealogie von Jesus bei Matthäus (Matthäus 1:2-16) beginnt mit Abraham und geht bis zu Jesus. Die Genealogie von Jesus bei Lukas

(Lukas 3:23-38) beginnt mit Jesus und geht bis zu Adam. Die Genealogien von Matthäus und Lukas sind in umgekehrter Reihenfolge, was den Vergleich für uns schwieriger macht.

2. *Mehr Namen:* Lukas‘ Genealogie von Jesus umfasst mehr Namen, weil sie einen längeren Zeitraum abdeckt. Lukas schließt Namen zwischen Adam und Abraham ein. Daher stellen die hinzugefügten Namen kein Problem dar.
3. *Unterschiedliche Namen:* Die zwischen König David und Jesus aufgelisteten Namen sind in den Genealogien von Jesus in Matthäus und Lukas unterschiedlich. „Wie kam es zu dieser scheinbaren Diskrepanz?" *Der Schlüssel zum Verständnis beginnt bei König David. Erstens:* Die Bibel lehrt, dass der Messias ein Nachkomme von König David sein würde. *Zweitens:* Joseph war ein Nachkomme von David durch Davids Sohn König Salomo. Allerdings war Joseph nicht der Vater von Jesus. Maria war schwanger (schwanger) ohne die Hilfe eines Mannes. Also fragen wir: Liegt die Bibel falsch, wenn sie sagt, der Messias würde ein Nachkomme von David sein? Drittens: Die Genealogie von Jesus in Lukas zeigt, dass Maria ebenfalls ein Nachkomme von David durch Davids Sohn Nathan war.

Es ist interessant zu erfahren, dass Davids Frau Bathseba die Mutter sowohl von Salomo als auch von Nathan (und anderen) war. *Das könnte ein Hinweis auf Gottes Bestätigung von Bathseba sein. David war für ihre Ehebrecherei verantwortlich, nicht Bathseba.*

Aber es gibt noch mehr. Matthäus 1:16 lautet: „Jakob war der Vater von Joseph, dem Mann von Maria, durch den Jesus geboren wurde." Das ist die Wahrheit. Matthäus sagt nicht, dass Joseph der

Vater von Jesus ist, sondern dass „Joseph der Mann von Maria war, durch den Jesus geboren wurde." (Maria war seine Mutter; Joseph war nicht der Vater – kein Mann war es. Joseph war jedoch eine Vaterfigur für Jesus.)

Brauchen wir mehr? Kehren wir zu dem zurück, was Gott der Schlange in der Geschichte 2 gesagt hat. 1. Mose 3:15 lautet: Der Herr sagte zur Schlange: „Ich werde Feindschaft setzen zwischen dir und der Frau und zwischen deinem Samen und ihrem Samen; Er wird dir den Kopf zerschmettern, und du wirst ihn in die Ferse zerschmettern *(man tötet eine Schlange, indem man ihren Kopf zerdrückt).*"

In dieser Geschichte schrieb der Autor: „Die Bedeutung dessen, was Gott zur Schlange sagte, ist schwer zu verstehen mit den begrenzten Informationen, die hier gegeben sind. Es scheint jedoch die Einführung einer wichtigen Handlung in der Bibel zu sein. Wir sind mit zwei noch unbeantworteten Fragen zurückgelassen: ‚Wer ist dieser Nachkomme der Frau?' und ‚Wer ist die Schlange?' Wir werden davon ausgehen, dass die Antworten auf diese Fragen in späteren Geschichten offengelegt werden. Eine Handlung braucht normalerweise Zeit, um sich ‚zu verdichten', bevor sie vollständig verstanden wird."

Wir können jetzt Genesis 3:15 *und den geistlichen Kampf, in dem wir uns befinden, verstehen. Wir können jetzt sagen, dass der Same der Frau (Maria) Jesus ist, der Einzige, der unser Sündenproblem lösen kann. Wir sollten dies auch mit Genesis 22:15-18 verknüpfen können, als Gott Abraham den Unterschied zwischen Abrahams Samen (Plural) und Abrahams Samen (Singular) in Geschichte 6 erklärte. Es wäre gut, diese dynamische Geschichte innerhalb einer Geschichte zu überprüfen. Israel ist der plurale Same Abrahams, und Jesus ist der singular Same Abrahams.*

Jetzt können wir auch *Jesaja 7:14 NASB verstehen, der lautet:*

> Darum wird der Herr [Adonai] selbst euch ein Zeichen geben: Siehe, eine Jungfrau wird schwanger werden und einen Sohn gebären, und sie wird seinen Namen Immanuel nennen.

Das Evangelium von Matthäus wurde für jüdische Leser verfasst (mehr Zitate aus dem Alten Testament als in den anderen drei Evangelien). Seine Genealogie von Jesus ist die „koschere" Genealogie von Joseph, dem Sohn des Jakob, usw. (Matthäus 1:16). Lukas' Genealogie räumt die Zweifel aus.

In Lukas 3:23-38 schreibt Lukas, der sich an ein universelles Publikum wendet: „Jesus selbst war etwa dreißig Jahre alt und wurde, wie man annahm, als Sohn des Joseph, des Eli, angesehen." (Eli war tatsächlich der Vater von Maria.) *Lukas gibt uns die Genealogie durch Maria, die Tochter des Eli.*

Um ein Versprechen, das in Geschichte 10 gegeben wurde, zu erfüllen, müssen wir zurückblicken, um die Bedeutung von Jakobs Segen für und Prophezeiung über seinen vierten Sohn Juda zu erklären. *Indem er sagt:* „Der Zepter wird von Juda nicht weichen, noch der Herrscherstab von zwischen seinen Füßen (Genesis 49:10)," *usw., bedeutete dies, dass David und Jesus beide von Jakobs Sohn Juda abstammen würden. Der Stamm Juda wurde zu Israels prominentestem Stamm.*

Josephs und Marias Verlobung ist in der Schrift nicht aufgezeichnet, aber sie fand statt. Die Kurzgeschichte zu Beginn der längeren Geschichte 18, „Die Geburt und Kindheit des Erlösers", ist die Vorstellung des Autors von dieser Verlobung.

Die Genealogie Jesu im Matthäusevangelium umfasst zwei heidnische Damen: (1) *Rahab* war eine Hure in Jericho, wurde aber eine Gläubige und *die Mutter von Boaz sowie Urgroßmutter von David.* (2) *Ruth*, eine Ungläubige aus Moab, wurde Witwe und

Gläubige, die sich um ihre hebräische Schwiegermutter kümmerte. Sie heiratete schließlich Boaz und wurde die Mutter von Obed und Großmutter von David. Das Obige ist ein Beispiel für das, was wir in biblischen Genealogien entdecken können.

Teilweise Liste der alttestamentlichen Prophezeiungen, die in dieser Geschichte erwähnt werden:

- Der Retter würde der Nachwuchs einer Frau sein, nicht eines Mannes. (Genesis 3:15)
- Der Retter wäre ein Nachkomme Abrahams. (Genesis 12:3 und 18:18)
- Der Retter würde aus dem Stamm Juda kommen. (Genesis 49:10)
- Der Geburtsort des Retters wäre Bethlehem. (Micha 5:2)
- Der Retter würde von einer Jungfrau geboren werden. (Jesaja 7:14)
- Der Kindermord durch Herodes den Großen. (Jeremia 31:15)

Geschichte 19

JESUS BEGINNT SEINEN DIENST (MATTHÄUS 3:13-4:25; MARKUS 1:9-28; LUKAS 4:1-5:39; JOHANNES 1:35-2:12)

Der Prophet Johannes der Täufer wird in allen vier Evangelien erwähnt. In Geschichte 18 brachte Maria's Mutter, die ältere Cousine Elisabeth, einen Sohn zur Welt und nannte ihn Johannes. Johannes wuchs als Einzelgänger auf und lebte schließlich in der Wildnis am Jordan.

Johannes der Täufer und seine Berufung (Johannes 1:6-8)

Gott sandte Johannes, um das Licht der Menschheit (Jesus) einzuführen/zu bezeugen, damit die Menschen glauben könnten. Johannes begann in der Wüste von Judäa zu *predigen (Johannes 1,15f; Matthäus 3,1f; Markus 1,1f; Lukas 3,1f)*: „Kehrt um, denn das Reich Gottes ist nahe. Kehret um von eurem eigenen Weg. Kehret zu Gott zurück und beginnt, auf Seinem Weg zu leben."

Große Gruppen von Menschen begannen in die Wüste zu gehen, um Johannes predigen zu hören.

Die Menge wurde nicht von Johannes dem Täufer angezogen, weil er charmant war oder populäre Predigten über Gesundheit und Wohlstand hielt. Johannes war alles andere als charmant. Er trug grobe Kleidung aus Kamelhaar, die mit einem Ledergürtel zusammengehalten wurde. Er hatte kein Geld und lebte von einer einfachen Ernährung aus Heuschrecken und wildem Honig. *Ein jüdischer Gläubiger in Jerusalem sagte dem Autor: „Johannes hat wahrscheinlich keine Heuschrecken gegessen, sondern proteinreiche Bohnen in den Schoten des Schmetterlingsbaum."* In Israel gibt es viele Schmetterlingsbäume. *Heuschrecken sind proteinreich und werden in vielen Ländern gegessen.*

Johannes' Predigten waren keine geschliffenen Edelsteine, die den Egos der Menschen schmeichelten. Seine Predigten waren direkt, auf den Punkt gebracht und forderten eine Veränderung des Herzens und des Handelns. Viele Menschen bereuten ihr sündhaftes Leben und wurden von Johannes im Jordan getauft.

Heute nennen wir ihn Johannes den Täufer oder Johannes den Taufenden. Johannes war irgendwie wie Elia. Die jüdischen Religionsbehörden schickten Priester und andere religiöse Führer in die Wüste, um Johannes zu fragen, ob er der Messias sei.

Johannes antwortete schnell: "Nein, ich bin nicht der Messias."

"Bist du Elia?"

"Nein, ich bin nicht Elia", sagte Johannes.

Die religiösen Autoritäten verlangten: "Wenn du nicht Elia bist, wer bist du?"

Johannes antwortete: „Ich bin eine Stimme in der Wüste, die den Weg des Herrn bereitet, wie es in Jesaja 40,3-5 prophezeit wurde. Ich möchte, dass Menschen überall und aus allen Ethnien das Heil erfahren“ (Johannes 1,22-23, Umschreibung des Autors).

Die Menschenmengen strömten in die Wüste, um Johannes zu hören. Er predigte die Notwendigkeit zur Buße und zur Taufe, denn das Reich des Himmels ist nahe. Wann immer Johannes Pharisäer oder Sadduzäer sah, die sich taufen lassen wollten, nannte er sie ein Haufen Schlangen und fragte sie: „Wer hat euch gewarnt, dem kommenden Zorn Gottes über die Sünde zu entfliehen? Wenn ihr wollt, dass ich euch taufe, dann zeigt mir ein verändertes Leben, das Früchte des wahren Umkehrs trägt. Sagt nicht: ‚Wir haben Abraham als Vater.‘ Gott kann aus diesen Steinen Kinder Abrahams erwecken. Die Axt ist bereit, jeden Baum abzuhauen, der keine guten Früchte trägt.”

Soldaten fragten: „Was ist mit uns? Was müssen wir tun?”

Er sagte: „Seid zufrieden mit eurem Lohn und nutzt eure Autorität nicht, um von jemandem Geld zu verlangen oder jemanden falsch beschuldigen.”

Einige der Jünger von Johannes fragten, ob er der verheißene Messias sei.

Johannes antwortete: „Nein, ich bin nicht der Christus. Ich taufe euch mit Wasser, aber einer kommt, der stärker ist als ich. Ich bin nicht einmal würdig, seine Schuhriemen zu lösen. Wenn er kommt, wird er die Gläubigen mit dem Geist Gottes und mit Feuer taufen. Er wird die Spreu vom Weizen trennen. Der Weizen wird gerettet, aber die Spreu wird ins Feuer geworfen.”

Johannes sprach ständig über den kommenden Messias.

Die Taufe Jesu um 26 n. Chr. (Matthäus 3:13-17; Lukas 3:21-22)

Joseph, der Stiefvater Jesu, scheint gestorben zu sein, nachdem er Jesus im Tischlerhandwerk ausgebildet hatte. Jesus übernahm die

Verantwortung, für seine Mutter und Geschwister zu sorgen. Als Jesus dreißig Jahre alt wurde, übergab er die Verantwortung an seine Brüder und verließ sein Zuhause, um nach Johannes dem Täufer zu suchen. Er folgte dem Jordanfluss und fand Johannes nicht weit von dort, wo der Fluss in das Tote Meer mündete.

Früher hatte Gott Johannes offenbart, dass Jesus der verheißene Messias, das Lamm Gottes, war. Jesus wird die Sünde der Welt wegnehmen. Johannes sah Jesus auf sich zukommen, während er predigte und taufte. Als Johannes Jesus sah, hielt er seine Predigt an, zeigte auf Jesus und rief: „Schaut, wer da kommt! Hier kommt Jesus. Er ist das Lamm Gottes. Er wird die Sünden der Welt wegnehmen. Er ist derjenige, von dem ich euch erzählt habe, damit er Israel bekannt werden könnte."

Als Jesus zu Johannes kam, bat Jesus Johannes, ihn zu taufen. Johannes versuchte abzulehnen und sagte zu Jesus: „Ich bin gekommen, um zu den Sündern zu predigen und alle zu taufen, die von ihrer Sünde umkehren. Du bist kein Sünder. Du brauchst nicht getauft zu werden. Du solltest mich stattdessen taufen."

Jesus antwortete: „Lass es so sein, denn es ist passend, dass jeder von uns den Plan Gottes erfüllt. *Ich bin gekommen, um die Sünder zu retten. Deshalb möchte ich mich mit ihnen identifizieren, indem ich wie sie getauft werde.*"

Nach der Taufe von Jesus und als er aus dem Fluss kam, öffnete sich der Himmel für Johannes, und er sah den Geist Gottes wie eine Taube herabkommen und auf Jesus ruhen. Dann sprach eine Stimme aus dem Himmel: „Dies ist mein lieber Sohn. Ich bin sehr erfreut über ihn," woraufhin Johannes aussagte: „Ich habe gerade den Geist Gottes gesehen, der wie eine Taube aus dem Himmel herabkommt und auf Jesus ruht. Gott sagte: ‚Jesus ist derjenige, der seine Anhänger in meinem Heiligen Geist taufen wird.'" (Johannes 2:29-34, Umschreibung des Autors).

Versuchung Jesu (Matthäus 4:1-11 und Lukas 4:1-13)

Nach seiner Taufe und der verbalen Bestätigung seines himmlischen Vaters führte der Geist Gottes Jesus allein in die Wüste. Er sollte vom bösen Wesen versucht werden. *Nun, vielleicht zum ersten Mal, wusste der Teufel (Satan), wer Jesus wirklich war; aber egal ob zum ersten Mal oder nicht, Satan begann*, den geistlichen Kampf wie ein Lasergewehr auf Jesus zu fokussieren. Es war nicht unähnlich dem Satan's Bemühungen gegen Hiob in Geschichte 7. Doch der Krieg von *Satan gegen Jesus wäre intensiver, mit dem Ziel, ihn daran zu hindern, sein Ziel zu erreichen, die Menschheit von unserer Sünde zu retten. Es würde ein langwieriger Kampf bis zum Ende sein, nicht nur diese eine Begegnung mit Jesus.* Allein an diesem wüsten Ort fastete Jesus *(keine Nahrung, aber er trank Wasser)* vierzig Tage und Nächte und suchte ein tieferes Verständnis des Willens seines himmlischen Vaters für ihn. *Jesus entwickelte einen Gesamtplan zur Sühne unserer Sünden und zur Vorbereitung der Anhänger, um für immer mit Gott zu leben.* Es war kein neuer Plan; es war der gleiche ewige Plan, den die Gottheit vor der Schöpfung der Welt entwickelte; *aber jetzt, da das ewige Wort Fleisch geworden war (auch Mensch), wurde Gottes ewiger Plan spontan wieder in die Tat umgesetzt, als ob er neu wäre, von Jesus geleitet durch den Geist Gottes.*

Nach vierzig Tagen Fasten war Jesus sowohl hungrig als auch körperlich schwach. *Obwohl Satan sich in diesen vierzig Tagen immer wieder mit Jesus gestritten hatte, fühlte er, dass jetzt der richtige Zeitpunkt für ihn gekommen war, um an der Halsschlagader zuzuschlagen und den ewigen Plan Gottes zu vereiteln.*

Satan erwähnte zu Jesus: „Ist dir aufgefallen, dass diese runden Steine wie Brotlaibe aussehen? Du hast vierzig Tage und Nächte nichts gegessen und bist sehr hungrig. Da du der Sohn Gottes bist, nutze deine göttliche Kraft für deine eigenen Bedürfnisse. Sag nur, dass dieser Stein zu Brot werden und essen soll."

Jesus antwortete: „Es steht geschrieben (5. Mose 8,3): Der Mensch lebt nicht vom Brot allein, sondern von jedem Wort, das aus dem Mund des Herrn kommt." *Runde 1: Jesus 1, Satan o.*

Der Teufel führte Jesus nach Jerusalem und brachte ihn zur Spitze des Tempels. „Sieh dir all die Leute dort unten an," sagte er. „Wenn du springst, wird dich jemand fallen sehen und schreien und auf dich zeigen, dann wird die gesamte Aufmerksamkeit der Menge plötzlich auf dich gerichtet sein. Da du der Sohn Gottes bist, weißt du, dass geschrieben steht (Psalm 91:11-12 KJV), *‚Gott wird seinen Engeln befehlen, dich zu bewahren. Sie werden dich schnell auffangen, bevor du auf den Boden prallst.*'" *Hinweis: Satan benutzte Psalm 91:11-12 aus dem Zusammenhang.* Satan fuhr fort: „Wenn alle Leute sehen, dass Gott verpflichtet ist, dich zu retten, werden sie zu dir strömen, genau wie du es dir wünschst."

Jesus antwortete gelassen: „Du sollst den Herrn, deinen Gott, nicht auf die Probe stellen" (versuchen, ihn zu zwingen; 5. Mose 6:16 KJV). Runde 2: Jesus 2, Satan 0.

Der Teufel hatte wieder versagt, aber er hatte seine beste Versuchung bis zum Schluss aufgehoben. Er führte Jesus auf die Spitze eines hohen Berges und zeigte ihm in einem Moment der Zeit alle Königreiche der Welt. *Satan sagte: „Ich habe ein Angebot, das Du Dir nicht entgehen lassen kannst. Da Du alle Menschen zu Gott bringen willst, werde ich es Dir leicht machen." Dann, mit einem schleichenden Grinsen im Gesicht,* fuhr Satan fort: „Da Du der Sohn Gottes bist, weißt Du, dass all diese Königreiche unter meiner Kontrolle stehen. Wenn Du dich jedoch einmal vor mir niederwirfst, gebe ich Dir all diese Königreiche. *Danach werde ich gehen und Du wirst keine weiteren Schwierigkeiten von mir haben.*"

Jesus entgegnete schnell: „*Erstens, und am wichtigsten!* Du sollst den Herrn, deinen Gott, fürchten (in Ehrfurcht stehen) und ihm allein dienen. Du sollst nicht anderen Göttern (Götzen) nachgehen (5. Mose 6:13-14 KJV*). Zweitens bist du ein Lügner. Abgesehen davon bist du nicht das Hauptproblem, Satan.* Die Sünde ist das Hauptproblem. *Wenn du die Erde verlassest, würde die Sünde immer noch hier sein.* Ich werde dich vernichten (1. Mose 3:15), ich werde für die Sünden der Menschheit sühnen (Jesaja 53:4-6 und 10-12), und ich werde die Beziehung der Menschheit zu Gott wiederherstellen (d.h. Psalm 23)." *Runde 3: Jesus 3, Satan 0—technischer KO!*

Es wird noch andere Kämpfe zwischen ihnen geben, einschließlich des letzten und härtesten Kampfes („Der Thriller in Manila") *später in Geschichte 27.* So ging Satan bis zu einem anderen günstigen Zeitpunkt. Engel kamen und dienten den physischen Bedürfnissen von Jesus.

Jesus begann, Jünger zu sammeln (Johannes 1:35-51)

An einem anderen Tag ging Jesus an dem Ort vorbei, wo Johannes der Täufer lehrte. Johannes sprach mit zwei seiner Jünger, als er Jesus in der Ferne sah. *Diese beiden Jünger waren nicht anwesend, als Jesus getauft wurde.* Johannes zeigte auf Jesus und sagte: „Dieser Mann ist das Lamm Gottes."

Die beiden Jünger folgten Jesus, um zu sehen, wo er hinging. Er sah sie ihm folgen und hielt an, um zu fragen: „Was sucht ihr?"

Sie sagten: „Rabbi [Lehrer], wo bleibst du?"

„Kommt und seht," sagte er.

Einer von den beiden war Andreas, der Bruder von Simon Petrus. Der zweite und unbenannte Jünger von Johannes dem Täufer war Johannes, der Sohn des Zebedäus *(Johannes erwähnt seinen eigenen Namen in seinem Evangelium nicht; Johannes 1:35-40, Umschreibung des Autors).*

Später ging Andreas, um seinen Bruder Simon zu finden, und sagte ihm: „Wir haben den Messias (den Christus, den Gesalbten) gefunden."

Andrew brachte Simon zu Jesus, der ihn ansah und sagte: „Du bist Simon, der Sohn des Johannes. Von nun an wirst du Cephas (Petrus, ein Fels) genannt werden."

Johannes, der Sohn des Zebedäus, erzählte seinem Bruder Jakobus von Jesus und dass Johannes der Täufer Jesus das Lamm Gottes nannte.

An einem anderen Tag, als Jesus am See Genezareth entlangging, sah er Petrus und Andreas, die ihre Fischernetze ins Wasser warfen. Jesus rief sie: „Folgt mir nach, und ich werde euch vorbereiten, Menschen zu fangen. Ich werde euch in die Lage versetzen, die Menschen zu Gott zurückzubringen." Sie ließen ihre Netze und folgten ihm. Nicht weit entfernt sah Jesus die anderen Brüder, Jakobus und Johannes, die Söhne des Zebedäus, die ihre Netze reparierten. Jesus rief auch sie, ihm nachzufolgen. Auch sie verließen das Boot mit ihrem Vater und folgten Jesus.

Diese vier Fischer (Peter, Andreas, Jakobus und Johannes) wurden die ersten vier Jünger Jesu. Er würde viele weitere Jünger auswählen. Mindestens zwei, vielleicht drei dieser ersten vier Männer (Andreas, Johannes und möglicherweise Peter) waren von Johannes dem Täufer discipled worden. Der andere Mann, Jakobus, wurde von seinem Bruder Johannes beeinflusst, der, wie Peter, zuerst von seinem Bruder Andreas beeinflusst wurde. *Jesus hatte das langfristige Ziel, Jünger auszubilden, die in der Lage sein würden, sein Werk fortzusetzen, wenn er nicht mehr hier war.*

Die Nachrichten über Jesus begannen sich schneller auszubreiten als ein Virus. Philippus stammte aus Bethsaida, der gleichen Stadt wie Andreas und Peter. Philippus fand Nathanael (auch bekannt als Bartolomäus) und sagte zu ihm: "Wir haben den gefunden, von dem Mose gesprochen hat, denselben, über den die Propheten geschrieben haben. Sein Name ist Jesus (Jeschua) – Jesus von Nazareth – Sohn Josephs *(Joseph wurde fälschlicherweise als der Vater Jesu angenommen; Johannes 1,45).*"

Nathanael fragte Philip, „Kann etwas Gutes aus Nazareth kommen?"

Philip antwortete: „*Ich freue mich, dass du gefragt hast.* Komm und sieh."

Jesus sah Nathanael zu sich kommen und sagte: „Sieh, wer kommt, ein echter Israelite ohne Betrug."

Nathanael fragte: „Wie kennst du mich?"

Jesus antwortete: „Ich sah dich, als du unter dem Feigenbaum saßt, bevor Philip dich rief."

Nathanael antwortete im Glauben: „Lehrer, du musst der Sohn Gottes sein, der König von Israel."

Jesus fragte ihn: „Sagst du das nur, weil ich wusste, dass du unter einem Feigenbaum saßt? Glaubst du an mich? Komm, folge mir und du wirst viel größere Dinge sehen." (Johannes 1:47-51 KJV).

Philip und Nathanael könnten auch durch Johannes den Täufer zu Jesus beeinflusst worden sein, und sie wurden Jünger Jesu.

Jesus zieht durch Galiläa und darüber hinaus (Lukas 4:42–5:26)

Jesus, erfüllt mit dem Geist Gottes, kehrte nach Galiläa zurück und begann in den Synagogen zu lehren. Er verkündete das Evangelium überall und heilte viele Menschen von verschiedenen Arten von Krankheiten und Gebrechen. Große Menschenmengen folgten Jesus, und er ging durch ganz Galiläa, über den Jordanfluss nach Dekapolis (das Gebiet der zehn Städte), dann zurück durch Judäa und schließlich nach Jerusalem. Er lud die Menschen ständig ein, „Buße zu tun", und sprach: „Das Reich Gottes ist nah."

Jesus und seine Jünger machten sich auf den Weg zurück nach Kapernaum, am Nordwestufer des See Genezareth. Am Sabbat (Samstag) betraten sie eine Synagoge, und Jesus begann zu lehren. Die Einheimischen waren von seiner Lehre beeindruckt, vor allem, weil er mit Autorität lehrte, nicht wie die Schriftgelehrten und anderen religiösen Führer der Juden. Die Hauptaufgabe der Schriftgelehrten war es, handschriftliche Kopien der Schriften anzufertigen. Damals gab es keine Druck Pressen oder Computer. Die Schriftgelehrten betrachteten sich als Experten des Alten Testaments, *aber sie interpretierten nicht sehr gut.*

Nachdem Jesus das Lehren beendet hatte, rief ein Mann mit einem unreinen Geist: "Welches Geschäft haben wir miteinander, Jesus von Nazareth? Bist du gekommen, um uns zu vernichten? Ich weiß, dass du der Heilige Gottes bist!"

Jesus wies den unreinen Geist zurecht und sagte: „Sei still und verlasse ihn!"

Der unreine Geist warf den Mann in Krämpfe, ließ einen Schrei hören und kam aus dem Mann heraus.

Die Leute waren erstaunt und unterhielten sich: „Was ist das? Ein neuer Lehrer mit Autorität. Er kann auch den unreinen Geistern Befehle erteilen, und sie gehorchen ihm." Die Nachricht über Jesus verbreitete sich in den umliegenden Gegenden.

In Kapernaum hielten sie (Jesus, Petrus, Andreas, Jakobus und Johannes) im Haus der *Schwiegermutter von Petrus an.* Sie war schwer erkrankt und hatte hohes Fieber. Jesus heilte sie, und sie stand auf und bediente sie. Vor Tagesanbruch am nächsten Morgen stand *Jesus auf und verließ das Haus, um einen abgelegenen Ort zu finden, an dem er allein mit Gott, seinem Vater, beten konnte.* Später suchten seine vier Gefährten nach Jesus und als sie ihn fanden, sagten sie: „Alle suchen dich."

Jesus antwortete: „Lasst uns zu anderen nahegelegenen Städten gehen, damit ich auch dort predigen kann."

Fragen

1. Nenne mindestens zwei Wege, wie Johannes den Weg für Jesus bahnte.
2. Johannes der Täufer und Jesus entwickelten Jünger. Ist Jüngerschaft auch heute wichtig? Warum oder warum nicht?
3. Johannes taufte einige, die zu ihm kamen; anderen sagte er: „Zeigt mir Veränderungen in eurem Leben und eurem Verhalten, die zeigen, dass ihr wirklich Buße getan habt, dann kommt zurück und ich werde euch taufen." Ist das heute notwendig?
4. Johannes sagte, er taufe mit Wasser, aber „Der nach mir kommt, wird euch mit dem Heiligen Geist und mit Feuer taufen." Johannes sagte auch: „Jesus muss größer werden, ich aber muss kleiner werden." Was meinte Johannes damit?
5. Unmittelbar nachdem Jesus von Johannes dem Täufer getauft wurde, was geschah als Zeugnis für sowohl Jesus als auch Johannes?
6. Warum denkst du, hat Jesus vierzig Tage und Nächte gefastet?
7. Der Teufel (Satan) versuchte Jesus zur Sünde, scheiterte aber. Welche positiven Entscheidungen traf Jesus, während er Versuchungen gegenüberstand?

8. Jesu Dienst basierte auf drei Arten von Aktivitäten. Kannst du sie benennen? Ein Hinweis: T__________, P__________ und H__________.
9. Welche zentrale Aktivität nutzte Jesus, um Gemeinschaft mit seinem himmlischen Vater zu pflegen?

Mini-Epilog

Es ist nicht klar, wie viele Jünger Jesus zu diesem Zeitpunkt hatte. Er hatte vier und möglicherweise sieben ausgewählt. Philippus und Nathanael waren wahrscheinlich die Nummer fünf und sechs, und Matthäus könnte die Nummer sieben gewesen sein. Jesus rief weiterhin eine wachsende und unbekannte Anzahl von Jüngern (Nachfolgern/Lernenden).

Lukas 6:12: Jesus betete die ganze Nacht, bevor er seine zwölf Apostel aus seinen vielen Jüngern auswählte. Die Namen dieser Apostel sind in den drei synoptischen Evangelien aufgeführt: Matthäus 10:2-9, Markus 3:13-19, Lukas 6:12-16 sowie in der Apostelgeschichte 1:13. Die Reihenfolge der aufgeführten Namen ist in jedem Evangelium im Allgemeinen gleich: (1) Simon Petrus, (2) Petrus' Bruder Andreas, (3) Jakobus und (4) Johannes, die Söhne des Zebedäus, (5) Philippus, (6) Bartholomäus, der auch Nathaniel genannt wurde, (7) Matthäus, der auch Levi genannt wird, (8) Thomas, (9) Jakobus, der Sohn des Alphaeus, (10) Thaddäus, der auch Judas, der Sohn des Jakobus, genannt wird, (11) Simon der Zelot und (12) Judas Iskariot, der ein Verräter wurde.

Als Jesus und seine Apostel auf Predigtreisen gingen, reisten mehrere Frauen mit ihnen, um beim Kochen und bei den Aufgaben zu helfen. Sie spendeten auch Geld aus eigenen Mitteln, um Jesus und sein Team zu unterstützen. Nur drei wurden namentlich erwähnt:

Maria Magdalena, Susanna, Joanna und andere prominente Frauen. *Selbst heute würde ohne treue Frauen, die geben und dienen, viel weniger im Königreich erreicht werden* (Lukas 8:1-3, Umschreibung des Autors).

Geschichte 20

WUNDER IN CANA (JOHANNES 2:1-11)

Einige Wunder von Jesus tauchten in der vorherigen Geschichte auf. Das Wunder von Kana war sein erstes Wunder; es wurde nur von Johannes aufgezeichnet. Es fand wahrscheinlich kurz nachdem Jesus seine ersten vier Jünger in der vorherigen Geschichte gewählt hatte, statt. Das Wunder in Kana wurde separat behandelt, um seiner wichtigen Botschaft mehr Gewicht zu verleihen.

Nicht lange nachdem Jesus Petrus, Andreas, Jakobus und Johannes als seine ersten Jünger gewählt hatte und vielleicht noch andere, gab es eine Hochzeit in Kana in Galiläa. Kana lag etwa acht Meilen nördlich von Nazareth, wo Jesus aufwuchs.

Maria, die Mutter von Jesus, war dort und *schien eine offizielle Rolle* bei der Hochzeitsfeier zu haben. Jesus und seine Jünger waren eingeladen, *was bedeuten könnte, dass es die Hochzeit eines Verwandten von Jesus war. Hochzeiten waren besondere Anlässe, besonders in Dörfern, wo fast jeder anwesend war. Einige Hochzeitsfeierlichkeiten dauerten mehrere Tage.*

Maria trat Jesus näher und flüsterte: "Sie haben keinen Wein mehr."

Der Mangel an Nahrung oder Wein hätte den Bräutigam und seine Eltern beschämt. Jesus flüsterte ihr zurück: "Frau, was hat das mit uns zu tun?"

„Frau", *das Wort, das Jesus benutzte, um seine Mutter anzusprechen, mag uns hart erscheinen, war aber damals sehr respektvoll. Maria war nicht verärgert und nahm an, dass Jesus etwas tun würde.* Sie wandte sich einfach an die Haushaltsdiener und sagte: "Tut, was er euch sagt."

Im Küchenbereich standen sechs steinerne Wasserkrüge; jeder konnte zwanzig bis dreißig Gallonen fassen, eine ungewöhnlich große Anzahl von Krügen für eine Familie. *Einige der Krüge waren wahrscheinlich von Nachbarn der Hochzeitsgesellschaft geliehen worden. Solche Krüge waren für den jüdischen Brauch der Reinigung gedacht. Wasser aus diesen Krügen wurde verwendet, um sich vor dem Essen die Hände zu waschen und um das Geschirr usw. zu spülen.*

Jesus sagte den Hausdienern, sie sollten die Wasserkrüge füllen. Das bedeutete, Wasser aus dem Brunnen zu schöpfen, um die Krüge zu füllen. Diese Krüge waren zur Hochzeitsvorbereitung gefüllt worden, aber viel Wasser war bereits verwendet worden, um die Hände, Geschirr usw. zu waschen. Die Füße der Gäste wären aus einem anderen Wasserkrug, der sich an der Eingangstür befand, gewaschen worden, als sie das Haus betraten.

Viele denken, dass Jesus das Wasser in den sechs Wasserkrügen in Wein verwandelt hat. Kein Jude, einschließlich Jesus, würde Gestatten, dass Menschen aus Wasserkrügen trinken, die zur Reinigung (Reinigung) verwendet wurden; das wäre eine Beleidigung für die Gäste gewesen und hätte einen bleibenden Fleck auf dem Ruf des Gastgebers hinterlassen.

Jesus sagte den Dienern, sie sollten die Wasserkrüge füllen. Dazu *mussten sie Wasser aus dem Brunnen schöpfen, um die Wasserkrüge zu füllen.* Nachdem diese zeremoniellen Wasserkrüge gefüllt waren, sagte Jesus zu den Dienern: „Jetzt schöpft etwas Wasser heraus und bringt es dem Oberkellner" - *was bedeutete (und das ist wichtig):* „Geht jetzt zurück zum Brunnen, der Quelle des Wassers, schöpft mehr Wasser aus dem Brunnen (nicht aus den Wasserkrügen) und bringt dieses Wasser dem Oberkellner."

So kehrten die Diener zum Brunnen zurück, schöpften mehr Wasser und brachten dieses Wasser direkt aus dem Brunnen und gaben es dem Oberkellner. Der Oberkellner kostete dieses Wasser, das zu Wein geworden war, wusste aber nicht, dass es aus dem Brunnen gekommen war, und erklärte es für guten Wein. Dann lobte er den Bräutigam dafür, dass er den besten Wein bis zum Ende der Feier aufgespart hatte. *Die einzigen, die die Quelle des besten Weins wussten, waren die Haussklaven, Jesus und seine Jünger.*

Jesus rettete den Ruf des Bräutigams, indem er den Gästen auf wunderbare Weise guten Wein zur Verfügung stellte, bevor sie wussten, dass ihr Vorrat an Wein zu Ende gegangen war. Aber Jesus gab seinen Jüngern auch einen tieferen Einblick darüber, wer er ist und warum er auf die Erde gekommen ist. *Dennoch waren sie noch weit davon entfernt, von Gottes ewigem Plan zu wissen, geschweige denn ihn zu verstehen. Der Schlüssel zu ihrem Verständnis liegt im Brunnen, der Quelle des Wassers.* Gott, nicht Religion oder religiöse Rituale, ist die Quelle des Lebens und bedeutungsvoller Leben für uns.

Judentum (und viele andere Religionen) neigen dazu zu denken, dass das Befolgen religiöser Gesetze, Zeremonien und das Tun guter Taten der Weg zu Gott ist, unabhängig von ihrem eigenen Mangel an Moral oder einem persönlichen Verhältnis zu Gott. Durch das Wunder in Kana lehrte Jesus seine Jünger, dass wir uns Gott, der

Quelle allem, direkt und persönlich nähern müssen, um echte Buße, Vergebung, Erneuerung und Freude zu entdecken.

> Bei einer anderen Gelegenheit erinnerte Jesus eine Menge daran: „Niemand füllt neuen Wein in alte Weinschläuche, denn der neue Wein würde die alten Weinschläuche zum Platzen bringen. So würde der neue Wein verloren gehen und die alten Schläuche wären ruiniert [neuer Wein muss in neue Weinschläuche gefüllt werden, die sich dehnen können]."
>
> (Lukas 5:37-38 NASB)

Jesus benutzte eine physische Wahrheit über neuen Wein, um eine spirituelle Wahrheit über neues Leben zu veranschaulichen. Er sagte, dass Religion und eine persönliche Beziehung zu Gott unterschiedliche und unvereinbare Konzepte sind. *Religion kann das Potenzial dessen, was Gott für dich bereithält, nicht enthalten. Die Geschichte von Kana endet mit der Erklärung,*

> Diese Anfang seiner Zeichen [Wunder], die Jesus in Kana in Galiläa tat, offenbarte seine Herrlichkeit, und seine Jünger glaubten an ihn.
>
> (Johannes 2:11 NASB)

Fragen

1. Bei der Hochzeit in Kana, welches Problem brachte Maria Jesus zur Aufmerksamkeit?

2. Wie können Religion und ihre Gesetze, Zeremonien und die Betonung guter Taten ein Hindernis für das Wissen und das Gefallen an Gott werden?
3. Was bedeutet es in dieser Geschichte, *zur Quelle zurückzukehren*?
4. Wie beeinflusste dieses erste „Zeichen“ (Wunder) von Jesus seine Jünger?

Mini-Epilog

Johann nennt die Wunder Jesu “Zeichen”. Ein Zeichen weist nicht auf sich selbst, sondern auf etwas anderes.

Die meisten Menschen bei der Hochzeitsfeier wussten nicht einmal, dass ein Wunder geschehen war. Dieses Wunder war ein Zeichen für die Jünger Jesu. Es wies auf Jesus hin und festigte ihren Glauben, dass er der Messias, der Gesalbte Gottes, ist. Sie wussten noch nicht, dass Jesus der göttliche Sohn Gottes ist – Gott, der auch Mensch geworden ist. Jesus selbst wurde das Sühneopfer für unsere Sünden. Sie hatten viel zu lernen, ebenso wie wir.

Geschichte 21

AUSGEWÄHLTE PARABELN VON JESUS

Jesus erzählte einfache, lebensnahe Geschichten, um den Menschen zu helfen, spirituelle Lektionen zu verstehen. Solche Geschichten nennt man Gleichnisse. Wir werden eine Auswahl dieser Geschichten betrachten. Gleichnisse vermitteln in der Regel nur eine Wahrheit.

1. Gleichnis von den Böden (Matthäus 13:1-9; Markus 4:1f; Lukas 8:4f)

Jesus setzte sich ans Ufer des Galiläischen Meeres, um zu lehren. Eine Menschenmenge versammelte sich um ihn und wuchs so groß, dass Jesus vom Ufer in eines der nahegelegenen Fischerboote wechselte. Das Boot gab ihm ein wenig Höhe über der Menge.

Er erzählte ein Gleichnis von einem Bauern, der auf sein Feld ging, um Getreide zu säen *(vielleicht Weizen oder Gerste)*. Es gab zu viele Steine, um das Feld zu pflügen, also ging er durch sein unbeflücktes Feld und streute die Samen gleichmäßig von Hand über das gesamte Feld.

Indem man die Samen gleichmäßig von Hand verstreut, fielen einige der Samen auf einen hart gepackten Gehweg, und Vögel kamen und fraßen sie. Einige der *Samen* fielen auf felsigen Boden, der mehr Felsen als Erde hatte. Obwohl die Samen im felsigen Boden sprossen und wuchsen, war der Boden flach; und als die Sonne heiß wurde, trocknete sie die jungen Wurzeln aus, und diese Pflanzen starben. Einige der Samen fielen zwischen das Unkraut und die Dornen, die schneller wuchsen und die Pflanzen erstickten; aber die meisten Samen fielen auf guten Boden, und die Pflanzen brachten gute Erträge, einige hundertfach, andere sechzigfach und wieder andere dreißigfach.

Jesus sagte zur Menge: ‚Wer Ohren hat zu hören, der höre.'

Jesus erklärte seine Gleichnisse selten. *Aus irgendeinem Grund fühlte er die Notwendigkeit, dieses Gleichnis seinen Jüngern zu erklären.* Aber zuerst, nimm dir ein paar Minuten, um darüber nachzudenken, was du denkst, was diese Geschichte lehrt.

Jesus erklärte das Gleichnis von den Böden als das Streuen von Saat auf ein unverarbeitetes Feld. (Matthäus 13:18-23, Markus 4:13-20 und Lukas 8:11-15). Der Sämann ist Jesus und/oder seine Nachfolger. *Die Saat ist das Wort Gottes (das Evangelium, die Worte des Reiches usw.). Der Boden ist das Herz der Menschen. Die Saat wird im ganzen Feld gesät.*

Einige Saat fiel auf den harten Boden eines oft begangenen Weges, wo nichts wächst. Wenn hartnäckige Menschen das Evangelium hören, nehmen sie es nicht an. Der Böse (Satan) kommt dann schnell, um die Saat zu entreißen, bevor sie weiter darüber nachdenken können.

Einige Samen fielen auf felsigen Boden und stehen für Menschen, die das Wort hören und es sofort annehmen, aber es schlägt keine Wurzeln in ihrem Herzen. Wenn Schwierigkeiten kommen, fallen sie ab.

Einige Samen fielen auf einen Boden, der mit Unkraut gefüllt ist, und stehen für Menschen, die das Wort ebenfalls empfangen, aber Sorgen über das Leben, Geld usw. ersticken das Wort, sodass diese Menschen unfruchtbar werden.

Die meisten Samen fielen auf guten Boden und stehen für Menschen, die das Wort in ihr Herz aufnehmen und ihnen ein neues, freudiges und *fruchtbares* Leben in Christus geben.

Gleichnisse vermitteln in der Regel nur eine spirituelle Wahrheit. Das gilt auch für dieses Gleichnis. Menschen, die Jünger von Jesus werden, erzählen anderen, wie Gott sie gesegnet hat. Einige Menschen werden kein Interesse haben und den Herrn ablehnen, aber andere Menschen werden ein Herz haben, das für Gott und Seine Wahrheit offen ist. Diese Menschen werden Jesus empfangen und fruchtbar werden, indem sie anderen erzählen, wie Gott ihr Leben gesegnet hat. So suchen die Gläubigen voller Freude, die Botschaft an alle Menschen zu bringen, ohne im Voraus zu wissen, wer die Empfänger sein werden.

Die Jünger fragten: „Warum lehrst du in Gleichnissen?"

Er antwortete: „Gott hat bestimmt, dass ihr nach dem Glauben in der Lage sein werdet, die Geheimnisse des Reiches zu verstehen. Ungläubige sind nicht in der Lage, diese Geheimnisse zu verstehen."

Wir werden einige dieser Geheimnisse in kommenden Geschichten lernen.

2. Gleichnis vom reichen Mann und Lazarus (Lukas 16:19-31)

Dieses Gleichnis ist das einzige Gleichnis, das eine Person in der Geschichte benennt. Es gab einen reichen Mann, der jeden Tag im Luxus lebte. Es gab auch einen armen Bettler namens Lazarus. Sein

Körper war mit Geschwüren bedeckt. Lazarus lag jeden Tag an der Pforte des reichen Mannes und hoffte, Reste vom Tisch des reichen Mannes zu erhalten. Hunde leckten seine Geschwüre, aber Lazarus bekam nichts zu essen.

Lazarus starb und wurde von Engeln zu Abraham in den Himmel gebracht. Später starb auch der reiche Mann und wurde begraben. Der reiche Mann erlitt große Schmerzen in Hades (Hölle). Er schaute auf und sah Lazarus bei Abraham, also rief er: „Vater Abraham, hab Erbarmen mit mir. Ich leide Qualen in dieser Flamme. Schicke Lazarus zu mir, damit er seinen Finger ins Wasser taucht und meine Zunge kühlt."

Abraham antwortete: „Es tut mir leid, mein Kind. Denk daran, dass du in deinem Leben es leicht hattest, aber Gott und die Bedürfnisse des armen Bettlers an deiner Tür ignoriert hast. Lazarus hatte es schwer und litt sehr, obwohl er einer meiner Kinder war. Nun hat sich alles verändert. Du leidest, und Lazarus wird getröstet. Außerdem gibt es einen breiten Abgrund zwischen uns. Wir können nicht zu dir gehen, noch kannst du zu uns kommen."

Dann sagte der reiche Mann: „Wenn das so ist, bitte sende Lazarus zurück zu meinem Vaterhaus. Ich habe fünf Brüder, und sie sind Ungläubige, so wie ich es war. Warne sie, damit sie nicht in diesem Ort der Qual enden."

Abraham sagte: „Deine Brüder haben das Wort Gottes gehört. Mose und die Propheten haben sie bereits gewarnt."

Der Mann rief: "Nein, Vater Abraham, sie sind wie ich und achten nicht auf Mose und die Propheten. Wenn jemand von den Toten zu ihnen geht, werden sie hören."

Abraham antwortete: "Wenn sie nicht auf Mose und die Propheten hören, werden sie auch nicht auf den hören, der von den Toten auferstanden ist (Jesus) (Lukas 16:31 NASB)."

Das ist eine traurige Geschichte; *wir neigen dazu zu denken, wir seien gut – oder zumindest gut genug. Die Sünde betrügt uns und lässt uns glauben, wir seien gut genug.* Gott sprach durch den Propheten Jesaja zu uns, um uns zu sagen,

> Alle von uns sind unrein, und sogar unsere guten Taten sind wie schmutzige Lappen.
>
> (Jesaja 64:6, Umschreibung des Autors)

Wenn wir uns weigern, Gottes Wort zu hören, lehnen wir, wie der reiche Mann, Gottes Gnade ab und stehen am „Tag des Gerichts“ ohne Hoffnung.

3. Das Gleichnis von den Arbeitern im Weinberg (Matthäus 20:1-16)

Das Himmelreich ist wie ein Weinbesitzer, der am Morgen um 6:00 Uhr hinausging, um Tagelöhner zu engagieren, um seine Trauben zu ernten. Er stellte alle verfügbaren Arbeiter für den Standardlohn von einem Denar pro Tag ein und schickte sie in seinen Weinberg. Er ging um die dritte Stunde (9:00 Uhr) zurück zum Marktplatz und sah andere, die herumstanden und nichts zu tun hatten. „Geht in meinen Weinberg," sagte er.

„Ich werde euch geben, was recht ist."

Die Männer waren froh, am späten Vormittag einen Tagesjob zu bekommen.

Der Besitzer ging um die sechste Stunde (12:00 Uhr mittags) wieder zum Marktplatz und sah andere, die herumstanden und nichts zu tun hatten.

„Geht in meinen Weinberg," sagte er. „Und ich werde euch das geben, was recht ist."

Die Männer waren froh, mittags einen Tagesjob ergattert zu haben.

Der Besitzer war immer noch besorgt, dass die Ernte nicht vollständig eingebracht werden konnte, da es immer noch nicht genug Arbeiter gab. Also ging er wieder um 15:00 Uhr zum Marktplatz und machte das Gleiche. Dann ging der Besitzer um 17:00 Uhr ein letztes Mal zum Marktplatz und sah andere, die herumstanden.

Er fragte sie: „Warum habt ihr den ganzen Tag untätig herumgestanden?"

Sie antworteten: „Weil uns niemand eingestellt hat."

Er sagte zu ihnen: „Geht in meinen Weinberg, und ich werde euch einen fairen Lohn zahlen."

Sie benötigten Geld und gingen sogar zu dieser späten Stunde des Tages zur Arbeit.

Damals arbeiteten die Arbeiter von Sonnenaufgang bis Sonnenuntergang und wurden am Ende eines jeden Arbeitstags bezahlt. Als der Abend kam, sagte der Eigentümer des Weinberges zu seinem Vorarbeiter: „Rufe die Arbeiter und zahle ihnen ihre Löhne, beginnend mit der letzten Gruppe bis zur ersten."

Als die um 17:00 Uhr, 15:00 Uhr, 12:00 Uhr und 9:00 Uhr angestellten jeweils einen Denar, einen vollen Tageslohn, erhielten, waren sie besonders dankbar. Als die um 6:00 Uhr angestellten schließlich kamen, um ihren Lohn zu erhalten, wurden auch sie mit einem Denar bezahlt.

Sie murrten zum Besitzer des Weinbergs: „Einige dieser Männer haben nur eine Stunde gearbeitet, aber du hast sie gleich viel bezahlt wie uns, die wir den ganzen Tag in der brennenden Sonne gearbeitet haben. Das ist nicht fair."

Der Besitzer des Weinbergs antwortete: „Nehmt, was euch zusteht, und geht. Wenn ich entscheide, die letzten Männer gleich viel zu bezahlen wie euch, dann seid ihr nicht betrogen. Ich habe euch den normalen fairen Lohn bezahlt, dem ihr zugestimmt habt. *Auch die anderen Männer haben Familien, die essen müssen. Wenn ich beschließe, großzügig zu ihnen zu sein, ist das meine Entscheidung.* Sind eure Augen neidisch geworden, weil ich anderen großzügig bin? Die Letzten werden die Ersten sein und die Ersten werden die Letzten sein."

Fragen

1. Was denkst du über dieses Gleichnis?
2. Was hältst du von den Arbeitern?
3. Was denkst du über den Besitzer des Weinbergs? Denk daran, die Geschichte begann mit: „Das Himmelreich ist wie..."
4. Wen repräsentiert der Besitzer des Weinbergs?
5. Was denkst du, ist die Hauptlehre dieses Gleichnisses?

4. Die Perle von großem Wert (Matthäus 13:45-46)

> Das Himmelreich ist wie ein Perlenhändler, der nach feinen Perlen sucht. Er fand eine, wie er sie noch nie gesehen hatte. Es war eine Perle von außergewöhnlicher Größe und Qualität. Sie war teuer, also verkaufte er all seinen Besitz, um genug Geld zu sammeln, um diese herausragende, einzigartige Perle von großem Wert zu kaufen.

Kannst du an etwas Wertvolleres denken als all dein Eigentum? Gibt es etwas von solchem Wert, für das du alles aufgeben würdest, um es zu erreichen? Wären die ersten vier Worte („das Reich Gottes") in diesem Gleichnis für dich so wertvoll?

5. Der gute Samariter (Lukas 10:30-37)

Einführung

Ein Religionsanwalt stellte Jesus die Frage: „Lehrer, was muss ich tun, um das ewige Leben zu erben?"

Jesus fragte ihn: „Was steht im Gesetz (in den Büchern Mose)? Verstehst du, was das Gesetz Mose sagt?"

„Ja," antwortete er. „Du sollst den Herrn, deinen Gott, lieben mit ganzem Herzen, mit ganzer Seele und mit deinem ganzen Verstand" (5. Mose 6:5) und „Du sollst deinen Nächsten lieben wie dich selbst" (3. Mose 19:18).

Jesus bestätigte ihn und sagte: „Du hast richtig geantwortet. Tu das, und du wirst leben."

Aber um sich selbst zu rechtfertigen, fragte der Anwalt: „Wer ist mein Nächster?"

Jesus antwortete ihm mit einem Gleichnis: Ein jüdischer Mann ging von Jerusalem nach Jericho und wurde von einer Bande Räuber überfallen. Sie schlugen ihn, stahlen sein Geld und seine Wertsachen und ließen ihn halb tot auf der Straße liegen.

Es war eine einsame Straße, aber zufällig kam ein jüdischer Priester vorbei. Es war offensichtlich, dass dieser Landsmann dringend Hilfe brauchte, aber der Priester hatte viel im Kopf und fühlte, dass er wirklich keine Zeit hatte, dem armen Kerl zu helfen. So lenkte der Priester seinen Esel auf die andere Straßenseite und ließ den verwundeten Mann zurück.

Ebenfalls kam ein Levit (ein jüdisischer religiöser Führer des priesterlichen Stammes) vorbei, der schwer verwundete Mann. Auch er entschied sich, sich nicht einzumischen. Auch er überquerte die Straße und ließ ihn hinter sich. Dann kam ein Samariter, der auf einer Geschäftsreise war, an den verletzten jüdischen Mann vorbei. Samariter waren eine Mischrasse, nur halb jüdisch, und wurden von den Juden verachtet; aber als der Samariter das Bedürfnis des Mannes sah, verspürte er Mitleid. Er hielt an, reinigte seine Wunden, goss Wein und Öl auf seine Wunden und verband sie.

With that done, the Samaritan lifted the wounded man upon his own beast of burden and led his donkey to Jericho. He paid for a room in an inn and took care of the wounded man. The next morning, the Samaritan gave the innkeeper two denarius (two days of wages) and said, "Take care of him. If it costs more than this, I'll pay you when I return."

Upon finishing the parable, Jesus spoke to the lawyer, "I have a question for you. Which of those three men do you think proved to be a neighbor to the man who fell into the robbers' hands?"

The lawyer answered, "The one who showed mercy."

Jesus replied, "Go and do the same."

Nachdem das erledigt war, hob der Samariter den verwundeten Mann auf sein eigenes Lasttier und führte seinen Esel nach Jericho. Er bezahlte für ein Zimmer in einer Herberge und kümmerte sich um den verwundeten Mann. Am nächsten Morgen gab der Samariter dem Wirt zwei Denare (zwei Tage Lohn) und sagte: „Kümmere dich um ihn. Wenn es mehr kostet als das, werde ich dir bezahlen, wenn ich zurückkomme."

Als Jesus die Parabel beendet hatte, sprach er zu dem Anwalt: „Ich habe eine Frage an dich. Welcher dieser drei Männer, glaubst du, hat sich als Nachbar des Mannes erwiesen, der in die Hände der Räuber gefallen ist?"

Der Anwalt antwortete: „Derjenige, der Barmherzigkeit gezeigt hat."

Jesus erwiderte: „Geh und tue ebenso."

6. Der törichte reiche Mann (Lukas 12:13-21)

Ein Mann in der Menge sagte: „Lehrer, sag meinem Bruder, er solle das Erbe, das unser Vater uns hinterlassen hat, teilen."

Jesus antwortete ihm: „Wer hat mir das Recht gegeben, zu urteilen oder das Eigentum zwischen euch beiden zu teilen?" Jesus fuhr fort, zu der Menge zu sagen: „Achtet auf euch selbst! *Hüte euch vor jeder Art von Habgier, denn das wahre Leben eines Menschen besteht nicht aus den Dingen, die er besitzt, egal wie reich er sein mag.*"

Dann erzählte Jesus ein Gleichnis von einem reichen Mann. Es war ein reicher Mann, der sehr fruchtbares Land besaß, das immer riesige Ernten brachte. Er begann zu sich selbst zu sagen: *Ich habe nicht genug Platz, um all meine Ernte zu lagern.* Ich muss meine Scheunen niederreißen und größere Scheunen bauen, in denen ich mein Getreide und andere Waren lagern kann. Dann werde ich zu mir selbst sagen, dass ich alles habe, was ich für viele Jahre brauche. Ich kann es mir gut gehen lassen, essen, trinken und mich amüsieren.

Aber Gott sagte zu ihm: „Du törichter Mann, in dieser Nacht wirst du sterben. Und wer wird all die Dinge bekommen, die du für dich gehortet hast?"

Jesus schloss: „So ist es auch mit denen, die für sich selbst Reichtümer anhäufen, aber gegenüber Gott nicht reich sind.

Jesus sagte zu seinen Jüngern: „Deshalb sage ich euch, *sorgt euch nicht um euer Leben, was ihr essen werdet und was ihr anziehen werdet.* Betrachtet die Vögel. Sie säen nicht, ernten nicht und sammeln keine Vorräte in Scheunen, und doch nährt sie euer himmlischer Vater. Betrachtet die wilden Blumen am Wegesrand. Sie arbeiten nicht und spinnen nicht; selbst König Salomo war nicht in solcher Pracht gekleidet wie diese Blumen."

> Ungläubige sorgen sich um solche Dinge; aber euer himmlischer Vater kennt euren Bedarf und wird für euch sorgen. Sucht nach Gottes Reich, und Gott wird euch alle eure Notwendigkeiten geben [nicht unsere Wünsche]. Wo auch immer und was auch immer euer Schatz ist [in irdischen Dingen oder in himmlischen Dingen], dort wird auch euer Herz sein.
>
> (Lukas 12:34, Neuformulierung des Autors)

7. Die Weingärtner (Markus 12:1-12, Autor Umschreibung)

Einführung

Jesus trat in den Tempel in Jerusalem ein und fand Menschen, die das Haus Gottes entweihten. Pilger kamen aus dem ganzen Land, um Opfer für die Sünde usw. zu bringen, aber die Pilger wurden betrogen; sie konnten ihre eigenen Tiere zum Opfern nicht mitbringen; sie mussten die Schafe oder Ziegen oder Vögel von Händlern im Tempel kaufen, die exorbitante Preise verlangten. Sie konnten nicht einmal reguläres Geld spenden; es musste zu unfairen Wechselkursen in spezielles Tempelgeld umgetauscht werden.

Darüber hinaus war der Ort, der für all das Geschäftemachen vorgesehen war, der einzige Ort im Tempelbereich, an dem „Gottesfürchtige" (nicht-jüdische Verehrer des Herrn Gottes) eintreten und anbeten konnten. Was diese heidnischen Verehrer dort fanden, war ein lauter, stinkender Markt mit unfairen Preisen, der die Anbetung nahezu unmöglich machte. Religiöse Führer erlaubten das und *profitierten möglicherweise sogar davon.*

Jesus drove out the sheep and goats. He turned over the money tables but did not open the bird cages. Thus, none of the merchants lost anything, but the Gentile area was cleared and cleansed for worship (Mark 11:15-17). Jesus began to teach them: In the Scriptures, God says, "My house shall be called a house of prayer for all nations" (Isaiah 56:7 KJV), but you have made it a den of robbers" (Jeremiah 7:11 KJV).

As Jesus walked in the temple (Mark 11:27-33), a group of religious leaders (priests, scribes, and elders) confronted Him for cleansing the temple. They wanted to know by whose authority He did that.

Jesus said. "I will ask you a question, and if you answer My question, I will reveal My authority to do these things."

Jesus asked, "Was the baptism of John the Baptist *by God's authority or not?*"

Jesus trieb die Schafe und Ziegen hinaus. Er wendete die Geldwechseltische um, öffnete jedoch nicht die Vogelkäfige. So verlor keiner der Händler etwas, aber der Bereich für die Nichtjuden wurde für den Gottesdienst geräumt und gereinigt (Markus 11:15-17). Jesus begann, sie zu lehren: In den Schriften sagt Gott: „Mein Haus soll ein Haus des Gebets für alle Nationen genannt werden" (Jesaja 56:7 KJV), aber ihr habt es zu einer Räuberhöhle gemacht" (Jeremia 7:11 KJV).

Während Jesus im Tempel wandelte (Markus 11:27-33), konfrontierte ihn eine Gruppe von religiösen Führern (Priester, Schriftgelehrte und Älteste), weil er den Tempel gereinigt hatte. Sie wollten wissen, in wessen Vollmacht er das tat.

Jesus sagte: „Ich werde euch eine Frage stellen, und wenn ihr meine Frage beantwortet, werde ich euch meine Vollmacht offenbaren, diese Dinge zu tun."

Jesus fragte: „War die Taufe Johannes des Täufers *durch Gottes Autorität oder nicht?*"

The religious leaders talked among themselves. "If we say John's baptism *was from God,* Jesus will ask *why we did not follow John's teachings.* But if we say John's baptism *was not from God, people will riot against us* because they believe John was really a prophet of God." So they answered Jesus, "We do not know."

Jesus responded, "Since you did not answer my question, I will not reveal My authority to cleanse the temple."

Then Jesus told them another parable (Mark 12:1-12, author's rewrite). *Perhaps it is the most important parable of Jesus. It is a key to understanding why the Jewish religious leaders hated Jesus.*

"*A man planted a new vineyard* and enclosed it with a fence. He then dug a hole and built a vat under the winepress to catch the grape juice. He also built a watchtower. When all was going well, he leased his vineyard to a group of tenant vine-growers and then went on a long journey.

Die religiösen Führer sprachen untereinander. „Wenn wir sagen, dass die Taufe von Johannes *von Gott war,* wird Jesus fragen, warum wir nicht den Lehren von Johannes gefolgt sind. Aber wenn wir sagen, dass die Taufe von Johannes nicht von Gott war, werden die Leute gegen uns aufbegehren, weil sie glauben, dass Johannes wirklich ein Prophet Gottes war." Also antworteten sie Jesus: „Wir wissen es nicht."

Jesus erwiderte: „Da ihr meine Frage nicht beantwortet habt, werde ich meine Autorität, den Tempel zu reinigen, nicht offenbaren."

Dann erzählte Jesus ihnen ein weiteres Gleichnis (Markus 12:1-12, Umschreibung des Autors). *Vielleicht ist es das wichtigste Gleichnis von Jesus. Es ist der Schlüssel zum Verständnis, warum die jüdischen religiösen Führer Jesus hassten.*

„*Ein Mann pflanzte einen neuen Weinberg* und umgab ihn mit einem Zaun. Dann grub er ein Loch und baute einen Gärbehälter unter der Kelter, um den Traubensaft aufzufangen. Er baute auch einen Wachturm. Als alles gut lief, verpachtete er seinen Weinberg an eine Gruppe von Pächtern und machte sich dann auf eine lange Reise."

At harvest time, the owner sent a servant to the vine-growers to receive his share of the profits, but they beat the servant and sent him away empty-handed. The owner sent a second servant, but they treated him shamefully and hit him in the head with a club. He sent another, and they killed him.

That pattern continued as many were sent to the vineyard; some were beaten, others were killed. *The owner had one more to send, his beloved son. "Surely they will respect him."* But the vine-growers said to one another, "This is the heir. If we kill him, the inheritance will become ours!" *They killed the son and threw his body in a hole outside of the vineyard.*

Now what will the owner of the vineyard do? *He will come and destroy the vine-growers and lease the vineyard to others. Jesus asked,* "Have you not even read this Scripture?" Then He quoted Psalm 118:22-23:

Zur Erntezeit schickte der Eigentümer einen Diener zu den Weingärtnern, um seinen Anteil am Gewinn zu erhalten, aber sie schlugen den Diener und schickten ihn leer aus. Der Eigentümer schickte einen zweiten Diener, aber sie behandelten ihn beschämend und schlugen ihm mit einem Stock auf den Kopf. Er schickte einen weiteren, und sie töteten ihn.

Dieses Muster setzte sich fort, während viele zum Weinberg geschickt wurden; einige wurden geschlagen, andere getötet. Der Eigentümer hatte noch einen, seinen geliebten Sohn, den er senden wollte. *„Sicher werden sie ihm Respekt zollen."* Aber die Weingärtner sagten zueinander: „Das ist der Erbe. Wenn wir ihn töten, wird das Erbe unser werden!" *Sie töteten den Sohn und warfen seinen Leichnam in ein Loch außerhalb des Weinbergs.*

Was wird der Eigentümer des Weinbergs jetzt tun? *Er wird kommen und die Weingärtner zerstören und den Weinberg anderen verpachten. Jesus fragte:* „Habt ihr nicht sogar diese Schrift gelesen?" Dann zitierte er Psalm 118:22-23:

> Der Stein, den die Bauleute verworfen haben, hat
> Gott zum Hauptwinkelstein gemacht.

The Jewish religious leaders understood that Jesus told this parable against them. They became very angry and wanted to arrest Jesus, but they were afraid of the people, so they left instead. *What does that important parable mean? It is a prophecy from God. He was taking spiritual leadership to the world away from Israel and giving it to the New Israel (the church), which includes Jews who follow Jesus but would basically be made up of Gentile believers of all nations.* God promised Abraham that "all families of the earth would be blessed through him" (Genesis 12:3). *Until Israel repents and acknowledges Jesus as Lord, Gentiles will be the spiritual leaders who will lead the nations to Christ. This should become clearer in story 31 later.*

Die jüdischen Religionsführer verstanden, dass Jesus dieses Gleichnis gegen sie erzählt hatte. Sie wurden sehr wütend und wollten Jesus verhaften, aber sie hatten Angst vor dem Volk, also gingen sie stattdessen. *Was bedeutet dieses wichtige Gleichnis? Es ist eine Prophezeiung von Gott. Er nahm die geistliche Führerschaft der Welt von Israel und gab sie dem Neuen Israel (der Kirche), das Juden umfasst, die Jesus folgen, aber im Wesentlichen aus heidnischen Gläubigen aller Nationen bestehen würde.* Gott versprach Abraham, dass „alle Familien der Erde durch ihn gesegnet werden würden" (1. Mose 12,3). *Bis Israel Buße tut und Jesus als Herrn anerkennt, werden Heiden die geistlichen Führer sein, die die Nationen zu Christus führen. Dies sollte in der Geschichte 31 später klarer werden.*

Fragen

Wer ist der Besitzer des Weinbergs in dieser Geschichte? Worüber handelt dieses Gleichnis? Wenn du diese Fragen nicht beantworten kannst, bete und bitte Gott, dir zu helfen, es zu verstehen.

8. Drei Gleichnisse über den Verlust von etwas Wertvollem (Lukas 15:1-32)

Hast du jemals etwas Wertvolles verloren? Vielleicht dein Portemonnaie oder deine Handtasche, die Geld, Kreditkarten, einen Führerschein usw. enthielt. Vielleicht hast du deinen Ehering verloren. Für den Autor war es der letzte Brief seiner Mutter vor ihrem Tod. Es gibt eine Dringlichkeit, das, was verloren ist, zu finden. Wenn es nicht gefunden wird, bildet sich ein unangenehmes Gefühl im Magen. Im Lukas-Evangelium Kapitel 15 (Neuinterpretation des Autors) gibt es drei Gleichnisse von Jesus über das Verlorensein: das verlorene Schaf, die verlorene Münze und der verlorene Sohn.

Einführung

Eines Tages kamen viele Zolleinnehmer und andere Ausgestoßene der Gesellschaft, um Jesus beim Lehren zuzuhören. Die Pharisäer und die Lehrer des Gesetzes Mose versuchten ständig, Jesus zu kritisieren. Als sie all diese Ausgestoßenen sahen, die zu Füßen Jesu saßen, fingen sie an zu murren und sagten: „Jesus empfängt Ausgestoßene und isst sogar mit ihnen!“ Jesus erzählte diesen religiösen Führern drei einfache Geschichten.

8.1 Das verlorene Schaf

“*Suppose one of your friends* has a hundred sheep and lost one of them, what would he do? He would leave the other ninety-nine in the pasture and go looking for the one sheep that was lost until he finds it. When he finds it, he would be happy, pick it up, put it across his shoulders, and return home. When he arrives home, he would call his friends and neighbors, “Come celebrate with me. I have found my lost sheep.”

Jesus added, “In the same way, *there will be more joy in heaven over one sinner who repents than over the ninety-nine righteous persons who do not need to repent.*”

„*Angenommen, einer deiner Freunde* hat hundert Schafe und verliert eines davon, was würde er tun? Er würde die anderen neunundneunzig auf der Weide lassen und nach dem verlorenen Schaf suchen, bis er es findet. Wenn er es findet, wäre er glücklich, würde es aufheben, es über seine Schultern legen und nach Hause zurückkehren. Wenn er zu Hause ankommt, würde er seine Freunde und Nachbarn rufen: „Kommt und feiert mit mir. Ich habe mein verlorenes Schaf gefunden.”

Jesus fügte hinzu: *„Ebenso wird im Himmel mehr Freude über einen Sünder sein, der Buße tut, als über neunundneunzig Gerechte, die nicht Buße tun müssen."*

8.2 Die verlorene Münze

„Angenommen, deine Frau hätte zehn Silbermünzen und verliert eine davon, was würde sie tun? Sie würde eine Laterne anzünden, das Haus fegen und sorgfältig in, unter und hinter allem nachsehen, bis sie sie findet. Wenn sie sie findet, wird sie glücklich sein und ihre Freunde und Nachbarn rufen, um mit ihr zu feiern.

Ihre verlorene Münze wurde gefunden. Jesus fuhr fort: *„Auf die gleiche Weise freuen sich die Engel im Himmel über einen Sünder, der Buße tut."*

8.3 Der verlorene Sohn (der liebevolle Vater)

Es war einmal ein Mann mit zwei Söhnen. Der jüngste Sohn sagte zu seinem Vater: „Vater, ich möchte nicht warten, bis du stirbst. Gib mir jetzt meinen Anteil an deinem Vermögen." Da teilte sein Vater sein Vermögen zwischen seinen beiden Söhnen. Der jüngste Sohn verkaufte seinen Teil des Vermögens, solange er einen Käufer finden konnte, und verließ dann mit all seinem Geld das Haus.

Er ging weit weg von zu Hause und verschwendete sein Geld mit ausschweifendem Leben. Nachdem er all sein Geld ausgegeben hatte, kam eine schwere Dürre. Nahrung wurde knapp und teuer, und er hatte kein Geld. Seine Freunde verließen ihn, als er mittellos wurde. Schließlich fand er einen Job, in dem er Schweine hüten musste *(der für einen Juden absolut schlechteste Job)*. Sein Lohn war so niedrig, dass er sich nicht genug Essen kaufen konnte, und er dachte darüber nach, das Futter der Schweine zu essen.

He finally came to his senses and realized his father's hired servants were much better off than he, so he said to himself, "I will return home to apologize to my father. I will ask for his forgiveness and say, 'I am not worthy to be your son. Please accept me as one of your hired servants.""

He left his job and started walking home. When he was still a half mile from home, his father *(who looked for his return daily)* spotted him coming. Joy leaped in the father's chest, and compassion energized his legs as he ran up the road to embrace and kiss his wayward son.

"Dad," said the son. "I have sinned against the Lord God and against you. I am not worthy to be your son—"

His father cut him off and told one of two servants, who had followed him up the road, "Hurry to the house, bring the best robe in the closet, a ring for his finger, and shoes for his feet." To the other servant, he said, "Go get the fatted calf, butcher it, and prepare a feast. We are going to celebrate."

Er kam endlich zur Besinnung und erkannte, dass es den von seinem Vater engagierten Dienern viel besser ging als ihm. So sagte er zu sich selbst: „Ich werde nach Hause zurückkehren, um mich bei meinem Vater zu entschuldigen. Ich werde um seine Vergebung bitten und sagen: ‚Ich bin es nicht wert, dein Sohn zu sein. Bitte nimm mich als einen deiner hired servants auf.'"

Er verließ seine Arbeit und begann, nach Hause zu gehen. Als er noch eine halbe Meile von zu Hause entfernt war, entdeckte sein Vater *(der täglich nach seiner Rückkehr Ausschau hielt)* ihn. Freude sprang im Herzen des Vaters auf, und Mitgefühl belebte seine Beine, als er die Straße hinauf lief, um seinen verlorenen Sohn zu umarmen und zu küssen.

„Vater," sagte der Sohn. „Ich habe gegen den Herrn Gott und gegen dich gesündigt. Ich bin es nicht wert, dein Sohn zu sein—"

Sein Vater unterbrach ihn und sagte zu einem von zwei Dienern, die ihm die Straße hinauf gefolgt waren: „Beeil dich zum Haus, bring den besten Mantel aus dem Schrank, einen Ring für seinen Finger und Schuhe für seine Füße." Zu dem anderen Diener sagte er: „Geh das gemästete Kalb holen, schlachte es und bereite ein Festmahl vor. Wir werden feiern."

As the older brother came in from the field, he heard music and dancing and smelled meat cooking. He asked one of the servants, "What's going on?"

"Oh, your father is throwing a party. Your younger brother has returned home safe and sound."

The older brother became angry and very jealous. He refused to go into the house. His father came out to him and pleaded for him to come in and celebrate, but his older son acted like a jealous, immature child. "I have served you for years, and you never even gave me a young goat that I may celebrate with my friends. Now your worthless son, who devoured your wealth with prostitutes, comes home, and you killed the fatted calf for him."

His father said, "Son, you have always been with me and all that is mine is yours. We must rejoice and celebrate your brother, who was as much as dead but now is alive again. He was lost and has been found" (author's rewrite).

Als der ältere Bruder vom Feld zurückkam, hörte er Musik und Tanz und roch, dass Fleisch gebraten wurde. Er fragte einen der Diener: „Was ist da los?"“Oh, dein Vater veranstaltet eine Feier. Dein jüngerer Bruder ist wohlbehalten nach Hause zurückgekehrt."Der ältere Bruder wurde wütend und sehr eifersüchtig. Er weigerte sich, ins Haus zu gehen. Sein Vater kam zu ihm heraus und bat ihn, hineinzukommen und zu feiern, aber sein älterer Sohn verhielt sich wie ein eifersüchtiges, unreifes Kind. „Ich habe dir jahrelang gedient, und du hast mir nicht einmal ein Zicklein gegeben, damit ich mit meinen Freunden feiern kann. Jetzt kommt dein wertloser Sohn, der deinen Reichtum mit Prostituierten verschwendet hat, nach Hause, und du hast das gemästete Kalb für ihn geschlachtet."

Sein Vater sagte: „Sohn, du bist immer bei mir gewesen, und alles, was mein ist, ist dein. Wir müssen uns freuen und deinen Bruder feiern, der so gut wie tot war, aber jetzt wieder lebt. Er war verloren und ist gefunden worden." (Neuformulierung des Autors)

Fragen

1. Wer repräsentiert der Vater in diesem Gleichnis?
2. Welcher der beiden Söhne repräsentiert dich am meisten?
3. Welche Botschaft, wenn überhaupt, könnte dieses Gleichnis für dich haben?
4. Würdest du in Betracht ziehen, zu beten und Gott zu fragen, ob Er deine Aufmerksamkeit auf etwas lenken möchte?

9. Vergebung (Matthäus 18:21-35, Autor Nachschreibung)

Peter had a question about forgiving people. He asked Jesus, "How many times should I forgive a brother (not limited to an actual brother) who often sins against *me (i.e., He takes advantage of me, pulls the rug out from under me, and steals from me)*? Should I forgive him up to seven times *(thinking that would be very generous)*?"

Jesus's answer shocked Peter. "No, not up to seven times but up to seventy times seven *(unlimited forgiveness)*." *His answer may shock us too, but if we ask God to forgive our sins, would seven times be enough? No. For many of us, seventy times seven would not be enough.*

If we refuse to forgive someone, even if they do not deserve our forgiveness, we hurt ourselves, not the person who wronged us. God's Word warns us:

Peter hatte eine Frage über das Verzeihen von Menschen. Er fragte Jesus: „Wie oft soll ich einem Bruder (nicht nur einem tatsächlichen Bruder) vergeben, der oft gegen mich sündigt *(d.h. er nutzt mich aus, zieht mir den Boden unter den Füßen weg und stiehlt von mir)?* Soll ich ihm bis zu siebenmal vergeben *(in der Annahme, dass das sehr großzügig wäre)?"*

Die Antwort von Jesus schockierte Peter. „Nein, nicht bis zu siebenmal, sondern bis zu siebzigmal sieben *(uneingeschränktes Verzeihen)." Seine Antwort mag uns ebenfalls schockieren, aber wenn wir Gott bitten, unsere Sünden zu vergeben, würden sieben Mal genug sein? Nein. Für viele von uns wären siebzigmal sieben nicht genug.*

Wenn wir uns weigern, jemandem zu vergeben, selbst wenn er unsere Vergebung nicht verdient, schaden wir uns selbst, nicht der Person, die uns Unrecht getan hat. Gottes Wort warnt uns:

> *Gib anderen Gnade, so wie Gott uns Gnade gibt.* Andernfalls kann eine Wurzel der Bitterkeit in unserem Herzen aufwachsen und uns viel Ärger bereiten.
>
> (Hebräer 12:15, Umschreibung des Autors)

Bitterness can turn us into resentful, unhappy people, who are no longer pleasant to be around.

Jesus continued and told Peter a parable. "The kingdom of heaven may be compared to a king who decided to settle accounts with his servants. He discovered that one of his servants owed him a massive ten thousand talents *(fifteen years' worth of the servant's wages). There was no way that he could ever repay that amount of money,* so the king decided to sell his servant and his family. *At least he could recoup a fraction of his loss.*

However, his servant prostrated himself on the ground and begged for mercy. “Have patience with me, and I will eventually repay everything.” *That was an impossible promise for the servant to keep;* however, his master felt compassion for him and forgave his total debt and told him to go back to work.

Bitterness kann uns in ressentimentvolle, unglückliche Menschen verwandeln, die nicht länger angenehm in der Nähe sind.

Jesus fuhr fort und erzählte Peter ein Gleichnis. „Das Himmelreich kann mit einem König verglichen werden, der beschloss, Rechnungen mit seinen Dienern zu begleichen. Er entdeckte, dass einer seiner Diener ihm eine riesige Summe von zehntausend Talenten schuldete *(fünfzehn Jahresgehälter des Dieners). Es gab keine Möglichkeit, dass er diesen Betrag jemals zurückzahlen könnte,* also beschloss der König, seinen Diener und seine Familie zu verkaufen. *Wenigstens konnte er einen Teil seines Verlustes zurückgewinnen.*

Doch sein Diener warf sich auf den Boden und flehte um Barmherzigkeit. „Hab Geduld mit mir, und ich werde dir schließlich alles zurückzahlen.” *Das war ein unmögliches Versprechen, das der Diener halten konnte;* jedoch hatte sein Meister Mitleid mit ihm und vergab ihm seine gesamte Schuld und sagte ihm, er solle wieder zur Arbeit gehen.

The forgiven servant went out and came upon a fellow servant who owed him one hundred denarii *(equivalent to one hundred days of salary for a laborer).* The forgiven servant grabbed the man and began to choke him, demanding immediate payment in full for that debt. His friend also begged for mercy and pleaded for patience, but the forgiven servant had no compassion. Instead, he threw him in debtor’s prison until he received the money owed him.

When the king learned what the forgiven servant had done, he said, "You are a wicked servant. I forgave your huge debt because you pleaded with me. You should have shown mercy to your fellow servant, but you refused. Therefore, I now demand your debt of ten thousand talents be paid in full. You are going to prison, and will not be released until you pay me in full.

Jesus finished His parable by saying, "The same will be done to you if you refuse to forgive your brother in your heart." My Father will see to that. (Matthee 18:35, author's rewrite)

Der vergebene Diener ging hinaus und traf einen anderen Diener, der ihm hundert Denare schuldete *(das entspricht hundert Tageslöhnen für einen Arbeiter).* Der vergebene Diener packte den Mann und begann, ihn zu würgen, und forderte die sofortige volle Zahlung dieser Schuld. Sein Freund bat ebenfalls um Gnade und flehte um Geduld, aber der vergebene Diener hatte kein Mitgefühl. Stattdessen warf er ihn ins Schuldgefängnis, bis er das ihm geschuldete Geld erhielt.

Als der König erfuhr, was der vergebene Diener getan hatte, sagte er: „Du bist ein böser Diener. Ich habe dir deine große Schuld erlassen, weil du mich darum gebeten hast. Du hättest deinem Mitdiener Gnade zeigen sollen, aber du hast abgelehnt. Daher fordere ich jetzt, dass deine Schuld von zehntausend Talenten vollständig bezahlt wird. Du gehst ins Gefängnis und wirst nicht entlassen, bis du mir vollständig bezahlt hast.

Jesus beendete sein Gleichnis mit den Worten: „Das gleiche wird dir widerfahren, wenn du deinen Bruder in deinem Herzen nicht vergibst." Mein Vater wird dafür sorgen. (Matthäus 18:35, Umschreibung des Autors)

Geschichte 22

ALLES IN EINEM TAG'S ARBEIT (MARKUS 4:35-5:43, ÜBERARBEITUNG DES AUTORS)

Eines Tages sagte Jesus zu seinen Aposteln: „Lasst uns zum anderen Ufer des Galiläischen Meeres überqueren."

Also stiegen sie in ein Boot und setzten die Segel, während sie die Menge hinter sich ließen. Jesus *nutzte die sanfte Bewegung des Bootes auf dem ruhigen Wasser, um ein Nickerchen zu machen. Auf halbem Weg über den großen See kam ein heftiger Sturm auf.* Die Wellen wurden so groß, dass sie über die Seiten des Bootes schlugen und das Boot begann, Wasser zu nehmen.

Jesus schlief *auf Kissen im Heck* (hinteren Teil des Bootes), *dem ruhigsten Platz im Boot.* Als das Boot anfing, sich mit Wasser zu füllen, wurden die Jünger, von denen einige Fischer waren und an Stürme gewöhnt waren, besorgt über eine mögliche Überflutung. Sie weckten Jesus und riefen über den Sturm: „Meister! Wir sind in Gefahr, zu sinken!"

Jesus stand auf, streckte sich langsam und sprach sanft zu Wind und Meer: ‚Schweig, sei still,' und der Wind antwortete ihm sofort. Er legte sich und die großen Wellen legten sich, und es wurde ganz ruhig, und sie setzten ihre Fahrt fort.

Jesus fragte seine Jünger: „Warum hattet ihr Angst? Wo ist euer Glaube?"

Sie waren sowohl erstaunt als auch verängstigt über Jesus und fragten sich gegenseitig: „Wer ist dieser Jesus, dass er den Wind und die Wellen befiehlt, und sie ihm gehorchen?"

Sie kamen schließlich an der östlichen Seite des Meeres an, im Land der Gadarenes, einem Ort in der Nähe dessen, was heute als Golan-Höhen bekannt ist. Als er aus dem Boot stieg, wurde Jesus von einem von Dämonen besessenen Mann empfangen. Er lebte auf dem Friedhof. Niemand konnte ihn kontrollieren. Selbst wenn sie ihn in Ketten legten, konnte er die Ketten zerbrechen. Er hatte übermenschliche Kraft, und niemand war stark genug, um ihn zu bezwingen. Tag und Nacht schrie er und verletzte sich mit scharfen Steinen.

Upon seeing Jesus from a distance, the man ran to Him and bowed before Him *in recognition of superior power.* The *demons* in him shouted, "What business do we have together, Jesus, Son of the Most-High God? *Please do not* torment us!"

Jesus asked, "What is your name?"

He answered, *"I Am Legion. We are many."*

Legion began to beg Jesus not to send them away, but Jesus commanded the demons, "Come out of him."

There was a large herd of two thousand pigs feeding on a nearby hill. The demons begged Jesus to send them into those pigs.

"Go ahead," said Jesus.

The demons left the man and entered the pigs. When the demons entered the pigs, the whole herd of pigs ran down the hill into the sea and drowned.

Als der Mann Jesus aus der Ferne sah, lief er zu ihm und fiel vor ihm nieder, *um seine überlegene Macht zu erkennen.* Die *Dämonen* in ihm schrien: „Was haben wir mit dir zu schaffen, Jesus, Sohn des Höchsten Gottes? Quäle uns bitte nicht!"

Jesus fragte: „Wie heißt du?"

Er antwortete: *„Ich bin Legion. Wir sind viele."*

Legion begann, Jesus zu bitten, sie nicht wegzuschicken, aber Jesus befahl den Dämonen: „Fahrt aus ihm heraus."

Es gab eine große Herde von zweitausend Schweinen, die auf einem nahegelegenen Hügel fraßen. Die Dämonen baten Jesus, sie in diese Schweine zu schicken.

„Macht nur," sagte Jesus.

Die Dämonen verließen den Mann und gingen in die Schweine. Als die Dämonen in die Schweine eingingen, rannte die ganze Schweineherde den Hügel hinunter ins Meer und ertrank.

Ihre Hirten liefen weg und berichteten den Eigentümern, was passiert war. Viele Menschen gingen, um zu sehen, was vor sich ging. Sie kamen zu Jesus und waren erstaunt, den Mann zu sehen, der von Dämonen besessen gewesen war, jetzt ruhig sitzend, bekleidet und im rechten Verstand. Die Angst der Menschen wandelte sich von der Macht des ehemals von Dämonen besessenen Mannes hin zur Macht desjenigen, der ihn bezwungen und bändigend gemacht hatte. Die Einheimischen baten Jesus, ihre Gegend zu verlassen. *Sie hatten Angst und fühlten sich mehr in der Dunkelheit zu Hause als im Licht.*

How do we respond to darkness around us? What is our role in dispelling darkness? Try this simple experiment: When night comes, turn out all the lights in your home then light one small birthday candle (or just a match) and hold it high. Does it amaze you that such a small light can give so much brightness in a dark room? That experiment should convince us that we must not be ashamed of our candle (our abilities and our simple testimony of Christ). Yet we are commanded to bear witness about Jesus. We can tell people what Jesus has done in and for us. The Lord (through the Holy Spirit), not us, is responsible for converting people and drawing them to Himself. (John 6:44-45)

As Jesus was getting back into the boat, the healed man came to Him and humbly requested, "Sir, please allow me go with You."

Wie reagieren wir auf die Dunkelheit um uns herum? Was ist unsere Rolle beim Vertreiben der Dunkelheit? Versuche dieses einfache Experiment: Wenn die Nacht kommt, schalte alle Lichter in deinem Haus aus, dann zünde eine kleine Geburtstagskerze (oder einfach ein Streichholz) an und halte sie hoch. Erstaunt es dich, dass ein so kleines Licht so viel Helligkeit in einem dunklen Raum geben kann? Dieses Experiment sollte uns überzeugen, dass wir uns nicht für unsere Kerze (unsere Fähigkeiten und unser einfaches Zeugnis für Christus) schämen dürfen. Dennoch sind wir beauftragt, Zeugnis über Jesus abzulegen. Wir können den Menschen erzählen, was Jesus in uns und für uns getan hat. Der Herr (durch den Heiligen Geist), nicht wir, ist verantwortlich für die Bekehrung der Menschen und dafür, sie zu sich zu ziehen. (Johannes 6, 44-45)

Als Jesus wieder ins Boot steigen wollte, kam der geheilte Mann zu ihm und bat demütig: „Herr, bitte lass mich mit dir gehen."

In a polite voice, Jesus said, *"No, go home to your friends and tell them the Lord's compassion on you and the great things He has done for you" (Mark 5:18-20 KJV).* The man *obeyed Jesus and traveled home, telling everyone* throughout Decapolis (ten cities region) what Jesus had done for him, and all were amazed.

When Jesus arrived back to the west side of the Sea of Galilee, a crowd gathered around Him. He stayed by the seashore, teaching them; but *Jairus, one of the synagogue officials,* came and begged Jesus to go to his home and heal his young daughter, who was near death.

Jesus quickly left with him, and a crowd accompanied them and pressed in on Him.

In einer höflichen Stimme sagte Jesus: *„Nein, geh nach Hause zu deinen Freunden und erzähle ihnen von der Barmherzigkeit des Herrn, die dir widerfahren ist, und den großen Dingen, die er für dich getan hat" (Markus 5:18-20 KJV).* Der Mann *gehorchte Jesus und reiste nach Hause und erzählte* allen in der Dekapolis (Region der zehn Städte), was Jesus für ihn getan hatte, und alle waren erstaunt.

Als Jesus auf die westliche Seite des Galiläischen Meeres zurückkehrte, versammelte sich eine Menge um ihn. Er blieb am Ufer und lehrte sie; aber *Jairus, einer der Synagogenbeamten,* kam und bat Jesus, zu ihm nach Hause zu kommen und seine junge Tochter, die dem Tod nahe war, zu heilen. Jesus ging schnell mit ihm, und eine Menge folgte ihnen und drängte sich um ihn.

A woman who had suffered a hemorrhage of blood for twelve years began to push slowly through the crowd toward Jesus. She had heard of Him and thought, *If I can just touch His garments, I will be healed.* She had spent all her money going to one physician after another, but none were able to help. She spent all her money, but she had gotten worse. The blood flow made her unclean; thus, she could not worship in the synagogue nor even visit in the homes of her friends.

As she neared Jesus from behind, she reached out and touched the hem of His cloak. Her flow of blood stopped immediately, and she felt healing in her body. Jesus perceived that power was going from Him, and He turned around and asked, "Who touched My garments?"

His disciples downplayed the situation, saying, "We are in a crowd, and many are pressing against us. Why are you asking, ‚Who touched Me?"

Eine Frau, die zwölf Jahre lang unter einer Blutung gelitten hatte, begann langsam durch die Menge auf Jesus zuzugehen. Sie hatte von ihm gehört und dachte: *Wenn ich nur seine Gewänder berühren kann, werde ich geheilt.* Sie hatte ihr ganzes Geld für einen Arzt nach dem anderen ausgegeben, aber keiner konnte helfen. Sie hatte all ihr Geld ausgegeben, aber es war schlimmer geworden. Der Blutfluss machte sie unrein; daher konnte sie nicht in der Synagoge anbeten noch die Häuser ihrer Freunde besuchen.

Als sie sich von hinten Jesus näherte, streckte sie die Hand aus und berührte den Saum seines Mantels. Sofort hörte ihre Blutung auf und sie fühlte Heilung in ihrem Körper. Jesus spürte, dass Kraft von ihm ausging, und er drehte sich um und fragte: „Wer hat meine Gewänder berührt?"

Seine Jünger spielten die Situation herunter und sagten: „Wir sind in einer Menge, und viele drängen sich gegen uns. Warum fragst du: ‚Wer hat mich berührt?'"

Die Frau war verängstigt und kniete vor Jesus nieder und erzählte ihre Geschichte.

Er sagte,

> Tochter, dein Glaube hat dich geheilt; gehe in Frieden und werde von deiner Plage geheilt.
>
> (Markus 5:34 NASB)

While Jesus was still speaking, *messengers came from Jairus's house saying, "Your daughter died.* There is nothing Jesus can do now."

Jesus overheard what was said and told Jairus, *"Do not be afraid. Trust Me like you did when you came to Me."* Jesus told his disciples to wait there for Him while He took Peter, James, and John with Him into the house.

The house was filled with commotion. People were weeping and wailing loudly. *(That was common; people hired professional wailers in advance of death.)*

Während Jesus noch sprach, *kamen Boten aus dem Haus des Jairus und sagten: „Deine Tochter ist gestorben.* Jetzt kann Jesus nichts mehr tun."

Jesus hörte, was gesagt wurde, und sagte zu Jairus: *„Fürchte dich nicht. Vertraue mir, so wie du es getan hast, als du zu mir kamst."* Jesus sagte zu seinen Jüngern, sie sollten dort auf ihn warten, während er mit Petrus, Jakobus und Johannes in das Haus ging.

Das Haus war voller Aufregung. Die Menschen weinten und klagten laut. *(Das war üblich; die Menschen engagierten professionelle Klageweiber im Voraus vor dem Tod.)*

Jesus said, "Why make a commotion and weep? The child is not dead. She is just asleep."

The professional wailers laughed at Jesus, but he asked them all to leave the house. When it got quiet, Jesus took the child's parents and His disciples and entered the room where the child's body was. He took the child by her hand and said, "Talitha kum!" ("Little girl, get up!") Immediately the twelve-year-old girl got up and began to walk.

The parents, as well as His three disciples, were astounded. Jesus gave them strict orders to not tell anyone about what He had done. Then He told her parents, „Give her some food."

Jesus sagte: „Warum macht ihr einen Lärm und weint? Das Kind ist nicht tot. Sie schläft nur."

Die professionellen Klageweiber lachten Jesus aus, aber er bat sie, das Haus zu verlassen. Als es ruhig wurde, nahm Jesus die Eltern des Kindes und seine Jünger und trat in das Zimmer ein, wo der Körper des Kindes lag. Er nahm das Kind bei der Hand und sagte: „Talitha kumm!“ („Mädchen, steh auf!“) Sofort stand das zwölfjährige Mädchen auf und begann zu gehen.

Die Eltern sowie seine drei Jünger waren erstaunt. Jesus gab ihnen strikte Anweisung, niemanden von dem zu erzählen, was er getan hatte. Dann sagte er zu den Eltern: „Gebt ihr etwas zu essen.”

Mini-Epilog

Often after Jesus performed miracles, He told people, “Do not tell others.” *His healings were acts of love, not advertisements. He did not want His ministry to distract people from His mission of saving mankind from the result of our Sin.*

Oft nachdem Jesus Wunder vollbracht hatte, sagte er zu den Menschen: „Sagt es niemandem weiter.” *Seine Heilungen waren Akte der Liebe, keine Werbung. Er wollte nicht, dass sein Dienst die Menschen von seiner Mission ablenkt, die Menschheit von den Folgen unserer Sünde zu retten.*

Geschichte 23

VIGNETTEN VON „ZEICHEN" UND „ICH BIN" IM EVANGELIUM DES JOHANNES

Einführung

How did Jesus describe Himself? Who does He say He is? *He had many sayings beginning with, "I Am" ("ego eimi," ancient Koine or common Greek), which can be translated "I Myself Am."* Before looking at some of Jesus's "I Am" sayings, let us go back to God's revelation of His personal or memorial name to Moses at the burning bush. God said, *"My name is I Am"* (Exodus 3:14 NASB).

Do you remember what "I Am" means? God told Moses, "My name is Yahweh ("I Am"). "I Am Who I Am," the Eternal One, No Beginning, No End, the One and Only Self-Sufficient Being. "Yahweh" (ancient Hebrew) and "ego eimi" (ancient Greek) have the same basic meaning—"I Am."

Wie hat Jesus sich selbst beschrieben? Wer sagt er, dass er ist? *Er hatte viele Aussagen, die mit „Ich bin" („ego eimi", im alten*

Koine oder Gemein-Griechisch) beginnen, was übersetzt werden kann mit „Ich selbst bin." Bevor wir einige von Jesus' „Ich bin"-Aussagen betrachten, lassen Sie uns zu Gottes Offenbarung seines persönlichen oder erinnernden Namens an Mose am brennenden Busch zurückkehren. Gott sagte: *„Mein Name ist Ich bin"* (2. Mose 3,14 NASB).

Erinnerst du dich, was „Ich bin" bedeutet? Gott sagte zu Mose: Mein Name ist Jahwe („Ich bin"). „Ich bin, der ich bin", der Ewige, ohne Anfang, ohne Ende, das Eine und Einzige Selbstgenügsame Wesen. „Jahwe" (althebräisch) und „ego eimi" (altgriechisch) haben die gleiche Grundbedeutung – „Ich bin."

At the burning bush (Exodus 3:1-17), God revealed His name is "I Am." Jesus also used

"I Am" sayings to describe Himself and to claim He is God. He then gave an example (i.e., "I Am the Bread of Life," etc.) to reveal His character/characteristics. Each of Jesus's "I Am" sayings are made exclusive by using the exclusive article "the." It could be stated, "I Am the only." Several times in John's gospel, he combines a "sign" (a miracle) with an "I Am" saying as evidence that He is who He claims to be. Our first two examples are combinations.

Am brennenden Dornbusch (Exodus 3:1-17) offenbarte Gott, dass sein Name „Ich bin" ist.

Jesus verwendete ebenfalls „Ich bin"-Aussagen, um sich selbst zu beschreiben und zu behaupten, dass er Gott ist. Er gab dann ein Beispiel (d.h. „Ich bin das Brot des Lebens" usw.), um seinen Charakter/seine Eigenschaften zu offenbaren. Jede von Jesus' „Ich bin"-Aussagen wird durch den Gebrauch des bestimmten Artikels „das" exklusiv gemacht. Man könnte sagen: „Ich bin der Einzige." Mehrmals in Johns Evangelium kombiniert er ein „Zeichen" (ein Wunder) mit einer „Ich bin"-Aussage als Beweis dafür, dass er der ist, der er zu sein behauptet. Unsere ersten beiden Beispiele sind Kombinationen.

1. Ich bin das Brot des Lebens (Johannes 6:35 und 48)

Am Anfang von Johannes Kapitel 6 waren Jesus und seine Jünger an der Ostseite des Sees Genezareth. Eine Menschenmenge folgte Jesus, indem sie um das nördliche Ende des Sees herumging. Sie wollten Jesus lehren hören. An diesem Nachmittag wurden die Menschen müde und hungrig. *Aus Mitgefühl* speiste Jesus fünftausend Menschen mit dem Mittagessen eines kleinen Jungen, das aus fünf kleinen Gerstenbrötchen und zwei kleinen gebratenen Fischen bestand. Nachdem sie alle gegessen hatten und satt waren, überstieg das übrig gebliebene Essen die Menge des Essens, mit dem sie begonnen hatten. (Johannes 6:1-13).

After the people saw the sign (miracle), Jesus feeding them all from almost nothing, they wanted to use mob force to make Him king. Jesus sent His disciples away by boat then went up into the mountains to avoid the people. The next day, the crowd made its way back to Capernaum, looking for Jesus. When they found Him, Jesus told them they were only looking for Him because He had filled their stomachs with food the day before then admonished them not to rely on food, which perishes, but seek food that endures to eternal life. That is what the Son of Man will give if we believe in Him, whom the Heavenly Father sent.

"Okay then!" they shouted. "Show us a sign! Moses gave our ancestors manna from heaven while they were in the wilderness. What are you going to do for us?"

Nachdem die Menschen das Zeichen (Wunder) sahen, wie Jesus sie alle mit fast nichts speiste, wollten sie mit Gewalt dafür sorgen, dass er König wird. Jesus schickte seine Jünger mit einem Boot weg und ging dann in die Berge, um den Menschen zu entkommen. Am nächsten Tag machte sich die Menschenmenge auf den Weg zurück nach Kapernaum, um nach Jesus zu suchen. Als sie ihn fanden, sagte Jesus ihnen, dass sie nur nach ihm suchten, weil er am Vortag ihre Bäuche mit Essen gefüllt hatte, und er ermahnte sie, nicht auf das verderbliche Essen zu vertrauen, sondern auf das Essen zu suchen, das zum ewigen Leben besteht. Das ist es, was der Menschensohn geben wird, wenn wir an ihn glauben, den der Himmlische Vater gesandt hat.

„Okay dann!" riefen sie. „Zeig uns ein Zeichen! Mose gab unseren Vorfahren Manna vom Himmel, während sie in der Wüste waren. Was wirst du für uns tun?"

Jesus replied, "It was not Moses who gave them bread from heaven. My Father gives the true bread from heaven. The bread of God is the One who comes down out of heaven and gives life to the world" (In other words, "*I* Myself Am that bread from heaven").

The people retorted, "We want bread like you gave us yesterday so we do not become hungry."

Jesus said, "I am the bread of life. People who come to Me will no longer hunger, and people who believe in Me will no longer thirst." Jesus can fill man's hunger and thirst for a meaningful life. However, the crowd only wanted a handout of physical food.

Led by the religious leaders, the people doubted what Jesus said about Himself. "He says He is the bread that came down from heaven, but that's not true. We know his parents."

Jesus responded,

Jesus antwortete: „Es war nicht Mose, der ihnen das Brot vom Himmel gab. Mein Vater gibt das wahre Brot vom Himmel. Das Brot Gottes ist der, der vom Himmel herabkommt und der

Welt Leben gibt" (Mit anderen Worten: „Ich selbst bin dieses Brot vom Himmel").

Die Menschen erwiderten: „Wir wollen Brot, wie du es uns gestern gegeben hast, damit wir nicht hungrig werden."

Jesus sagte: „Ich bin das Brot des Lebens. Menschen, die zu mir kommen, werden keinen Hunger mehr haben, und Menschen, die an mich glauben, werden keinen Durst mehr haben." Jesus kann das Hungern und Dursten des Menschen nach einem sinnvollen Leben stillen.

Die Menge wollte jedoch nur eine Almosen von physischer Nahrung. Unter der Führung der religiösen Führer zweifelten die Menschen an dem, was Jesus über sich selbst sagte. „Er sagt, er sei das Brot, das vom Himmel herabkam, aber das ist nicht wahr. Wir kennen seine Eltern."

Jesus antwortete,

> Niemand kann zu mir kommen, es sei denn, der Vater, der mich gesandt hat, zieht ihn; und ich selbst werde ihn am letzten Tag auferwecken.
>
> (Johannes 6:44 NASB)

> Es steht geschrieben in den Propheten: „Sie werden von Gott gelehrt werden."
>
> (Jesaja 54:13, Jeremia 31:34
> und Johannes 16:12-15)

That is the case because mankind is enslaved by sin. We cannot know God through our own efforts, but God reveals Himself to all who listen with open hearts and minds to Him.

Jesus continued, "On the last day, I will raise all who listen to God and obey Him. Everyone (*no exceptions*) who has heard and learned from the Father comes to Me (John 6:45). No one has seen the Father except the One who is from God—He has seen the Father. He who believes has eternal life. I Am the bread of life (I sustain life). Your ancestors ate the manna in the wilderness and died. *I am the living-bread.*"

Das ist der Fall, weil die Menschheit von der Sünde versklavt ist. Wir können God nicht durch unsere eigenen Anstrengungen erkennen, aber Gott offenbart sich allen, die mit offenen Herzen und Gedanken auf ihn hören.

Jesus fuhr fort: „Am letzten Tag werde ich alle erheben, die auf Gott hören und ihm gehorchen. Jeder *(ohne Ausnahme)*, der vom Vater gehört und gelernt hat, kommt zu mir (Johannes 6:45). Niemand hat den Vater gesehen, außer dem, der von Gott ist – er hat den Vater gesehen. Wer glaubt, hat ewiges Leben. Ich bin das Brot des Lebens (ich erhalte das Leben). Eure Vorfahren aßen das Manna in der Wüste und starben. *Ich bin das lebendige Brot.*"

2. Ich bin das Licht der Welt (Johannes 8:12)

Ich bin das Licht der Welt. Jeder, der mir folgt, wird im Licht leben anstatt in der Dunkelheit.

Jesus spent several weeks/months of his early ministry in Judea where Jerusalem was located. *During that time*, Jesus cleansed the temple (drove the vendors and money changers out of the temple). *He also cleansed the temple a second time*, just days before He was crucified, as recorded in Matthew 21:12-17, Mark 11:15-18, and Luke 19:45-48.

Many scholars believe that Jesus cleansed the temple only once. They contend John chose to place that event earlier than the other three gospel writers. This author is not a scholar yet stands by the idea of two temple cleansings by Jesus. He feels this is one of the reasons the Pharisees were against Jesus from the beginning. John may not have wanted to duplicate the temple event; others had already done that. The author knows he could be wrong about that but does not think so.

Jesus verbrachte mehrere Wochen/Monate seines frühen Dienstes in Judäa, wo Jerusalem lag. Während dieser Zeit reinigte Jesus den Tempel (verjagte die Händler und Geldwechsler aus dem Tempel). *Er reinigte den Tempel auch ein zweites Mal,* nur wenige Tage bevor er gekreuzigt wurde, wie in Matthäus 21:12-17, Markus 11:15-18 und Lukas 19:45-48 aufgezeichnet.

Viele Gelehrte glauben, dass Jesus den Tempel nur einmal reinigte. Sie behaupten, Johannes habe sich entschieden, dieses Ereignis früher als die anderen drei Evangelisten zu platzieren. Dieser Autor ist kein Gelehrter, steht jedoch zu der Idee von zwei Tempelreinigungen durch Jesus. Er glaubt, dass dies einer der Gründe ist, warum die Pharisäer von Anfang an gegen Jesus waren. Johannes wollte möglicherweise das Tempelereignis nicht duplizieren; andere hatten dies bereits getan. Der Autor weiß, dass er sich darüber irren könnte, denkt jedoch nicht so.

Only John reveals Jesus's early ministry in Judea (not covered in the synoptic gospels), including the first cleansing of the temple (John 2), the conversation of Jesus and Nicodemus (John 3), and the story of Jesus and the Samaritan woman at the well (John 4) during Jesus's return trip to Galilee from Judea. *The other three gospels do not include those stories.*

The three synoptic gospels generally cover similar material, mostly from Jesus's ministry in Galilee. None of the four gospel writers include all the same events and teachings of Jesus. Each writer was led by

God's Spirit to give their witness for different reasons and from different perspectives.

Nur Johannes berichtet von Jesu früheren Dienst in Judäa (nicht in den synoptischen Evangelien behandelt), einschließlich der ersten Tempelreinigung (Johannes 2), dem Gespräch zwischen Jesus und Nikodemus (Johannes 3) und der Geschichte von Jesus und der samaritanischen Frau am Brunnen (Johannes 4) während Jesu Rückreise nach Galiläa aus Judäa. *Die anderen drei Evangelien enthalten diese Geschichten nicht.*

Die drei synoptischen Evangelien behandeln im Allgemeinen ähnliches Material, hauptsächlich aus Jesu Dienst in Galiläa. Keiner der vier Evangelisten berichtet über alle gleichen Ereignisse und Lehren Jesu. Jeder Schriftsteller wurde von Gottes Geist geleitet, um aus verschiedenen Gründen und aus unterschiedlichen Perspektiven sein Zeugnis abzulegen.

Matthew *was written (about AD 67) especially for the Jews, Mark (John Mark) wrote the earliest gospel especially for the Romans (about AD 60-65), Luke wrote for a more universal audience (about AD 68), and John (written between AD 90-95) wrote to reveal who Jesus is more than concentrating on what Jesus did. Together, the four gospels give a true witness of Jesus: (1) Who He is, (2) His ministry of preaching, teaching, and healing, and (3) His mission of saving a lost humanity.*

Jesus went from Galilee back to Jerusalem again (John 7) for the Feast of Booths (tabernacles). Since it was a festival time, Jesus taught openly in and around the temple during the day even though the religious leaders wanted to kill Him. He slipped out of Jerusalem before night. He was safe during the day because of the crowds. The religious leaders were afraid to capture Jesus in front of the people, because so many favored Him.

Das *Matthäusevangelium wurde (um 67 n. Chr.) besonders für die Juden geschrieben, das Markusevangelium (Johannes Markus) war das früheste Evangelium, das besonders für die Römer (um 60-65 n. Chr.) verfasst wurde, Lukas schrieb für ein universelleres Publikum (um 68 n. Chr.), und Johannes (geschrieben zwischen 90-95 n. Chr.) schrieb, um zu offenbaren, wer Jesus ist, mehr als sich darauf zu konzentrieren, was Jesus tat. Zusammen geben die vier Evangelien ein wahres Zeugnis von Jesus: (1) Wer Er ist, (2) Sein Dienst des Predigens, Lehrens und Heilens, und (3) Seine Mission, eine verlorene Menschheit zu retten.*

Jesus ging von Galiläa zurück nach Jerusalem (Johannes 7) zum Laubhüttenfest. Da es ein Fest war, lehrte Jesus tagsüber offen im und um den Tempel, obwohl die religiösen Führer ihn töten wollten. Er schlüpfte vor Einbruch der Nacht aus Jerusalem. Tagsüber war er wegen der Menschenmengen sicher. Die religiösen Führer hatten Angst, Jesus vor den Leuten zu fangen, weil so viele ihn bevorzugten.

For several days, the religious leaders debated with Jesus about His teachings. They were amazed by Jesus yet would not believe Him. They asked one another, "How has this man become so learned without being educated?"

Jesus knew what they were thinking and said, "My teaching is not my own. It is the teaching of My Father, who sent Me. Those who seek to do God's will know My teaching is from God" (John 7:16-17, author's rewrite).

They accused Jesus of breaking the law of Moses by healing people on the Sabbath (Saturday, the day for worship only). He replied, "That is strange. You champion the law of Moses, yet you do not obey the law of Moses. You circumcise people on the Sabbath, yet you want to kill me for healing a man on the Sabbath" (John 7:19-23, author's rewrite).

Die religiösen Führer diskutierten mehrere Tage mit Jesus über Seine Lehren. Sie waren von Jesus beeindruckt, wollten ihm jedoch nicht glauben. Sie fragten einander: „Wie hat dieser Mann so viel gelernt, ohne ausgebildet zu sein?"

Jesus wusste, was sie dachten, und sagte: „Meine Lehre ist nicht meine eigene. Es ist die Lehre Meines Vaters, der Mich gesandt hat. Diejenigen, die den Willen Gottes tun wollen, wissen, dass Meine Lehre von Gott ist" (Johannes 7:16-17, Überarbeitung des Autors).

Sie beschuldigten Jesus, das Gesetz Mose zu brechen, indem er Menschen am Sabbat heilte (Samstag, der Tag, der nur dem Gottesdienst gewidmet ist). Er antwortete: „Das ist merkwürdig. Ihr verteidigt das Gesetz Mose, doch ihr befolgt es nicht. Ihr beschneidet Menschen am Sabbat, doch ihr wollt mich töten, weil ich einen Menschen am Sabbat geheilt habe" (Johannes 7:19-23, Überarbeitung des Autors).

The masses knew the religious leaders hated Jesus and were amazed that He was able to teach people openly in front of the Pharisees. Some were saying, "Jesus is the prophet Elijah." Others said, "He is the Christ." Others said, "He cannot be the Christ because He is from Galilee and the Christ will come from Bethlehem, the city of David." They did not realize Jesus was born in Bethlehem. The people were divided about who Jesus is.

During festivals, Jewish menorahs, a candelabra with seven or nine candlesticks, were lit in homes and around the temple area during the eight-day festival of Hanukkah. *Perhaps as Jesus taught, He pointed to a menorah* and said,

Die Massen wussten, dass die religiösen Führer Jesus hassten und waren erstaunt, dass er in der Lage war, offen vor den Pharisäern zu lehren. Einige sagten: „Jesus ist der Prophet Elia." Andere sagten: „Er ist der Christus." Wiederum andere sagten: „Er kann nicht der Christus sein, weil er aus Galiläa kommt und der Christus aus Bethlehem, der Stadt Davids, kommen wird." Sie waren sich nicht bewusst, dass Jesus in Bethlehem geboren wurde. Die Leute waren gespalten, wer Jesus ist.

Während der Feste wurden jüdische Menorot, ein Leuchter mit sieben oder neun Kerzenhaltern, in den Häusern und im Tempelbereich während des acht Tage dauernden Hanukkah-Festes angezündet. *Vielleicht wies Jesus, während er lehrte, auf eine Menora* und sagte,

> Ich bin das Licht der Welt. Wenn du mir folgst, werde ich dir das Licht des Lebens geben und damit der Dunkelheit dieser Welt entkommen.

Also read John 1:4-5, 9-10 and 1 John 1:5 and 7 and 1 John 2:8.

The Pharisees told Jesus, "You are bragging about Yourself, so Your testimony is not true."

Jesus replied, "Yes, I am testifying about Myself. However, the Father, who sent Me also testifies about Me."

The debate continued through John 8.

Lies auch Johannes 1:4-5, 9-10 und 1 Johannes 1:5 und 7 und 1 Johannes 2:8.

Die Pharisäer sagten zu Jesus: „Du rühmst Dich selbst, daher ist Dein Zeugnis nicht wahr."

Jesus antwortete: „Ja, ich gebe Zeugnis über mich selbst. Der Vater, der mich gesandt hat, gibt jedoch auch Zeugnis über mich."

Die Debatte setzte sich durch Johannes 8 fort.

> Die Führer der Juden erwähnten Abraham, und Jesus sagte: „*Ehe Abraham war, bin ich* (ich existierte vor Abraham)."
>
> (Johannes 8:58, Umarbeitung des Autors)

While the Pharisees were picking up rocks to stone Him, Jesus left for the day. John then paired the "sign" (miracle) of Jesus giving sight to a man born blind (John 9:1-41) with "I am the Light of the world" (John 8:12). As Jesus and his disciples walked through Jerusalem, they saw a man who had been born blind.

The disciples asked Him, "Teacher, who sinned, this man or his parents, that caused him to be born blind (whose fault was it)?"

All are sinners and live in a world spoiled by sin in general as well as each person's own personal sins. Jesus answered, "It was not the fault of the man or his parents. It was by God's plan to glorify Himself."

Während die Pharisäer Steine aufhoben, um ihn zu steinigen, verließ Jesus den Ort für den Tag. Johannes verband dann das „Zeichen" (Wunder) von Jesus, der einem von Geburt an Blinden das Augenlicht gab (Johannes 9:1-41), mit „Ich bin das Licht der Welt" (Johannes 8:12). Als Jesus und seine Jünger durch Jerusalem gingen, sahen sie einen Mann, der von Geburt an blind war.

Die Jünger fragten ihn: „Lehrer, wer hat gesündigt, dieser Mann oder seine Eltern, dass er blind geboren wurde (wer ist schuld daran)?"

Alle sind Sünder und leben in einer Welt, die allgemein durch die Sünde verdorben ist, sowie durch die persönlichen Sünden jedes Einzelnen. Jesus antwortete: „Es war nicht die Schuld des Mannes oder seiner Eltern. Es war nach Gottes Plan, sich selbst zu verherrlichen."

Can we handle Jesus's answer? Some will say, "*That is not fair. If God does things like that, He is not good.*" Who are we that we judge our Creator? God alone knows all things. *People praised God when Jesus cured the man's blindness. The man himself was saved for eternity when he accepted Jesus as Savior. Many other people would be saved because of the former blind man's testimony about Jesus.* That is all good.

Good often comes from a bad deal. R*emember Joseph. God allowed him to be sold into slavery, then God used Joseph to save his nation* (Genesis 50:20). The same can be said of Job and of the murder of Jesus. We see the past and the present but rarely understand either. God sees eternity past, the present, and eternity future and understands them all. *God plans for our eternity as well as for our present.*

Können wir mit Jesus' Antwort umgehen? Einige werden sagen: „*Das ist nicht fair. Wenn Gott so handelt, ist er nicht gut.*" Wer sind wir, dass wir unseren Schöpfer beurteilen? Nur Gott kennt alle Dinge. *Die Menschen lobten Gott, als Jesus die Blindheit des Mannes heilte. Der Mann selbst wurde für die Ewigkeit gerettet, als er Jesus als Retter annahm. Viele andere Menschen würden wegen des Zeugnisses des ehemals blinden Mannes über Jesus gerettet werden.* Das ist alles gut.

Gut kommt oft aus einem schlechten Geschäft. *Denk an Joseph. Gott erlaubte, dass er in die Sklaverei verkauft wurde, dann nutzte Gott Joseph, um seine Nation zu retten* (Genese 50:20). Dasselbe kann von Hiob und dem Mord an Jesus gesagt werden. Wir sehen die Vergangenheit und die Gegenwart, verstehen aber selten beides. Gott sieht die Ewigkeit der Vergangenheit, die Gegenwart und die Ewigkeit der Zukunft und versteht alle. *Gott plant für unsere Ewigkeit sowie für unsere Gegenwart.*

The Pharisees heard that a blind man had been healed on the Sabbath, so they investigated the matter. They were religious reactionaries seeking to preserve the past, be it a matter of culture or a matter of religion. They and the scribes were strong adversaries of Jesus. The Pharisees hounded the man that was born blind but was healed by Jesus. *They hounded him so much that they drove him to Jesus.*

The blind man could see the truth and was forgiven while the Pharisees (religious leaders) could see with eyes but were blind to the truth and would die in their sins. A tragedy—the Light of the World came to earth, and most Pharisees rejected Him.

Die Pharisäer hörten, dass ein Blinder am Sabbat geheilt worden war, also untersuchten sie die Angelegenheit. Sie waren religiöse Reaktionäre, die versuchten, die Vergangenheit zu bewahren, sei es in kultureller oder religiöser Hinsicht. Sie und die Schriftgelehrten waren starke Gegner von Jesus. *Die Pharisäer drängten den Mann, der blind geboren worden war, aber von Jesus geheilt wurde, so sehr, dass sie ihn zu Jesus trieben.*

Der Blinde konnte die Wahrheit sehen und wurde vergeben, während die Pharisäer (religiöse Führer) mit den Augen sahen, aber blind für die Wahrheit waren und in ihren Sünden sterben würden. Eine Tragödie – das Licht der Welt kam zur Erde, und die meisten Pharisäer wiesen ihn zurück.

3 und 4: Doppeltes „Ich bin: Schafstür und guter Hirte (Johannes 10:7-18)"

Jesus took two animal husbandry examples to describe Himself and His character.

First, "I am the true door of the sheep." The door was to allow shepherds, not sheep, to enter. The sheep door kept the sheep safe inside the sheepfold and kept the thieves out. Jesus said, "There have been many false shepherds. They were thieves, but My sheep did not follow those false shepherds." The sheep door allowed true shepherds to enter and call their sheep by name. Sheep know and follow their shepherd. *Jesus was saying He is the Door of more than the sheep. He is also the door to the spiritual fold of God.* He said, "Those who enter through Me will be saved and will be able to find good grass for their sheep."

Jesus nahm zwei Beispiele aus der Viehzucht, um sich selbst und seinen Charakter zu beschreiben.

Zuerst: „Ich bin die wahre Tür der Schafe." Die Tür war dazu da, dass die Hirten und nicht die Schafe eintreten konnten. Die Schafstür hielt die Schafe sicher innerhalb der Schafbehausung und hielt die Diebe draußen. Jesus sagte: „Es gab viele falsche Hirten. Sie waren Diebe, aber meine Schafe folgten diesen falschen Hirten nicht." Die Schafstür erlaubte es den wahren Hirten, einzutreten und ihre Schafe namentlich zu rufen. Schafe kennen ihren Hirten und folgen ihm. *Jesus sagte, er sei die Tür zu mehr als nur den Schafen. Er ist auch die Tür zur geistlichen Schafbehausung Gottes.* Er sagte: „Diejenigen, die durch mich eintreten, werden gerettet werden und werden in der Lage sein, gutes Gras für ihre Schafe zu finden."

Zweitens: „Der gute Hirte legt sein Leben für die Schafe nieder." *Als Teenager war David ein Hirte für die Schafe seines Vaters. David kümmerte sich um die Bedürfnisse seiner Herde und riskierte manchmal sein eigenes Leben, um die Schafe vor Löwen und Bären zu schützen.*

Before David became Israel's King, he was a shepherd, musician, and poet. Psalm 23, the best-known Psalm, was written by David. He testified that the Lord (Yahweh/I Am) was his Shepherd.

The Lord took care of David's needs for food and protection from harm and guided him toward *God's plan for him.* God gave him peace in the presence of enemies and led him through the valley of the shadow of death. God's abundance overflowed, and His grace promised a dwelling with God forever. Jesus testifies that He, the Good Shepherd, is sovereign and in control. He is our Lord and our Savior. He does not merely risk His life for His sheep; *He lays down His life for His sheep (His followers).* He did not make a sacrifice for the sin of people, like the priests of old; *Jesus is the sacrifice* for our sins. Jesus, *the innocent spotless (sinless) Lamb of God, died vicariously for us, the guilty ones. Jesus is our atonement* from sin that we may be forgiven. He arose from the dead and, thereby, conquered sin and death. *He gives believers new life and eternal fellowship with God.*

Bevor David König von Israel wurde, war er ein Hirte, Musiker und Dichter. Psalm 23, der bekannteste Psalm, wurde von David geschrieben. Er bezeugte, dass der Herr (Jahwe/Ich bin) sein Hirte war. Der Herr sorgte für Davids Bedürfnisse nach Nahrung und Schutz vor Schaden und leitete ihn auf *Gottes Plan für ihn hin.* Gott gab ihm Frieden in der Gegenwart von Feinden und führte ihn durch das Tal der Schatten des Todes. Gottes Fülle überfloss, und Seine Gnade versprach ein Wohnen mit Gott für immer. Jesus bezeugt, dass Er, der gute Hirte, souverän und im Kontrol ist. Er ist unser Herr und unser Retter. Er riskiert nicht nur sein Leben für seine Schafe; *Er legt sein Leben für seine Schafe (seine Nachfolger) nieder.* Er hat kein Opfer für die Sünden der Menschen gebracht, wie die Priester von einst; *Jesus ist das Opfer für* unsere Sünden. Jesus, *das unschuldige makellose (sündlose) Lamm Gottes, starb stellvertretend für uns, die Schuldigen. Jesus ist unser Sühneopfer von der Sünde,* damit wir vergeben werden können. Er ist von den Toten auferstanden und hat damit Sünde und Tod besiegt. *Er gibt den Gläubigen neues Leben und ewige Gemeinschaft mit Gott.*

Die Schriften offenbaren, dass „alle, die in Sünde leben, Sklaven der Sünde sind“ (Johannes 8:34) und „alle gesündigt haben und die Herrlichkeit Gottes nicht erreichen“ (Römer 3:23). Jesus ist der Erlöser. Er hat den Preis gezahlt, um uns von der Sklaverei der Sünde zu erlösen. Die Kosten unserer Erlösung von der Sklaverei zur Sünde sind der Tod von Jesus, dem Sündenlosen.

> Gott machte Jesus, der perfekt und ohne Sünde war, zur Sünde, indem er unsere Sünde in unserem Namen auf sich nahm, damit wir durch ihn gerecht werden können *[nicht durch unsere eigene Gerechtigkeit].*
>
> (2 Korinther 5:21)

Jesus took our sin upon Himself so God can forgive us and establish a new eternal relationship with us. God recreates believers into the likeness of the resurrected Jesus (Romans 8:29).

Jesus revealed that He had *other sheep from a different flock* (John 10:16). *However, He will bring the two flocks together, and they will become one flock. Jesus is their Shepherd* (author's rewrite).

Believing Jews were the first flock Jesus referred to. The other flock would be made up of believing Gentiles (non-Jews) like the author of this book and most of its readers. That is another key to God's eternal plan. *There is only one Good Shepherd who lays down His life for us (His sheep). Jesus, the great I Am, is His name.*

Jesus nahm unsere Sünde auf sich, damit Gott uns vergeben und eine neue ewige Beziehung zu uns herstellen kann. Gott macht Gläubige zu dem Bild des auferstandenen Jesus (Römer 8,29).

Jesus offenbarte, dass er *andere Schafe aus einer anderen Herde hat* (Johannes 10,16). *Er wird jedoch die beiden Herden zusammenbringen, und sie werden eine Herde werden. Jesus ist ihr Hirte* (Umschreibung des Autors).

Die gläubigen Juden waren die erste Herde, auf die sich Jesus bezog. Die andere Herde würde aus gläubigen Heiden (Nicht-Juden) bestehen, wie dem Autor dieses Buches und den meisten seiner Leser. Das ist ein weiterer Schlüssel zu Gottes ewigem Plan. Es gibt nur einen guten Hirten, der sein Leben für uns (seine Schafe) hingibt. Jesus, der große Ich bin, ist sein Name.

5. Ich bin die Auferstehung und das Leben (Johannes 11:25)

Jesus had three close friends in the village of Bethany, located about two miles from Jerusalem. Jesus and His disciples sometimes stayed in the home of Lazarus and his sisters, Mary and Martha. As the time for Passover week drew near, Lazarus became ill. His sisters sent a messenger to find Jesus and ask Him to come quickly because Lazarus was near death.

When Jesus received the message, He told His disciples that Lazarus's sickness *was not about death but that He, the Son of God, may be glorified by it.* Jesus was close to Lazarus and his sisters and loved them dearly, yet Jesus delayed several days before telling his disciples, "Let us return to Judea."

They were hesitant and reminded him, "Going to Judea would be dangerous because the religious leaders in Jerusalem want to kill You."

Jesus hatte drei enge Freunde im Dorf Bethanien, das etwa zwei Meilen von Jerusalem entfernt liegt. Jesus und seine Jünger blieben manchmal im Haus von Lazarus und seinen Schwestern, Maria und Martha. Als die Zeit für die Passahwoche näher rückte, wurde Lazarus krank. Seine Schwestern schickten einen Boten, um Jesus zu finden und ihn zu bitten, schnell zu kommen, weil Lazarus dem Tod nahe war.

Als Jesus die Nachricht erhielt, sagte er zu seinen Jüngern, dass Lazarus‘ Krankheit *nicht den Tod betreffe, sondern dass er, der Sohn Gottes, dadurch verherrlicht werden könne.* Jesus war Lazarus und seinen Schwestern nahe und liebte sie sehr, dennoch zögerte Jesus mehrere Tage, bevor er seinen Jüngern sagte: „Lasst uns nach Judäa zurückkehren."

Sie waren zögerlich und erinnerten ihn: „Nach Judäa zu gehen wäre gefährlich, denn die religiösen Führer in Jerusalem wollen dich töten."

Jesus said, "I want to see our friend Lazarus because he has fallen asleep."

If Lazarus is sleeping, he must be getting better, they thought, so Jesus told them plainly, "Lazarus is dead, and for your sakes, I was not there so you will believe. Let us go to Bethany now."

Thomas, called Didymus, said, "Let us go with Him that we die with Him." *Thomas is often called Doubting Thomas, but here we see him willing to die with Jesus if need be.*

By the time Jesus and His disciples reached Bethany, Lazarus had been in the grave for four days. *In those days, burial was often the same day as death (that is still practiced in much of the world).* Many guests, including some religious leaders, were still coming days after the burial to console Martha and Mary (that too is still practiced in much of the world today).

Jesus sagte: „Ich möchte unseren Freund Lazarus sehen, denn er ist eingeschlafen."

Sie dachten, wenn Lazarus schläft, muss es ihm besser gehen, deshalb sagte Jesus ihnen klar: „Lazarus ist tot, und eurer Willen war ich nicht dort, damit ihr glaubt. Lasst uns jetzt nach Bethanien gehen."

Thomas, genannt Didymus, sagte: „Lasst uns mit ihm gehen, damit wir mit ihm sterben." *Thomas wird oft als zweifelnder*

Thomas bezeichnet, aber hier sehen wir, dass er bereit ist, mit Jesus zu sterben, wenn es nötig ist.

Als Jesus und seine Jünger Bethanien erreichten, war Lazarus seit vier Tagen im Grab. *In diesen Tagen war die Beerdigung oft am selben Tag wie der Tod (das wird noch in vielen Teilen der Welt praktiziert).* Viele Gäste, darunter einige religiöse Führer, kamen Tage nach der Beerdigung noch, um Martha und Maria zu trösten (das wird auch heute noch in vielen Teilen der Welt praktiziert).

When Martha heard that Jesus was coming, she went out to meet Him. Martha *was disappointed that Jesus had not come before her brother's death. She took a private* moment with Jesus and said, "Lord, if You had been here, Lazarus would still be alive."

Jesus *quickly responded*, "Lazarus will rise again."

Martha replied, "I know he will rise again on resurrection day."

Jesus replied, "*I have power to bring death back to life.* All who believe in Me shall live even if he dies, and everyone who lives and believes in Me shall never die. Do you believe that, Martha?"

She *emphatically* replied, "Yes, Lord, I believe because You are the Christ (Messiah), the Son of God."

Als Martha hörte, dass Jesus kam, ging sie ihm entgegen. Martha *war enttäuscht, dass Jesus nicht vor dem Tod ihres Bruders gekommen war. Sie nahm sich einen privaten* Moment mit Jesus und sagte: „Herr, wenn Du hier gewesen wärst, wäre Lazarus noch am Leben."

Jesus *antwortete schnell:* „Lazarus wird auferstehen."

Martha entgegnete: „Ich weiß, dass er am Auferstehungstag auferstehen wird."

Jesus antwortete: „*Ich habe die Kraft, den Tod ins Leben zurückzubringen.* Alle, die an mich glauben, werden leben, sogar wenn sie sterben, und jeder, der lebt und an mich glaubt, wird niemals sterben. Glaubst du das, Martha?"

Sie *antwortete* eindringlich: „Ja, Herr, ich glaube, denn Du bist der Christus (Messias), der Sohn Gottes."

What a testimony of faith—*a faith spoken through depths of despair over the loss of her brother. She also spoke through hurt and disappointment that Jesus arrived too late to heal her sick brother.* Martha experienced disappointment and hurt without bitterness or anger; her trust in Jesus remained unshaken.

Do not forget Jesus had purposely delayed responding to Mary and Martha's plea to "Come quickly, Lazarus is sick." *Jesus was not only close to the three siblings; He knew and trusted them to endure the experience of death in order to glorify God (John 11:4)*—a situation not unlike the man born blind "so the works of God might be displayed in him" *(John 9:3).*

Was für ein Zeugnis des Glaubens – *ein Glauben, der durch die Tiefen der Verzweiflung über den Verlust ihres Bruders gesprochen wurde. Sie sprach auch durch Schmerz und Enttäuschung, dass Jesus zu spät kam, um ihren kranken Bruder zu heilen.* Martha erlebte Enttäuschung und Schmerz ohne Bitterkeit oder Wut; ihr Vertrauen in Jesus blieb unerschüttert.

Vergessen Sie nicht, dass Jesus absichtlich gezögert hatte, auf Marias und Marthas Bitte zu antworten, schnell zu kommen, denn Lazarus ist krank. *Jesus war nicht nur den drei Geschwistern nahe; Er wusste und vertraute darauf, dass sie die Erfahrung des Todes ertragen würden, um Gott zu verherrlichen (Johannes 11:4)* – eine Situation, die nicht unähnlich war zu dem Menschen, der blind geboren wurde, „damit die Werke Gottes in ihm offenbar werden" *(Johannes 9:3).*

Those are just two examples of God working incognito. It shows to what extent He goes to bring people to Himself, not just those who suffer but also the many who witness God at work in those who suffer (John 11:45). God extends His grace of forgiveness and eternal life to all who respond to Him in faith and obedience (faith and obedience are two sides of the same coin). What does this reveal to us (both writer and reader) about our Creator? Does that shake our faith or enlarge it? Now let us return to the story.

After her short conversation with Jesus, Martha went back to the house to find Mary. She whispered to Mary, "The Master is here and asked for you." Mary quickly went out to meet Jesus, who waited down the road a bit. *Some, including religious leaders, followed Mary, thereby displaying a protective role for a grieving lady.*

Das sind nur zwei Beispiele dafür, wie Gott inkognito wirkt. Es zeigt, in welchem Maße Er alles tut, um Menschen zu sich zu bringen, nicht nur die Leidenden, sondern auch die vielen, die Gottes Wirken bei den Leidenden miterleben (Johannes 11:45). Gott bietet allen, die ihm im Glauben und Gehorsam antworten, seine Gnade der Vergebung und des ewigen Lebens an (Glaube und Gehorsam sind zwei Seiten derselben Medaille). Was offenbart uns das (sowohl dem Schreiber als auch dem Leser) über unseren Schöpfer? Zerrüttet das unseren Glauben oder erweitert er ihn? Nun wollen wir zur Geschichte zurückkehren.

Nach ihrem kurzen Gespräch mit Jesus ging Martha zurück ins Haus, um Maria zu finden. Sie flüsterte Maria zu: „Der Meister ist hier und hat nach dir gefragt." Maria ging schnell hinaus, um Jesus zu treffen, der ein Stück den Weg hinunter wartete. *Einige, darunter auch religiöse Führer, folgten Maria und zeigten damit eine schützende Rolle für eine trauernde Dame.*

Upon reaching Jesus, Mary fell at His feet and, like her sister, spoke in a sad *but nonaccusative voice*, "Lord, if you had been here, Lazarus would not have died."

Seeing His friend Mary and those with her crying, Jesus also shook with emotion. He asked Mary, "Where have you buried him?"

"Come and see," she said.

As they moved toward the burial site, Martha joined them. Upon seeing the tomb, *Jesus's humanity showed as* He was moved to tears. Some bystanders were impressed by Jesus's display of love for Lazarus; others scoffed saying, "If He really loved Lazarus, He could have come sooner and healed him."

Jesus ignored the crowd and moved closer to the grave, a small cave closed by a big stone. With eyes open, Jesus looked to heaven with uplifted hands (*a Jewish position of prayer*).

Als Maria Jesus erreichte, fiel sie ihm zu Füßen und sprach, wie ihre Schwester, in einer traurigen, *aber nicht vorwurfsvollen Stimme*: „Herr, wenn du hier gewesen wärst, wäre Lazarus nicht gestorben."

Als Jesus seine Freundin Maria und die anderen, die mit ihr weinten, sah, war auch er von Emotionen ergriffen. Er fragte Maria: „Wo habt ihr ihn begraben?"

„Komm und sieh," sagte sie.

Als sie sich in Richtung des Grabes bewegten, schloss sich Martha ihnen an. Als Jesus das Grab sah, zeigte sich seine Menschlichkeit, als er in Tränen ausbrach. Einige Umstehende waren beeindruckt von Jesu Zuneigung zu Lazarus; andere spotteten und sagten: „Wenn er Lazarus wirklich geliebt hätte, könnte er früher gekommen sein und ihn geheilt haben."

Jesus ignorierte die Menge und näherte sich dem Grab, einer kleinen Höhle, die von einem großen Stein verschlossen war. Mit geöffneten Augen sah Jesus zum Himmel mit erhobenen Händen *(eine jüdische Gebetshaltung)*.

Vater, danke, dass Du mir zuhörst. Du tust es immer, aber ich bitte darum öffentlich, damit die Menge hört und glaubt, dass Du es bist, der mich gesandt hat. (Johannes 11:41-42, Umschrift des Autors)

Then *Jesus startled everyone by shouting, "Lazarus! Come out of your grave!"* Jesus spoke with authority and told the men, "Remove the stone. Open the tomb!"

In a slightly impatient voice, Martha whispered, "Lord, it has been four days. There will be a stench of death in the tomb."

Jesus responded *gently,* "Martha, do not forget I told you to believe, and you will see the glory of God."

Martha quickly nodded, and the men opened the tomb.

Stillness swept over the crowd. Questioning eyes were fixed upon the entrance of the tomb. A few seconds felt like many minutes. Suddenly the dead man was alive and came out of the cave, still bound by grave wrappings.

„Unwrap him!" said Jesus.

Dann erschreckte Jesus alle, indem er rief: *„Lazarus! Komm aus deinem Grab!"* Jesus sprach mit Autorität und sagte zu den Männern: „Entfernt den Stein. Öffnet das Grab!"

In leicht ungeduldiger Stimme flüsterte Martha: „Herr, es sind vier Tage vergangen. Es wird ein Geruch des Todes im Grab sein."

Jesus antwortete *sanft*: „Martha, vergiss nicht, dass ich dir gesagt habe, du sollst glauben, und du wirst die Herrlichkeit Gottes sehen."

Martha nickte schnell, und die Männer öffneten das Grab.

Eine Stille breitete sich über die Menge aus. Fragende Augen waren auf den Eingang des Grabes gerichtet. Einige Sekunden fühlten sich wie viele Minuten an. Plötzlich war der Tote lebendig und kam aus der Höhle, noch in Grabtücher gewickelt.

„Wickelt ihn aus!" sagte Jesus.

The amazed crowd was suddenly abuzz with chatter. Many believed and decided to follow Jesus as their Lord. For some, seeing was not believing, and a few of those rushed back to Jerusalem to report to the Pharisees that Jesus gave life to a dead man.

After hearing the news that Jesus had raised Lazarus from the dead, the high priests and Pharisees called an emergency meeting of the council (the Sanhedrin). *With fear in their voices, they asked*, "What are we going to do? This man, Jesus, is performing many miracles. Now He is raising people from the grave. If we let Him continue, everyone will believe in Him. That will upset the Romans, and they will come in and destroy our city."

Die erstaunte Menge war plötzlich voller Geschwätz. Viele glaubten und entschieden sich, Jesus als ihren Herrn zu folgen. Für einige war Sehen nicht Glauben, und einige von ihnen eilten zurück nach Jerusalem, um den Pharisäern zu berichten, dass Jesus einen toten Mann lebendig gemacht hatte.

Nach der Nachricht, dass Jesus Lazarus von den Toten auferweckt hatte, beriefen die Hohenpriester und Pharisäer eine Sondersitzung des Rates (des Sanhedrins). *Mit Angst in ihren Stimmen fragten sie:* „Was werden wir tun? Dieser Mann, Jesus, vollbringt viele Wunder. Jetzt erweckt er Menschen aus dem Grab. Wenn wir ihm erlauben, weiterzumachen, werden alle an ihn glauben. Das wird die Römer verärgern, und sie werden kommen und unsere Stadt zerstören."

Caiaphas, the high priest, *chided* the council, "You do not know anything. *Have you not even considered that it would be better for one man (Jesus) to die instead of our nation being destroyed by the Romans because of one man (Jesus)?*"

The Scripture tells us Caiaphas did not say that on his own initiative. God enabled him to prophesy that Jesus was going to die for the nation—not only the Jewish nation but to gather all nations into one, the children of God. The council agreed that it was an opportune time to get rid of Jesus. They planned together to kill Jesus. Thus, after claiming, "I Am the resurrection and the life" (John 11:25), Jesus gave "a sign" of that truth by raising Lazarus from the dead. It *was His most dramatic combination* (John 11:40-53, author's rewrite).

Kaiphas, der Hohepriester, *tadelte* den Rat: „Ihr wisst nichts. *Habt ihr nicht einmal in Betracht gezogen, dass es besser wäre, wenn ein Mann (Jesus) sterben würde, anstatt dass unsere Nation durch die Römer wegen eines Mannes (Jesus) zerstört wird?"*

Die Schrift sagt uns, dass Kaiphas das nicht aus eigenem Antrieb sagte. Gott befähigte ihn, zu prophezeien, dass Jesus für die Nation sterben würde - nicht nur für die jüdische Nation, sondern um alle Nationen in eins zu versammeln, die Kinder Gottes. Der Rat war sich einig, dass es eine günstige Gelegenheit war, Jesus loszuwerden. Sie planten gemeinsam, Jesus zu töten. So gab Jesus nach der Behauptung: „Ich bin die Auferstehung und das Leben" (Johannes 11:25) „ein Zeichen" dieser Wahrheit, indem er Lazarus von den Toten auferweckte. *Es war seine dramatischste Kombination (Johannes 11:40-53, Neufassung des Autors).*

6. Ich bin der wahre Weinstock (Johannes 15:1)

> Ich bin der wahre Weinstock, und mein Vater ist der Weingärtner. Er schneidet jeden Zweig [Gläubigen] ab, der keine Früchte trägt, und beschneidet jeden Zweig, der weiterhin Früchte trägt, damit alle Reben noch mehr Früchte tragen.

Ihr seid bereits beschnitten durch die Lehre, die ich euch gegeben habe. Ihr müsst an mir bleiben, und ich werde an euch bleiben. So wie ein Zweig keine Früchte tragen kann, wenn er nicht mit dem Weinstock verbunden ist, kann auch keine Person geistliche Früchte tragen, es sei denn, sie bleibt mit mir verbunden.

Ich bin der Weinstock. Ihr (Gläubigen) seid die Zweige, *an denen ich meine Früchte zeigen werde.* Wer in Einheit mit mir bleibt und ich in Einheit mit ihm/ihr, der wird reichlich Frucht tragen, aber ihr könnt nichts tun, wenn ihr von der Einheit mit mir abgeschnitten seid.

> Ich bin der Weinstock, ihr seid die Zweige; wer in mir bleibt und ich in ihm, der bringt viel Frucht hervor; denn ohne mich könnt ihr nichts tun.
>
> (Johannes 15:5 NASB)

> Jeder Zweig [Gläubiger] in mir, der keine Frucht bringt, wird vom Vater beschnitten [abgehauen].
>
> (Johannes 15:2)

This does not mean believers lose their salvation. This refers to fruit bearing, not salvation.

Our egos tend to be offended by the latter half of verse 5. Many of us do not like being told that we can do nothing spiritual by ourselves. No matter how spiritual we think we are, our egos are still controlled by our sinful nature. "Without Me, you cannot do anything *spiritual*" *are the words of Jesus, not the author's words.*

Better yet, Jesus, the creator and sustainer of our world, revealed He does nothing on His own initiative but yields to the Father. There is a common saying about ego problems that many of us need to consider: "Get over it!"

Das bedeutet nicht, dass Gläubige ihr Heil verlieren. Es bezieht sich auf Fruchtbarkeit, nicht auf das Heil.

Unsere Egos fühlen sich oft durch die zweite Hälfte von Vers 5 beleidigt. Viele von uns mögen es nicht, zu hören, dass wir nichts Geistliches aus eigener Kraft tun können. Egal wie geistlich wir denken, dass wir sind, unsere Egos werden immer noch von unserer sündhaften Natur kontrolliert. „Ohne Mich könnt ihr nichts Geistliches tun" sind die Worte Jesu, nicht die Worte des Autors.

Besser noch, Jesus, der Schöpfer und Erhalter unserer Welt, offenbarte, dass Er nichts aus eigenem Antrieb tut, sondern sich dem Vater unterordnet. Es gibt ein gängiges Sprichwort über Ego-Probleme, das viele von uns in Betracht ziehen sollten: „Komm darüber hinweg!"

> Wir Gläubigen haben eine subtile Tendenz, im Geiste an das Prinzip der Gnade zu glauben, während wir mit unserem Herzen nach dem Prinzip des *Verdienstes* leben. Die Anerkennung einer solchen Tendenz ist an sich ein *Anfang in Richtung spiritueller Reife.*
>
> (Dr. Nat Tracy in einem Brief an die Indonesische Baptistenmission, um 1972)

This "I Am" saying of Jesus shows how a grapevine is central to a believer's life on earth. Its positive and negative consequences are both astounding. Positive consequences: Every believer who abides in Jesus will bear much spiritual fruit. That includes the "*fruit of the Spirit:* love, joy, peace, patience, kindness, goodness, faithfulness, gentleness, self-control" (Galatians 5:22-23 NASB). *It also includes any good work that glorifies God. Negative consequences: Every believer who neglects to continually abide in Jesus cannot produce spiritual fruit but will be tempted instead to produce some of "the deeds of the flesh (the natural man, the sinful nature)* which are immorality, impurity, sensuality, idolatry, sorcery, enmities *(hostility)*, strife, jealousy, outbursts of anger, disputes, dissensions, factions, envying, drunkenness, carousing, and things like those" (Galatians 5:19-21 NASB).

Dieser „Ich bin"-Ausspruch Jesu zeigt, wie zentral die Weinrebe im Leben eines Gläubigen auf der Erde ist. Die positiven und negativen Folgen sind gleichermaßen erstaunlich. Positive Konsequenzen: Jeder Gläubige, der an Jesus bleibt, wird viele spirituelle Früchte tragen. Dazu gehört die „*Frucht des Geistes:* Liebe, Freude, Frieden, Geduld, Freundlichkeit, Güte, Treue, Sanftmut, Selbstbeherrschung" (Galater 5,22-23 NASB). *Dazu gehört auch jede gute Arbeit, die Gott verherrlicht. Negative Konsequenzen: Jeder Gläubige, der es versäumt, ständig in Jesus zu bleiben, kann keine geistlichen Früchte hervorbringen, sondern wird stattdessen versucht sein, einige der „Taten des Fleisches (des natürlichen Menschen, der sündigen Natur)* hervorzubringen, die Unmoral, Unreinheit, Sinnlichkeit, Götzendienst, Zauberei, Feindseligkeiten *(Feindseligkeit)*, Streit, Eifersucht, Wutausbrüche, Streitigkeiten, Meinungsverschiedenheiten, Fraktionen, Neid, Trunkenheit, Zechgelage und solche Dinge" (Galater 5,19-21 NASB).

There seems to be little difference between the lifestyle of the believer who does not abide in Jesus and the lifestyle of the average unbeliever. The apostle Paul says something similar in 1 Corinthians 2 and 3. First: Paul describes the *"natural man" (unbeliever, driven by his own ego)* who "cannot accept the things of the Spirit of God, for they are foolishness to him" (1 Corinthians 2:14). Jesus said, "Unbelievers cannot hear or understand God's words because non-believers are not of God, and His words sound foolish to them" (John 8:47). *Second:* Paul describes the *"spiritual man" (a believer who abides in Jesus and is driven by God's Spirit instead of his own ego)* who is spiritual and can appraise all things" (John 8:47). Jesus said, "He who is of God hears and understands the word of God." *Third*: Paul describes *"fleshly believers" (ego-driven carnal believer)* as immature believers (spiritual infants). Now after believing in Jesus for years, they are still immature spiritual infants who still must be fed baby food prepared for spiritual infants because they are still "fleshly" and can only handle baby food and cannot handle spiritual food for spiritual adults in Christ" (1 Corinthians 3:1-3).

Es scheint kaum einen Unterschied zwischen dem Lebensstil des Gläubigen, der nicht an Jesus bleibt, und dem Lebensstil des durchschnittlichen Ungläubigen zu geben. Ähnliches sagt der Apostel Paulus in 1. Korinther 2 und 3. Erstens: Paulus beschreibt den *„natürlichen Menschen" (Ungläubiger, getrieben von seinem eigenen Ego)*, der „die Dinge des Geistes Gottes nicht annehmen kann, denn sie sind ihm eine Torheit" (1. Korinther 2,14). Jesus sagte: „Die Ungläubigen können die Worte Gottes nicht hören oder verstehen, weil die Ungläubigen nicht von Gott sind und seine Worte für sie töricht klingen" (Johannes 8,47). *Zweitens:* Paulus beschreibt den *„geistlichen Menschen" (einen Gläubigen, der in Jesus bleibt und vom Geist Gottes statt von seinem eigenen Ego angetrieben wird)*, der spirituell ist und alle Dinge beurteilen kann" (Johannes 8,47). *Jesus sagte: „Wer von Gott ist, hört und versteht das Wort Gottes."* Drittens: Paulus beschreibt „fleischliche Gläubige" (egogetriebene, fleischliche Gläubige) als unreife Gläubige (spirituelle Säuglinge). Nun, nachdem er an Jesus geglaubt hat Jahre alt, sind sie immer noch unreife geistliche Säuglinge, die noch mit für geistliche Säuglinge zubereiteter Babynahrung gefüttert werden müssen, weil sie noch „fleischlich" sind und nur mit Säuglingsnahrung, aber nicht mit geistlicher Nahrung für geistliche Erwachsene in Christus umgehen können" (1. Korinther 3,1-3).

Paul gives examples of a "fleshly believer" as follows: "I could not speak to you like I do to spiritual people but as to fleshly/carnal people (driven by ego, not by the Holy Spirit), as infants in Christ *(spiritually immature believers)*. I also had to give you spiritual milk to drink because you still cannot digest solid spiritual food.

"You are still spiritually immature, for you continue to allow your ego to drive your thoughts and actions. *One, among many examples* of your spiritual immaturity, is the jealousy and strife among you (plural). When you argue among yourselves, with one saying. 'I follow Paul' and another says, 'I follow Apollos, etc., which is evidence you are being driven by the flesh (your ego) instead of by the Lord. You are acting like mere men (more like unbelievers than believers)" (1 Corinthians 3:5, author's rewrite).

The apostle Paul reminds believers that "we are called to freedom *(not to laws of "do not do") yet* do not turn freedom into an opportunity to live in the flesh (worldly sinful nature). Instead, through love, serve one another *One, among many examples,* and you will not fall for the desires of your *sinful nature*" (Galatians 5:13-16, author's re-write).

Paulus nennt Beispiele für einen „fleischlichen Gläubigen" wie folgt: „Ich konnte nicht mit euch sprechen, wie ich es mit geistlichen Menschen tue, sondern wie mit fleischlichen/fleischlichen Menschen (getrieben vom Ego, nicht vom Heiligen Geist), als Säuglinge in Christus *(geistlich unreife Gläubige)*. Ich musste euch auch geistliche Milch zu trinken geben, weil ihr noch immer keine feste geistliche Nahrung verdauen könnt."

„Sie sind immer noch spirituell unreif, denn Sie lassen weiterhin zu, dass Ihr Ego Ihre Gedanken und Handlungen bestimmt. *Eines von vielen Beispielen* Ihrer spirituellen Unreife ist die Eifersucht und der Streit unter Ihnen (Plural). Wenn Sie untereinander streiten und einer sagt: „Ich folge Paulus" und ein anderer sagt: „Ich folge Apollos usw.", was ein Beweis dafür ist, dass Sie vom Fleisch (Ihrem Ego) und nicht vom Herrn getrieben werden. Sie verhalten sich wie bloße Männer (eher so). Ungläubiger als Gläubige)" (1. Korinther 3,5, vom Autor neu geschrieben).

Der Apostel Paulus erinnert die Gläubigen daran, dass „wir zur Freiheit berufen sind *(und nicht zu den Gesetzen des „Tue nicht")*, aber die Freiheit nicht in eine Gelegenheit verwandeln, im

Fleisch zu leben (weltliche, sündige Natur). Stattdessen dient ihr einander durch Liebe. Lebt im Geist Gottes, und ihr werdet nicht den Begierden eurer *sündigen Natur* verfallen“ (Galater 5,13-16, Neufassung des Autors).

In conclusion, Jesus said, “I am the vine. You are the branch. *As the vine, I am the source of your life and your ability to produce spiritual fruit.* Do not attempt life or productivity on your own. It does not work.”

Abschließend sagte Jesus: „Ich bin der Weinstock. Du bist die Rebe. *Als Weinstock bin ich die Quelle deines Lebens und deiner Fähigkeit, geistliche Frucht hervorzubringen.* Versuche nicht, Leben oder Produktivität allein zu erreichen. Es funktioniert nicht.”

7, 8, 9 „Ich bin dreifach:“ Ich bin der Weg, die Wahrheit und das Leben.

Jesus sagte damit: „*Ich selbst* bin der einzige Weg, die einzige Wahrheit und die einzige Quelle des Lebens. Niemand kommt zum Vater außer durch mich“ (Johannes 14,6). Alle „Ich bin“-Aussagen von Jesus sind exklusiv, aber diese scheint bei der säkularen Kultur (postmoderne Philosophen, radikale Veränderungsorganisationen von links und rechts, diejenigen, die glauben „Der Zweck heiligt immer die Mittel“ usw.) mehr Angst und Irrtum zu wecken.

Für diejenigen, die dem Skeptizismus verpflichtet sind und Glauben und moralische Traditionen ablehnen, gelten Exklusivansprüche nicht. Sie entscheiden sich dafür, zu glauben, dass alles relativ ist und keine Absolutheiten hat. Sie scheinen nicht zu erkennen, dass „keine Absolutheiten“ ein absoluter Anspruch ist.

Jesus spricht im Zusammenhang mit der Tatsache, dass die Menschheit eine gefallene Rasse ist. „Alle haben gesündigt.” „Alle“ bedeutet „wir alle“. Sünde zerstört die Beziehung der Menschheit zu unserem Schöpfer, verdreht unser Verständnis davon, was Wahrheit ist, und täuscht uns zu dem Glauben, dass das Leben nur physisch ist.

Jesus sagte: „Ich allein bin der Weg", der einzige Weg, *Menschen in eine lebendige und dauerhafte Beziehung zu Gott zu bringen.* „Ich allein bin die Wahrheit", *die einzige absolute Wahrheit über Gott, die Menschheit und Gottes ewige Pläne für die Menschheit.* „Ich allein bin das Leben", *die einzige Quelle des physischen, spirituellen und ewigen Lebens für jeden Gläubigen sowie für alle Gläubigen zusammen mit Gott für die Ewigkeit.*

10. John hat einen zehnten „Ich bin"-Ausspruch, der manchmal unbemerkt bleibt.

Als Jesus auf dem Gelände des Tempels mit einigen Pharisäern sprach, äußerte er sich sehr exklusiv, als er sagte:

> Ihr werdet in euren Sünden sterben, ohne Hoffnung auf den Himmel, es sei denn, ihr glaubt, dass Ich Er bin, und gehorcht Mir deshalb.
>
> (Johannes 8:24, Neufassung des Autors)

> Wenn Sie den Menschensohn ans Kreuz schlagen, werden Sie beginnen zu erkennen, dass *ich er bin.*
>
> (Johannes 8:28, Neufassung des Autors)

> Auch Matthäus 26:64, Markus 13:6 und Lukas 22:70.

Darüber hinaus sagte Jesus:

> Wenn Sie den Menschensohn hochheben (*in Anspielung auf seine bevorstehende Kreuzigung*),

> werden Sie wissen: *„Ich bin er."* Ich mache nichts aus eigener Initiative. Ich spreche diese Dinge, wie der Vater mich gelehrt hat, und der, der mich gesandt hat, ist mit mir. Er hat mich nicht allein gelassen, denn ich tue immer die Dinge, die ihm gefallen.
>
> (Johannes 8:28-29 NASB)

Als Jesus diese Dinge den *Pharisäern* sagte, glaubten viele *Umstehende* an ihn (Johannes 8,30).

Zwei Tage später wurde Jesus von der Religionspolizei verhaftet und vom Jüdischen Religionsrat (dem Sanhedrin) vor Gericht gestellt. Der Prozess wurde von Kaiphas, dem Hohepriester, geleitet. Matthäus schrieb: „Der Hohepriester sagte zu Jesus: ‚Ich gebiete dir bei dem lebendigen Gott, uns zu sagen, ob du der Christus bist, der Sohn Gottes.'"

Jesus sagte: „Du hast es selbst gesagt (*was „Ich bin Er" bedeutet,* vom Autor kursiv geschrieben). Dennoch sage ich dir: Von nun an wirst du den Menschensohn zur Rechten der Macht sitzen und auf den Wolken des Himmels kommen sehen."

Der Hohepriester wurde wütend, zerriss sein Gewand und sagte: „Jesus hat gelästert! Was brauchen wir noch von Zeugen? Siehe, Sie *(der gesamte Rat)* haben die Gotteslästerung gehört. Was denken Sie?"

Sie antworteten: „Er verdient den Tod!" Dann spuckten sie ihm ins Gesicht und schlugen ihn mit ihren Fäusten, und andere schlugen ihn und sagten: „Prophezeie uns, du Christus. Wer ist derjenige, der dich geschlagen hat?" (Matthäus 26:63-68 NASB).

Anmerkung: Als die Frau am Brunnen den kommenden Erlöser erwähnte, stellte sich Jesus mit den Worten vor: *„Ich bin es, der zu euch redet"* (Johannes 4:26). *Sie glaubte und erzählte es anderen Menschen, damit auch sie glauben konnten* (Geschichte 24, Vignetten der Lehren Jesu).

Der Autor sieht in diesem zehnten „Ich Bin"-Ausspruch von Jesus sowohl „das Gleiche" als auch „Anders" als die ersten neun „Ich Bin"-Aussagen. Das Wichtigste an diesem letzten „Ich bin" ist, dass es offenbart, dass der Sanhedrin die Behauptungen Jesu, „der Menschensohn", „der Christus" oder „der Sohn Gottes" zu sein, als den Anspruch Jesu betrachtete, Gottheit (Gott) zu sein. Jesus wurde gekreuzigt, weil er behauptete, Gott zu sein. Die Kreuzigung Jesu offenbart, dass der wahre Kern der Sünde der reuelosen Menschheit in der völligen Ablehnung Gottes und dem Versuch besteht, das eigentliche Konzept von Gott zu zerstören, anstatt Ihn anzubeten.

Die Gläubigen des ersten Jahrhunderts sahen sich mit bösen Mächten und einem gottlosen Denken konfrontiert, das dem, mit dem wir heute konfrontiert sind, nicht unähnlich war, und doch gelang es ihnen, durch ihre Liebe zueinander und ihren gottgefälligen Lebensstil Massen von Menschen zu Christus zu ziehen. Gläubige von heute könnten viel von unseren Brüdern und Schwestern in Christus im ersten Jahrhundert lernen.

Gläubige werden ständig von denen herausgefordert, die Gott und seine Anhänger an den Rand drängen wollen. Die „ungläubige Weltanschauung" führt stets einen geistlichen Krieg gegen die Gläubigen und die Kirche (den Leib Christi). Wenn sich ein Gläubiger während seines Lebens auf der Erde nicht dem Feind ergibt, wird er oder sie für immer in einen spirituellen Krieg verwickelt sein. Hingabe wird dem Gläubigen nicht helfen. Wir müssen uns daran erinnern, dass der Sieg in spirituellen Kämpfen Gott gehört, nicht uns. (1. Samuel 17:47).

Unser Feind sind nicht die Menschen, die sich uns widersetzen. Unser Feind ist in erster Linie Sünde und Tod, das Ergebnis der Sünde, und in zweiter Linie Satan. *Unser geistlicher Kampf besteht nicht darin, zu töten und zu zerstören, sondern, wie die Kirche im ersten Jahrhundert, die Massen zum Erlöser zu bringen. Jesus ist der Einzige, der Menschen befreien und ihnen echtes Leben schenken kann.*

Unsere Waffen im spirituellen Kampf sind Liebe und Gebet. Unsere Stärke und unser Schutz liegen in der Heiligen Schrift und dem innewohnenden Geist Gottes.

> Geliebte, glaubt nicht jedem Geist, sondern prüft die Geister, um festzustellen, ob sie von Gott sind, denn viele falsche Propheten sind in die Welt ausgegangen. Daran erkennen Sie den Geist Gottes: *Jeder Geist, der bekennt, dass Jesus Christus im Fleisch gekommen ist, stammt von Gott.*
>
> (1. Johannes 4:1-6 NASB)
>
> *Doch jeder Geist, der sich nicht zu Jesus bekennt, ist nicht von Gott; Das ist der Geist des Antichristen,* von dem Sie gehört haben, dass er kommt und jetzt bereits in der Welt ist. Du bist von Gott und hast sie überwunden; *denn größer ist der, der in dir ist, als der, der in der Ego-Welt ist.* (Verse 1-2)
>
> Sie stammen aus der *Ego*-Welt; sie sprechen also wie aus der Ich-Welt, und die Ich-Welt hört ihnen zu. Wir sind von Gott; wer Gott kennt, hört uns zu; Wer nicht von Gott ist, hört nicht auf uns. Daran erkennen wir den Geist der Wahrheit und den Geist des Irrtums. (Verse 3-4)
>
> *Wir wollen Gott ehren und diejenigen, die sich zu unseren Feinden machen, stattdessen zu Freunden machen.* (Verse 5-6)

Geschichte 24

BEISPIELE DER LEHREN JESU

Introduction

Der Versuch, auszuwählen, was aufgenommen werden soll (und der Kürze halber, was weggelassen werden soll), ist ein entmutigendes Unterfangen. Der Autor liebt alle vier Evangelien, aber das Johannesevangelium ist sein persönlicher Favorit. Dieser Abschnitt enthält viele Auszüge aus den synoptischen (ähnlichen) Evangelien (Matthäus, Markus und Lukas) sowie eigenständige Geschichten, die nur bei Johannes zu finden sind.

Wir haben verschiedene Aspekte des dreifachen Wirkens Jesu gesehen: Er predigte, lehrte und heilte alle Arten von Krankheiten und erweckte sogar Menschen aus dem Tod. Neben seiner Macht offenbarte sein Dienst sein Mitgefühl für die Menschen, insbesondere für die Armen und Unterdrückten. Lukas offenbart Jesu Respekt und Fürsorge für Frauen. Jesus liebte es, über Gott und seine Wünsche für die Menschheit zu lehren.

Der *Hauptgrund*, warum Jesus auf die Erde kam, war jedoch nicht, um zu lehren, zu predigen und zu heilen. Jesus sagte:

Ich bin gekommen, um das Verlorene zu suchen und zu retten (eine verlorene Menschheit).

(Lukas 19:10 NASB)

1. Die Bergpredigt (Matthäus 5:1–7:29)

Dies war die längste aufgezeichnete Predigt Jesu. *Manche denken, es könnte sich um eine Zusammenstellung mehrerer von Matthäus zusammengestellter Lehren Jesu handeln. Religionen neigen dazu, sehr legalistisch zu werden und den Gehorsam gegenüber Regeln zu erzwingen, aber Gott strebt nach einer spontanen, von Herzen kommenden Liebe und Gehorsam ihm gegenüber.* In dieser Predigt lehrt Jesus den Unterschied zwischen aufrichtigem Gehorsam und Legalismus. *Darüber hinaus beschreibt Jesus das Herz und den neuen Charakter eines wahren Nachfolgers Gottes. Bitte lesen Sie die gesamte Predigt in Ihrer Bibel. Wir werden jedoch nur die Seligpreisungen* (Matthäus 5:1-12) und Jesu erste Lehre zum Gebet (Matthäus 6:5-15) behandeln.

Die Seligpreisungen (Matthäus 5:1-12)

Jesus war bewegt von der großen Menschenmenge, die ihm folgte. *Eines Tages ging er auf die Spitze eines grasbewachsenen Hügels und setzte sich in die Sonne, sodass er die Gesichter der Menschen in der großen Menschenmenge sehen konnte, die sich um ihn herum im Gras niederließ und den Hügel hinunterstieg. Während er darauf wartete, dass sich alle niederließen, unterhielt sich Jesus mit den Sitzenden, besonders mit den Kindern. Dann stand Jesus auf, erhob seine Stimme und begann, die Menge zu lehren.*

Jeder möchte glücklich sein, aber Glück kommt und geht mit jeder sich ändernden Situation. Das „gesegnete Leben“ ist wirklich ein freudiges Leben. Wir könnten sagen, dass ein freudiges Leben der Segen ist, den Gott allen bietet, aber nicht alle nehmen ihn an. Freude ist etwas anderes als glücklich: Freude ist konstant, egal in welcher Situation. Jesus sagte der Menge: „Lass mich euch von einigen freudigen Menschen erzählen."

Die folgenden neun Seligpreisungen stammen von NASB, die Interpretationen stammen vom Autor.

(1) „Selig sind die Armen im Geiste, denn ihnen gehört das Himmelreich" (Matthäus 5:3 NASB)

Menschen, die geistig arm sind, sind fröhliche Menschen. Sie alle kennen einige bescheidene Menschen, die sich selbst wirklich respektieren, ohne stolz oder hochmütig zu sein. Sie sind demütig vor Gott. Sie glauben nicht, dass Gott ihnen etwas schuldet. Sie erkennen, dass sie Gott nicht aus eigener Kraft verherrlichen können; Sie verlassen sich auf Gott und sind Ihm dankbar.

Jesus ist ein Beispiel für Demut, und alle Gläubigen sollten diese Eigenschaft haben. Gott schenkt den Armen im Geiste Freude, und sie können beginnen, die Segnungen des Himmelreichs zu genießen, während sie noch hier auf der Erde sind, während sie auf die Rückkehr des Herrn warten.

(2) „Selig sind die Trauernden, denn sie werden getröstet werden" (Matthäus 5:4 NASB)

Wer trauert, ist ein fröhlicher Mensch. Überrascht Sie das? Jesus meinte nicht die Heulsuse, vor allem nicht jene, die sich darüber beschweren, dass sie immer schlecht zurechtkommen. Er sprach von Menschen, die Menschen lieben und denen das Herz bricht, die Gott nicht kennen und daher keine Beziehung zu ihm haben.

Jesus ist ein Beispiel dafür, wie man um andere trauert. Trauernde beten für andere und Gott erhört ihre selbstlosen Gebete. Gott schenkt denen, die auf diese Weise trauern, Freude, und er tröstet auch diejenigen, die um andere trauern.

(3) „Selig sind die Sanftmütigen/Sanftmütigen, denn sie werden das Land besitzen" (Matthäus 5:5 NASB)

Die Sanftmütigen sind fröhliche Menschen. Jesus sprach nicht von schwachen Menschen, die zulassen, dass andere über sie hinweggehen. Wirklich sanftmütige Menschen sind starke, aber geduldige Menschen. Ein kräftiges Pferd kann von einem Kind kontrolliert werden, wenn wir ihm einen Zaum über den Kopf und ein Gebiss ins Maul legen. Gott kontrolliert die Gläubigen nicht dadurch, dass er uns etwas in den Mund steckt. Er schenkt uns eine Reihe von neun geistlichen Gaben (Galater 5,22-23). Selbstbeherrschung ist eine dieser spirituellen Gaben. Gottes Geist ermöglicht es uns, uns selbst zu beherrschen und ohne ein bisschen sanftmütig zu werden. Jesus ist das beste Beispiel für Sanftmut.

(4) „Selig sind die, die nach Gerechtigkeit hungern und dürsten, denn sie werden gesättigt werden" (Matthäus 5:6 NASB)

Diejenigen, die nach Gerechtigkeit hungern und dürsten, sind freudige Menschen. Der Psalmist schreibt:

> Wie der Hirsch nach Wasser lechzt, so sehnt sich meine Seele nach Dir, o Gott.
>
> (Psalm 42:1 NASB)

> Suchen Sie den Herrn, Ihren Gott, und Sie werden ihn finden, wenn Sie mit ganzem Herzen und ganzer Seele nach ihm suchen.
>
> (Deuteronomium 4:29 NASB)

Gerechtigkeit kommt von Gott, nicht aus uns selbst. Wenn wir Gott suchen und seinem Willen nachgeben, verändert er unser Herz und unseren Verstand dahingehend, dass wir seinen Willen mehr wollen als unseren eigenen Ego-Willen. Jesus verherrlicht sich in und durch uns. Er erfüllt uns mit seiner Gerechtigkeit und Freude durchflutet unsere Seele.

(5) „Selig sind die Barmherzigen, denn sie werden Barmherzigkeit empfangen" (Matthäus 5:7 NASB)

Wer anderen gegenüber barmherzig ist, ist ein fröhlicher Mensch. Barmherzigkeit bedeutet Mitgefühl, das sich in Hilfe für andere verwandelt: Menschen in Not, Opfer und sogar Täter. Gott ist barmherzig; Wenn Er es nicht wäre, würden wir alle in unserer Sünde sterben. Je mehr wir Gott lieben, desto mehr wollen wir wie er sein. Je mehr Gott uns verwandelt, desto größer ist unsere Freude, weil wir seine ständige Barmherzigkeit uns gegenüber erkennen.

(6) „Selig sind die, die reinen Herzens sind, denn sie werden Gott sehen" (Matthäus 5:8 NASB)

Wer ein reines Herz hat, ist ein fröhlicher Mensch. „Reinheit im Herzen" hat zwei Bedeutungen. Es bedeutet, bis in die Tiefe unseres Herzens moralisch rein zu sein (keine Heuchler). Ein reines Herz bedeutet auch Zielstrebigkeit, kein gespaltenes Selbst, immer aufrichtig und niemals betrügerisch. Wer ein reines Herz hat, ist ehrlich zu Gott, ehrlich zu sich selbst und ehrlich zu anderen Menschen. Wer ein reines

Herz hat, erkennt, dass Gott täglich am Werk ist, und wird in Ewigkeit bei Ihm sein.

> *(7) „Selig sind die Friedenstifter, denn sie werden Kinder Gottes genannt" (Matthäus 5:9 NASB)*

Friedensstifter sind fröhliche Menschen. Die Abwesenheit von Krieg bringt nicht unbedingt Frieden. Anstelle von Frieden neigen viele Menschen dazu, von Ängsten, Wut, Konflikten, Befürchtungen, Unsicherheiten usw. erfüllt zu sein. Wahrer Frieden ist keine Situation; Wahrer Frieden ist eine Person, und der Herr, Gott, ist sein Name.

Frieden ist ein Teil des Charakters Gottes und daher ein latentes Merkmal aller wiedergeborenen Gläubigen. Der Friede liegt auch in der Frucht des Geistes, die allen Gläubigen geschenkt wird (Galater 5,22-23), auch bekannt als die Kinder Gottes. Wir Gläubige werden nur dann als solche anerkannt, wenn wir die Frucht des Geistes zeigen: Liebe, Freude, Frieden, Geduld, Freundlichkeit, Güte, Treue, Sanftmut und Selbstbeherrschung. Als Menschen des Friedens bringen Gläubige den Frieden zu denen, die ihn brauchen, durch Jesus, den Fürsten des Friedens.

> *(8) „Selig sind diejenigen, die um der Gerechtigkeit willen verfolgt werden, denn ihnen gehört das Himmelreich" (Matthäus 5:10 NASB)*

Diejenigen, die für Christus verfolgt werden, sind freudige Menschen. Das klingt falsch, aber nachdem er geschlagen und gekreuzigt wurde, vergab Jesus vor seinem Tod denen, die ihn geschlagen und getötet hatten (Lukas 23:34). Es wurde geschrieben,

> Für die vor ihm liegende Freude ertrug Jesus das Kreuz, verachtete die Schande und setzte sich zur Rechten des Thrones Gottes.
>
> (Hebräer 12:2 NASB)

Stephanus, der erste christliche Märtyrer, vergab wie Jesus seinen Mördern, obwohl sie ihn zu Tode steinigten, weil er Zeugnis über Jesus abgelegt hatte (Apostelgeschichte 7:59-60).

Es gibt viele andere. Das sagte Petrus, der selbst verfolgt wurde:

> Darüber seid ihr [Plural] sehr froh, auch wenn ihr, wenn nötig, eine kurze Zeit lang durch verschiedene Prüfungen gequält wurdet, dass der Beweis eures Glaubens, auch wenn er im Feuer geprüft wird, in Lobpreis, Herrlichkeit und Ehre bei der Offenbarung Jesu Christi resultieren möge.
>
> (1. Petrus 1:6-7 NASB)

> Jesus sagte: „Ein Sklave ist nicht größer als sein Herr. Wenn sie mich verfolgt haben, werden sie auch dich verfolgen."
>
> (Johannes 15:20 und Matthäus 10:24-25 NASB)

(9) „Gesegnet seist du, wenn die Leute dich beleidigen und verfolgen und wegen mir fälschlicherweise allerlei Böses gegen dich sagen" (Matthäus 11 NASB)

„Freut euch und seid froh – es erhält den Sinn des Lebens auf Erden und bringt große Belohnung im Himmel; denn auf die gleiche Weise verfolgten sie die Propheten vor euch." *Diese letzte Seligpreisung ist wie die darüber liegende. Jesus scheint Verfolgungen im*

Neuen Testament mit Verfolgungen im Alten Testament in Verbindung zu bringen; Vielleicht möchte er uns wissen lassen, dass Verfolgung in Gottes ewigem Plan für die meisten Gläubigen eine wichtige Rolle spielt.

(10) Gebet und das Mustergebet (oft auch Vaterunser genannt)

> Jesus sagte: „Üben Sie Ihre Gerechtigkeit [d. h. den Armen helfen usw.] nicht vor den Augen der Menschen aus, damit sie von ihnen wahrgenommen werden. *Das wird Ihnen keine Pluspunkte bei unserem himmlischen Vater einbringen.* Tun Sie Ihre guten Taten im Verborgenen, Gott wird trotzdem sehen, was Sie tun, und Sie belohnen."
>
> (Matthäus 6:1-4, Neufassung des Autors)
>
> Wenn Sie beten, gehen Sie in Ihr Privatzimmer, schließen Sie die Tür, sprechen Sie mit Ihrem himmlischen Vater und *hören Sie zu, was er Ihnen sagen möchte.* Reden Sie beim Beten nicht mit nutzlosen Worten und Wiederholungen herum wie Ungläubige. Sprich direkt, der himmlische Vater weiß bereits, was du brauchst."
>
> (Matthäus 6:5-8, Neufassung des Autors)
>
> So betet man zum Beispiel (statt was man betet):
>
> Himmlischer Vater,
>
> *Möge Dein Name in unserem Herzen, auf unseren Lippen und in unserem täglichen Leben immer geehrt und heilig sein.* Mögen Ihr Königreich *und*

> *Ihr souveräner Plan* auf Erden verwirklicht werden, besonders unter Ihrem Volk, so wie es im Himmel ist. Helfen Sie uns zu *lernen, in allem, was wir brauchen, von Ihnen abhängig zu werden, einschließlich unserer einfachen täglichen Bedürfnisse, unabhängig von unserem Status oder Einkommen.* Bitte versorgen Sie unseren täglichen Bedarf an Nahrung und Gesundheit für unseren Körper, Geist und unsere Seele. Bitte verzeihen Sie unsere Fehler und Sünden anderen gegenüber, so wie Sie uns dazu bringen, die Fehler und Sünden anderer uns gegenüber zu vergeben. *Führe uns auch weit weg von der Versuchung zur Sünde und befreie uns von den verlockenden Fallen Satans.*

Hinweis: Gott prüft uns, um uns stark zu machen und uns zum Erfolg zu verhelfen. Er verführt uns nie zur Sünde oder zum Scheitern. Satan versucht uns, uns zu schwächen, damit wir sündigen und scheitern. Das wahre *„Vaterunser"* ist Johannes 17:

> Denn dein ist das Königreich und die Macht und die Herrlichkeit für immer. Amen
>
> (möge es so sein, Herr).

Dieser Satz ist in frühen Manuskripten nicht zu finden, daher stammt er vielleicht nicht von Jesus (?), aber er ist gut und nicht falsch. (Matthäus 6:9-13, Neufassung des Autors). Matthäus platziert nach dem „Mustergebet" eine weitere Lehre Jesu:

> Wenn Sie die Fehler und Sünden anderer vergeben, wird Ihr himmlischer Vater Ihnen auch vergeben.

> Aber wenn Sie anderen nicht vergeben, wird Ihr himmlischer Vater Ihnen nicht vergeben.
>
> (Matthäus 6:14-15, Neufassung des Autors)

2. Jesus wurde in seiner Heimatstadt abgelehnt (Lukas 4:16–31)

Irgendwann nach seiner Taufe und Versuchung, aber möglicherweise bevor er alle seine Jünger auswählte, kehrte Jesus nach Nazareth, seiner Heimatstadt, zurück. Er besuchte den Gottesdienst in einer Synagoge, wie es seine Gewohnheit war (jüdische Frömmigkeit/Ehrfurcht). *Aus Kapernaum kam die Nachricht von Jesus.* Deshalb rief der Synagogenvorsteher Jesus nach vorne und überreichte ihm die Schriftrolle mit der handgeschriebenen Prophezeiung Jesajas.

Wir wissen nicht, ob Jesus gesagt wurde, was er lesen sollte, oder ob er die Lesung selbst ausgewählt hat. Jesus begann, die Schriftrolle auszurollen *(damals gab es noch keine gebundenen Bücher).* Es dauerte vierzehn Jahrhunderte vor der Erfindung des Buchdrucks und fünfzehn Jahrhunderte vor der Unterteilung der Heiligen Schrift in Kapitel und Verse.

Als Jesus die gewünschte Lesung gefunden hatte, stand er auf und begann zu lesen:

> Der Geist des Herrn [Jahwe] ruht auf mir, weil er mich gesalbt hat, den Armen das Evangelium [die frohe Botschaft] zu predigen. Er hat mich gesandt, um die Freilassung der Gefangenen und die Wiederherstellung des Augenlichts für die Blinden zu verkünden, um die Unterdrückten freizulassen und um das günstige Jahr des Herrn zu verkünden.
>
> (Lukas 4:18-19 NASB, aus Jesaja 61:1-2)

Jesaja hatte diese ermutigenden Worte an die Israeliten geschrieben, die sechshundert Jahre vor Jesu Geburt von den Babyloniern in die Gefangenschaft gebracht wurden. Diese Verse hatten messianische Implikationen. Nachdem er es gelesen hatte, rollte Jesus die Schriftrolle zusammen, gab sie dem Leiter zurück, der sie zurück in den Vorratsschrank legte, und Jesus setzte sich. Wenn jemand gebeten wurde, aus der Heiligen Schrift vorzulesen, wurde er gebeten, auch interpretierende Worte zu sagen. Die Redner der Synagoge standen auf, um aus der Heiligen Schrift zu lesen, und setzten sich, um zu lehren.

Alle Augen waren auf Jesus gerichtet, als er zu sprechen begann: „Heute hat sich diese Schriftstelle vor euren Ohren erfüllt."

Während Jesus sprach, staunten die Menschen und flüsterten untereinander: „Ist das nicht Josephs Sohn? Wo hat er gelernt, so zu lehren?"

Jesus wurde gesalbt, um Israel und den Nationen die „gute Botschaft" zu verkünden. Mit den Nationen waren die Heiden gemeint, die nicht-hebräischen Nationen. Gott hatte Israel ausgewählt, um die Nationen mit Gott bekannt zu machen, aber die Israeliten neigten dazu, sich nur als Gottes Lieblinge, als Gottes Nation zu sehen (vielleicht wie die heutigen Amerikaner). Einige gottesfürchtige Nichtjuden durften im Tempel beten, wurden jedoch von den hebräischen Gläubigen getrennt. Die Hebräer unternahmen kaum Anstrengungen, den Heiden Zeugnis zu geben und sie zu Gott zu bringen (auch das klingt nach uns heute). Gott liebt alle Nationen, nicht nur Israel (nicht nur Amerika).

Jesus nannte zwei Beispiele, die Gottes Fürsorge für die Heiden zeigen:

„In den Tagen Elias gab es viele Witwen in Israel, aber Gott benutzte keine von ihnen, um Elia vor dem bösen König Ahab zu verbergen. Stattdessen sandte Gott Elia zu einer Witwe in Zarephath in Sidon, Phönizien, um ihn zu beschützen. Gott segnete diese Witwe auch

durch Elias" (1. Könige 17:9-24) *und „In den Tagen Elisa gab es viele Aussätzige in Israel, aber Gott heilte sie nicht." Stattdessen heilte Gott Naaman, den Syrer, durch Elisa*" (2. Könige 5,1-14). *Wir haben diese beiden Geschichten in Geschichte 16 studiert, die Propheten.*

Obwohl diese Beispiele aus der Heiligen Schrift stammten, waren die Menschen in der Synagoge voller Wut, als sie von Gottes Sorge um die Nichtjuden (Nichtjuden) hörten. Sie standen auf und zwangen Jesus, die Stadt zu verlassen. Sie packten ihn an den Armen und führten ihn zum Hügel der Stadt. Ihre Absicht war es, ihn über die Klippe zu stoßen, um ihn zu töten, aber Jesus befreite seine Arme, starrte sie an, ging durch die Menge und ging seines Weges. (Lukas 4:28-30)

Mini-Epilog

Matthäus 13:54-58 und Markus 6:1-6 berichten ebenfalls über einen Besuch Jesu in Nazareth. Viele Interpreten betrachten diese beiden Geschichten als einen zweiten Besuch in Nazareth. Der Autor denkt, weiß aber nicht, dass es nur einen Besuch in Nazareth gab, nicht zwei, und entschied sich für die Verwendung der Lukasversion, weil sie sich mit Gottes Absicht für die Heidenvölker befasst. Das Buch der Psalmen offenbart mehr über Gottes Sorge um die Nationen (die nichtjüdischen Nationen) als jedes andere Buch in der Bibel (d. h. Psalm 18:49; 46:10; 57:9; 67:1–7; 72:11 und 17; 86:9; 96:3; 102:15; und 117:1–2).

3. Der reiche junge Herrscher (Matthäus 19:16-26)

that he did not have eternal life. *Instead, Jesus put His finger on the young man's problem.*

Ein junger Mann kam zu Jesus und fragte: „Lehrer, was muss ich Gutes tun, um ewiges Leben zu erlangen?"

Jesus antwortete mit einer Frage: „Warum fragst du mich, was gut ist? *Nur Gott* ist gut. Wenn du ewiges Leben haben willst, halte die Gebote."

„Welche Gebote?" fragte er.

So nannte Jesus einige: „Mordet nicht, begeht keinen Ehebruch, stiehlt nicht, legt kein falsches Zeugnis ab, ehrt euren Vater und eure Mutter und liebt euren Nächsten wie euch selbst."

Der junge Mann antwortete: *„Das habe ich alles behalten. Was fehlt mir noch?"*

Jesus stellte seinen stolzen Anspruch, alle diese Gebote perfekt gehalten zu haben, nicht in Frage, weil der Mann zugab, dass er kein ewiges Leben hatte. *Stattdessen legte Jesus seinen Finger auf das Problem des jungen Mannes.*

> *Wenn Sie vollständig sein wollen, verkaufen Sie Ihren gesamten Besitz und verschenken Sie Ihr Geld an die Armen. Das wird deinen Schatz in den Himmel bringen, statt auf die Erde* [wo auch immer dein Schatz ist, wird auch dein Herz sein].
>
> (Matthäus 6:21 NASB, Neufassung des Autors)

„Nachdem du dein Geld den Armen gegeben hast, *wirst du nicht länger durch Reichtümer belastet sein,* dann kannst du kommen und mir folgen."

Als der junge Mann das hörte, ging er traurig weg und verlor dennoch, weil er viel Besitz hatte. Reichtum beherrschte sein Herz, und Gott gibt sich nie mit dem zweiten Platz gegenüber irgendjemandem oder irgendetwas zufrieden. Erinnern Sie sich an die Geschichte Abrahams – manchmal stellte er Gott an die erste Stelle; zu anderen Zeiten stellte Abraham seinen eigenen Willen an die erste Stelle. Gott brachte Abraham in eine „Halten oder Schweigen"-Lage, als er Abraham sagte, er solle ihm seinen Sohn Isaak opfern. Abraham gehorchte Gott und wollte Isaak gerade einen Dolch ins Herz stoßen, als Gott ihn aufhielt.

> Gott sagte zu Abraham: „Jetzt weißt du, was ich bereits wusste. Ich bin dir wichtiger als alles und jeder, sogar dein Sohn Isaak."

Jesus erklärte seinen Jüngern das Problem des Reichtums: „Für einen reichen Mann ist es schwer, in den Himmel zu kommen. Tatsächlich ist es für ein Kamel einfacher, durch ein Nadelöhr zu gehen, als für einen reichen Mann, in den Himmel zu kommen."

Als die Jünger das hörten, waren sie erstaunt und fragten Jesus: „Wer kann dann gerettet werden?"

Jesus antwortete: „Bei Menschen ist das unmöglich, aber bei Gott ist alles möglich."

So wie seine Jünger (wie die meisten anderen) fälschlicherweise angenommen hatten, dass der Blindgeborene wegen der Sünde blind sei, so glaubten sie fälschlicherweise, dass reiche Menschen reich seien, weil Gott sie dafür belohnte, dass sie gut waren.

4. Jesus und Nikodemus (Johannes 3:1-21)

Eines Nachts kam ein jüdischer Pharisäer namens Nikodemus, ein Mitglied des mächtigen jüdischen Sanhedrin, um mit Jesus zu sprechen. Nikodemus war kein typischer Pharisäer, denn er begegnete Jesus mit Respekt und nannte ihn „Rabbi" (Lehrer). Er erkannte auch, dass Jesus von Gott kam. Nikodemus stützte seine Annahmen über Jesus auf die „Zeichen" (Wunder), die er tat.

Jesus fragte Nikodemus nicht, warum er gekommen sei, sondern brachte es mit einer kühnen Aussage aus heiterem Himmel auf den Punkt. „Nikodemus, du musst eine grundlegende Wahrheit verstehen. Du musst wiedergeboren werden, sonst wirst du das Reich Gottes nie sehen."

Nikodemus war über diese unverblümte Aussage erschrocken. Es dauerte eine Weile, bis er seine Gedanken sammelte, bevor er antwortete. „Sir, ich verstehe nicht. Wie kann jemand, geschweige denn ein erwachsener Mann wie ich, wiedergeboren werden?" Er würde sicherlich nicht in den Schoß seiner Mutter zurückkehren, um wiedergeboren zu werden. *Was fehlt mir?*

Jesus antwortete: „Wenn ein Mensch nicht aus Wasser (natürliche Geburt) und dem Geist (neue geistliche Geburt) geboren wird, kann er nicht in das Reich Gottes eintreten."

Nikodemus war verblüfft, aber Jesus fuhr fort: „Was aus Fleisch geboren wird, ist *Fleisch (egogesteuerter Sünder, natürlicher Mensch)*, und was aus dem Geist geboren wird, ist Geist (vergebenes, neues spirituelles Leben, angetrieben vom Heiligen Geist). Seien Sie nicht erstaunt über das, was ich gesagt habe. Sie müssen wiedergeboren werden *(eine neue spirituelle Schöpfung von Gott)*."

„Wie können diese Dinge sein?" fragte er.

Jesus antwortete: „Du bist ein religiöser Lehrer Israels, verstehst aber diese grundlegenden Dinge nicht? Ich bezeuge die Dinge, die ich (von Gott) gesehen und gehört habe, aber du glaubst mir nicht. Wenn ich dir irdische Dinge erzähle und du nicht glaubst, wie wirst du dann glauben, wenn ich dir himmlische Dinge erzähle? Niemand ist in den Himmel aufgestiegen außer dem Menschensohn, der vom Himmel herabgestiegen ist."

„Nikodemus, erinnerst du dich, warum Mose die Bronzeschlange auf einem Holzstab hochhob (4. Mose 21:1-9)? Sein Volk wurde von Giftschlangen gebissen und starb. Gott sagte ihnen, sie sollten *im Gehorsam gegenüber Ihm auf diese Bronzeschlange schauen, und sie würden nicht sterben. Das war die einzige Möglichkeit, die Gott für sie vorgesehen hatte, um dem Tod zu entgehen, nachdem sie von diesen Giftschlangen gebissen worden waren.*"

Mit diesem biblischen Bild im Kopf von Nikodemus sagte Jesus: *„Auf die gleiche Weise muss der Menschensohn (das ewige Wort Gottes, der auch Mensch wurde, Jesus selbst) auf einem Holzkreuz erhöht werden (sein Tod, um unsere Sünden zu sühnen), damit jeder, der an ihn glaubt (ihn als Herrn empfängt und ihm gehorcht), ewiges Leben hat. Das ist die einzige Möglichkeit, die Gott für die Menschheit vorgesehen hat, um den ewigen Tod zu vermeiden und stattdessen ewiges Leben (das göttliche Leben) bei sich zu haben.* Daher sandte Gott seinen Sohn nicht in die Welt, um die Welt zu verurteilen, sondern damit die Welt (die sündige Menschheit) durch ihn gerettet werden könne. "

Jesus stellte klar: „Es geht fast über das menschliche Verständnis hinaus, aber Gott liebt die sündige Menschheit so sehr, dass er seinen eingeborenen Sohn gab, damit jedem, der an ihn (Gottes Retter für uns) glaubt, seine Sünden vergeben werden und ewiges Leben, das Leben nach Gottes Art, statt des ewigen Todes geschenkt wird" (Johannes 3,16 King James Version).

Jesus fuhr fort: *„Alle Menschen sind Sünder* und wurden bereits von Gott gerichtet, aber Gott ist barmherzig. Wenn wir seine Güte und Herrschaft anerkennen und ihm gehorchen und ihn bitten, uns zu vergeben und zu erneuern, wird er es tun. Dies ist das Gericht: Das Licht (ewige Wahrheit) ist in die Welt gekommen, aber die Menschen lieben die Dunkelheit (Gegenwahrheit) mehr als das Licht, weil ihre Taten böse sind" (Johannes 3,1-21, Neufassung des Autors).

Nikodemus ging, ohne sein Leben Jesus anzuvertrauen, wollte aber mehr über ihn wissen. Später vertraute Nikodemus tatsächlich an Jesus. Er half auch dabei, den Leichnam Jesu für die Beerdigung nach der Kreuzigung vorzubereiten, und er half auch bei seiner Beerdigung (Johannes 19:39-41, Neufassung des Autors).

5. Die Frau am Jakobsbrunnen (Johannes 4:3-42)

Jesus verließ die Provinz Juda und kehrte in die Provinz Galiläa zurück. Der normale Weg für Juden bestand darin, auf die Ostseite des Jordan zu überqueren, um die Durchquerung der Provinz Samaria zu vermeiden. (*Eine Provinz ist normalerweise mit einem Landkreis in den USA zu vergleichen, aber an manchen Orten auch mit einem kleinen Staat.) Da Jesus den Samaritern* gegenüber keine Vorurteile hatte, zogen er und seine Jünger durch Samaria. Sie kamen kurz vor Mittag außerhalb der Stadt Sychar an und machten Halt an einem alten Brunnen, den Jakob fast zweitausend Jahre zuvor gegraben hatte. Jesus schickte seine Jünger in die Stadt, um Lebensmittel für das Mittagessen zu kaufen, während er sich zum Ausruhen hinsetzte.

Eine Samariterin kam zum Brunnen, um Wasser zu schöpfen. Jesus wusste sofort, dass die Frau eine Ausgestoßene unter den Frauen war. Frauen gingen frühmorgens zu Brunnen, um Kleidung zu waschen, ein Bad zu nehmen und Wasser zum Trinken und Kochen nach Hause zu tragen. *Sie oder ihre Tochter kehrten am späten Nachmittag zurück, um mehr Wasser zu holen, aber die Mittagszeit war zu heiß für einen langen Spaziergang, um Wasser zu holen und nach Hause zu tragen.*

Normalerweise würde ein fremder Mann nicht mit einer Frau reden und umgekehrt, aber Jesus war durstig und sagte: „Bitte gib mir einen Schluck Wasser."

Die Frau hatte einen Chip auf ihrer Schulter und antwortete: „Du bist eine Jüdin, und ich bin eine Samariterin. Wie kannst du mich um einen Schluck Wasser bitten?" *Intoleranz ist nicht auf eine bestimmte ethnische Zugehörigkeit beschränkt.*

Jesus antwortete: „Wenn du die Gabe Gottes wüsstest und wüsstest, wer um etwas zu trinken bittet, würdest du ihn bitten, und er würde dir lebendiges Wasser geben."

Die Frau sagte: „Du hast mich um etwas zu trinken gebeten, weil du keine Möglichkeit hast, Wasser zu schöpfen. Du hast kein Seil und keinen Eimer. Woher sollst du also *dieses sogenannte* lebendige Wasser bekommen, das du erwähnt hast? Unser Vorfahre Jakob hat uns diesen Brunnen gegeben. Behauptest du, größer zu sein als er?"

Jesus antwortete: „Ist dir aufgefallen, dass du wieder durstig wirst, nachdem du aus diesem Brunnen getrunken hast? Wer aber von dem Wasser trinkt, das ich gebe, *wird nie wieder Durst haben.*

„Gib mir dieses Wasser", sagte sie. Dann werde ich nicht durstig sein und nicht hierher kommen müssen, um Wasser zu holen" (Johannes 4:13-16 NASB).

Jesus sagte: „Ich habe um einen Schluck Wasser gebeten, *aber dies ist zu einem Gespräch zwischen uns geworden, und das ist nicht angemessen.* Geh nach Hause und hol deinen Mann und bring ihn mit. Dann können wir dieses Gespräch fortsetzen."

Sie antwortete: „Ich habe keinen Ehemann."

„Ich weiß, dass du das nicht tust", sagte Jesus. „Sie hatten fünf Ehemänner und sind nicht mit dem Mann verheiratet, mit dem Sie jetzt zusammenleben."

Die Frau saß auf dem heißen Stuhl und wollte das Gespräch von ihr ablenken, *also stellte sie eine religiöse Frage:* „Ich sehe, dass Sie ein Prophet sind, den unsere Vorfahren auf diesem Berg (Berg Gerizim) verehrt haben, aber Sie Juden sagen, dass Jerusalem der wahre Ort der Anbetung ist. Wer hat Recht?"

> Jesus antwortete: „*Der Ort der Anbetung ist nicht wichtig. Wichtig ist, wie wir anbeten.* Wahre Anbeter beten den himmlischen Vater im Geiste und in der Wahrheit an. Das ist es, was Gott von uns verlangt. Er ist ein spirituelles Wesen, und seine Anbeter müssen ihn im Geiste und in der Wahrheit anbeten. *Unser Geist verehrt seinen Geist mit Integrität. Andernfalls machen die Menschen einfach nur so, als würden sie anbeten.*"
>
> (Johannes 4:21-24, Neufassung des Autors)

Plötzlich machte es Klick und die Frau sagte: „*Ich weiß, dass der Erlöser kommt* (der Christus genannt wird). *Wenn Er kommt, wird Er uns alles sagen.*"

Jesus antwortete *höflich, einfach und prägnant: „Ich bin er."*

Zu dieser Zeit kehrten die Jünger Jesu mit dem Mittagessen zurück. Die Frau überließ ihnen ihren Wassereimer, während sie nach Sychar zurückkehrte, um ihren Nachbarn zu sagen: „Kommen Sie und treffen Sie einen Mann, der alles über mich weiß, *das Gute und das Böse.* Könnte er der Christus sein, auf den wir warten?"

Zurück am Brunnen stellten die Jünger überrascht fest, dass Jesus mit einer fremden Frau sprach, aber nichts fragte. Nachdem sie gegangen war, drängten sie Jesus, etwas zu essen, aber er sagte: „Ich habe etwas zu essen, von dem ihr nichts wisst. Meine Nahrung besteht darin, den Willen dessen zu tun, der mich gesandt hat, und sein Werk zu vollenden."

Einige Leser werden verstehen, warum Jesus keinen Hunger mehr hatte.

Jesus sagte: „Du sagst, die *Weizenernte* ist noch in vier Monaten. Ich sage: Öffne deine Augen! Die Felder sind jetzt bereit zur Ernte, *die Menschen sind jetzt bereit zu glauben.*" (Johannes 4:35, Neufassung des Autors)

Unterdessen glaubten in Sychar viele an Jesus aufgrund des verblüffenden Zeugnisses der Frau. Die Einwohner von Sichar luden Jesus ein, einige Tage zu bleiben. Er blieb zwei Tage bei ihnen, und viele weitere glaubten und sagten: „Wir haben ihn gesehen und gehört, und jetzt wissen wir, dass er der Christus ist."

Wenn Menschen mit offenem Geist und offenem Herzen auf Jesus zugehen, glauben sie; aber wenn sie mit verschlossenem Geist und verschlossenem Herzen kommen, werden sie Ihn nicht annehmen.

6. Die ehebrecherische Frau (Johannes 8:1-11)

Jesus verbrachte die Nacht beim Zelten am Ölberg mit Blick auf den Tempel in Jerusalem. Am frühen Morgen kehrte er in den Tempel zurück und Gruppen von Menschen kamen, um ihm beim Unterrichten zuzuhören. Einige Schriftgelehrte und Pharisäer unterbrachen seine Lehre.

Sie hatten eine Frau im Schlepptau und *stießen sie grob zwischen* Jesus und den Menschen, die er lehrte, zu Boden. *Der Autor geht davon aus, dass diejenigen, die Jesus zugehört hatten, sich zerstreuten, als die Schriftgelehrten und Pharisäer mit der Frau kamen.*

„Lehrer", sagten sie laut. „ *Wir haben diese Frau beim Ehebruch erwischt.* Das Gesetz befiehlt uns, solche Frauen zu steinigen. *Was sagen Sie?*" Sie stellten ihn auf die Probe, um einen Grund zu haben, ihn anzuklagen. Jesus *ignorierte sie*, bückte sich und begann mit Seinem Finger in den Sand zu schreiben.

Sie fragten ihn weiterhin, und so stand Jesus auf und sagte: „*Wer von euch hat keine Sünde?* Dieser Mann kann der Erste sein, der einen Stein auf sie wirft."

Er bückte sich wieder und schrieb weiter in den Sand. Als die Schriftgelehrten und Pharisäer hörten, was Jesus sagte, *wurden sie verurteilt* und begannen langsam zu gehen, beginnend mit ihren älteren Führern.

Bald blieb Jesus mit der Frau allein, die immer noch in der Mitte des Gerichtssaals saß. Jesus trat näher und fragte leise: „Frau, wo sind deine Ankläger? Hat dich niemand verurteilt?"

Sie antwortete: „Niemand, Herr."

Jesus antwortete: *„Ich auch nicht. Du kannst gehen, aber von jetzt an sündige nicht mehr (reue/gehorche)."*

Mini-Epilog

Jesus sagte der Frau, dass er sie auch nicht verurteilen würde. *Das bedeutete nicht, dass er Ehebruch gutheißen würde. Sicher nicht, aber Jesus sagte einmal: „Gott sandte seinen Sohn in die Welt, damit die Menschen der Welt gerettet würden" (Johannes 3,17). Das Gericht wird später kommen (siehe Matthäus 25:31-46).*

Die religiösen Führer hatten die Frau als Schachfigur benutzt, um Jesus auszutricksen. Sie hatten gehofft, eine Anklage gegen ihn zu erheben, aber *stattdessen überlistete er sie.* Die meisten Menschen verstehen, dass zum Tango zwei Personen gehören. Da die Frau beim Ehebruch ertappt wurde, wo war der Mann, der ebenfalls beteiligt war? Es war eine Intrige auf Kosten der Frau. Noch heute gibt es ein böses Sprichwort: „Der Zweck heiligt die Mittel." Dennoch ist alles, was weniger als die Wahrheit ist, Sünde.

7. Familie, die erste von Gott gegründete Institution (Genesis 2)

Gott erschuf Adam und Eva *(männlich und weiblich)*, die ersten beiden Menschen auf der Erde, und führte sie in der Ehe zusammen.

Sie wurden eine Familie, und Gott sagte, das sei gut. Gott forderte sie auf, Kinder zu bekommen, und die Familie vergrößerte sich. Familien werden noch größer, wenn Enkelkinder dazukommen (Genesis Kapitel 1-4).

Die Familie ist die wichtigste Einheit auf der Erde. *So wie Familien, so gehen auch Nationen und Kirchen. Wir leben in einer gefährlichen Zeit für Familien in unserem Land. Die Zeit mit der Familie schwindet seit vielen Jahren. Väter arbeiten länger und die persönlichen Vorlieben der Väter rauben der Familie noch mehr Stunden. Viele Mütter arbeiten außer Haus und kehren erschöpft nach Hause zurück, kochen, putzen usw.*

Familien, die zusammensitzen und gemeinsam essen, werden immer seltener. Daher sind lebenswichtige Familiengespräche am Tisch, wenn überhaupt, selten geworden. Regelmäßige Tischgespräche fördern eine gute Gemeinschaft zwischen Eltern und ihren Kindern und Jugendlichen. Familiengespräche führen zu intimeren Zeiten des Mentorings, gemeinsamen Spielens usw.

Vor und während des Zweiten Weltkriegs trieb die NS-Regierung einen Keil zwischen Jugendliche und ihre Eltern, um Familien zu zerstören. Sie haben die deutsche Jugend für den Nazi-Sozialismus gewonnen und so den Einfluss konservativerer Eltern an den Rand gedrängt. Wir sehen heute ähnliche Bemühungen in Amerika.

Natürlich gibt es noch viele andere Gründe für den Zusammenbruch einer Familie: Egoismus, mangelnde Selbstbeherrschung, Alkohol, Drogen, Promiskuität, Glücksspiel, ständige Wochenendausflüge, die das Interesse der Familie an Gott und der Kirche langsam zerstören und uns gleichzeitig zu unseren eigenen Ego-Wünschen hinziehen.

Der Apostel Paulus sprach in Epheser 5:20-6:4 über gute Familienbeziehungen. Danke für Gottes Segen im Namen unseres Herrn Jesus Christus. *Dankbarkeit ist wie ein Dünger für den Aufbau einer guten Familie und schafft eine Haltung der Wertschätzung gegenüber anderen.* Es erinnert uns auch daran, dass Gott der Hauptversorger und der Hauptaktivator ist. Kinder müssen von ihren Eltern ehrliche Dankbarkeit lernen.

Paulus fährt fort: *„Wir alle müssen uns einander in der Furcht/Ehrfurcht vor Gott unterwerfen" (Epheser 5,21 King James Version). Untereinander unterworfen zu sein ist der Schlüssel dazu, eine gute Familie und auch ein guter Mensch zu werden. Die gegenseitige Unterwerfung (die für alle Erwachsenen – Männer und Frauen – sowie für Kinder gegenseitig gilt) nimmt den nächsten an Frauen gerichteten Worten des Paulus den Reiz.*

> Frauen unterordnen sich Ihrem Mann wie dem Herrn.
>
> (Epheser 5:22 King James Version)

Paulus schlägt keine Sklaverei vor. Er spricht zuerst die Ehefrauen an, wie Gott es in Genesis 3:16 tat (schauen Sie nach). Nachdem die Sünde ein Teil der Menschheit geworden war, machte Gott den Ehemann zum Oberhaupt des Haushalts, so wie Jesus auch das Oberhaupt der Kirche ist. Das ist Teil von Gottes Plan für Frauen, *auch wenn Frauen oft klüger und weiser sind und ihren Mann oft übertreffen können.*

Dann spricht Paulus Ehemänner an, wie Gott es in Genesis 3:17-19 getan hat (schauen Sie nach; es sind drei Verse statt nur einem). Die Unterwerfung des Mannes unter seine Frau:

> Ehemänner, *liebt eure Frau,* so wie Christus die Kirche geliebt und sich selbst für die Kirche hingegeben hat.
>
> (Epheser 5:25 King James Version)

Thus, the wife submits to her husband, and the husband puts his wife before himself. *A husband should love his wife as he loves his own body. "He who loves his wife loves himself."*

Christ and His Church are a great mystery as is a godly marriage where both husband and wife submit themselves to one another under God's will and leadership. God's plan goes against our ego-wants. God's plan produces a spiritual marriage that blesses the whole family and glorifies God—a marriage that grows in grace, joy, and unity instead of discord, selfishness, and brokenness. *Nevertheless, each husband is to love his wife even as himself, and the wife must see to it that she respects her husband*" (Ephesians 5:32-33 NASB). Wives are not commanded to "love" their husband but to *"respect"* his position. *Another mystery: Men, we are to win our wife's love and respect through our own self-giving love for her. If a wife does not respect or follow her husband's leading, it may be the husband's fault. Men, let us reread the husband's duty toward his wife:*

Somit unterwirft sich die Frau ihrem Mann, und der Mann stellt seine Frau über sich selbst. *Ein Ehemann sollte seine Frau lieben, so wie er seinen eigenen Körper liebt. „Wer seine Frau liebt, liebt sich selbst."*

Christus und seine Kirche sind ein großes Geheimnis, ebenso wie eine göttliche Ehe, in der sich Mann und Frau einander unter Gottes Willen und Führung unterordnen. Gottes Plan widerspricht unseren Ego-Wünschen. Gottes Plan bringt eine geistliche Ehe hervor, die der ganzen Familie ein Segen ist und Gott verherrlicht – eine Ehe, die in Gnade, Freude und Einheit wächst, statt in Zwietracht, Selbstsucht und Zerbrochenheit. *Dennoch soll jeder Mann seine Frau lieben wie sich selbst, und die Frau muss dafür sorgen, dass sie ihren Mann respektiert*" (Epheser 5:32-33 NASB). Frauen wird nicht geboten, ihren Mann zu „lieben", sondern seine Stellung zu *„respektieren"*. *Ein weiteres Geheimnis: Männer, wir müssen die Liebe und den Respekt* *unserer Frau durch unsere eigene selbstlose Liebe zu ihr gewinnen. Wenn eine Frau die Führung ihres Mannes nicht respektiert oder ihm nicht folgt, kann es die Schuld des Mannes sein. Männer, Lesen wir noch einmal die Pflicht des Mannes gegenüber seiner Frau:*

> Ein Ehemann sollte sich seiner Frau unterordnen, so wie seine Frau sich ihrem Ehemann unterordnen sollte („in der Furcht vor Christus einander untertan sein").
>
> (Epheser 5:21)

> Ein Ehemann sollte seine Frau lieben, wie Christus die Kirche liebt und sich selbst für sie hingegeben hat.
>
> (Epheser 5:2)

> und

> Liebe seine Frau, wie er sich selbst liebt.
>
> (Epheser 5:33)

> Paulus wandte sich auch an Kinder und ihre Eltern:

> *Kinder [und Jugendliche] gehorchen euren Eltern im Herrn, denn das ist richtig.* Ehre [respektiere] deinen Vater und deine Mutter [das Gebot mit einem Versprechen; damit deine Tage in dem Land, das der Herr dir gibt, verlängert werden.
>
> (Exodus 20:12 und Deuteronomium 5:12 NASB)

> Väter provozieren Ihre Kinder nicht zum Zorn, sondern erziehen sie in der Disziplin und Unterweisung des Herrn.
>
> (Epheser 6:4 NASB)

„Männer, lasst eure Kinder in der Disziplin und Unterweisung des Herrn erziehen, ohne sie zum Zorn zu erregen." *Das ist eine große Herausforderung. „Das Geheimnis dieser Herausforderung besteht darin, dass wir Väter zulassen müssen, dass Gott uns dabei reifen lässt. Wir sollen nicht der Chef unseres Kindes werden, sondern seine liebevollen Eltern, sein Vorbild und sein Beschützer, der es beschützt. Eine gottesfürchtige Familie ist eine freudige Familie und wird zum Zeugen und Vorbild für Familien, die Gottes Plan nicht folgen."*

Paulus beantwortete Fragen der Gemeinde in Korinth zum Thema Unmoral:

> Dein Körper ist nicht für Unmoral bestimmt, sondern für die Ehre des Herrn. *Unmoral, einschließlich Ehebruch und andere sexuelle Sünden, ist heute für viele Gläubige ein echtes Problem und führt zu vielen Scheidungen. Drogen, Alkohol und Pornos werden oft eingesetzt, um Gläubige gegenüber Unmoral zu mildern.*
>
> (1. Korinther 6:13, 15, 18-20)

„Einander lieben" ist ein Gebot des Herrn für alle Gläubigen, aber wir sollen „Agape-Liebe" (die Liebe Gottes) haben, nicht „Eros-Liebe" (erotische Liebe), die sexuelle Wünsche vor und nach der Ehe weckt. Wir müssen vor der Unmoral fliehen.

8. Wer ist der Heilige Geist und welche Rolle spielt er?

Die Johanneskapitel 14–16 enthalten mehr Lehren über die Rolle des Heiligen Geistes im täglichen Leben der Gläubigen als jede andere Stelle in der Bibel. Diese Lehren stammen alle von Jesus selbst und verhindern, dass wir uns auf einige wahre, aber weniger wichtige Lehren des Heiligen Geistes einlassen. Jesu klare Lehren über den Heiligen Geist wurden im Zusammenhang mit der Ankündigung seiner Jünger gegeben, dass er gehen würde, um einen Ort für sie/uns vorzubereiten. Er versicherte ihnen, dass er für die Gläubigen zurückkehren werde.

> Jesus sagte: „Ich werde den Vater bitten, und er wird euch einen anderen Helfer [einen anderen der gleichen Art] geben. Er wird jemand sein, der an unserer Seite berufen ist, um zu helfen oder zu trösten, damit er für immer bei euch/uns sein kann. Ich beziehe mich auf den Geist Gottes, den Geist der Wahrheit."
>
> (Johannes 14:16-17 NASB)

Die Welt (*natürliche/sündige/egogesteuerte Menschheit)* lehnt den Geist der Wahrheit ab, weil sie ihn nicht sehen oder *berühren* kann.

> „Die Gläubigen kennen ihn, weil er bei uns bleibt und in uns lebt." Jesus fuhr fort: „Ich habe dir gesagt, dass ich gehe, aber du hast nicht gefragt, wohin ich gehe." Du bist darüber verärgert, aber mein Weggehen ist zu deinem Vorteil, denn wenn ich

> nicht gehe, wird der Helfer nicht kommen. Wenn ich gehe, werde ich ihn zu dir senden."
>
> (Johannes 16:5-7 NASB)

Warum sollte der Weggang Jesu für seine Jünger (einschließlich uns) von Vorteil sein? *Das Wort Gottes (Geist) wurde auch Mensch (Geist und Körper); Sein Name wurde Jesus (Yeshua). Jesus hatte einen Körper wie wir. Er konnte nicht gleichzeitig an zwei Orten sein. Der Heilige Geist ist Geist ohne Körper); Er kann überall gleichzeitig sein. Die Apostel waren fast drei Jahre lang rund um die Uhr bei Jesus gewesen; Bald würde jeder Apostel vom Herrn Dienstaufträge erhalten. Der Heilige Geist könnte gleichzeitig bei jedem sein, an verschiedenen Orten. Dies gilt für alle Gläubigen überall, nicht nur für die Apostel. Es gilt auch für Gläubige wie Sie und mich heute und auch für zukünftige Gläubige.*

> *Jesus fuhr fort:* „Ich habe diese Dinge gesagt, während ich noch bei dir war. *Der Heilige Geist* ist der Helfer, den der Vater in Meinem Namen senden wird. *Er wird dich lehren, was du auf der Grundlage des Wortes Gottes wissen musst, und dich an alles erinnern, was Ich dir bereits beigebracht habe.* Da Ich dir Meinen Frieden gebe, lass dein Herz nicht beunruhigt oder ängstlich sein."
>
> (Johannes 14:26-27 NASB)

> *Wenn Gottes Geist kommt, wird er die Menschen von drei grundlegenden Wahrheiten überführen: Sünde, Gerechtigkeit und Gericht.* Er wird die *Menschen* der Sünde überführen, weil sie nicht an Mich [Jesus] glauben; Er wird die *Menschen* der Gerechtigkeit

> überführen, weil ich [Jesus] zum Vater gehe [nur die Gerechten können in Gottes Gegenwart sein]; Er wird die Menschen des Gerichts überführen, weil Satan, der Herrscher dieser Welt, verurteilt wurde *[und auf seine Haft wartet].*
>
> (Johannes 16:8-11 NASB)

Der Apostel Petrus war anwesend, als Jesus diese Worte sprach. Peter schrieb:

> Keine Prophezeiung der Heiligen Schrift ist eine Frage der eigenen Interpretation, denn keine Prophezeiung wurde jemals durch den Akt menschlichen Willens gemacht, sondern vom Heiligen Geist bewegte Menschen sprachen von Gott.
>
> (2. Petrus 1:20-21 NASB)

Petrus schrieb auch über *„das heiligende Wirken des Heiligen Geistes in den Gläubigen, Jesus zu gehorchen"* (1. Petrus 1:2 NASB).

Paulus schrieb:

> Die gesamte Heilige Schrift ist von Gott [von Gott eingehaucht] inspiriert und nützlich zum Lehren, zur Zurechtweisung, zur Zurechtweisung, zur Schulung in Gerechtigkeit; damit der Mann *[oder die Frau]* Gottes für jedes gute Werk geeignet und ausgerüstet sei.
>
> (2. Timotheus 3:16-17 NASB)

> Jesus fuhr fort: „Ich habe dir noch viel mehr zu sagen, aber du kannst jetzt nicht damit umgehen. Wenn der Geist der Wahrheit kommt, *wird Er dich in die Wahrheit führen.* Alles, was Er dir sagt, *wird vom Vater sein und Er wird Mich verherrlichen,* denn Er wird von Meinem nehmen und es dir offenbaren."
>
> (Johannes 16:12-15, Neufassung des Autors)

9. Die unverzeihliche Sünde

Es gibt viele Spekulationen darüber, welche Sünde oder welche Sünden unverzeihlich sind. Viele halten die unverzeihliche Sünde für Selbstmord, weil es nach der Selbsttötung keine Möglichkeit mehr gibt, Buße zu tun oder um Vergebung zu bitten. Wenn die Heilige Schrift jedoch eine Antwort hat, sollten wir aufmerksam sein und nicht spekulieren. Jesus sagte:

> *Wer nicht für mich ist, ist gegen mich;* und wer nicht mit Mir sammelt, zerstreut. Jede Sünde und Gotteslästerung (beleidigende Reden gegen Gott) *kann vergeben werden, außer beleidigende Reden gegen den Heiligen Geist, die nicht vergeben werden.* Wer auch immer ein Wort gegen den Menschensohn [Jesus] spricht, dem kann vergeben werden. Aber Lästerung gegen den Heiligen Geist wird weder in dieser noch in der kommenden Welt vergeben.
>
> (Matthäus 12:30-32 King James Version)

Warum ist das die unverzeihliche Sünde? Denn der Heilige Geist ist derjenige, der das Wort (die Wahrheit) und den Willen

Gottes in unserem Verstand und Herzen interpretiert. *Wenn wir das Zeugnis des Heiligen Geistes ablehnen und glauben, dass es sich um Unwahrheit statt um Wahrheit handelt, während wir die gegen Gott gerichtete Unwahrheit als absolute Wahrheit betrachten, werden wir unerreichbar, weil wir Wahrheit als Nichtwahrheit und Nichtwahrheit als Wahrheit betrachten.*

Viele haben sich diesem Muster angenähert, während sie immer noch versucht haben, Wahrheit und Unwahrheit zu verstehen, aber wenn jemand festsitzt und Gottes Wahrheit ablehnt, wird es unverzeihlich. Manche, die sich Agnostiker oder Atheisten nennen, sind vielleicht noch nicht fest verankert und für den Geist Gottes noch erreichbar, aber sie sind gefährdet. Gläubige dürfen andere nicht verurteilen; Wir müssen stets ein demütiges, liebevolles Vorbild und lebendiger Zeuge sein.

10. „Wer bin ich?" und die Prophezeiung Jesu über seinen Tod (Matthäus 16:13f, Markus 8:27f und Lukas 9:18f)

Die Frage „Wer bin ich?" ist anders als die Behauptung „Ich bin", die wir in Geschichte 22 entdeckt haben. Während Jesus und seine Jünger sich auf einem Rückzug in die Ausläufer des Berges Hermon (heutiges Syrien) befanden, fragte er seine Jünger: „Wer sagen die Menschen, dass der Menschensohn ist?" (Matthäus 16:13). *Der Menschensohn war Jesu Lieblingsanspielung auf sich selbst. Es stammt aus Daniel 7:13-14. Jesus nannte sich selbst einundachtzig Mal „Menschensohn".*

Die Antworten waren vielfältig. Manche sagen: „Du bist der wiederauferstandene Johannes der Täufer." Andere sagen: „Du bist der wieder zum Leben erweckte Elia." Wieder andere sagen: „Du bist Jeremia" oder „einer der anderen Propheten". *Zu diesem Zeitpunkt verstanden viele Menschen, die Jesus mochten, nicht, wer er war oder worum es bei ihm ging. Daher sagten sie: „Er ist kein normaler Mensch. Vielleicht ist er einer der berühmten Propheten, die wieder zum Leben erweckt wurden." Diese Antworten waren nicht wahr, aber zu diesem Zeitpunkt konnte Jesus damit von der breiten Masse der Menschen umgehen.*

Noch wichtiger: Wissen seine Jünger, nachdem sie ihm fast zwei Jahre lang gefolgt waren, wer Jesus ist und worum es bei ihm geht? Für wen würden sie ihn halten? Also stellte Jesus ihnen dieselbe Frage: „Wer sagst du, dass ich bin?"

> Wie üblich platzte Peter vor allen anderen mit seiner Antwort heraus. *„Du bist der Christus, der Sohn des lebendigen Gottes."*
>
> (Matthäus 16:16f KJV)

> Jesus antwortete: „Du bist gesegnet, Petrus, aber die Wahrheit darüber, wer ich bin, kam nicht aus deinem eigenen Verständnis. Es war mein Vater im Himmel, der dir das offenbarte. Ich fahre fort: „Du bist Petrus *[‚Petros', maskulines Substantiv = ein Stein]*, und auf diesem Felsen *['petra', ein feminines Substantiv = ein Felsbrocken, eine Klippe oder ein Felsvorsprung]*." Ich werde meine Kirche bauen *['ekklesia, weibliches Substantiv das herausgerufene Volk oder die Versammlung]*, und die Pforten der Hölle können sie nicht überwältigen."
>
> (Matthäus 16:17-18, Neufassung des Autors)

Erfahrene Übersetzer können sich nicht auf die Bedeutung von Matthäus 16:17-18 einigen. Nach dem Verständnis des Autors (er ist kein erfahrener Übersetzer) sagte Jesus: „Ich werde meine Kirche bauen", nicht auf Petrus, sondern „auf der Offenbarung meines Vaters, wer ich bin." Der Herr baut seine Kirche immer noch auf Gottes Offenbarung darüber auf, wer Jesus ist, der nun in der Heiligen Schrift durch den Heiligen Geist wahren Gläubigen wie Petrus offenbart wird. Die Kirche wird weiterhin die Pforten der Hölle angreifen (nicht umgekehrt). Die Hölle kann die Kirche manchmal verletzen, aber sie wird sie nicht besiegen (Matthäus 16,13-20). Die Schlüssel des Reiches, Matthäus 16:19, *sind die Worte Gottes in der Heiligen Schrift.*

Nachdem diese engen Jünger ihren Glauben an Christus zum Ausdruck gebracht hatten, sagte Jesus ihnen *(vorerst)*, sie sollten niemandem sagen, dass er der Christus sei. Dann begann Jesus seinen Jüngern zu offenbaren, dass er nach Jerusalem gehen und von den religiösen Führern viele Dinge ertragen müsse. Er würde schließlich getötet, aber am dritten Tag zum Leben erweckt.

> Petrus nahm Jesus beiseite und begann ihn zu tadeln, indem er sagte: „Gott bewahre das, Herr! Das wird dir niemals passieren." Jesus wandte sich an Petrus und sagte: „Geh hinter mich, Satan! Du bist ein Stein des Anstoßes für mich, weil du jetzt gegen Gottes Willen und *ewigen Plan sprichst.*"
>
> (Matthäus 16:21-23)

Es ist erstaunlich, wie schnell wir Homo sapiens zwischen dem Gefallen an Gott und dem Gefallen an Satan wechseln können, ohne eine Ahnung davon zu haben, was wir tun.

Jesus sprach noch einmal über seinen Tod. Als die Jünger nach Galiläa zurückkehrten, sagte Jesus:

> Der Menschensohn steht kurz davor, den Menschen ausgeliefert zu werden, die ihn töten werden; aber drei Tage später wird er zum Leben erweckt.
>
> (Matthäus 17:22-23, Neufassung des Autors)

Seine Jünger waren zutiefst betrübt.

Tod und Auferstehung zum dritten Mal vorhergesagt (Matthäus 20:17-19)

Als Jesus im Begriff war, nach Jerusalem zu gehen, sagte er zu seinen Jüngern: „Wir gehen nach Jerusalem, und der Menschensohn wird von religiösen Führern verhaftet und zum Tode verurteilt. Er wird verspottet und geschlagen, bevor die Römer ihn ans Kreuz nageln, doch Gott wird ihn nach drei Tagen wieder zum Leben erwecken." *Lukas fügte hinzu: „Die Jünger verstanden nichts davon."* Gott verbarg vor seinen Aposteln die Bedeutung von Jesus, der gekreuzigt, gestorben, begraben und wieder zum Leben erweckt wurde. Daher konnten die Jünger nicht verstehen, was Jesus darüber sagte (Lukas 18:34).

Die Jünger waren kluge Männer, aber die Einzelheiten von Gottes ewigem Plan (Jesus sühnte unsere Sünden durch seinen Tod) entgingen ihnen immer noch. Nach seiner Auferstehung öffnete Jesus ihren Geist, um die Heilige Schrift zu verstehen" (Lukas 24:45).

> Wer mir folgen will, muss sich selbst verleugnen, täglich sein Kreuz auf sich nehmen und mir folgen. Wer sein Leben retten möchte, wird es verlieren, aber wer sein *Ich*-Leben oder sein *physisches* Leben um meinetwillen aufgibt, wird ewiges Leben bei Gott finden. Sich selbst zu verleugnen bedeutet, täglich

unseren egoistischen Eigenwillen abzulehnen. Unser Kreuz auf sich zu nehmen bedeutet, täglich dem egoistischen Eigenwillen zu sterben und täglich für Gottes Willen zu leben. Was nützt es uns, die ganze Welt zu gewinnen, aber das ewige Leben bei Gott zu verlieren?

(Lukas 9:23-25, Neufassung des Autors)

11. Wer ist der Größte? (Markus 10:35-45)

Jakobus und Johannes, die Söhne des Zebedäus, kamen privat zu Jesus und baten ihn um einen Gefallen.

„Was soll ich tun?" Er fragte.

Sie antworteten: „Wenn Du in Deine Herrlichkeit kommst, erlaube uns bitte, auf Deiner rechten und linken Seite zu sitzen." Sie waren, wie viele von uns, selbst wenn es um spirituelle Angelegenheiten ging, selbstsüchtig ehrgeizig.

Jesus sagte fest: „Du weißt nicht, was du verlangst. Kannst du den Kelch trinken, den ich trinke, oder dich mit der Taufe taufen lassen, mit der ich getauft werde?"

Da sie sich der Kosten nicht bewusst waren, antworteten sie leichtfertig: „Wir sind dazu in der Lage."

Jesus sagte: „Ihr sollt den Kelch trinken, den ich trinken muss, und ihr sollt mit der Taufe getauft werden, mit der ich getauft bin *(die Leiden Jesu teilen), aber zu meiner Rechten oder zu meiner Linken zu sitzen steht nicht mir zu, sondern dem, für den es vorbereitet wurde."*

Als sie das hörten, wurden die anderen zehn Jünger darauf aufmerksam, was vor sich ging, und sie wurden wütend auf Jakobus und Johannes. Jeder von ihnen strebte nach diesen Ehrenpositionen. Jesus forderte sie auf, sich zu Ihm zu setzen und sagte: „Ihr wisst, wie es mit Ungläubigen ist. Ihre Führer üben ihre Macht über das Volk aus und üben ständig Autorität über es aus."

„So darf es unter Gläubigen wie euch nicht sein. Wer unter euch der Erste sein will, muss Diener aller sein. Der Menschensohn (Jesus) ist nicht gekommen, um sich dienen zu lassen, sondern um zu dienen und sein Leben als Lösegeld für viele hinzugeben." (Jesus offenbarte sein Leitbild in Markus 10:35-45). „Dienerschaft", also das Lernen, freiwillig anderen zu dienen, ist schwer zu akzeptieren. Jesus sprach oft zu seinen Jüngern davon, anderen zu dienen, anstatt andere zu kommandieren.

Einmal fragten die Jünger Jesus: „Wer ist der Größte im Himmelreich?"

> Jesus rief ein Kind aus der Menge und ließ das Kind vor seinen Jüngern stehen und sagte: „Ich versichere euch: Wenn ihr euch nicht verändert und *wie* Kinder werdet, werdet ihr niemals in das Himmelreich eingehen des Meeres."
>
> (Matthäus 18:1-6 NASB)

Jesus lehrte seine Jünger zum letzten Mal mündlich etwas über die Knechtschaft, nachdem sie untereinander erneut darüber gestritten hatten, wer von ihnen der Größte sei. Das Traurigste daran war, dass es fast unmittelbar nachdem Jesus zwei Dinge getan hatte, geschah: Erstens hatte Jesus ihnen die Füße gewaschen, *weil jeder von ihnen zu stolz war, das zu tun,* und zweitens hatte Jesus gerade das „Abendmahl" eingeführt, um das jüdische Passahfest zu ersetzen, weil Jesus, das Lamm Gottes (nicht der Tiere), bald zur Sühne unserer Sünden gekreuzigt werden würde.

Wir schütteln den Kopf und fragen uns, warum Jesus sie jemals ausgewählt hat. Dann schauen wir in den Spiegel und werden plötzlich still. Das Gute daran war, dass sich die selbstsüchtige Einstellung der Jünger bald ändern würde. Jesus erinnerte sie: *„Könige beanspruchen den Titel Wohltäter des Volkes, doch sie haben die totale Macht über das Volk."* Das darf nicht Ihr Weg sein. Der Größte unter euch muss demütig werden wie der Jüngste und der Anführer wie ein Diener.

Jesus sagte: „Ich bin unter euch als der Diener." Du hast mir in allen meinen Prüfungen zur Seite gestanden, und so wie der Vater Mir ein Königreich geschenkt hat, gewähre ich dir, an Meinem Tisch in Meinem Königreich zu essen und zu trinken. Ihr (Apostel) werdet auf Thronen sitzen und die zwölf Stämme Israels richten" (Lukas 22:24-30).

12. Wahre spirituelle Führer sind dienende Führer.

Jesus sagte den Menschenmengen und seinen Jüngern: „Schriftgelehrte und Pharisäer sind religiöse Führer, die das Gesetz des Mose auslegen. Tun Sie, was sie Ihnen sagen, aber tun Sie nicht, was sie tun. *Sie praktizieren nie, was sie predigen.* Sie legen den Menschen schwere religiöse Lasten auf den Rücken, aber sie tragen diese Lasten nicht selbst. *Alles, was sie tun, dient der Show, um Aufmerksamkeit zu erregen."*

Sie lieben die besten Plätze bei Festen und reservierte Plätze in der Synagoge. Sie lieben es, überall mit Respekt begrüßt zu werden. Werde nicht wie sie. Erhöhen Sie Ihre Führer nicht mit Machtnamen, denn Sie sind alle Brüder. *Der Größte unter euch muss euer Diener sein. Wer sich groß macht, wird erniedrigt werden, und wer sich selbst erniedrigt, wird groß gemacht werden" (Matthäus 23,1-12). Haben die Apostel es jemals richtig gemacht? Ja*!

Peter hat es richtig verstanden. Er schrieb an die *Ältesten* (ein anderer Titel für Pastoren): „Hirte *(Pastor)* die Herde Gottes unter euch und übt *Aufsicht/Aufseher* (Bischof, eine andere Rolle von

Pastoren) aus, nicht unter Zwang, sondern freiwillig gemäß dem Willen Gottes. Werden Sie kein Anführer, um reich zu werden oder um eine große Persönlichkeit zu werden. Dienen Sie Ihrem Volk mit Eifer und herrschen Sie nicht über diejenigen, die Ihnen zugeteilt sind. Seien Sie Vorbilder (dienende Anführer). Wenn *der Oberhirte (Jesus)* dann zurückkehrt, wirst du die unvergängliche Krone der Herrlichkeit empfangen.

Jüngere Männer, folgt dem Beispiel eurer Älteren, und ihr alle solltet euch gegenseitig mit Demut kleiden. Gott ist gegen die Stolzen, aber er schenkt den Demütigen Gnade. *Darum demütigt euch unter die mächtige Hand Gottes, damit er euch zur rechten Zeit erhöht*" (1. Petrus 5,2-6).

Paul hat es richtig verstanden: Er schrieb:

> Tun Sie, was Sie von mir sehen, denn ich werde *dem Beispiel Jesu* folgen.
>
> (1. Korinther 11:1)

> Was Sie von mir im Beisein vieler Zeugen lehren hören, müssen Sie anderen gläubigen Männern/ Frauen anvertrauen, die auch anderen gläubigen Menschen etwas beibringen können.
>
> (2. Timotheus 2:2)

Das ist das Gegenteil von dem, was die Pharisäer taten.

In Epheser Kapitel 4 schrieb Paulus:

„Die Rolle der Pastoren besteht darin, die Heiligen [alle Gläubigen] für die Arbeit des Dienstes auszurüsten." Der Dienst ist die Berufung *aller Gläubigen*, auch der Pastoren. *Pastoren haben eine besondere Berufung,* die Heiligen *[alle Gläubigen]* für ihren Dienst auszurüsten [einen dienenden Leiter]. Pastoren rüsten Gläubige aus, „damit die Mitglieder [nicht nur die Pastoren] den Leib Christi aufbauen können." *Ist das nur ein Zahlenspiel?* NEIN! Wenn die Heiligen dienen und den Leib Christi aufbauen, *schließt das neben der Zahl auch die Reife ein,* „bis wir alle zur Einheit des Glaubens und der Erkenntnis des Sohnes Gottes gelangen, zu einem reifen Menschen, zum Maß der Größe, die zur Fülle Christi gehört."

(Epheser 4:11-13)

Was dann? „Infolge des oben Gesagten werden die Mitglieder nicht länger wie Kinder sein [die von jeder neuen Doktrin, jedem Plan oder jeder Änderung der Denkweise mitgerissen werden]. Geistlich reife Mitglieder können die Wahrheit in Liebe sagen verliebt."

(Epheser 4:14-16, Neufassung des Autors)

Die anderen Apostel bekamen es schließlich auch und gaben ihr Leben für Gottes Plan. Diese Verse beziehen sich auf einzelne Gläubige und auf alle Gläubigen zusammen (den Leib Christi), die hier auf Erden zu einem Ebenbild Christi heranwachsen. Das ist ein großer Schritt in Richtung Gottes ewigen Plan für uns.

13. Das Gericht (Matthäus 16:24-27, Matthäus 24, 1. Korinther 3:10-1 und 2. Korinther 5:10)

Jesus sagte zu seinen Jüngern: „Wer sich dafür entscheidet, Mir zu folgen, muss sich selbst verleugnen *(seinen eigenen Ego-Willen ablehnen)* und sein Kreuz auf sich nehmen (*dem Eigenwillen sterben)* und Mir folgen *(Gottes Willen wählen, auch wenn das Leiden für Christus bedeutet).* Wer sein Ego-Leben aufrechterhalten will, wird am Ende sein Leben verlieren. Wer sein Ego-Leben um Meines (Jesus) willen aufgibt, wird stattdessen das ewige Leben finden und erleben."

„*Es war später Nachmittag, als Jesus* und seine Jünger den Tempel verließen und *begannen, den Hügel auf dem Weg zum Ölberg für die Nacht zu erklimmen. Seine Jünger schauten zurück und wiesen ihn auf die Schönheit der Tempelanlage hin, aber Jesus erinnerte sie an das Böse, das die religiösen Führer angerichtet hatten, von dem er gesprochen hatte (Matthäus, Kapitel 23).* Jesus sagte: *„Wegen ihrer Bösartigkeit und ihres Widerstands gegen ihn wird der Tempel völlig zerstört."*

Als er den Ölberg erreichte, kam sein Jünger zu ihm und fragte: „Wann wird der Tempel zerstört werden? Was werden die Zeit und die Zeichen für Dein Kommen und das Ende des Zeitalters sein?" *Matthäus 24 ist etwas schwer zu verstehen, weil es eine Mischung aus dem Fall Jerusalems und dem Kommen des Herrn und dem Gericht enthält.*

Jesus nannte nicht den Zeitpunkt der Zerstörung des Tempels, sondern verwies auf die Strafe Jerusalems für seine Ablehnung. Dies geschah im Jahr 70 n. Chr., als die stolzen Hebräer sich gegen Rom auflehnten und die mächtigen römischen Armeen Jerusalem und den Tempel zerstörten.

Als die römische Belagerung kam, sagte Jesus: „Die Bewohner von Judäa müssen in die Berge fliehen. Wer auf den Dächern seiner Häuser steht, soll nicht herabsteigen, um Gegenstände in seinem Haus aufzubewahren, und wer auf seinem Feld arbeitet, darf nicht nach Hause zurückkehren." Jesus sagte: „Besonders schwer wäre es für schwangere Frauen und stillende Mütter. Er sagte ihnen auch, sie sollten beten, dass die römische Belagerung nicht im Winter oder an einem Sabbattag beginne" (Matthäus 24:15-20).

Bezüglich des Endes des Zeitalters: Jesus nannte kein Datum, sondern sagte:

> Lassen Sie sich von niemandem in die Irre führen. *Viele Scharlatane werden behaupten, der Christus zu sein, und viele leichtgläubige Menschen in die Irre führen. Auf der ganzen Welt wird es immer wieder Kriege geben und es kommt zu weit verbreiteter Nahrungsmittelknappheit. Naturkatastrophen wie Erdbeben, Stürme und Überschwemmungen werden zu fast ständigen Ereignissen. Diese Dinge bedeuten jedoch nicht, dass das Ende der Welt nahe ist. Sie sind lediglich Geburtswehen von noch mehr Bösem, das noch kommen wird.*
>
> (Matthäus 24:4-8, Neufassung des Autors)

> Die ungläubige Welt wird beginnen, Sie in große Not und Elend zu bringen. Sie werden Gläubige töten. Ihr [sogar die Amerikaner] werdet von allen Nationen [einschließlich den USA] gehasst werden, weil ihr Mir folgt. Zu dieser Zeit werden sich viele

> falsche Gläubige vom Herrn abwenden und ihre Familien und Freunde an böse gottlose Regierungen oder eine böse gottlose Weltregierung verraten.
>
> (Matthäus 24:9-10, Neufassung des Autors)

Obwohl Jesus nicht sagte, wann seine Rückkehr stattfinden würde (siehe Apostelgeschichte 1:6-7), *schien er doch zu sagen, was seine Rückkehr beschleunigen könnte.*

> Dieses Evangelium vom Königreich soll in der ganzen Welt gepredigt werden, als Zeugnis für alle Nationen. und dann wird das Ende kommen.
>
> (Matthäus 24:14 KJV, siehe auch Apostelgeschichte 1:8 und Matthäus 28:18-20)

> *Seien Sie bereit für die Rückkehr Jesu für uns.* Seien Sie wachsam, denn niemand (außer Gott) weiß, an welchem Tag unser Herr kommen wird. Wenn der Hausherr gewusst hätte, zu welcher Nachtzeit ein Dieb käme, hätte er sich darauf vorbereitet, den Dieb am Betreten des Hauses zu hindern. Ebenso müssen wir auf die Wiederkunft Jesu vorbereitet sein.
>
> (Matthäus 24:42-44, Neufassung des Autors)

> Das Zeichen der Rückkehr Jesu in seiner Herrlichkeit wird sein, wenn wir ihn mit Macht und großer Herrlichkeit auf den Wolken des Himmels kommen sehen (ohne Vorwarnung).
>
> (Matthäus 24:30-31 NASB)

Die klarsten Worte Jesu über sein zweites Kommen finden sich in Matthäus 25:31-46 (umgeschrieben vom Autor):

> *Wenn der Menschensohn in seiner Herrlichkeit kommt, begleitet von Engeln.* Er wird auf seinem herrlichen Thron sitzen und alle Nationen werden sich vor ihm versammeln. Der Herr wird dann die Menschen jeder Nation trennen, so wie ein Hirte die Schafe von den Ziegen trennt. *Er wird die Schafe zu seiner Rechten und die Ziegen zu seiner Linken stellen.*
>
> *Wenn alle Nationen gerichtet sind, wird der König [Jesus] zu den Menschen zu seiner Rechten sagen: „Kommt, ihr Gesegneten meines Vaters. Ihr habt auf mich vertraut und mir gehorcht. Darum erbt ihr das Königreich, das seit Grundlegung der Welt [bei der Schöpfung]* für euch vorbereitet wurde Ich war krank und du hast mich besucht. Ich war im Gefängnis und du bist gekommen, um mich zu besuchen."
>
> *Die Gerechten werden schockiert sein und demütig antworten: „Herr, wir haben dich nie in dieser bedürftigen Situation gesehen, geschweige denn haben wir jemals eines deiner Bedürfnisse erfüllt." Der König [Jesus] lächelte und antwortete schnell: „In dem Maße, in dem du die Bedürfnisse eines meiner [spirituellen] Brüder, selbst des geringsten von ihnen, erfüllt hast, hast du es mir angetan." Gott hat Sie von egozentrischen Sündern in christusähnliche Kinder Gottes verwandelt [das Gegenteil von Heuchelei].*

Dann wird der König [Jesus] zu den Menschen zu seiner Linken sagen: Geht weg von mir. Du bist verflucht, weil du auf dich selbst vertraust, nicht auf Gott. Treten Sie ein in das ewige Feuer, das für den Teufel und seine Engel vorbereitet wurde, weil Sie ihm und nicht mir gefolgt sind. Ich war hungrig, durstig, ein Fremder, war ohne Kleidung, war krank und war im Gefängnis und du hast meine Bedürfnisse ignoriert.

Dann waren die Ungerechten [diejenigen, die für ihr Ego-Selbst lebten und Gott ablehnten] schockiert und antworteten wütend: „Wir haben dich nie in diesen bedürftigen Verhältnissen gesehen, noch haben wir uns geweigert, deine Bedürfnisse zu erfüllen." Jesus antwortete traurig: „Du hast die Bedürfnisse der Armen ignoriert und ein selbstsüchtiges Leben geführt. Wenn du anderen geholfen hast, dann nur, um stolz auf dich aufmerksam zu machen."

Jesus endete mit den Worten: „Die Gottlosen werden in die ewige Strafe mit dem Teufel gehen [das ist ihre eigene Entscheidung, nicht die Entscheidung Gottes für sie]. Gottliebende werden in das ewige Leben mit Gott eingehen, weil sie an die Kreuzigung und Auferstehung Jesu für ihre Sünden glauben und somit Jesus als ihren persönlichen Herrn und Erlöser angenommen und Gott geglaubt und ihm gehorcht haben."

The author adds one more important vignette about God's judgment. Jesus revealed *a second judgment of believers* in Revelation 22:12:

Der Autor fügt eine weitere wichtige Vignette über Gottes Gericht hinzu. Jesus offenbarte in Offenbarung 22,12 ein *zweites Urteil* über Gläubige:

> Siehe, ich komme schnell; und mein Lohn ist bei mir, um jedem *Gläubigen* entsprechend seinen Werken zu geben. (KJV)

Paulus erklärt dieses zweite Urteil in 1. Korinther 3:10-15:

> Gemäß der Gnade Gottes, die mir gegeben wurde, habe ich den Grundstein gelegt, der Christus ist. Jeder Gläubige muss sorgfältig auf diesem Fundament Christi aufbauen, denn kein anderes Fundament ist für Gott akzeptabel.
>
> (1. Korinther 3:10-11, Neufassung des Autors)

> *Jeder von uns wählt die Baumaterialien aus,* die er verwendet, also Gold, Silber, Edelsteine, Ziegel, Holz, Stroh usw. *(ein bisschen wie die Geschichte der drei kleinen Schweinchen, aber doch ganz anders).* Alle *Gläubigen* werden vor *dem Richterstuhl Christi* erscheinen, damit jeder von uns für seine Taten belohnt wird. Wir werden danach beurteilt, was wir getan haben, ob gut oder schlecht.
>
> (2. Korinther 5:10 NASB)

> Die Arbeit eines jeden Gläubigen wird offensichtlich werden, weil sie durch das Feuer geprüft wird. Dieses Feuer wird die Qualität der Arbeit jedes Gläubigen offenbaren. Wenn die Arbeit eines Menschen die

Feuerprobe übersteht, wird er oder sie im Himmel belohnt. Wenn jedoch die Arbeit eines Gläubigen vernichtet wird, *wird dieser Gläubige Verlust [keine Belohnung] erleiden; aber er oder sie wird gerettet, doch so wie durchs Feuer.*

(1. Korinther 3:12-15 NASB)

Einige Gläubige werden belohnt; einige werden es nicht tun.

Geschichte 25

VERKLÄRUNG JESU (MATTHÄUS 17:1-13, MARKUS 9:2F UND LUKAS 9:28F)

Die Verklärungsgeschichte ist der Beginn des Höhepunkts der Geschichte, der einige Wochen oder Monate nach der Verklärung beginnt.

Einführung

Die zwölf Apostel waren normalerweise alle bei Jesus. Einige Gelehrte glauben, dass Jesus sie zur besonderen Ausbildung in drei Vierergruppen eingeteilt und sie in Gruppen ausgesandt habe. Petrus, Jakobus und Johannes schienen die Anführer dieser Gruppen zu sein – oder zumindest ein innerer Kreis unter den Zwölf. *In Matthäus 10:5-10 beschrieb Jesus die ersten Dienste der Apostel.*

Einmal nahm Jesus Petrus, Jakobus und Johannes mit, um die Nacht auf einem hohen Berg zu verbringen, und ließ die anderen neun unten zurück. Der Berg Tabor gilt traditionell als der Berg, auf dem die Verklärung stattfand. Allerdings ist er nur 1.886 Fuß hoch und kein hoher

Berg. Es liegt auch im südlichen Galiläa, weit entfernt von dem Ort, an dem Jesus und seine Jünger waren, als Petrus seinen Glauben an Jesus bekannte.

Der Berg Hermon, an der Grenze zwischen dem heutigen Syrien und dem Libanon, könnte der Berg sein, da er in der Nähe des Ortes liegt, an dem Petrus seinen Glauben an Jesus bekannte. Allerdings wäre es auf einer Höhe von 9.232 Fuß ein kalter Ort zum Übernachten. Eine dritte Möglichkeit ist der Berg Meron, 3.963 Fuß hoch, im Norden Galiläas gelegen, etwa in der Nähe der Stelle, an der Petrus seinen Glauben an Jesus bekannte. Da der Berg in der Bibel unbenannt bleibt, ist es vielleicht besser für uns, ihn ebenfalls unbenannt zu lassen.

Geschichte

During the night, while Jesus was praying, He was transfigured (meaning [1] change of appearance, [2] exalted, glorified). The three apostles were asleep near the fire but awoke and saw Jesus in His glory. His face was aglow like the sun, His garments were a radiant white, and His glory lit up the darkness. Suddenly, Moses and Elijah appeared and talked with Jesus.

Peter told Jesus that it was good that we are here to see this and asked if Jesus wanted him to build three memorial shelters for Him, Moses, and Elijah. As Peter spoke, a brilliant cloud passed over them, and the voice of God spoke from within the cloud, "This is My beloved Son, and I am pleased in Him. Listen to what He says to you."

When the three apostles heard God speak, they were terrified and fell face down on the ground. Jesus went over to them and touched them, saying, "Get up, and do not be afraid." When they got up, Moses and Elijah had gone, leaving the three of them with Jesus on the mountain.

The next morning, as they made their way down the mountain, Jesus told the three, "Do not tell anyone, *not even your fellow apostles,* what you saw and heard last night. Wait until the Son of Man has risen from the dead. Only then can you disclose what you saw and heard."

Während Jesus in der Nacht betete, wurde er verklärt (was [1] Veränderung seines Aussehens, [2] Erhöhung, Verherrlichung bedeutet). Die drei Apostel schliefen in der Nähe des Feuers, erwachten aber und sahen Jesus in seiner Herrlichkeit. Sein Gesicht strahlte wie die Sonne, seine Gewänder waren strahlend weiß und seine Herrlichkeit erhellte die Dunkelheit. Plötzlich erschienen Moses und Elia und redeten mit Jesus.

Petrus sagte zu Jesus, dass es gut sei, dass wir hier sind, um dies zu sehen, und fragte, ob Jesus wolle, dass er drei Gedenkunterkünfte für ihn, Mose und Elia baue. Während Petrus sprach, zog eine leuchtende Wolke über sie hinweg, und die Stimme Gottes sprach aus der Wolke: „Dies ist mein geliebter Sohn, und ich habe Gefallen an ihm. Höre, was er zu dir sagt."

Als die drei Apostel Gott reden hörten, erschraken sie und fielen mit dem Gesicht nach unten auf den Boden. Jesus ging zu ihnen, berührte sie und sagte: „Steht auf und fürchtet euch nicht." Als sie aufstanden, waren Mose und Elia gegangen und ließen die drei bei Jesus auf dem Berg zurück.

Am nächsten Morgen, als sie den Berg hinuntergingen, sagte Jesus zu den dreien: „Erzählt niemandem, *nicht einmal euren Mitaposteln,* was ihr letzte Nacht gesehen und gehört habt. Wartet, bis der Menschensohn von den Toten auferstanden ist. Erst dann könnt ihr preisgeben, was ihr gesehen und gehört habt."

Obwohl Jesus begann, mit allen seinen Aposteln über seinen bevorstehenden Tod und seine Auferstehung zu sprechen, konnten sie nicht verstehen, was er sagte; es wurde ihnen von Gott verborgen (Lukas 18:34). Als sie an das dachten, was sie letzte Nacht gesehen und gehört hatten, fragten sie Jesus: „Warum sagen die Schriftgelehrten, dass Elia zuerst vor dem Messias kommen muss? Elia ist letzte Nacht zurückgekehrt, aber du warst bereits als Erster hier."

Jesus antwortete: „Elias Kommen wird alles wiederherstellen *(Reue, wahre Anbetung und Gerechtigkeit)*, aber Elia ist bereits gekommen, aber die Schriftgelehrten und anderen religiösen Führer erkannten ihn nicht. Sie ignorierten seine Lehren und weigerten sich, Buße zu tun und sich zu ändern. Sie widersetzten sich nicht der Gefangennahme durch Herodes."

Jesus fuhr fort: „Der Menschensohn wird auch unter den Händen der religiösen Führer leiden." Dann erkannten die drei, dass Jesus von Johannes dem Täufer gesprochen hatte, der von Herodes Antipas enthauptet worden war. Er war der versprochene Elia gewesen *(einer wie Elia)*.

Fragen

1. Warum bezeichnen manche Petrus, Jakobus und Johannes als den inneren Kreis?
2. Warum sandte Gott der Vater Mose und Elia, um bei Jesus bei seiner Verklärung zu sein?
3. Sagt Ihnen persönlich die Verklärung Jesu etwas?

Mini-Epilog

Petrus, Jakobus und Johannes gehorchten Jesus und erzählten niemandem, was auf dem Berg geschah, bis Jesus von den Toten auferstanden war. Petrus berichtet von diesem Ereignis in 2. Petrus 1,16-21 (insbesondere in Vers 18). Später, in Offenbarung 1:13-16, hatte Johannes eine Vision von Jesus, die etwa der ähnelte, die er, Petrus und Jakobus sahen, als Jesus auf dem Berg verklärt wurde.

Geschichte 26

DIE LETZTE WOCHE

Einführung

Ungefähr eine Woche vor Beginn dieser Geschichte erweckte Jesus seinen Freund Lazarus vom Tod, nachdem Lazarus vier Tage lang tot gewesen war. *Wir haben uns damit in Geschichte 23, „Zeichen und ich bin“, im Abschnitt „Ich bin die Auferstehung und das Leben“ befasst.*

Nachdem Jesus Lazarus von den Toten auferweckt hatte, beschloss der jüdische Sanhedrin/Rat, dass Jesus bald getötet werden muss. Jesus war sich dieser Verschwörung bewusst und ging jeden Tag nach Jerusalem, verließ das Land jedoch vor dem Abend. Er konnte dies tun, weil er beim einfachen Volk beliebt war und die religiösen Führer Angst hatten, Jesus tagsüber zu verhaften, wenn die Menschen in Scharen unterwegs waren, denn die Pessachzeit stand vor der Tür.

1. Am Samstagabend, eine Woche vor dem Passah, salbte Maria von Bethanien Jesus (Johannes 12:1-11).

Am Samstagabend, eine Woche vor dem Passah, gingen Jesus und seine Apostel zu einem frühen Abendessen nach Bethanien, der Heimat von Lazarus, der von Jesus von den Toten auferweckt wurde, und seinen Schwestern Martha und Maria. Wie es damals üblich war, bereiteten die beiden Damen das Abendessen vor und servierten es, während Lazarus mit ihren Gästen aß. Nach dem Essen nahm Maria ein Pfund eines sehr kostbaren Parfüms aus reiner Narde und salbte damit die Füße Jesu. Seine Füße wären bei der Ankunft gewaschen worden. Dann wischte sie seine Füße mit ihren Haaren ab. Das ganze Haus war vom Duft des Parfüms erfüllt.

Judas, der Jünger, der darüber nachdachte, Jesus zu verraten, beschwerte sich, weil so viel Narde dreihundert Denare wert sei. Es hätte verkauft und das Geld an dreihundert arme Menschen weitergegeben werden können, damit diese Lebensmittel für den Tag kaufen könnten.

Johannes fügte hinzu, dass Judas sich nicht wirklich um die Armen kümmerte. Er war ihr Schatzmeister und ein Dieb, der oft ihre Schatzkammer plünderte (Johannes 12,6). Jesus wandte sich an Judas und sagte: „Lass Maria in Ruhe. Sie hat mich für die Beerdigung gesalbt. Wenn dir die Armen so am Herzen liegen, könntest du viele Gelegenheiten haben, ihre Not zu stillen, aber ich werde nicht immer unter euch sein."

Eine Menge jüdischer Führer erfuhr, dass Jesus im Haus von Lazarus war. Anscheinend überwältigte ihre Neugier. Sie wollten Jesus mit eigenen Augen sehen und Lazarus sehen, den Mann, der von den Toten auferstanden war.

Wenn im Neuen Testament von „den Juden" die Rede ist, sind meist die jüdischen Religionsführer gemeint, nicht das jüdische Volk im Allgemeinen. Da Lazarus lebte und nicht mehr tot war, waren viele jüdische Priester gläubig geworden, was ihre Führer wütend machte.

2. Palmsonntag (Matthäus 21:1-11, Markus 11:1f und Lukas 19:29f)

Am nächsten Morgen, wieder auf dem Weg nach Jerusalem, näherten sie sich Bethphage am Ölberg. Die Stadt Jerusalem war auf der anderen Seite der Schlucht vor ihnen zu sehen. Jesus forderte zwei seiner Jünger auf, ins Dorf zu gehen.

„Wenn du das Dorf betrittst, wirst du dort eine Eselin mit ihrem Fohlen angebunden sehen. Binde sie los und bring sie zu Mir. Wenn dich jemand befragt, sag ihm: ‚Der Herr braucht sie, und er wird sofort zustimmen."

Dies geschah, um zu erfüllen, was die Propheten gesagt hatten (Jesaja 62:11 und Sacharja 9:9):

> Sprich zur Tochter Zion: Siehe, dein König kommt
> zu dir, sanftmütig und auf einem Esel sitzend, sogar
> auf einem Füllen, dem Geflügel eines Lasttiers.

Die Jünger gingen hin und taten, was Jesus ihnen sagte, und legten dann ihre Gewänder auf den Esel. Jesus bestieg den Esel und begann zu reiten. Die Straße begann sich mit Pilgern zu füllen, die zum Pessachfest nach Jerusalem wollten. Plötzlich befanden sich Jesus und seine Jünger in einer Menschenmenge, die sich wie ein langsam fließender Strom auf seinem Weg nach Jerusalem bewegte.

Die Menschen erkannten Jesus und breiteten ihre Gewänder und Umhänge vor ihm auf der Straße aus. Andere schnitten Äste von den Bäumen und legten sie auf die Straße. Die Menschenmenge, die Jesus folgte, rief voller Anbetung: „Hosanna (oh Savel) dem Sohn Davids. Gesegnet sei der, der im Namen des Herrn kommt. Hosanna in der Höhe!"

Als die Parade endlich Jerusalem erreichte, geriet die Menge dort in Aufregung. „Wer ist das?" sie schrien.

Die Antwort wurde der lautstarken Menge zugerufen: „Es ist Jesus, ein Prophet aus Nazareth in Galiläa. Manche sagen, er sei der Messias."

3. Zweite Reinigung des Tempels (Matthäus 21:12)

Jesus betrat am Montagmorgen den Bereich des Nichtjudenhofs des Tempelkomplexes und fand dort Menschen vor, die das Haus Gottes entweihten. Somit war der einzige Ort, den nichtjüdische (nichtjüdische) Gläubige zum Gottesdienst betreten konnten, auch der vorgesehene Bereich für den Verkauf von zu opfernden Schafen und Vögeln und den Umtausch von regulärem Geld in Tempelgeld. So wurde der einzige nichtjüdische Gottesdienstbereich zu einem lauten, stinkenden, schmutzigen Ort, der für den Gottesdienst ungeeignet war.

Jesus sagte: „In der Heiligen Schrift steht geschrieben: ‚Dieses Haus, das nach meinem Namen genannt ist, ist zu einer Räuberhöhle geworden'" (Jeremia 7:11 King James Version). Dann vertrieb Jesus die Schafverkäufer und drehte die Sparbüchsen um, aber er ließ die Vögel nicht frei. Somit verlor keiner der Kaufleute tatsächlich etwas. Die Kaufleute verließen alle das Gebiet, damit es für den Gottesdienst aufgeräumt werden konnte.

4. Das Zeichen, dass „die Stunde Jesu gekommen war" (Johannes 12:20-28)

Während seines Wirkens hatte Gott es Jesus ermöglicht, der Gefahr zu entgehen (d. h. sie versuchten, ihn zu ergreifen, und niemand legte seine Hand auf Jesus, „denn seine Stunde war noch nicht gekommen" [Johannes 7:30]).

Unter denen, die während der Pessach-Zeit zum Gottesdienst nach Jerusalem reisten, waren auch einige Griechen (Heiden). Sie gingen auf Phillip zu und sagten: „Sir, wir wollen Jesus sehen." Dies wurde für Jesus zum Zeichen, dass seine Stunde gekommen war. Er hatte seine Botschaft in ganz Israel verkündet. Er hatte einige kurze Reisen außerhalb Israels unternommen, um Menschen zu predigen und zu heilen.

Nun waren Griechen aus der Ferne gekommen, um nach Jesus zu suchen, was darauf hindeutete, dass sich die Kenntnis von Jesus weit über Israel hinaus auszubreiten begann. *Seine Jünger würden bald in der Lage sein, das Evangelium ohne die physische Präsenz Jesu, aber mit seiner geistlichen Präsenz durch den Geist Gottes weiter zu verbreiten.*

Jesus sagte zu seinen Aposteln: „Die Stunde ist gekommen, in der der Menschensohn verherrlicht wird. *Wenn ein Weizenkorn nicht in die Erde fällt und stirbt, bleibt es allein; wenn es aber stirbt, bringt es viel Frucht. Gott erlöst durch den Tod, nicht vor dem Tod.* Wer sein *selbstsüchtiges Ego-Leben liebt,* verliert sein Leben, aber wer sein eigenes Leben hasst (das selbstsüchtige Ego-Leben in dieser Welt wird ein gottähnliches Leben finden, zusammen mit einem ewigen Leben im Himmel bei Gott)."

Jesus sagte:

> Wenn jemand Mir dient, muss er Mir folgen; und wo ich bin, da wird auch mein Diener sein; Wenn jemand Mir dient, wird der Vater ihn/sie ehren.
>
> (Johannes 12:26 King James Version)

5. Auf wessen Autorität hin? (Markus 11:27-28)

Am nächsten Tag (Dienstag) war Jesus wieder im Tempel und eine Gruppe religiöser Führer (Priester, Schriftgelehrte und Älteste) stellte ihn zur Rede, weil er am Tag zuvor den Tempel gereinigt hatte. Sie fragten Jesus: „Auf wessen Befehl hin hast du diese Verkäufer aus dem Tempel vertrieben?"

Jesus antwortete mit den Worten: „Ich werde dir eine Frage stellen. Wenn du meine Frage beantwortest, dann werde ich dir sagen, mit welcher Autorität ich den Tempel gereinigt habe. Meine Frage an dich lautet: ‚Fand die Taufe Johannes des Täufers vom Himmel oder von Menschen her?'

Die religiösen Führer sprachen untereinander. „Wenn wir sagen, die Taufe des Johannes sei vom Himmel gekommen, wird er uns fragen, warum wir Johannes nicht geglaubt haben; aber wenn wir sagen, die Taufe des Johannes sei vom Menschen gekommen, wird das Volk gegen uns aufbegehren."

Sie beschlossen zu sagen: „Wir wissen es nicht", also antwortete Jesus: „Da du mir nicht geantwortet hast, werde ich dir auch nicht antworten."

Dann erzählte Jesus ihnen das Gleichnis von den Weinbauern (siehe Geschichte 22, Beispiel der Gleichnisse Jesu Nummer 7, oder lesen Sie Markus 12:1-12). Die religiösen Führer erkannten, dass Jesus dieses Gleichnis gegen sie sprach. Sie wollten ihn verhaften, hatten aber Angst vor dem Volk (Markus 12,12).

6. Am Mittwoch

Jesus debattierte erneut mit den Schriftgelehrten und Pharisäern über die Auferstehung am Ende der Zeit und zukünftige Dinge, einschließlich der Wiederkunft Christi (Lukas 20 und 21).

Judas Iskariot, einer der Zwölf, ging zu den Hohenpriestern, um ihnen Jesus zu übergeben. Die Oberpriester (zwei von ihnen) waren sehr glücklich. Sie versprachen Judas Geld und einigten sich darauf, die Verhaftung mit Judas hinsichtlich Zeitpunkt und Ort abzustimmen.

7. Donnerstagmorgen

Jesus sandte Petrus und Johannes, um für ihn und die Zwölf an diesem Abend einen Raum für das Fest der ungesäuerten Brote (Passahmahl) vorzubereiten (Lukas 22,1-13). Jesus gab Anweisungen: „Wenn du die Stadt betrittst, wird dir ein Mann begegnen, der einen Krug Wasser trägt (Männer trugen normalerweise keinen Krug Wasser). Er wird Ihnen einen großen Gastraum zeigen. Bereiten Sie dort das Pessachfest vor.

Irgendwann am Nachmittag, nachdem ihr Abendprogramm festgelegt worden war, drang Satan in Judas ein, der zu den Hohenpriestern zurückgekehrt war und ihnen sagte, wann und wo sie am besten in dieser Nacht Jesus gefangen nehmen könnten. Der Plan wurde vereinbart und Judas erhielt von den erfreuten Oberpriestern dreißig Silberstücke.

8. Donnerstagabend: Zuerst das Pessachmahl, dann das Abendmahl (Matthäus 26:20-35)

Einleitung (siehe Exodus 12:1-13:16)

Das jüdische Pessach markiert die Befreiung der hebräischen Sklaven in Ägypten und die Gründung der hebräischen Nation. Es war das am meisten in Erinnerung gebliebene Ereignis im Alten Testament. Es erinnert daran, dass Gott an hebräischen Häusern vorbeizog, weil sie ihren Glauben und Gehorsam ihm gegenüber bewiesen, indem sie das Blut eines Opferlammes auf ihre Türpfosten und Linsen klebten. In derselben Nacht, als die gläubigen Hebräer das ursprüngliche Pessachmahl (Sedermahl) aßen, stoppte Gott in jedem ägyptischen Haus und nahm den erstgeborenen Söhnen das Leben.

Die Hebräer blieben die ganze Nacht wach, während sie das Passahmahl aßen, vollständig gekleidet und bereit, Ägypten zu verlassen. Zur gleichen Zeit erwachte jede ägyptische Familie mit ihren toten Söhnen. Als der Tag in Ägypten anbrach, wurden die hebräischen Sklaven befreit und aufgefordert, Ägypten zu verlassen. Dies dient dem Gedenken an Gott, der die hebräischen Sklaven in Ägypten befreite.

Geschichte

Die zwölf Apostel waren vor Ort, um das Passahmahl aus gebratenem Lamm, ungesäuertem Brot/Fladenbrot (Mazza), bitteren Kräutern und Rotwein zu essen (die bitteren Kräuter erinnerten an die Bitterkeit der Sklaverei).

Anstatt mit dem Essen zu beginnen, stand Jesus von seinem Platz auf. Er zog sein äußeres Gewand aus, wickelte ein Handtuch um seine Taille, füllte ein Becken mit Wasser und wusch die Füße jedes seiner Jünger (sogar die von Judas). Er trocknete ihre Füße mit dem Handtuch.

Die Füße eines Gastes zu waschen war die Pflicht des niedrigsten Hausangestellten, aber es gab keinen Hausangestellten, der dieses Bedürfnis erfüllen konnte. Jeder der Jünger hätte sich demütigen und einem Mitjünger die Füße waschen können, aber keiner tat es. Nachdem er ihnen die Füße gewaschen hatte, kehrte Jesus zu seinem Platz am Tisch zurück und sagte: „Ich habe mir gewünscht, dieses Passah mit euch zu essen, bevor ich leide. Ich werde es nicht wieder essen, bis es im Reich Gottes erfüllt ist."

Ein lehrreicher Moment: Keiner der Jünger war bereit, sich zu demütigen; im Gegenteil, jeder dachte, er sei besser als der andere (viele von uns hätten das auch getan). Sie stritten oft untereinander darüber, wer unter ihnen der Wichtigste sei (Lukas 22,24). Jesus demonstrierte einfach, was er ihnen bereits beigebracht hatte. Derjenige, der der Größte sein will, muss der Diener aller sein. Jeder Apostel war der Meinung, dass es unter seiner eigenen Würde sei, jemand anderem die Füße zu waschen. Sie dachten, der Dienst an anderen ließe sie demütig erscheinen.

Der Wert und die Würde eines Menschen liegen jedoch nicht in ihm selbst, sondern es ist Gott, der jedem Menschen Wert und Würde verleiht. So schämte sich Jesus, der Sohn Gottes, der Herr aller, der Erlöser, der König der Könige, weder, noch schämte er sich, ihnen die Füße zu waschen. Das, was die Jünger in dieser Nacht miterlebten, wie Jesus es demonstrierte, sollte sich bald in ihren Köpfen und Herzen festsetzen.

Das Abendmahl

Nachdem er das Passahmahl gegessen hatte, nahm Jesus zwei Elemente dieser Mahlzeit, ungesäuertes Brot und Rotwein, und richtete das Abendmahl (ein Denkmal, eine Erinnerung an ihn) ein, das danach das Passahmahl für alle, die ihm nachfolgten, ersetzen sollte.

Das Passah markiert die Befreiung der hebräischen Sklaven in Ägypten und die Gründung der hebräischen Nation, das wichtigste Ereignis im Alten Testament. Das Abendmahl markiert die Befreiung von der Sklaverei der Sünde und die Gabe des ewigen Lebens (das Leben Gottes) für alle, die Buße tun, glauben und dem Hauptereignis (dem Tod und der Auferstehung Jesu) im Neuen Testament gehorchen.

Jesus nahm etwas von dem ungesäuerten Brot, brach es und reichte es seinen Jüngern mit den Worten: *„Nimmt und esst. Dies stellt meinen Leib dar, der für eure Sünden geopfert wurde."* Dann nahm er den Kelch, dankte ihnen und reichte ihn ihnen mit den Worten: „Trinkt alle daraus, denn dies stellt mein Blut *des neuen Bundes dar, das für viele vergossen wird zur Vergebung der Sünden.*"

Warum ein neuer Bund? Weil der alte Bund gescheitert ist. Israel hielt seine Versprechen gegenüber Gott nicht, obwohl Gott seine Versprechen gegenüber Israel hielt. Jeremia, ein alttestamentlicher Prophet Gottes, überbrachte eine Botschaft Gottes:

> „Siehe, Tage [eine Zeitspanne] kommen", erklärt der Herr [Jahwe], „Ich werde einen *neuen Bund* mit dem Haus Israel und dem Haus Juda schließen. Dies ist der Bund, den ich nach diesen Tagen schließen werde", erklärt der Herr [Jahwe], *„Ich werde mein Gesetz in ihr Inneres legen und es in ihr Herz schreiben; ich werde ihr Gott [Elohim] sein, und sie werden mein Volk sein."*
>
> (Jeremia 31:31–34)

Der Hebräerbrief zitiert diese Worte Gottes in Jeremia, fügt aber hinzu: „Als er ‚einen neuen Bund' sagte, machte er den ersten Bund überflüssig" (Hebräer 8:10-12).

> Nicht durch das Blut von Böcken und Kälbern, sondern durch sein eigenes Blut betrat Christus ein für alle Mal den heiligen Ort und erlangte die ewige Erlösung für uns.
>
> (Hebräer 9:12)

„Denn das Gesetz (der alte Bund) ist nur ein Schatten der künftigen guten Dinge ... und das Blut von Stieren und Böcken kann die Sünden nicht hinwegnehmen" (Hebräer 10,1 und 4), „sondern *Christus, der für alle Zeiten ein einziges Opfer für die Sünden dargebracht hat, hat sich zur Rechten Gottes* gesetzt und von da an gewartet, bis seine Feinde zum Schemel seiner Füße für seine Füße gemacht werden. *Denn durch eine Opfergabe seiner selbst hat er diejenigen, die es sind, für alle Zeiten vollendet." geheiligt werden*" (Hebräer 10,12-14).

Die Heiligung kommt nach der Rechtfertigung (Vergebung der Sünden). Heiligung ist der Prozess der Vorbereitung des Gläubigen auf ein ewiges Leben mit Gott (Gottähnlichkeit). Der Heilige Geist ist bei unserer Heiligung sehr aktiv.

Zu dieser Zeit konnten seine Jünger die Bedeutung dessen, was das Abendmahl symbolisierte, weder verstehen noch einschätzen. Dieses Verständnis und diese Wertschätzung würden sich erst nach der Kreuzigung, Auferstehung, Himmelfahrt Jesu und dem Kommen des Heiligen Geistes zu Pfingsten (fünfzig Tage nach dem Passahfest) verwirklichen.

Unter dem Alten Bund konnten Blutopfer von Tieren keine Vergebung und Erlösung erlangen, sondern deuteten stattdessen im Glauben auf ihre Hoffnung auf den kommenden Erlöser hin. Unter dem Neuen Bund bringen Gläubige verschiedene Opfer dar, die auf den Erlöser hinweisen, der sich selbst hingab und unsere Vergebung und Erlösung erlangte: (1) Bringt eure Körper als lebendiges und heiliges Opfer dar, das Gott wohlgefällig ist, und das ist euer geistlicher Dienst der Anbetung" (Römer 12,1). (2) „In Christus bringen wir Opfer des Lobpreises für Gott dar, das heißt die Frucht der Lippen, die seinem Namen danken." Die Bestätigung des Lobes Gottes ist Freude daran, Gutes zu tun und Freude daran, es mit Bedürftigen zu teilen. Gott hat Gefallen an solchen von Herzen empfundenen Opfern“ (Hebräer 13,15-16).

Dann sagte Jesus zu seinen Jüngern:

> Heute Nacht werdet ihr alle Mich verlassen. Fast fünfhundert Jahre zuvor wurde prophezeit: „Schlag den Hirten, und die Schafe werden zerstreut.”
>
> (Sacharja 13:7)

Wie immer sprach Petrus als Erster: „Andere mögen abfallen, aber ich werde Dich nie im Stich lassen.”

Jesus antwortete schnell: „Du kennst dich selbst nicht, Petrus. Noch in dieser Nacht wirst du mich dreimal verleugnen, bevor der Hahn zweimal kräht.”

„Auf keinen Fall“, sagte Peter. „Ich würde mit Dir sterben, bevor ich Dich verleugnen würde!”

Die anderen Jünger mischten sich ein: „Wir auch.”

Entweder offen oder privat sagte Jesus dies zu Petrus, dem anerkannten Führer unter den Aposteln

> Satan hatte um Erlaubnis gebeten und diese erhalten, Petrus wie Weizen zu sieben, aber ich habe für dich gebetet [Fürsprache], dass dein Glaube nicht versagen wird; und nach deiner Rückkehr [von deiner Verleugnung Jesu] wirst du deine Mitapostel stärken.
>
> (Lukas 22:31-32)

Die Aussage, dass Satan um Erlaubnis bittet, Petrus auf die Probe zu stellen, ist ungewöhnlich, aber nicht einzigartig. Satan erhielt von Gott die Erlaubnis, Hiob zweimal auf die Probe zu stellen (Hiob 1:12 und 2:6). Gott verwandelt Satans böse Pläne in unser Gutes und seine Herrlichkeit.

9. Donnerstagabend, das hohepriesterliche Gebet Jesu, gefolgt von seinem Todeskampf im Garten Gethsemane (Matthäus 26 und Johannes 17)

Jesus betete ein Fürbittegebet für seine Jünger und schloss auch diejenigen ein, die ihm in Zukunft folgen würden (einschließlich uns). *Es ist nicht klar, ob er in dem Raum betete, der für das Abendmahl genutzt wurde, oder irgendwo zwischen diesem Raum und dem Garten Gethsemane.* Sein Gebet ist in Johannes 17:1-26 aufgezeichnet.

Gekürzte Version des Gebets Jesu:

> Vater, meine Zeit ist gekommen [der Grund, warum ich auf die Erde gekommen bin]; Verherrliche mich, deinen Sohn, damit ich dir die Ehre zurückgeben kann. Du hast Mir Autorität über die ganze Menschheit gegeben, um allen, die Du zu Mir gezogen hast, Vergebung und ewiges Leben [das Leben nach Gottes Art] zu schenken. Ewiges Leben bedeutet, dich zu kennen, den einzig wahren Gott [ewig und souverän], und mich zu kennen, Jesus, den Christus, den du gesandt hast, um sie von der Sünde zu erlösen.
>
> (Johannes 17:3)

Das Wort wissen bedeutet hier eine intime (nichtsexuelle) *Beziehung.*

> Vater, ich freue mich, dass ich das Werk vollendet habe, zu dem du mich gesandt hast [es wird morgen fertig sein, wenn ich zum Opfer für die Sünde werde]. *Ich kann es kaum erwarten, nach Hause in den Himmel zurückzukehren und bei Dir zu sein, damit die Dinge so sein können wie vor der Erschaffung der Erde und bevor ich auch Mensch wurde.*
>
> (Johannes 17:4-5, Neufassung des Autors, ähnlich den unveröffentlichten Gedanken von Dr. Nat Tracy im Unterricht an der Howard Payne University, 1959)

> Ich habe deine Botschaft denen gegeben, die mir folgen. *Die Welt* [die Menschheit ohne Gott] hasst die Gläubigen, weil die Gläubigen nicht mehr von der Welt sind *[weil sie Dir gehorchen und nicht den Philosophien der Menschen].* So wie Du mich in die Welt [Menschen ohne Gott] gesandt hast, habe ich auch Gläubige in die Welt *[Menschen ohne Gott]* gesandt. Ich bete, dass alle Gläubigen in der Liebe vereint sein mögen, so wie Du, Vater, in Mir und ich in Dir bist, damit sie in Uns sein mögen, damit die Welt *(die Menschheit ohne Gott)* glauben kann, dass Du Mich gesandt hast, *damit sie Dich erkennen kann.*
>
> (Johannes 17:14-16, Neufassung des Autors)

Auch hier bedeutet „wissen" eine innige (geschlechtslose) Beziehung.

Nach seinem Gebet verließen Jesus und elf seiner Jünger (Judas war nicht mehr bei ihnen) Jerusalem, gingen in das Kidron-

Tal östlich der Stadt hinab und überquerten den Kidron-Fluss, der normalerweise trocken war, außer bei Winterstürmen und Frühlingsschauern. Als sie das Tal verließen, machten sie sich auf den Weg bergauf zum Garten Gethsemane (Weinkelter) direkt unterhalb des Ölbergs. Wahrscheinlich hatten sie vor, die Nacht wie zuvor zu verbringen, vielleicht in einer von mehreren Höhlen in der Gegend. Das sollte jedoch nicht sein.

10. Donnerstagabend im Garten Gethsemane

Upon arrival, Jesus told His disciples, „Pray that you don't fall into temptation." He took Peter, James, and John a stone's throw away, and He began to be grieved and distressed. *What happened in the brief time between His earlier joy in prayer and His grief and distress now?*

He told the three, "*My spirit is deeply grieved to the point of death. Remain here, and keep watch with Me.*" Jesus went beyond them, fell on His face, and prayed, "My Father, if it is possible, let this cup pass from Me, but not my will. May Your will (submission) be done."

Jesus returned to the three and found them asleep. He woke Peter up and asked, "Can't you guys keep watch *(pray)* with Me for an hour?"

He went away again to pray. Jesus was in such agony that the sweat on his forehead was mixed with blood *(extravasation)* and dripped on the ground (Luke 22:44). *Many assume Jesus was experiencing anxiety because He knew He faced murder by crucifixion tomorrow. Others think His anxiety was due to the fact that He, the sinless One, would bear the sin of the whole world tomorrow.*

Bei seiner Ankunft sagte Jesus zu seinen Jüngern: „Betet, dass ihr nicht in Versuchung gerät." Er nahm Petrus, Jakobus und Johannes mit auf einen Steinwurf und begann, betrübt und bekümmert zu sein. *Was geschah in der kurzen Zeit zwischen seiner früheren Freude im Gebet und seiner heutigen Trauer und Not?*

Er sagte zu den dreien: *„Mein Geist ist bis zum Tod zutiefst betrübt. Bleiben Sie hier und wachen Sie mit mir."* Jesus ging über sie hinaus, fiel auf sein Angesicht und betete: „Mein Vater, wenn es möglich ist, lass diesen Kelch an mir vorübergehen, aber nicht meinen Willen. Möge dein Wille (Unterwerfung) geschehe."

Jesus kehrte zu den dreien zurück und fand sie schlafend. Er weckte Petrus und fragte: „Könnt ihr nicht eine Stunde lang mit mir Wache halten *(beten)*?"

Er ging wieder weg, um zu beten. Jesus litt solche Qualen, dass sich der Schweiß auf seiner Stirn mit Blut vermischte *(Extravasation)* und auf den Boden tropfte (Lukas 22:44). *Viele gehen davon aus, dass Jesus Angst hatte, weil er wusste, dass ihm morgen die Ermordung durch Kreuzigung drohte. Andere denken, seine Angst sei auf die Tatsache zurückzuführen, dass er, der Sündenlose, morgen die Sünde der ganzen Welt tragen würde.*

Diese Ideen scheinen vielen vernünftig zu erscheinen, aber sie sind nicht vernünftig, wenn wir das Wirken Jesu betrachten. Er führte ein gefährliches Leben, aber das bereitete Ihm kein Leid. Fast zwei Jahre lang hatten jüdische Religionsführer versucht, ihn zu töten, aber Jesus wich nicht zurück. Immer wieder sagte Jesus, dass man ihn töten würde, aber er zog sich nicht zurück. Sein Tod für die Sünden der Menschheit war geplant, bevor die Welt erschaffen wurde. Er erkannte an, dass dies der Grund war, warum er in die Welt kam (Johannes 18:37). Warum dann die Qual und warum darum bitten, verschont zu bleiben?

Früher in seinem Gebet sagte Jesus zu seinem himmlischen Vater: „Ich bin bereit, nach Hause zu kommen und bei dir zu sein, damit alles so sein kann wie vorher, bevor wir die Welt erschaffen haben" (Johannes 17:4-5). *Irgendwann nach Jesu hohempriesterlichem Gebet glaubt der Autor, dass Jesus begann sich daran zu erinnern, dass bereits vor* der Erschaffung des Menschen die Gottheit (Gott der Vater, Gott das Wort und Gott der Geist) einen Plan hatte, die Menschheit zu erschaffen und nach unserem Sündenfall zu retten.

Der Plan beinhaltete, dass auch Gott das Wort Mensch wurde, und Jesus wäre der Erlöser der Menschheit. Der Plan wurde durch die Gottheit (Vater, Wort und Heiliger Geist) vereinbart. Als das Wort ebenfalls Mensch wurde (Jesus), entäußerte *(Kenosis)* Er sich selbst, einschließlich Seines ewigen Gedächtnisses.

Dennoch kehrte Sein ewiges Gedächtnis im Laufe der Jahre langsam zurück (Perosis). Nach Ansicht dieses Autors war das letzte Gedächtnis, das zurückkehrte, das Bewusstsein, dass das Wort Gottes, das ebenfalls Mensch wurde, ewig Seine Gleichheit mit dem Vater geopfert hatte (Philipper 2:4).

Jesus ist immer noch Gott, aber er bleibt auch Mensch. Dieser Autor denkt, dass es das Verständnis war, womit Jesus als Mensch im Garten Gethsemane zu kämpfen hatte, und es bereitete ihm große Qualen. Der Mensch Jesus kämpfte unter einem mächtigen geistlichen Kampf gegen ihn.

Der vorübergehend verwirrte Jesus betete: „Vater, wenn möglich, nimm diesen Kelch von mir."

Satan war dort und glaubte, eine Schwäche zu erkennen, eine Öffnung, um einen vernichtenden Schlag zu führen. Es war wie das „Thriller in Manila." Satan setzte seinen besten Schlag an, aber Jesus antizipierte Satans Taktik und konnte Satans heftigen Schlag abwehren.

Jesus antwortete mit einer Serie von Treffern auf Satans Körpermitte, bevor er seinen eigenen entscheidenden Schlag auf das Kinn ausführte. Satan fiel zu Boden und blieb niedergeschlagen liegen.

Bitte entschuldigen Sie die Leichtigkeit, aber der ernsthafteste geistliche Kampf der Geschichte fand an jenem Abend statt. Gottes ewiger Plan und unser ewiges Heil hätten in Gefahr sein können.

Am Ende wählt Jesus erneut das, dem Er zuvor zugestimmt hatte, bevor die Menschheit erschaffen wurde (eine weitere Erinnerung aus unveröffentlichten Vorlesungen von Dr. Nat Tracy an der Howard Payne University).

„Ja", sagte der Vater. „Du wirst bald bei mir sein, aber es wird nicht wie zuvor sein. Du wirst für immer mit der Menschheit verbunden sein. Es wird niemals wieder so sein wie früher."

„Ja, Vater, ich weiß, und das ist kein Krisenfall mehr. Mein ewiges Gedächtnis ist vollständig zurückgekehrt. Ich habe Nikodemus gesagt, dass Du Deinen Sohn gegeben hast (nicht geliehen), um die Menschheit zu retten" (Johannes 3:16). *Du hast durch Paulus gesprochen und gesagt:* „Es gibt einen Gott und einen Mittler zwischen Gott und Mensch—den Menschen Christus Jesus" (1. Timotheus 2:5). *Ich erinnere mich vollständig an unseren ewigen Plan, und ich bin immer noch voll dabei.*

Mini-Epilog

Gott (das Wort) wurde ebenfalls Mensch, und es gab kein Zurück mehr. Gottes ewiger Plan für uns wird deutlicher, obwohl er noch nicht vollständig klar ist. Wir beginnen zu erkennen, dass es für Gott kostspieliger war, als wir uns vorstellen können. Wir beginnen zu verstehen, dass Sein Plan für uns die ewige Verarmung der Gottheit beinhaltet, auch wenn dies unser Verständnis übersteigt. Wir beginnen gerade erst, diese Art von Liebe zu erahnen – die Liebe Gottes. Einige Leser haben möglicherweise nicht daran gedacht, dass Gott alle Menschen so sehr liebt, dass Jesus für immer auf Seine Gleichheit mit Gott dem Vater und dem Heiligen Geist verzichtete (Philipper 2,6-8) und für immer die Rolle des leidenden Dieners annahm (Jesaja 53,1-12), um alle zu erlösen und zu verwandeln (2. Korinther 3,18), die Seine ewige, göttliche Liebe (Agape) annehmen. Wenn dies so aussieht, wie Gottes

Liebe für uns ist, wie sollte dann unsere Liebe zu Gott aussehen? Unser erstes klares Verständnis davon, wie unsere Liebe zu Gott aussehen sollte, erhielten wir im Schma. Lies Deuteronomium 6,4-6 noch einmal. Müssen wir über das Schma beten?

Geschichte 27

GIPFEL DER WELTGESCHICHTE

Die Verhaftung, der Prozess und die Kreuzigung von Jesus (Johannes 18 und 19)

Nachdem er ein drittes Mal gebetet hatte, kehrte Jesus zu Petrus, Jakobus und Johannes zurück und sagte: „Lasst uns gehen. Meine Stunde ist gekommen; ich werde den Sündern überliefert." Während er sprach, erschien Judas mit einer großen Menschenmenge, die Fackeln, Schwerter und Knüppel trugen.

Sie waren gekommen, um Jesus zu verhaften. Judas näherte sich Jesus, aber *Jesus sprach zuerst.* „Freund, tu, was du tun musst." Es war ein sanfter Tadel, gesprochen mit aufrichtigem mitfühlendem Schmerz. Judas wandte seine Augen ab, um seine Schuld zu verbergen, küsste dann schnell Jesus auf die Wange, trat zurück und verlor sich in der Menge. Judas wusste, was er tat; er war bezahlt worden, und sein Kuss war ein vorher vereinbartes Signal an den Hohepriester. Der Kuss bedeutete: „Das ist der Mann, den ihr sucht. Nehmt ihn!"

Wieder sprach Jesus auch zuerst mit der Menge. Er fragte die Menge: „Wen sucht ihr?"

Sie antworteten: „Jesus von Nazareth."

„Ich bin es“, sagte Jesus.

Diejenigen, die Jesus am nächsten standen, waren von Seiner ruhigen, selbstbewussten Haltung überrascht und traten zurück. Jesus fragte ein zweites Mal: „Wen sucht ihr?"

Sie antworteten: „Wir suchen Jesus von Nazareth."

Jesus sagte: „Ich habe euch gesagt, dass ich es bin. Ich bin derjenige, den ihr sucht. Lasst diese anderen gehen!“ Jesus beschützte Seine Jünger, die noch nicht ebenfalls ins Visier geraten waren.

Als sie Jesus ergriffen, reagierte Petrus schnell. Er zog sein Kurzschwert und schlug das rechte Ohr von Malchus, einem Knecht des Hohenpriesters, ab. *Obwohl Petrus später leugnen würde, dass er Jesus kannte, zeigte seine Verteidigung von Jesus im Garten, dass er mehr als nur leeres Prahlen war, als er zuvor gesagt hatte, dass er mit Jesus sterben würde.* Jesus sagte Petrus schnell, sein Schwert wieder wegzustecken, während Er schnell das abgetrennte Ohr aufhob, es wieder ansetzte und die Wunde heilte (Lukas 22,50-51).

Jesus sprach zu denen, die vom Hohenpriester gesandt worden waren, um Ihn zu fangen: „Habt ihr mich mit Schwertern und Knüppeln zu verhaften, wie ihr es bei einem Räuber tun würdet? Ich war diese Woche jeden Tag im Tempel, aber keiner von euch wagte es, mir vor den Leuten Hand anzulegen, doch die Stunde und die Macht der Dunkelheit deckt die Feigheit eures finsteren Plans, mich zu töten."

Sie gaben keine Antwort, aber Jesus sprach erneut: „Wenn ich mich an Meinen himmlischen Vater wenden wollte, würde Er mir eine Legion Engel (sechstausend) gegen euch zur Verfügung stellen." *Doch wenn ich das täte, würde der Grund für Mein Kommen zunichte werden,* und die Schriften würden nicht erfüllt werden. *Ich unterwerfe Mich gerne dem ewigen Plan Meines himmlischen Vaters.*

Als sie Jesus fesselten, um Ihn wegzuführen, verließen Ihn Seine Jünger und flohen. Ein junger Mann war heimlich Jesus und den Jüngern in den Garten Gethsemane gefolgt. Offensichtlich war er aus dem Bett aufgestanden, als es im Haus still wurde. Er „trug nichts", hatte sich aber in ein Leinentuch gehüllt. Man ergriff ihn, doch er konnte sich aus dem Leinentuch befreien und entkam nackt (Markus 14,51-52). *Das könnte bedeuten, dass er nur Unterwäsche trug; es könnte auch seinen bloßen Körper bedeuten. Als Petrus bemerkte, dass er nicht verfolgt wurde, hörte er auf zu laufen und beobachtete, wohin sie Jesus führten.* Als sie Jesus wegführten, folgte Petrus aus der Entfernung.

Känguru-Gericht (Lukas 22,54-71)

Jesus wurde zunächst in das Haus von Hannas, dem früheren Hohepriester von 6 bis 15 n. Chr., gebracht. Er konnte hinter den Kulissen noch Macht ausüben. Johannes ist der einzige Evangelist, der uns erzählt, dass die Vorverhandlung des Prozesses im Haus von Hannas stattfand. Er war auch der Schwiegervater von Kajaphas, der in diesem Jahr Hohepriester war, tatsächlich von 18 bis 36 n. Chr. (Johannes 18,13). Johannes erinnert uns daran, dass Kajaphas derjenige war, der nach der Auferweckung von Lazarus durch Jesus sagte, es sei nützlich, dass ein Mann (Jesus) für das Volk sterbe (Johannes 11,50). *Diese Erinnerung ist eine Warnung für uns, dass der Prozess gegen Jesus inszeniert war; das Ergebnis war bereits festgelegt.*

Annas befragte Jesus über Seine Jünger und Seine Lehren. Annas' Fragen waren unnötig, da es viele Zeugen gab, die die Einzelheiten dessen, was Jesus in den vergangenen Tagen im Tempel gelehrt hatte, berichten konnten. Jesus antwortete ihm streng: „Ich habe offen in den Synagogen und hier in Jerusalem gesprochen. Ich habe diese Woche jeden Tag im Tempel gelehrt. Ich habe mit euren Untergebenen debattiert. Ich habe nichts im Verborgenen gesagt. Warum befragst du Mich? Fragt diejenigen, die mich gehört haben. Sie wissen, was ich gesagt habe."

Einer der Offiziere, der nahe bei Jesus stand, schlug Ihn ins Gesicht und sagte: „So spricht man nicht zum Hohenpriester."

Jesus antwortete: „Wenn ich nicht die Wahrheit gesagt habe, überzeugt Mich vom Gegenteil, aber da ich die Wahrheit spreche, warum schlagt ihr Mich?"

Sie kamen nicht weiter, also schickte Anna Jesus, gefesselt in Ketten (Handschellen), zu Kaiphas, dem Hohepriester. Petrus folgte ihnen aus der Ferne. Ein anderer Jünger, der den Hohepriester kannte, begleitete Petrus zum Haus Kaiphas' und ging mit Jesus in das Haus hinein (Johannes 18,15). Dieser Jünger war wahrscheinlich Johannes, der seinen eigenen Namen in seinem Evangelium nie erwähnte.

Viele religiöse Führer versammelten sich und warteten darauf, dass der volle Rat (Sanhedrin) für den Prozess zusammenkommt. Unterdessen traten Zeuge um Zeuge auf, doch keiner von ihnen war in seinen Anschuldigungen gegen Ihn konsistent. Jesus wurde die ganze Nacht über Wasser verweigert, von vielen befragt, falschem Zeugnis gegen Ihn ausgesetzt, Misshandlungen und Spott ertragen, wie ins Gesicht schlagen, während man ihm die Augen verband, und dann fragen: „Wer hat dich geschlagen?"

Inzwischen war Peter draußen zusammen mit anderen und wärmte sich an einem Holzkohlefeuer in der Mitte des Hofes. Dort verleugnete Peter Jesus dreimal. Zuerst sagte eines der Dienstmädchen: „Dieser Mann war mit Jesus." Erschrocken über die Anschuldigung ließ Peter es schnell abstreiten: „Ich kenne ihn nicht einmal!" Dann sagte jemand anderes: „Du gehörst auch zu ihnen," aber Peter sagte: „Ich war es nicht!"

Vor der Morgendämmerung wurde der immer noch gefesselte Jesus in die Ratskammern des Sanhedrins gebracht. Als sie mit Jesus durch den Hof von Kaiphas gingen, sagte ein anderer Mann zu Peter: „Du musst ein Freund von Jesus sein. Dein Akzent ist aus Galiläa."

Peter begann zu fluchen und zu schwören: „Ich kenne den Mann nicht!" und sofort krähte ein Hahn.

> Für einen Moment trafen sich die Augen von Jesus und Petrus, dann erinnerte er sich daran, was Jesus ihm zuvor an diesem Abend gesagt hatte: „Ehe der Hahn kräht, wirst du mich dreimal verleugnen." Petrus verließ den Hof und weinte bitterlich.
>
> (Lukas 22,59-62)

Einmal in den Ratskammern angekommen, stellten mehrere Fragen, die Jesus nicht beantwortete. Er stand einfach schweigend da. Schließlich trat Kaiphas vor und befragte Ihn, indem er sagte: „Du antwortest deinen Anklägern nicht. Was ist es, wofür all diese Männer gegen Dich Zeugnis abgelegt haben?" Jesus antwortete dem Hohenpriester nicht. Jesus wurde fälschlicherweise vieler Dinge beschuldigt. *Er wusste, dass Er gekreuzigt werden würde, aber Er wollte aus dem richtigen Grund gekreuzigt werden (d.h. weil Er beanspruchte, Gott inkarniert zu sein, der kam, um das Opfer zu werden, das unsere Sünde erlöst).*

Jesus wartete geduldig auf die richtige Frage, und Kaiphas war kurz davor, sie zu stellen: „Bist Du der Christus (der Gesalbte/der Messias), der Sohn des Gesegneten (der Sohn Gottes)?"

Jesus sagte: „Ich bin es, und ihr werdet sehen, ‚den Menschensohn zur Rechten der Macht sitzen und auf den Wolken des Himmels kommen'" (Markus 14,61 und Daniel 7,13).

Caiaphas wurde wütend, zerriss seine Kleider und sagte zum Sanhedrin: „Er hat geblasphemert und behauptet, Gott zu sein! Wir brauchen keinen weiteren Beweis. Er verdient den Tod!" Dann spuckten sie ihm alle ins Gesicht und schlugen ihn mit ihren Fäusten. Es war Zeit, ihn zu Pilatus zu bringen.

Nach dem jüdischen Gesetz war Blasphemie mit dem Tode strafbar; unter römischer Herrschaft konnte der Sanhedrin jedoch die Todesstrafe nicht vollstrecken. Nur Rom konnte einen verurteilten Kriminellen hinrichten. Die Römer erlaubten das Judentum, waren aber nicht geduldig mit religiösen Auseinandersetzungen, es sei denn, Roms Interessen waren betroffen.

Daher müsste der Sanhedrin die Anklagen gegen Jesus ändern, als sie ihn an Pilatus übergaben. Sie wollten die Todesstrafe. Sie wollten, dass Rom Jesus kreuzigen würde, weil die Schriften Moses' sagten: „Wer an einem Baum hängt, ist Gottes Fluch ausgesetzt" (5. Mose 21,23).

13. Judas Iskariots Reue (Matthäus 27:1-5)

Der Rat (Sanhedrin) verurteilte Jesus zum Tod, band Ihn und übergab Ihn dem römischen Statthalter Pilatus, damit Er gekreuzigt würde.

Judas Iskariot, der Jesus verriet, fühlte Reue und brachte die dreißig Silberstücke den Hohenpriestern und Ältesten des Judentums zurück und sagte: „Ich habe gesündigt, indem ich einen unschuldigen Mann verraten habe."

Die religiösen Führer lachten nur und fragten: „Was hat das mit uns zu tun? Das ist dein Problem, nicht unseres."

Judas warf die Silbermünzen im Tempel zu Boden, ging hinaus und erhängte sich.

> Vielleicht wusste Judas nicht, wie man eine richtige Schlinge zum Aufhängen macht. Obwohl es ihm gelang, sich zu töten, löste sich der Knoten, und Judas' geschwollenes Körper fiel auf die Felsen unter dem Galgenbaum und platzte auf.
>
> (Apostelgeschichte 1,18)

Manche verteidigen Judas als eine Person, die gute Absichten hatte, aber Jesus sagte: „Ich habe euch zwölf erwählt (Apostel), doch einer von euch ist ein Teufel" (Johannes 6,70). Johannes nannte Judas einen Dieb (Johannes 12,6). Jesus sagte: „Ich sage euch, dass einer von euch mich verraten wird. Wehe dem Menschen, der den Sohn des Menschen verrät. Es wäre besser, wenn er nie geboren worden wäre."

> Judas, der ihn verriet, sagte: „Doch wohl nicht ich, Lehrer?"
>
> Jesus antwortete: „Du hast es selbst gesagt."

Matthäus 27,3 berichtet, dass Judas nach dem Verrat an Jesus Reue empfand. *Reue bedeutet Bedauern über ein Fehlverhalten oder Kummer wegen des Schuldgefühls, aber das bedeutet nicht Umkehr (obwohl er das „Blutgeld" den Hohenpriestern zurückgab). Judas suchte keine Vergebung von Gott, sondern versuchte, seinem Schuldgefühl durch Selbstmord zu entkommen.*

Römischer Prozess Jesu (Matthäus 27,11-32; Markus 15,1-21; Lukas 23,1-25; Johannes 18,28-19,16)

Der Sanhedrin führte den gebundenen Jesus zu Pilatus, dem römischen Statthalter von Judäa.

Warum habt ihr diesen Mann zu mir gebracht?" fragte Pilatus.

„Wir haben ihn schuldig befunden, unser Volk in die Irre zu führen. Er sagt Dinge wie, dass das Volk keine Steuern an Rom zahlen müsse. Außerdem behauptet er, ein König zu sein – das macht ihn zu einer Bedrohung für Rom."

Pilatus fragte Jesus: „Bist du der König der Juden?"

Jesus antwortete einfach: „Es ist, wie du sagst."

Die Hohepriester und Ältesten schrien weitere Anschuldigungen gegen Jesus heraus.

Pilatus fragte Jesus: „Hörst du, wie vieler Dinge sie dich beschuldigen?" doch Jesus antwortete ihm nicht.

Pilatus erfuhr, dass Jesus aus Galiläa stammte, und dachte, er könnte sich dadurch herauswinden, indem er Jesus zu Herodes schickte, der ebenfalls zu Pessach in Jerusalem war. Herodes Antipas hatte Johannes den Täufer getötet; er war einer von drei Söhnen des Herodes des Großen, der versucht hatte, das Jesuskind zu töten.

Herodes war sehr erfreut, Jesus zu sehen, da er viel über ihn gehört hatte und hoffte, dass Jesus ihm einen Zaubertrick (ein Wunder) vorführen würde. Die Hohepriester und die Schriftgelehrten folgten den römischen Soldaten, die Jesus zu Herodes eskortierten. Sie erhoben Vorwürfe gegen Jesus bei Herodes. Herodes befragte ihn ausführlich, aber Jesus antwortete nichts. Nachdem Herodes und seine Soldaten Jesus verspottet und verachtet hatten, schickten sie ihn schließlich in einem königlichen Gewand, als Scherz, zurück zu Pilatus.

Pilatus war nicht glücklich, Jesus wieder zu ihm kommen zu sehen. Er beschloss, diesem religiösen Drama ein Ende zu setzen, indem er Jesus freiließ. Pilatus rief den Hohenpriester und seine Handlanger und sagte zu ihnen: *„Ich habe den Mann Jesus untersucht und keine Schuld an Ihm gefunden, auch Herodes nicht. Er schickte*

Jesus zu mir zurück und sagte, er habe keinen Grund gefunden, Ihn hinrichten zu lassen. Also werde ich Ihn bestrafen und dann freilassen."

Während der Passahzeit war es üblich, dass der Statthalter einen Gefangenen für das Volk freiließ. Der Hohepriester hetzte das Volk gegen Jesus auf und überzeugte sie, Pilatus zu bitten, einen Verbrecher namens Barabbas anstelle von Jesus freizulassen. Pilatus wollte Jesus freilassen, aber das Volk übte Druck auf ihn aus, Barabbas zu befreien.

„Was soll ich mit Jesus tun?" fragte er.

„Kreuzige Ihn! Kreuzige Ihn!" schrien sie.

Pilatus fürchtete, dass das Volk Aufruhr machen würde, wenn er Jesus nicht kreuzigen ließe. Ein Aufruhr könnte dazu führen, dass er seine Ernennung zum Gouverneur verliert, *also entschied er sich, der Menge ihren Willen zu lassen, statt seine Karriere zu riskieren, indem er das Richtige tat.* So ließ Pilatus Jesus geißeln und befahl auch Seine Kreuzigung.

Die Geißelung war eine schreckliche Prügelstrafe; *sie war die schlimmste Art der Auspeitschung. Die drei oder mehr Lederriemen waren mit Metall- und Knochensplittern versehen, um den Rücken von den Schultern bis zur Lende aufzusplittern; der Zweck war es, größtmögliche Schmerzen und Demütigung zuzufügen.*

Nach der Geißelung machten die römischen Soldaten Spott mit Jesus. Sie zogen Ihm die Kleider aus, legten Ihm ein purpurnes Gewand an, setzten Ihm eine Dornenkrone auf den Kopf, gaben Ihm einen Rohrstab in die Hand, knieten dann nieder und verspotteten Ihn, indem sie sagten: „Sei gegrüßt, König der Juden!" Dann spuckten sie Ihn an, nahmen Ihm das Rohr aus der Hand und begannen, Ihn damit auf den Kopf zu schlagen. Nachdem sie Jesus verspottet hatten, wurde das Gewand entfernt und Sein eigenes Gewand wieder angelegt. Danach führten sie Jesus weg, wobei Er Sein eigenes Kreuz trug, an dem Er gekreuzigt werden sollte.

Unterwegs fiel Jesus, *immer noch geschwächt von der Prügelstrafe, dem Blutverlust und dem Wassermangel, unter dem Gewicht des Kreuzes.* Ein Mann namens Simon von Kyrene (im heutigen Libyen) wurde gezwungen, das Kreuz den Rest des Weges zu tragen (Lukas 23,26). *Simon war der Vater von Alexander und Rufus, die später möglicherweise gläubig wurden und in Rom lebten (Römer 16,13).*

Sie erreichten den Ort außerhalb der Stadt, der *Golgatha* genannt *wird (hebräisch: Ort des Schädels). „Kalvarienberg" stammt vom lateinischen Wort „calva" (Schädel).* Bevor sie Jesus kreuzigten, boten sie ihm einen Becher Wein gemischt mit Myrrhe an (Markus 15,23) als Betäubungsmittel zur Schmerzlinderung, aber Jesus lehnte ab.

Die ersten drei Stunden am Kreuz (9:00 Uhr bis 12:00 Uhr)

Die Soldaten kreuzigten Jesus, indem sie Ihn um 9:00 Uhr an ein Holzkreuz nagelten. Zwei Verbrecher wurden mit Ihm gekreuzigt, einer auf jeder Seite, mit Jesus in der Mitte (Johannes 19,18). Jesus betete laut,

> Vater, vergib ihnen; sie wissen nicht, was sie tun.
> (Lukas 23,34)

Pilatus ließ eine Inschrift in Hebräisch, Latein und Griechisch über Jesu Kopf anbringen: „Jesus von Nazareth, der König der Juden."

Neben Schmerz und Tod brachte die Kreuzigung auch die ultimative Demütigung mit sich, da sie dort lebendig und nackt hingen, für alle sichtbar, bis sie schließlich Stunden oder Tage später starben. Die römischen Soldaten warfen Lose (wie Würfel) um die Kleidungsstücke Jesu, wie es tausend Jahre zuvor von König David vorhergesagt wurde (Psalm 22,18). David beschrieb auch die Kreuzigung (Psalm 22) *hunderte Jahre vor ihrer Erfindung.*

Eine Menschenmenge stand herum und beobachtete alles. Einige der religiösen Führer verspotteten Jesus und sagten: „Er hat andere gerettet. Lass Ihn sich selbst retten. Wenn dies Gottes Auserwählter ist, soll er vom Kreuz herabsteigen."

Die Soldaten verspotteten Ihn, indem sie Ihm sauren Wein reichten und sagten: „Wenn du der König der Juden bist, rette dich selbst."

Einer der mit Jesus gekreuzigten Verbrecher verspottete Ihn und sagte: „Du behauptest, der Christus zu sein. Rette dich selbst und uns ebenfalls."

Aber sein krimineller Freund tadelte ihn: „Fürchtest du Gott nicht? Wir verdienen die Kreuzigung, aber Jesus hat nichts falsch gemacht." Dann wandte er sich an Jesus und sagte: „Jesus, gedenke meiner, wenn Du in Dein Reich kommst."

Jesus antwortete: „Wahrlich, ich sage dir: Heute wirst du mit mir im Paradies sein."

Vier Frauen standen nahe beim Kreuz Jesu: Seine Mutter, die Schwester Seiner Mutter (möglicherweise Salome, die Mutter von Jakobus und Johannes), Maria, die Frau des Kleopas, und Maria Magdalena. Als Jesus Seine Mutter und den Jünger, den Er liebte (Johannes, der Apostel), in der Nähe stehen sah, sagte Er zu Seiner Mutter: „Frau, siehe, dein Sohn!" und zu Johannes: „Siehe, deine Mutter!" Von diesem Moment an nahm Johannes Maria in sein Haus auf, als ob sie seine eigene Mutter wäre.

Drei Stunden Dunkelheit, von Mittag bis 15:00 Uhr.

Um die Mittagszeit kam Dunkelheit über das ganze Land. *Gott schaltete einfach das Licht aus, blockierte die Sonnenstrahlen, damit die Menschen nicht auf das extreme Leiden Seines Sohnes unter der Last der Sünden der gesamten Menschheit starren konnten.* Die Qualen Jesu gingen weit über den bloßen Schmerz der Kreuzigung hinaus, obwohl dieser schon unerträglich war.

> Gott machte Jesus, der keine Sünde hatte, zum Träger der Sünde aller Menschen, damit wir Sünder durch Jesus, unseren Retter, zur Gerechtigkeit Gottes werden können.
>
> (2. Korinther 5,21)

In der Dunkelheit der Mittagszeit verursachte *der Stress, meine Sünden und deine zu tragen, dass Jesus sich fühlte, als ob Er ganz allein wäre.* Er rief zu Seinem himmlischen Vater: „Mein Gott, mein Gott, warum hast du mich verlassen? *Genau jetzt brauche ich dich am meisten! Wo bist du, Vater?*"

Sein himmlischer Vater hat Ihn jedoch nicht verlassen, obwohl es für Jesus so schien.

> Gott war in Christus und versöhnte die Welt mit sich selbst und rechnete ihnen ihre Übertretungen nicht an.
>
> (2. Korinther 5,19)

> Wir alle sind wie Schafe verirrt, jeder von uns ist seinen eigenen Weg gegangen; aber der Herr (Jahwe) ließ die Missetat von uns allen auf Ihn fallen.
>
> (Jesaja 53,6)

Nach allem, Jesus aber, wissend, *dass er die Sühne für alle vollbracht hatte, die Gottes Gabe der Gnade annehmen, und dass er die Schrift erfüllt hatte,* sagte: „Ich dürste" (Johannes 19,28). Es war dort ein Krug mit saurem Wein, und ein Soldat tauchte einen Schwamm in den Essig und hielt ihn Jesus an einem Stab entgegen. Nachdem er den Essig empfangen hatte, sagte Jesus: „Es ist vollbracht" und rief mit lauter Stimme: „Vater, in deine Hände lege ich meinen Geist!" (Lukas 23,46). Jesus neigte sein Haupt und übergab seinen Geist *(eine bewusste Handlung)*. Er hatte auch im Tod die Kontrolle (Johannes 19,30). Wir werden an die Worte Jesu an eine gemischte Menge von Gläubigen und Ungläubigen erinnert:

> I lay down My life so that I may take it again. No one has taken it away from Me, but I lay it down on My own initiative. I have authority to lay it down, and I have authority to take it up again.
>
> (John 10:17-18)

In dem Moment, als Jesus starb, wurde der Schleier im Tempel, der das Heiligtum vom Allerheiligsten trennte, *von Gott selbst von oben bis unten zerrissen, sodass alle Menschen Zugang zu Ihm haben, nicht nur der Hohepriester.* Viele Gräber öffneten sich, und viele Gläubige wurden auferweckt.

Vorbereitung und Beerdigung von Jesu Körper

Jesus wurde am Freitag gekreuzigt, aber um 18.00 Uhr wurde der Tag auf den Samstag, den Sabbat, verlegt. Leichen durften am Sabbat nicht an Kreuzen bleiben. Dieser Sabbat war auch der jährliche Pessachtag, daher baten die jüdischen religiösen Führer die Soldaten, den Tod der Gekreuzigten zu beschleunigen. Die Soldaten brachen den beiden Verbrechern die *Beine (sie konnten sich mit ihren Beinen nicht hochdrücken und konnten daher nicht atmen und würden ersticken).*

Als die Soldaten herüberkamen, um Jesus die Beine zu brechen, stellten sie fest, dass er bereits tot war. Sie brachen ihm nicht die Beine, aber einer der Soldaten stieß ihm einen Speer in die Seite, und Blut und Wasser flossen heraus. Dies geschah, damit sich die Schrift erfülle:

> Kein Knochen seines Körpers wird zerbrochen werden.
>
> (Psalm 34,20)

Und wieder sagte eine andere Schriftstelle,

> Sie werden auf mich blicken, den sie durchbohrt haben, und sie werden um ihn trauern, wie man um einen einzigen Sohn trauert.
>
> (Sacharja 12,10)

Joseph von Arimathäa, ein Mitglied des Sanhedrin, ging zu Pilatus, um eine schriftliche Genehmigung zu erhalten, den Körper Jesu zu entfernen und zu begraben. Joseph war ein guter Mann, der nach dem Reich Gottes suchte. Er war ein heimlicher Gläubiger an Jesus. Er war ein heimlicher Gläubiger wegen seiner Angst vor seinen religiösen Mitführern. Nikodemus, der zuvor nachts zu Jesus gekommen war, ging, um eine Mischung aus Myrrhe und Aloes zu kaufen. Dann nahmen die beiden Männer den Körper Jesu vom Kreuz und wickelten ihn, gemäß dem jüdischen Brauch der Bestattung, in Leinen mit Gewürzen ein.

Es gab einen Garten in der Nähe des Kreuzigungsortes. Joseph hatte bereits ein neues, unbenutztes Grab für seine eigene

Bestattung gekauft, als die Zeit kam. Das Grab war in den Felsen gehauen. Sie kämpften, um den leblosen Körper Jesu in das Grab zu bringen, legten ihn dann vorsichtig hinein und rollten einen riesigen Stein vor den Eingang des Grabes, gerade rechtzeitig vor der Frist um 18:00 Uhr.

Joseph sagte: „Danke, Nic, ich hätte nicht alles tun können, geschweige denn diesen schweren Stein rollen, um den Eingang zum Grab zu schließen, ohne deine Hilfe."

Nicodemus lächelte und sagte: „Es war gut, dass wir endlich anerkannt haben, dass wir Jünger Jesu sind."

Jeder ging dann zu seinem eigenen Zuhause.

Auferstehung und Erscheinungen Jesu

Einführung

> Als aber die Zeit erfüllt war, sandte Gott seinen Sohn, geboren von einer Frau, geboren unter dem Gesetz, damit er die erlöse, die unter dem Gesetz standen, damit wir die Sohnschaft empfangen. Weil ihr Söhne seid, hat Gott den Geist seines Sohnes in unsere Herzen gesandt, der ruft: „Abba, Vater."
>
> (Galater 4,4-5)

Jesus wurde am Freitag um 9:00 Uhr an ein hölzernes Kreuz genagelt und kurz nach 15:00 Uhr am selben Tag für tot erklärt. Als Jesus starb, zerriss Gott selbst den Vorhang des Tempels von oben bis unten. Dieser Vorhang hatte das Allerheiligste vom Heiligen getrennt. Indem Gott den Vorhang zerriss, *verkündete er, dass wir wegen des vollkommenen Opfers von Jesus nicht mehr über einen*

Priester gehen müssen; sondern dass jeder von uns durch den Glauben an Jesus persönlich zu Gott treten kann.

> Ihr seid nun ein auserwähltes Volk, ein königliches Priestertum, ein heiliges Volk, ein Eigentum Gottes, damit ihr die herrlichen Taten dessen verkündet, der euch aus der Finsternis zu seinem wunderbaren Licht berufen hat.
>
> (1. Petrus 2,9)

Maria Magdalena, Maria, die Mutter des Jakobus, und Salome beobachteten aus der Ferne, wie Joseph und Nikodemus den Leib Jesu zur Bestattung vorbereiteten. Sie folgten ebenfalls aus der Ferne, um zu sehen, wo die Männer Jesus begruben. *Maria Magdalena konnte sich nicht vorstellen, dass Männer den Körper in so kurzer Zeit richtig vorbereiten konnten.* Sie sagte zu der anderen Maria: „Morgen Abend, nachdem der Sabbat vorüber ist (18:00 Uhr), werden wir Gewürze kaufen, dann werden wir am frühen Sonntagmorgen zum Grab zurückkehren und dem Leib des Meisters eine angemessene Salbung geben“ (Markus 16,1).

Am Samstag, dem Sabbattag, brachen die obersten Priester und die Pharisäer ihre religiösen Gesetze und gingen zu Pilatus.

„Herr“, sagten sie, „wir erinnern uns, dass Jesus, jener Betrüger, der behauptete, der Messias zu sein, sagte: ‚Nach drei Tagen werde ich auferstehen.‘ Wir sind besorgt, dass Seine Jünger den Leib stehlen und behaupten werden, Er sei von den Toten auferstanden. Daher bitten wir dich, zur Verhinderung eines endgültigen Betrugs Wachen am Grab aufzustellen“ (Matthäus 27,62f).

„Sehr gut“, sagte Pilatus. „Ihr habt eure eigenen Tempelwächter. Ihr könnt sehen, dass das Grab gesichert ist. Ihr könnt auch mein Siegel daran anbringen. ”

Frühmorgens am Sonntag, noch vor Tagesanbruch, ließ ein Engel Gottes vom Himmel herab und wälzte den Stein von der Vorderseite des Grabes weg. *Das geschah nicht, um Jesus herauszulassen, sondern damit andere sehen konnten, dass Er auferstanden war.* Das Gesicht des Engels leuchtete wie Blitzlicht und sein Gewand war so weiß wie Schnee. Als die Wächter den Engel sahen, erschauerten sie vor Angst und wurden wie Tote. Später standen sie auf, eilten in die Stadt und berichteten den Hohenpriestern, was geschehen war.

Als die Hohenpriester ihren Bericht hörten, befahlen sie den Wächtern, den Leuten zu erzählen: „Jesu Jünger sind nachts gekommen und haben seinen Leib gestohlen, während wir schliefen" (Matthäus 28,11-15).

Frauen wurden als Erste informiert

Später, nach Tagesanbruch am selben Sonntagmorgen, machten sich mehrere Frauen, darunter Maria Magdalena, auf den Weg zum Grab. Sie trugen Gewürze, um den Leib Jesu zu salben. Plötzlich dämmerte ihnen, dass sie den Stein am Eingang des Grabes nicht wegrollen konnten.

Dann erschienen ihnen zwei Engel in strahlender Kleidung. Die verängstigten Frauen neigten ihr Gesicht zu Boden, doch die Engel sagten: „*Warum sucht ihr unter den Toten nach dem Lebenden?* Wir wissen, dass ihr Jesus sucht, der gekreuzigt wurde. Er ist nicht hier. Warum seid ihr erstaunt? Er ist von den Toten auferstanden, wie Er es versprochen hat.

Jünger über die Auferstehung informiert

Zuerst hatten die Frauen Angst, jemandem zu erzählen, was sie gesehen und gehört hatten, entschieden sich dann aber, schnell zu den Aposteln zu gehen, um es ihnen zu erzählen. Doch sie wollten den Frauen nicht glauben; die Nachricht von der Auferstehung schien ihnen wie Unsinn. Trotzdem verließen Petrus und Johannes die Gruppe und rannten zu dem Ort, an dem Jesus beigesetzt worden war. Johannes war jünger und schneller als Petrus. Er kam zuerst am leeren Grab an, hielt jedoch an der geöffneten Tür an und ging nicht hinein. Petrus kam an und stürmte hinein. Johannes folgte ihm. Sie fanden die Leinentücher zusammengefallen vor, aber keine Leiche. Johannes war der erste, der glaubte, dass Jesus auferstanden war.

Erste Erscheinung Jesu

Als Maria Magdalena sah, dass Petrus und Johannes die Gruppe verließen, folgte sie ihnen in einem viel langsameren Tempo. Als sie das Grab erreichte, waren Petrus und Johannes bereits gegangen. Maria Magdalena konnte die Bedeutung der Auferstehung immer noch nicht verstehen, also stand sie am offenen Grab und weinte. Während sie weinte, blickte sie in das Grab und sah zwei Engel.

Sie fragten: „Warum weinst du, Maria?"

Sie antwortete: „Weil sie meinen Herrn weggenommen haben, und ich weiß nicht, wohin sie Ihn gebracht haben?"

Maria drehte sich um und sah durch tränende Augen jemanden stehen, nahm jedoch an, es sei ein Aufseher. Dann fragte Jesus: „Frau, warum weinst du? Wen suchst du?"

„Herr", rief sie. „Wenn du seinen Leib weggenommen hast, bitte sag mir, wohin du Ihn gebracht hast."

Jesus rief ihren Namen: „Maria!"

Sie fiel sofort zu seinen Füßen und rief aus: „Lehrer! Du bist es. Du bist lebendig!" Gleichzeitig klammerte sie sich zu seinen Füßen in Anbetung.

„Maria", sagte er, „hör auf, dich an mich zu klammern. Du darfst nicht länger von meiner Gegenwart abhängig sein. Ich muss gehen und zu meinem Vater aufsteigen. Doch ich werde dich und die anderen nicht allein lassen." Dann verschwand Jesus, und Maria eilte zurück zu der Gruppe der Jünger und rief: „Jesus lebt! Ich habe ihn gesehen. Er ist auferstanden, genau wie er es versprochen hat." So war es eine Frau, die den auferstandenen Herrn als erste sah.

Erscheinung auf dem Weg nach Emmaus (Lukas 24,13-35)

Bevor Maria zur Gruppe zurückkehrte, verließen zwei Gläubige aus der Gruppe, um nach Hause nach Emmaus zu gehen, ein Dorf etwa sieben Meilen von Jerusalem entfernt. Während sie gingen, unterhielten sie sich über das, was geschehen war. Jesus näherte sich ihnen, aber sie wurden daran gehindert, Ihn zu erkennen.

Er fragte: „Worüber habt ihr vorhin gesprochen, bevor ich euch auf dem Weg begegnete?"

Cleopas, einer der Männer, antwortete: „Bist Du der Einzige, der nach Jerusalem gekommen ist und nicht weiß, was dort in den letzten Tagen geschehen ist?"

„Welche Dinge?" fragte Jesus.

„Die Dinge über Jesus", antwortete Cleopas.

„Jesus war ein Prophet, der mächtige Taten vollbrachte und eine Botschaft der Hoffnung predigte. Wir und viele andere hofften, dass Er der versprochene Messias war, der Israel erlösen würde, aber unsere Hohenpriester und religiösen Führer überredeten die Römer, Ihn zu kreuzigen."

Der andere Mann fügte schnell hinzu: „Früher heute waren wir von einigen Frauen erstaunt. Sie waren zum Grab von Jesus gegangen, aber es war offen, und Sein Leib war nicht dort. Sie behaupteten, Engel gesehen zu haben, die ihnen sagten, dass Jesus lebt. Zwei der Männer unter uns gingen zum Grab und fanden es leer, genau wie die Frauen gesagt hatten, aber sie sahen Jesus nicht.

Dann sagte Jesus: „O ihr törichten Männer und langsam im Herzen zu glauben an alles, was die Propheten gesprochen haben! War es nicht notwendig, dass der Christus diese Dinge leiden und in Seine Herrlichkeit eingehen musste?" So begann Jesus mit Mose und dann mit den anderen Propheten, Dinge zu erklären, die in den Schriften über Ihn gelehrt wurden.

Als sie Emmaus näherten, baten sie Ihn: „Herr, bitte halt an und iss mit uns zu Tisch. Du kannst dich ausruhen, bevor du deine Reise fortsetzt."

Jesus stimmte zu, und als es Zeit zum Essen war, nahm Er Brot, segnete es, brach es und gab es ihnen. Sofort öffneten sich ihre Augen, und sie erkannten Ihn. Dann verschwand Jesus vor ihren Augen.

Sie riefen aufgeregt aus! „Als er uns auf dem Weg die Schriften erklärte, brannten unsere Herzen in uns!"

„Ja! Jetzt müssen wir schnell zurück nach Jerusalem eilen und den Aposteln und den anderen berichten: ‚Jesus ist auferstanden! Er lebt! Wir haben Ihn gesehen und mit Ihm gesprochen.'"

Als sie mit ihren Nachrichten in Jerusalem ankamen, sagte die Gruppe: „Ja, wir wissen. Jesus ist auch Petrus erschienen. "

Erstes Erscheinen im oberen Raum vor den Aposteln

In derselben Sonntagnacht des Ostertages waren zehn der elf Apostel zusammen in einem verschlossenen Raum. Sie fürchteten, wie Jesus verhaftet und getötet zu werden. Plötzlich stand Jesus mitten unter ihnen. Nachdem er ihre Ängste beruhigt hatte, zeigte Jesus ihnen die Nagelwunden an seinen Händen. Alle glaubten und freuten sich, dass Jesus wieder bei ihnen war. Thomas jedoch war nicht bei ihnen. Als er hörte, dass sie Jesus gesehen hatten, spottete Thomas: „Ich werde nicht glauben, es sei denn, ich lege meinen Finger in die Löcher seiner Hände und in seine Seite“ (Johannes 20,19-25).

Zweite Erscheinung im oberen Raum

Eine Woche später waren alle Apostel, einschließlich Thomas, zusammen, und Jesus kam wieder zu ihnen. Jesus sah Thomas in die Augen und sagte: „Thomas, setze deinen Glauben auf mich. Sieh meine Hände, strecke deine Hand aus und stecke deinen Finger in die Löcher in meinen Händen und in meiner Seite.” Aber Thomas musste die Nagelwunden nicht berühren. Stattdessen fiel er auf sein Gesicht und verkündete: „Jesus, Du bist mein Herr und mein Gott.” Jesus fragte ihn: „Du glaubst, weil du mich gesehen hast. Selig sind die, die glauben, ohne mich zu sehen“ (Johannes 20,26-29).

Jesus hatte seine Jünger auf seinen Tod, seine Auferstehung und seine Hinwendung zum Vater vorbereitet. Dennoch hatten sie eine geistige Blockade und konnten nicht verstehen, wie Jesus plötzlich erschien und plötzlich verschwand. Wie konnte er durch feste Mauern hindurchgehen? Sie konnten nicht begreifen, warum er nicht wie zuvor bei ihnen blieb. Sie, wie Maria Magdalena, wollten sich an ihn klammern, wie zuvor, und konnten nicht loslassen.

Jesus sagte zu ihnen: „Ihr handelt, als wäre ich ein Geist, obwohl ihr mich gesehen und berührt habt. Geister haben keinen Körper. Warum seid ihr noch beunruhigt? Warum füllen Zweifel immer noch eure Herzen? Ich bin kein Gespenst. Ich habe Fleisch und Knochen. Ich kann essen. Habt ihr hier etwas, das ich essen kann?” Sie gaben ihm einen gebratenen Fisch und sahen zu, wie er ihn aß (Lukas 24,36-43).

Als Jesus Menschen von den Toten aufweckte: den Sohn der Witwe (Lukas 7,12-15), die Tochter des Jairus (Lukas 8,49-56) und seinen

Freund Lazarus (Johannes 11,43-44), waren ihre Körper wie vorher, bevor sie starben. Diese Menschen hatten weiterhin einen völlig physischen Körper, mit den Einschränkungen eines physischen Körpers. Ihre Körper waren weiterhin zeitlich; sie würden eines Tages wieder sterben.

Der Auferstehungskörper Jesu war dem Körper vor Seinem Tod ähnlich, unterschied sich jedoch auch offensichtlich. Es war ein verherrlichter Körper (wie Sein Körper bei der Verklärung; siehe Geschichte 25). Er hatte nicht die Begrenzungen eines physischen Körpers; es ist ein ewiger Körper. Gläubige werden eines Tages einen Auferstehungskörper wie Jesus haben.

> Wir werden alle verwandelt werden, in einem Augenblick, in einem Wimpernschlag, bei der letzten Posaune; denn die Posaune wird erschallen, und die in Christus Entschlafenen werden auferweckt werden mit Leibern, die dem Tod nicht unterworfen sind, und wir werden verwandelt werden. Unser sterblicher Leib muss verwandelt werden in einen Leib, der niemals sterben wird.
>
> (1. Korinther 15:51-54; auch 1. Thessalonicher 4:13-18 und 1. Korinther 15:35-49)

Tatsächlich werden alle Menschen auferstehen, nicht nur Gläubige. Jesus sagte,

> Erstaunt euch nicht darüber; denn es kommt die Stunde, in der alle, die in den Gräbern sind, seine Stimme hören werden und hervorgehen werden: die, die Gutes getan haben, zur Auferstehung des Lebens, die aber Böses getan haben, zur Auferstehung des Gerichts.

(Johannes 5,28-29)

Jesus' Gleichnis vom Reichen Mann und Lazarus stellt diese Situation dar (Lukas 16,19-21).

Jesus erinnerte seine Jünger: „Vor meiner Kreuzigung habe ich euch alles gesagt, was über mich im Gesetz Moses, in den Propheten und in den Psalmen geschrieben steht. All diese Dinge müssen erfüllt werden, und jetzt sind sie erfüllt." Dann öffnete er ihren Verstand, um die Schriften zu verstehen. Er sagte:

Es steht geschrieben, dass der Christus leiden und am dritten Tag von den Toten auferstehen muss. Nun muss Buße zur Vergebung der Sünden allen Nationen verkündet werden, auch den Heiden. (Lukas 24,44-47)

Über einen Zeitraum von vierzig Tagen erschien Jesus vielen anderen.

In 1. Korinther 15,3-8 gibt der Apostel Paulus eine unvollständige Liste von Menschen, denen Jesus nach seiner Auferstehung erschienen ist: Jesus erschien Kephas (Petrus), den Zwölf, mehr als fünfhundert Gläubigen auf einmal, Jakobus (einem der Halbbrüder Jesu), Paulus auf dem Weg nach Damaskus (Apostelgeschichte 9,3-8).

Johannes 21 berichtet von der Erscheinung Jesu vor sieben Jüngern, die Fischer waren, am See Genezareth. Petrus versuchte immer noch, all das zu verarbeiten, was in den letzten Wochen geschehen war, beginnend mit der Kreuzigung Jesu. Er befand sich immer noch im „Was nun"-Modus.

Eines Abends warf Peter die Arme hoch und sagte: „Ich gehe fischen. Will jemand mit mir gehen? " Er hatte sechs Abnehmer, darunter vier weitere Apostel: Thomas, Nathanael, Jakobus und Johannes und zwei weitere, die Jünger Jesu waren. Wie es in einem Kinderlied heißt: „Sie fischten die ganze Nacht und fingen keine Fische. "

Bei Tagesanbruch erschien Jesus am Ufer, war jedoch zu weit entfernt, um erkannt zu werden. Er formte seine Hände zu einem Becher und rief über das Wasser: „Kinder, habt ihr Fische gefangen?"

Sie riefen zurück: „Nein."

Jesus rief: „Werft das Netz auf der Steuerbordseite (rechten Seite) des Bootes aus, und ihr werdet einen Fang machen."

Sie warfen ihr Netz auf der rechten Seite aus, und die Anzahl der Fische war so groß, dass sie den Fang nicht einholen konnten.

Sogleich *flüsterte* Johannes zu Petrus: „Es ist der Herr."

Etwas Ähnliches war zwei Jahre zuvor geschehen (siehe Lukas 5,4-11). Ohne ein Wort zog Petrus, der in Unterwäsche arbeitete, schnell sein äußeres Kleidungsstück an, tauchte ins Wasser und schwamm die hundert Meter bis ans Ufer. Die anderen Jünger kamen mit dem Boot und zogen das Netz voller Fische hinter sich her.

Als sie ankamen, half Peter ihnen, das Netz ans Ufer zu ziehen. Sie zählten 150 große Fische. Jesus rief ihnen zu: „Das Frühstück ist fast fertig. Reinigt einige eurer Fische, damit wir alle Nachschlag haben können." Einige Minuten später sagte er: „Die Fische und das Brot sind fertig. Legt die Fische, die ihr gereinigt habt, auf das Feuer, und wir können mit dem Essen beginnen."

Nach dem Frühstück saßen sie weiter beisammen und unterhielten sich. Jesus fragte Simon Petrus, denjenigen, der Ihn dreimal verleugnet hatte: „Simon, Sohn des Johannes, liebst du mich mehr als diese Dinge *(Boote, Netze und Fische)*? Liebst du mich (‚agape') mit der Liebe Gottes, eine Liebe, die den Geliebten vor dich selbst stellt?"

Ein demütiger Petrus antwortete: „Ja, Herr. Du weißt, dass ich dich *phileo* liebe. Ich liebe dich wie einen Bruder."

Jesus antwortete: „Dann weide meine Lämmer."

Jesus fragte ein zweites Mal: „Simon, Sohn des Johannes, liebst du (‚agape') mich mit der göttlichen Liebe, die den Geliebten vor sich selbst stellt?"

Petrus antwortete erneut: „Ja, Herr. Du weißt, dass ich (‚phileo') dich wie einen Bruder liebe."

Jesus entgegnete: „Weide meine Schafe."

Dann fragte Jesus Petrus ein drittes Mal: „Simon, Sohn des Johannes, bist du sicher, dass du mich wenigstens (‚phileo') wie einen Bruder liebst?"

Petrus war betrübt, weil Jesus diesmal fragte: „Da du noch nicht fähig bist, mich (‚agape') zu lieben wie Gott liebt, indem du mich vor dich selbst stellst, bist du sicher, dass du mich (‚phileo') wie einen Bruder liebst?"

Petrus antwortete: „Ja, Herr, ich bin gewiss, wie Du bereits weißt, ich liebe (‚phileo') Dich wie einen Bruder.

Jesus antwortete Petrus mit einem sanften, liebevollen Lächeln: „Du bist ein demütigerer Petrus als zuvor. Du bist jetzt ehrlich zu dir selbst und zu mir. Ich kann deine geringere brüderliche Liebe (phileo) zunächst akzeptieren. Ich weiß, dass sie sich zu der göttlichen Liebe (agape) entwickeln wird, und du wirst mich und andere über dich selbst stellen, also kümmer dich um meine Schafe, Petrus."

Die anderen Jünger saßen still da, vollkommen wissend, dass Jesus nicht nur zu Petrus, sondern auch zu ihnen sprach. Petrus hatte Jesus öffentlich verleugnet. Obwohl sie Jesus nicht öffentlich verleugnet hatten, hatten auch sie ihn aus Angst verlassen. Jesus ließ seinen Blick über den Kreis der Jünger schweifen, verweilte kurz bei jedem Mann, und jeder verstand die persönliche Bedeutung für sich.

Jesus wandte sich wieder zu Petrus und sagte: „Pass auf! Als du jünger warst, hast du deine eigenen Pläne gemacht und bist gegangen, wohin du wolltest. Wenn du alt wirst, wirst du deine Hände ausstrecken, und jemand anderes wird bestimmen, was du tust, und wird dich dorthin bringen, wohin du nicht gehen willst." Jesus deutete auf die Art des Todes hin, durch die Petrus Gott verherrlichen würde.

Dann sah Jesus Petrus in die Augen und sagte: „Folge mir weiter" *(ein Befehl in der aktiven Form). Du und ich sehen Jesus nicht in unsere Augen schauen, aber unser Herz spürt seinen Befehl an uns: „Folge mir weiter."*

19. Schlussfolgerung des „Gipfels der Weltgeschichte"

Jesus vollbrachte viele andere Zeichen vor den Augen seiner Jünger, die jedoch im Evangelium nach Johannes nicht aufgezeichnet sind; diese aber sind geschrieben, damit ihr glaubt (Glaube umfasst sowohl Vertrauen als auch Gehorsam) dass Jesus der Christus, der Sohn Gottes, ist, und dass ihr, indem ihr glaubt, das ewige Leben (das Leben in der Art Gottes) in seinem Namen habt (Johannes 20,30-31).

Fragen

1. Hat Gottes Geist zu deinem Herzen und Verstand gesprochen, während du diese lange Geschichte des „Gipfels der Weltgeschichte" gelesen hast? Bete darüber, nimm ein Notizbuch zur Hand und schreibe kurz auf, was Gott dir zu sagen scheint.
2. Mit wem solltest du deine aufgeschriebenen Notizen teilen? Bete darüber und teile dann das, was Gott dir zu sagen scheint, mit deinem Ehepartner, einem engen Freund oder einem Ungläubigen, den Gott dir in den Sinn gelegt hat.

3. Solltest du deine Gedanken mit jemand anderem teilen? Bete darüber und teile sie mit allen, die dir von Gott in den Sinn gebracht werden.
4. Hast du persönlich Freunde in deiner Stadt oder Gemeinde, die keine Nachfolger von Jesus sind? Wie heißen sie? Schreibe ihre Namen in das Notizbuch und verpflichte dich, damit zu beginnen, dafür zu beten, dass Gottes Geist die Herzen jedes Einzelnen von ihnen kultiviert. Bitte auch den Heiligen Geist, dir Wege zu zeigen, wie du auf jeden von ihnen zugehen kannst. Das ist wichtig für uns alle, die Jesus nachfolgen.

Eine weitere spannende Gelegenheit zum Zeugen ist, darum zu beten, dass der Herr Sie zu Menschen führt, die er für Ihr Zeugnis vorbereitet hat. Vielleicht werden es Menschen sein, die Sie kennen, aber möglicherweise auch Menschen, die Sie noch nicht getroffen haben. Es könnte sogar eine zufällige Begegnung sein. Sind Sie/ bin ich wirklich bereit, Gottes Führung zu folgen? Das ist ebenfalls ein Teil dessen, was es bedeutet, Jesus nachzufolgen.

Denke daran, dass Zeugnisgeben einfach bedeutet, anderen (sowohl Gläubigen als auch Ungläubigen) zu erzählen, was Jesus in dir und für dich getan hat. Du kannst üben, dein Zeugnis mit christlichen Freunden zu teilen. Das wird diese christlichen Freunde segnen und dir helfen, Vertrauen zu entwickeln, um auch Ungläubigen Zeugnis zu geben. *Der Heilige Geist wird dein Zeugnis über Jesus nutzen,* um Ungläubige von Sünde, Gerechtigkeit und Gericht zu überzeugen (Johannes 16,7-11). Das bedeutet jedoch nicht automatisch, dass diese Ungläubigen Gläubige werden. Gott hat ihnen die Freiheit der Wahl gegeben. Wenn sie nicht zu Jesus kommen, hast du nicht versagt. Sie haben das Evangelium gehört. Vielleicht kommen sie später zu Jesus.

Geschichte 28

AUFFART UND PFINGSTEN

Wir treten nun in das Buch der Apostelgeschichte ein (die Taten der Apostel), das etwa um 70 bis 75 n. Chr. geschrieben wurde. Der Autor war Lukas, der Evangelist. Zuvor hatte er das Evangelium nach Lukas verfasst. Er war auch ein Arzt. Lukas, wie der Apostel Johannes, nennt sich in seinen Schriften nicht selbst (die einzige Ausnahme für Johannes war im Buch der Offenbarung).

Einleitung (Apostelgeschichte 1,1-8)

Am vierzigsten Tag nach der Auferstehung Jesu von den Toten sprach Jesus mit seinen Jüngern über das Reich Gottes. Er sagte ihnen, Jerusalem nicht zu verlassen, sondern auf das zu warten, was der Vater versprochen hatte. Jesus sagte: „Ich habe euch gesagt, dass Johannes der Täufer mit Wasser getauft hat, aber ihr werdet in wenigen Tagen mit dem Heiligen Geist (Geist Gottes) getauft werden. "

Die Jünger begannen, Ihn zu fragen: „Herr, wirst Du das Reich Israels bald wiederherstellen? "

Jesus sagte zu ihnen: „Es ist nicht eure Sache, die Zeiten und Zeitabschnitte zu kennen, die der Vater aus eigener Autorität festgesetzt hat. Aber ihr werdet Kraft empfangen, wenn der Heilige Geist auf euch gekommen ist, und ihr werdet meine Zeugen sein in Jerusalem, in ganz Judäa, in Samarien und bis an die entferntesten Teile der Erde, weil das Evangelium in Bewegung ist."

Jesus erinnerte sie auch: „Gott, der Vater, hat mir alle Autorität im Himmel und auf der Erde gegeben. Wenn ihr euer Leben lebt, macht Jünger aus allen Nationen (buchstäblich ‚panta ta ethne [Koine-Griechisch] alle Stämme, Kulturen, Ethnien), tauft sie im Namen des Vaters, des Sohnes und des Heiligen Geistes und lehrt sie, alles zu befolgen (ihr Handeln daran auszurichten), was ich euch geboten habe." Jesus versprach auch: „Ich (durch den Heiligen Geist) bin immer bei euch, bis zum Ende der Weltzeit." (Matthäus 28,18-20)

Jesus fährt in den Himmel auf (Apostelgeschichte 1,9-11)

Nachdem er diese Worte gesagt hatte, begann Jesus, körperlich in die Luft zu steigen. *Es war, als stünde er in einem unsichtbaren, lautlosen Hubschrauber. Während sie zusahen, stieg er immer weiter, bis er durch eine Wolke ging und sie ihn nicht mehr sehen konnten.*

Die Jünger starrten weiterhin intensiv in den Himmel, wohin Jesus verschwunden war, als plötzlich zwei Männer in weißen Kleidern (Engel) bei ihnen standen. Sie fragten die Jünger: „Männer von Galiläa, warum steht ihr da und schaut mit offenem Mund in den Himmel? Dieser Jesus, der von euch in den Himmel aufgenommen wurde, wird in gleicher Weise zurückkommen, wie ihr ihn in den Himmel habt gehen sehen."

Der obere Saal (Apostelgeschichte 1,12-26)

Nach der Himmelfahrt Jesu kehrten seine Jünger in die Stadt Jerusalem zurück und gingen in das „Oberzimmer“, wo sie sich oft mit Jesus versammelt hatten. Zu dieser Zeit hielten sich die elf Apostel: Petrus, Johannes, Jakobus, Andreas, Philipp, Thomas, Bartholomäus, Matthäus, Jakobus, der Sohn des Alphäus, Simon der Zelot, und Judas, der Sohn des Jakobus, alle in diesem „Oberzimmer“ auf.

Neun Tage lang, nach der Himmelfahrt Jesu, war eine Gruppe von etwa 120 Gläubigen, darunter die elf Jünger und die Frauen, die Jesus folgten, Maria, die Mutter Jesu, und seine Brüder (Jakobus, Joses, Judas und Simon [Markus 6,3]), im oberen Raum zusammen. Alle waren eines Sinnes und widmeten sich ständig dem Gebet für das bevorstehende Ereignis, das von Jesus verheißen wurde.

Peter sprach zu der Gruppe über Judas Iskariot, der Jesus seinen Feinden ausgeliefert und sich dann selbst getötet hatte. Peter wies darauf hin, dass König David dies vorhergesagt und geschrieben hatte: „Ein anderer möge sein Amt übernehmen“ (Psalm 109,8). Sie wählten Matthias aus, der Jesus von seiner Taufe bis zu seinem Tod, seiner Auferstehung und Himmelfahrt gefolgt war. So war die Zahl der Apostel wieder auf zwölf gestiegen.

Der Pfingsttag (Apostelgeschichte 2,1-41)

Als Pfingsten gekommen war, waren sie alle zusammen und harrten aus in Gebet, wie sie es während der vorangegangenen neun Tage getan hatten. Unbemerkt von ihnen war ihre Wartezeit zu Ende. Plötzlich kam vom Himmel ein lauteres Geräusch wie ein gewaltiger, stürmischer Wind und erfüllte den ganzen Raum, in dem sie saßen.

Und es erschienen ihnen Zungen wie von Feuer, die sich im Raum verteilten und auf jeder Person ruhten, und sie wurden alle mit dem Heiligen Geist (Gottes Geist) erfüllt und begannen, andere bekannte Sprachen (Glossa) zu sprechen, wie es ihnen der Heilige Geist die Fähigkeit gab (die Fähigkeit, eine andere Sprache zu sprechen, ohne sie gelernt zu haben).

Großstädte der Welt neigen dazu, von Menschen aus allen Teilen der Welt bevölkert zu werden. Zu jener Zeit lebten in Jerusalem fromme Juden aus aller Welt und warteten auf das Kommen des Messias. Die Juden aus anderen Ländern sprachen die Landessprache, in der sie lebten. Es gab auch zahlreiche Juden, die nach Jerusalem reisten, um Pfingsten zu feiern (ein ein-tägiges Fest / Fest der Erstlingsfrüchte). Es wurde fünfzig Tage nach dem Passahfest gefeiert (dem Fest der ungesäuerten Brote, das sieben Tage dauerte).

Der laute Lärm, der von den Gläubigen im Obergemach gehört wurde, war auch in der ganzen Stadt zu hören. Viele Menschen aus der ganzen Stadt eilten nach draußen und bewegten sich auf das Gebiet zu, aus dem der Lärm kam. Schnell bildete sich eine große Menschenmenge in der Nähe des Obergemachs. Der Heilige Geist führte die Gläubigen hinaus, damit sie sich unter die Menge mischten und Zeugnis von dem auferstandenen Herrn Jesus ablegten.

Die Menschen in der Menge waren erstaunt und verwirrt; sie hörten das Evangelium in ihrer Muttersprache verkündet. „Wie ist es möglich, dass diese einfachen Leute aus Galiläa alle unsere heimischen Sprachen (Dialekte) sprechen?" Parther, Meder, Elamiter und Bewohner Mesopotamiens, Judäa, Kappadokien, Pontus, Asien, Phrygien, Pamphylien, Ägypten, die Bezirke Libyens um Kyrene und Besucher aus Rom, sowohl Juden als auch Proselyten, Kreter und Araber – wir alle hören, wie sie von den mächtigen Taten Gottes sprechen.

Ihre Verwirrung wandte sich zur Ratlosigkeit, und das führte sie dazu zu fragen: „Was bedeutet das?", obwohl einige skeptische Menschen begannen, die Gläubigen zu verspotten und sagten: „Sie sind voll von süßem Wein.« Petrus konnte zur riesigen Menge sprechen, weil der Heilige Geist es ermöglichte, dass jeder seine Stimme hören konnte (ohne Lautsprecher) und jeder in seiner eigenen Muttersprache hörte: „Männer von Judäa und ihr alle, die ihr in Jerusalem lebt, einschließlich der Besucher hier zum Pfingstfest, bitte hört meine Worte. "

„Diese Männer sind nicht betrunken, wie manche annehmen, denn es ist erst 9:00 Uhr morgens, aber dies ist, was der Prophet Joel vorhergesagt hat: Gott (Elohim) sagt: ‚In den letzten Tagen werde ich meinen Geist über alles Fleisch ausgießen; und eure Söhne und Töchter werden prophetisch reden, und eure Jünglinge werden Visionen sehen, und eure Alten werden Träume haben; selbst über meine Knechte und Mägde werde ich meinen Geist ausgießen, und sie werden prophetisch reden, bevor der Tag des Herrn kommt... und es wird geschehen, dass jeder, der den Namen des Herrn (Yahweh) anruft, gerettet wird.' (Joel 2,28-32).

„Männer von Israel, ihr wisst, dass Gott durch Jesus von Nazareth Wunder und Zeichen gewirkt hat. Viele von euch wissen dies aus erster Hand, während andere von euch von den Dingen gehört haben, die Jesus gesagt und getan hat. Wie ihr ebenfalls wisst, ließen eure religiösen Führer Jesus von heidnischen Römern ans Kreuz nageln. Tatsächlich geschah dies nach dem vorherbestimmten Plan und dem Vorauswissen Gottes."

„Wir Juden haben ignoriert, was Gott gesagt hat, und Seine Worte für unsere eigenen eitle Wünsche verdreht. Zum Beispiel haben wir versucht, den lang ersehnten Messias zu einem militärischen König wie David zu machen, der nach unserem Willen handelt, die Römer aus Israel vertreibt und das Königreich Israel zu seinen glorreichen Tagen zurückführt. "

König David war auch ein Prophet und wusste, dass Gott ihm feierlich geschworen hatte, einen seiner Nachkommen (außer Salomo und dessen Nachkommen) auf Seinen Thron zu setzen. David schaute auch voraus und sprach von der Auferstehung des Messias, indem er sagte: „Gott hat den Messias nicht dem Ort der Toten überlassen, noch würde das Fleisch des Messias Verfall erleiden“ (Psalm 16,8-11).

„Gott hat Jesus von den Toten auferweckt, und deshalb bezeugen wir euch von Jesus. Da Jesus nun zur Rechten Gottes erhöht ist, hat Er Gottes Geist gesandt, wie Er versprochen hat. Was ihr heute gesehen und gehört habt, ist das Ergebnis davon. Es war nicht David, der in den Himmel aufgestiegen ist, sondern David schrieb: ‚Der Herr (Jahwe) sprach zu meinem Herrn (Souverän): Setze dich zu meiner Rechten, bis ich deine Feinde zum Schemel deiner Füße mache'"(Psalm 110:1).

„Darum“, sagte Petrus, „soll das ganze Haus Israel in Sicherheit wissen, dass dieser Jesus, den ihr gekreuzigt habt, Gott sowohl zum Herrn als auch zum Messias gemacht hat." Der Heilige Geist überführte sie von ihrer Sünde, wie Jesus gesagt hatte (Johannes 16:8). Die Menschen wurden tief getroffen und fragten: „Da Jesus Herr ist, was müssen wir tun?"

Peter sagte zu ihnen: „Tut Buße für eure Sünde des Unglaubens und zeigt euren Glauben an Jesus, indem ihr in Seinem Namen getauft werdet. Wenn ihr Gott gehorcht, indem ihr Buße tut und Jesus als Herrn annehmt, wird Gott eure Sünde vergeben und Seinen Heiligen Geist in euer Herz legen, wodurch ihr geistlich erneuert werdet. Das ist Gottes Versprechen an euch, an eure Kinder und an alle, die Ihn im Glauben und Gehorsam anrufen."

Wie Jesus versprochen hatte, leitete der Heilige Geist die Menschen in die Wahrheit Gottes (Johannes 16,13), und etwa dreitausend Menschen nahmen an diesem Tag Jesus als ihren Retter an und wurden getauft. *Die Kirche (die Familie Gottes) wurde an diesem Pfingsttag geboren.*

Mini-Epilog

Wenn wir dem Herrn gehorchen und Jünger aller Nationen/ Völker machen wollen, ist es wichtig für uns alle, insbesondere für englischsprachige anglo-amerikanische Amerikaner, zu verstehen, dass nicht alle Menschen gleich sind. Menschen haben viele Sprachen, Kulturen, Denkweisen usw. Diese Faktoren sind entscheidend, um das Evangelium zu kommunizieren, sei es hier oder in anderen Ländern. Andernfalls wird das Evangelium von denen, die wir evangelisieren möchten, als fremd wahrgenommen. Einige von uns verwenden gerne eine einfache Illustration mit Pfannkuchen und Waffeln, um das oben Gesagte besser zu verstehen.

Viele Menschen sagen, Evangelisation und Jüngerschaft seien nicht schwer; es ist wie Butter und Sirup auf einen Pfannkuchen zu streichen. Wir müssen das Evangelium einfach nur verbreiten: Radio, Fernsehen, Internet, aufgedruckte Texte, von Tür zu Tür usw. Einfach das Evangelium verbreiten, und die Menschen werden glauben und als Jünger wachsen. Das stimmt bis zu einem gewissen Grad, das wurde getan, und es hat Millionen von Menschen und zahllose Kirchengebäude hervorgebracht, die dies beweisen.

Das Problem ist, was ist mit den anderen Menschen, denjenigen, die immer noch nicht glauben, einschließlich anderer Kulturen? Wir können einen Pfannkuchen buttern, Sirup darauf gießen und ihn schneller essen, als wir eine Waffel zum Essen bereit machen können. Waffeln sind sehr unterschiedlich von

Pfannkuchen. Waffeln haben viele kleine Quadrate mit tiefen Vertiefungen, was das Auftragen von Butter und Sirup erschwert. Menschen unserer eigenen Kultur sind wie Pfannkuchen und daher leichter zu evangelisieren; aber Amerika, wie der Rest der Welt, hat viele verschiedene Sprachen, Kulturen, Überzeugungen, Weltanschauungen usw. Das macht unsere Situation eher wie eine Waffel als wie einen Pfannkuchen, und somit schwieriger zu evangelisieren und neue Gemeinden zu gründen.

Sprache, Kultur, Denkmuster, Weltanschauungen, Beziehungen usw. sind auch für Pfannkuchen-Menschen wichtig, aber oft nicht wesentlich. Bei Waffel-Menschen sind diese Dinge jedoch wesentlich. Pfannkuchen haben nur wenige Wächter; einfach Butter auftragen und Sirup in die Mitte gießen, und er läuft gleichmäßig über den Pfannkuchen.

Jeder kleine Abschnitt einer Waffel hingegen ist ein Wächter, der Butter und Sirup von der angrenzenden Fläche fernhält. Wenn man Sirup in jede Waffelkammer bekommen möchte, muss man absichtlich Sirup in jede Kammer geben. Natürlich vereinfacht diese Illustration von Pfannkuchen und Waffeln das Problem, alle Menschen zu erreichen, stark, aber es ist ein wertvolles Konzept, das man sich merken sollte.

Die Welt hat viele Menschen (Plural), aber die Welt und die meisten Länder haben viele verschiedene Menschengruppen; also ein Plural der Plurale. Die meisten Teile der Welt (einschließlich vieler in den USA heute) sind eher wie ein Waffel als wie ein Pfannkuchen, wenn es darum geht, das Evangelium zu teilen/ zu empfangen. Dieser Waffeleffekt ist jedoch nicht nur eine Herausforderung für die Evangelisation; er stellt auch Bildung, Wirtschaft, Rassenbeziehungen und Gleichberechtigung im Allgemeinen vor Herausforderungen. Auch Nachfolger Christi sind um all diese Dinge besorgt.

Geschichte 29

VERFOLGUNG UND SCHNELLES WACHSTUM (Apostelgeschichte 3,1-28,31)

Nach Pfingsten widmeten sich die Gläubigen beständig der Lehre der Apostel, der Gemeinschaft miteinander, dem Abendmahl des Herrn und dem Gebet. Sie lebten in Ehrfurcht vor Gott und in ihrer Liebe zu Ihm. Sie waren auch dankbar für Sein Opfer für die Menschheit. Während der frühen Verbreitung des Evangeliums in der Welt ermöglichte Gott den Aposteln, viele Zeichen und Wunder zu wirken.

Frühe Gläubige versammelten sich oft und teilten, was sie hatten, miteinander. Viele verkauften sogar, was sie besaßen, um es mit bedürftigen Gläubigen zu teilen, und priesen beständig Gott für Seine Gnade. Es war offensichtlich, dass die frühen Gläubigen Gott mit ihrem ganzen Sein liebten (wie in Deuteronomium 6:4-6). Sie liebten und respektierten einander ebenso, wie sie sich selbst liebten und respektierten (wie in Levitikus 19:18).

Sie liebten einander mit der Liebe Gottes (Agape) und stellten den Geliebten über sich selbst. *Wie das Lied sagt: „An unserer*

Liebe werden sie erkennen, dass wir Christen sind" (Agape), die Liebe Gottes. Es war auch für ihre ungläubigen Nachbarn offensichtlich, dass ihre gläubigen Nachbarn veränderte Leben führten und einander liebten.

Als die Ungläubigen begannen zu verstehen, dass die Liebe zwischen den Gläubigen echt und nicht fingiert war, wollten sie anfangen, wie diejenigen zu sein, die Jesus nachfolgten. Indem die Gläubigen das Wohlwollen ihrer Nachbarn gewannen, führte der Geist Gottes immer mehr Ungläubige dazu, Jesus nachzufolgen.
So fügte der Herr täglich der Gemeinde (Seinem Volk) Menschen hinzu, während Menschen gerettet wurden. (Apostelgeschichte 2:47)

Notiz

Mitte der 1950er Jahre, als der Autor die High School abschloss, gab die Mehrheit unserer Bevölkerung an, an Gott zu glauben. Das bedeutete nicht, dass sie alle wahre Anhänger Jesu waren – weit gefehlt – dennoch wurde die Kirche als ein positives Element in der Gesellschaft angesehen. Den Gottesdienst zu besuchen wurde sogar als „gut fürs Geschäft" betrachtet, doch die positive Sicht auf Kirche und Christentum begann zu schwinden. Heute denken viele, dass Christen und Kirchen ein negatives oder sogar gefährliches Element für unsere Gesellschaft sind. Wie kam es dazu? Zwei mögliche Realitäten haben dabei eine Rolle gespielt.

Erstens: Wir, die wir uns als Gläubige bezeichnen, könnten Teil des Problems sein. *Viele von uns setzen mehr Vertrauen in unsere Religion als in unseren Gott (wie die alten Hebräer). Für viele sogenannte Christen scheint der regelmäßige Kirchenbesuch und das Spenden an die Kirche sowie generell ein guter Mensch zu sein, die wichtigsten Elemente des Glaubens zu sein.* Wir können das tun, ohne eine lebendige gehorsame Beziehung zu Gott zu haben, ohne andere Menschen so zu lieben, wie wir uns selbst lieben, usw. *Ungläubige durchschauen diese Fassade.*

Zweitens: Immer weniger Menschen glauben an Gott, oder wenn sie an Gott glauben, wollen sie sich nicht von Ihm regieren lassen. *Das könnte auch teilweise unsere Schuld sein. Dennoch ist der Atheismus gewachsen und gewinnt an Einfluss. Sie versuchen ständig, die Bibel insbesondere gegenüber Studenten zu diskreditieren.*

Zurück nach Jerusalem im ersten Jahrhundert n. Chr.

Zu dieser Zeit betrachteten sich die Anhänger Jesu als treue Juden, die Jesus als den Christus, den verheißenen Messias, anerkannten. Sie beteten weiterhin im jüdischen Tempel und in Synagogen, beteten aber auch gemeinsam in Häusern. Zu dieser Zeit war das Wort Christ noch nicht erfunden, und es gab keine Kirchengebäude. Das ursprüngliche Wort für Kirche (ekklēsia) bedeutet „das herausgerufene Volk", nicht ein Gebäude oder eine religiöse Organisation. Eine einfache Bedeutung von „dem herausgerufenen Volk" sind jene, die sich dafür entscheiden, Jesus als Herrn zu folgen. Sie wurden von Gott berufen, ihren Lebensstil, der auf das eigene Ich ausgerichtet war, zu verlassen, um einen neuen Lebensstil zu übernehmen, der für Gott und andere Menschen lebt, ohne das Selbst zu vernachlässigen.

Dasselbe gilt heute, obwohl viele denken, dass die Kirche ein religiöses Gebäude oder eine religiöse Organisation bedeutet. Wahres Christentum ist keine Religion, sondern eine persönliche Beziehung zum wahren und lebendigen allmächtigen Gott. Es beginnt mit Gottes Liebe und Gnade für uns und unserem Liebes- und Gehorsamsbekenntnis gegenüber Gott und Seinem Plan für uns. Gottes Plan ist es, reuige Sünder, die Gläubige werden, zu einem lebendigen Abbild des auferstandenen Jesus zu verwandeln.

Echter Glaube beinhaltet Gehorsam gegenüber Gott und eine wachsende Beziehung zu Ihm und Seinem Volk (keiner von uns ist noch vollkommen). An diesem Punkt kommen wir Gott näher und beginnen, Seinen ewigen Plan für uns zu verstehen.

Die meisten Gläubigen scheinen nicht zu verstehen, dass Gottes Plan das vollständige Engagement Gottes für die Gläubigen umfasst: Erstens, indem er uns trotz unseres Aufbegehrens gegen ihn und seinen ewigen Plan liebt; zweitens, indem er seinen Sohn als Sühne für unsere Sünden gibt und unsere liebevolle Beziehung zu ihm wiederherstellt; drittens, indem er seinen Heiligen Geist sendet, um in den Herzen aller Gläubigen zu wohnen (unter anderem), um das Werk der Heiligung zu vollenden (die Gläubigen geistlich darauf vorzubereiten, für immer mit Gott im Himmel zu leben); viertens, indem er eine bedeutungsvolle aktive Ewigkeit mit ihm plant und vorbereitet; und fünftens, es gibt noch mehr:

> Es steht geschrieben: Dinge, die kein Auge gesehen, kein Ohr gehört und die nicht in das Herz des Menschen eingegangen sind, all das hat Gott für diejenigen bereitet, die Ihn lieben.
>
> (1. Korinther 2,9 NASB; aus Jesaja 64,4 und Jesaja 65,17)

Peter und John besuchen den Tempel (Apostelgeschichte 3:1-10)

Unter dem jüdischen Volk begannen Abend und der neue Tag heute um 18:00 Uhr unserer Zeit. Die neunte Stunde bedeutete 6:00 Uhr morgens plus neun Stunden gleich 15:00 Uhr unserer Zeit. Eines Tages gingen Petrus und Johannes zum Tempel zur neunten Stunde zum Gebetszeiten (15:00 Uhr unserer Zeit). Zuvor war ein Mann, der krumm geboren war, von Freunden zum Tempel getragen worden. Jeden Nachmittag bettelte er am Tor, das Schöne genannt wurde.

Als der lahme Mann Petrus und Johannes sah, die dabei waren, den Tempel zu betreten, begann er, sie um Almosen (Geld für die Armen) zu bitten. *Für Krüppel gab es keine Arbeitsplätze; Betteln war für sie eine Frage des Überlebens. Viele Menschen schauen Bettler nie direkt an.* Aber Petrus und Johannes blickten ihm in die Augen und sagten: „Sieh uns an!" Ein ernster Mann *begann zu lächeln, in Erwartung von Geld von ihnen.*

Peter sagte zu dem Bettler: „Ich habe kein Geld, aber ich habe etwas viel Besseres für dich. Im Namen Jesu, steh auf und geh!" Peter nahm ihn bei der rechten Hand und half ihm aufzustehen, und seine Füße und Knöchel wurden sofort gestärkt. Mit einem Satz stand er aufrecht und begann zu gehen. Er betrat den Tempel mit Peter und Johannes, ging, sprang vor Freude und lobte Gott. Die Gläubigen hörten, wie er Gott lobte. Als sie begriffen, dass er der Bettler war, der immer am Schönen Tor bettelt, waren sie erstaunt, dass er gehen konnte.

Peter und Johannes begannen zu predigen:

> Ihr *müsst von eurer Sünde Buße tun.* Gott hat Jesus von den Toten auferweckt und Ihn gesandt, um euch zu segnen, indem Er euch von euren bösen Wegen abwendet und euch ein neues Leben durch Jesus Christus schenkt.
>
> (Apostelgeschichte 3:11-26, Paraphrase des Autors)

Petrus und Johannes verhaftet (Apostelgeschichte 4,1-4)

Während sie zu den Menschen predigten, kamen die Priester, begleitet vom Hauptmann der Tempelwachen und den Sadduzäern, zu ihnen.

Sie waren verärgert, weil Petrus und Johannes den Menschen von Jesus lehrten – schlimmer noch, den Menschen lehrten, dass Jesus von den Toten auferstanden war. Die Sadduzäer glaubten nicht an die Auferstehung. *(Die Pharisäer glaubten daran, aber es waren keine Pharisäer anwesend)*, also verhafteten sie Petrus, Johannes und den geheilten Bettler und sperrten sie bis zum nächsten Tag ins Gefängnis, da es bereits Abend war (nach 18:00 Uhr).

Am Pfingsttag waren bereits dreitausend Menschen zu Christus gekommen, und jeden Tag glaubten mehr. Nachdem Petrus und Johannes im Tempel gepredigt hatten, kamen noch mehr zum Glauben. Das brachte die Gesamtzahl der neuen Gläubigen auf etwa fünftausend Männer. Frauen wurden damals nicht gezählt, *aber es wird geschätzt, dass auch eine große Anzahl von Frauen Gläubige wurde. Zu dieser Zeit waren fast alle Nachfolger von Jesus hebräische Menschen (Juden).*

Peters dritte Predigt (Apostelgeschichte 4,5-12)

Am nächsten Tag versammelten sich jüdische Religionsführer, darunter Kaiphas, der Hohepriester. Nachdem sie Petrus, Johannes und den Bettler aus dem Gefängnis gebracht hatten, begannen sie, sie zu befragen. „Welche Macht habt ihr benutzt, um diesen lahmen Bettler zu heilen?"

Petrus, erfüllt vom Heiligen Geist, antwortete: „Herrscher und Älteste von uns Juden, es scheint, dass Johannes und ich vor Gericht stehen, weil wir diesen ehemals Lahmen geheilt haben. Da ihr Zeugen dieser Heilung wart, wollt ihr wissen, wie er gesund gemacht wurde. Ich freue mich, euch zu sagen, dass dieser Mann durch den Namen und die Autorität von Jesus Christus von Nazareth wieder gesund ist.

Ihr habt Jesus gekreuzigt, um ihn loszuwerden, aber ihr seid gescheitert, weil Gott Jesus von den Toten auferweckt hat. Jesus ist der Stein, der in Psalm 118,22 erwähnt wird:

> Der Stein, den ihr verwerft, wird zum Eckstein. Jesus ist der Retter und Er ist der einzige Weg, auf dem ihr gerettet werden könnt.

Bedroht und dann freigelassen (Apostelgeschichte 4,13-22)

Die jüdischen Führer waren erstaunt, als sie das Selbstvertrauen und den Mut von Petrus und Johannes beobachteten. Sie waren ungebildete Fischer, die bei Jesus gewesen waren. Der Mann, der geheilt worden war, stand mit ihnen da; daher konnten die verzweifelten Führer ihnen nur drohen und ihnen befehlen, nie wieder über Jesus zu sprechen oder zu lehren. Petrus und Johannes stellten sich ihnen entgegen und sagten: „Wir sind einfache Menschen, daher überlassen wir es euch, zu urteilen. Erwartet Gott von uns, dass wir euch statt Ihm gehorchen? *Doch egal, was mit uns geschieht, wir können nicht aufhören, zu teilen, was wir von Jesus gesehen und gehört haben.*"

Peters und Johns Bericht an ihre Freunde (Apostelgeschichte 4,23-31)

Nachdem sie freigelassen worden waren, gingen sie zu ihren Gefährten und berichteten von ihren Erfahrungen mit den jüdischen Führern. Als ihre Gefährten hörten, wie Gott wirkte, wurden sie *mutig und erhoben ihre Stimmen im Lobpreis und sagten:* „Herr, Du hast alle Dinge erschaffen, und Du kennst alle Drohungen, die die religiösen Führer gegen Dein Volk ausgesprochen haben. Bitte befähige uns, Dein Wort mit Zuversicht und Mut zu verkünden.

Bitte fahre fort, zu heilen und Zeichen und Wunder im Namen des Herrn Jesus zu tun." Nachdem sie gebetet hatten, erbebte das Haus, in dem sie sich trafen, und sie wurden alle mit dem Heiligen Geist erfüllt und begannen, das Evangelium mit Kühnheit zu verbreiten (Apostelgeschichte 4,1-31, Autoren-Neufassung).

In dieser Zeit hatte Jerusalem einige seltsame Bündnisse. Menschen, die einander hassten: Israeliten und Römer, Pharisäer und Sadduzäer, Pontius Pilatus und Herodes, vereinten sich gegen Jesus. Es war ihre böse Wahl, aber Gott ist Gott, und Er nutzte ihre bösen Taten, um Seinen Plan und Zweck für das Heil vieler zu erfüllen.

Die Gläubigen teilten miteinander, was sie hatten (Apostelgeschichte 4,32-37)

Diejenigen, die an Jesus glaubten und ihm folgten, waren in Herz und Seele vereint. Keiner von ihnen beanspruchte egoistisch, dass ihr Eigentum ausschließlich ihnen gehöre. Stattdessen wurde ihr Besitz als Gemeinschaftseigentum betrachtet. Nach Pfingsten verbrachten die neuen Gläubigen viel Zeit miteinander und teilten miteinander. Ihre Gemeinschaft und ihr Teilen wuchsen weiter. Viele unter ihnen, die Besitz hatten, verkauften Häuser oder Land und gaben den Erlös dieser Verkäufe den Aposteln, damit er an alle verteilt werden konnte, die Bedürftigkeit hatten. Obwohl es viele Arme unter ihnen gab, wurden ihre Bedürfnisse gedeckt, und es schien keinerlei Gefühl von Klassendifferenzen unter ihnen zu geben (Apostelgeschichte 4,32-35, Überarbeitung des Autors).

Dieser Lebensstil wurde nicht von Gott befohlen; er war das freiwillige Ergebnis von Liebe und Gemeinschaft unter ihnen. Er deckte auch große Bedürfnisse vieler von ihnen. Heute gibt es viel Wohltätigkeit von Christen und Nicht-Christen gleichermaßen, aber selten in dem Ausmaß wie bei den Gläubigen des ersten Jahrhunderts.

Heute haben wir ein stärkeres Gefühl des Eigentums; daher kommt unsere Wohltätigkeit meist aus unserem Überfluss und beinhaltet selten, wenn überhaupt, alles, was wir besitzen oder haben.
Einer der Gläubigen, der Grundstücke verkaufte und die Erlöse den Aposteln gab, damit sie verteilt werden konnten, war Joseph, ein Levit (aus dem jüdischen Priesterstamm). Er wurde auf Zypern geboren (in einer griechischen Gegend). Die Apostel gaben Joseph den Spitznamen „Barnabas (Sohn des Trostes)“ (Apostelgeschichte 4,36-37).

Ananias und Saphira (Apostelgeschichte 5,1-16)

Ein christlich folgendes Ehepaar verkaufte ebenfalls ein Grundstück. Sie behielten einen Teil des Erlöses aus dem Verkauf und gaben den Rest des Erlöses den Aposteln, damit dieser an arme Gläubige verteilt werden konnte. Sie behaupteten, den gesamten Erlös des Verkaufs den Aposteln gegeben zu haben. Der Apostel Petrus, mit Einsicht von Gott, fragte Ananias, warum er Satan erlaubt habe, sein Herz mit Lügen zum Heiligen Geist zu füllen. Es gehörte Ananias‘ Eigentum und er konnte damit machen, was er wollte. Nachdem er es verkauft hatte, gehörte das Geld ihm, um es nach Belieben zu verwenden. Die Frage war, warum er die Menschen über seine Großzügigkeit täuschen wollte? Petrus sagte zu Ananias, dass er nicht die Menschen, sondern Gott belogen habe. Ananias starb sofort, und große Furcht ergriff alle, die davon hörten.

Junge Männer wickelten Ananias‘ Körper in ein Leichentuch und begruben ihn. Saphira, die nicht wusste, was mit ihrem Mann geschehen war, kam zu Petrus.

Er fragte sie: „Habt ihr euer Land zu einem bestimmten Preis verkauft?”

Sie antwortete: „Ja, das war der Preis."

Peter fragte sie: „Warum haben du und Ananias zugestimmt, den Heiligen Geist zu prüfen? Die jungen Männer, die deinen Mann begraben haben, werden jetzt dasselbe mit dir tun."

Sapphira starb ebenfalls sofort, und die jungen Männer trugen sie hinaus und begruben sie neben ihrem Mann. Nachdem die schändliche Sünde von Ananias und Sapphira aus der Kirche in Jerusalem entfernt worden war, wurde die Kraft Gottes wieder deutlich. Zahlreiche Männer und Frauen begannen, an Jesus zu glauben und sich den Gläubigen anzuschließen.

Gott scheint heutzutage solche drastischen disziplinarischen Beispiele innerhalb Seiner Kirche nur selten zu verwenden. Dennoch wurden wir Gläubigen gewarnt. Sünde und Weltlichkeit innerhalb von Gottes Kirche werden niemals übersehen, besonders geistliche Heuchelei. Auf die eine oder andere Weise wird die Strafe kommen.

Der Mangel an gottesfürchtiger Disziplin innerhalb von Gemeinden könnte einer der Gründe sein, warum viele Kirchen heute so schwach sind. Er könnte auch erklären, warum Kirchen von Ungläubigen nicht ernst genommen werden. Doch Vorsicht – der Zweck der Disziplin in und durch eine Gemeinde dient der geistlichen Wiederherstellung, nicht der Bestrafung. Sie darf nur auf liebevolle Weise angewendet werden, mit dem Ziel der Erneuerung (siehe Matthäus 18,15-18).

Heute bestraft Gott oft dadurch, dass er uns und Nationen unserer eigenen Verderbnis, Leidenschaften und Erniedrigung überlässt, was zur eigenen Strafe für unsere Sünden wird. *Satan, der Feind Gottes, der versuchte, Jesus zur Sünde zu verführen, aber scheiterte, versucht immer noch, uns von Gott abzuwenden. Gottes Geist befähigt uns zum Widerstand, aber wir müssen uns entscheiden, dem Wirken des Geistes zu folgen, damit wir nicht auf Satans Versuchung hereinfallen.*

Apostel eingesperrt und freigelassen (Apostelgeschichte 5,17-42)

Der Hohepriester und seine Sadduzäer-Gefährten waren auf die Apostel eifersüchtig, also sperrten sie sie ins Gefängnis. Doch in der Nacht sandte Gott einen Engel, um die Gefängnistore zu öffnen, und schickte sie zum Tempel, um für Jesus Zeugnis abzulegen. Am nächsten Morgen rief der Hohepriester den Rat (Sanhedrin) zusammen und befahl, die Apostel vor ihn bringen zu lassen.

Aber sie konnten die Apostel im Gefängnis nicht finden. Schließlich kam jemand zum Hohenpriester, um zu melden, dass diese Männer im Tempel sind und über Jesus lehren. Beamte wurden geschickt, um die Apostel zurückzubringen, jedoch ohne Gewalt anzuwenden. Als die Apostel ankamen, sagte der Hohepriester: „Wir haben euch strenge Anweisungen gegeben, nicht weiter über Jesus zu lehren, und doch habt ihr Jerusalem mit Lehren über Ihn erfüllt. "

Peter und die anderen erklärten, dass sie Gott eher gehorchen müssen als den Menschen. Sie erinnerten auch den Hohepriester daran, dass er Jesus durch Kreuzigung hat töten lassen. Aber der Gott Abrahams hat Jesus von den Toten auferweckt. Gott hat Jesus auch zu Seiner Rechten erhöht, um Israel Buße und Vergebung der Sünden zu schenken. „Wir sind Zeugen dieser Dinge, und so ist auch der Heilige Geist, den Gott denen gegeben hat, die Ihm gehorchen."

Die religiösen Führer waren von Peters Worten tief getroffen und wollten alle Apostel töten. Gamaliel jedoch, ein Pharisäer und respektierter Lehrer des Gesetzes Moses', bat darum, die Apostel vorübergehend aus dem Raum entfernen zu lassen. Nachdem die Apostel hinausgeführt worden waren, warnte Gamaliel den Rat, vorsichtig zu sein. Er erwähnte andere Männer, die fälschlicherweise behaupteten, der Messias zu sein; aber als sie starben, zerstreuten sich ihre Anhänger. In diesem Fall sollt ihr diese Anhänger Jesu in Ruhe lassen. Jesus ist gekreuzigt worden. Wenn Er ein Scharlatan war, wird Seine Bewegung wie die Anhänger jener anderen falschen Messiasse niedergeschlagen werden. Aber: „*Wenn die Jesus-Bewegung von Gott ist, werdet ihr sie nicht aufhalten können, und außerdem könnte es sein, dass ihr gegen Gott kämpft.* "

Der Rat befolgte Gamaliels Rat. Die Apostel wurden zurück in den Raum gebracht, und jeder von ihnen wurde schwer mit Peitschen geschlagen. Sie wurden erneut angewiesen, das Lehren über Jesus einzustellen, und dann freigelassen. Die Apostel gingen *unerschrocken hinaus und freuten sich,* dass sie es für würdig befunden wurden, für Jesus zu leiden. Sie lehrten weiterhin täglich über Jesus im Tempel und in den Häusern. *Die Zahl der Gläubigen wuchs täglich (Apostelgeschichte 5,17-42, Überarbeitung des Autors).*

Ein Problem unter den Gläubigen (Apostelgeschichte 6,1-7)

Unter den Gläubigen entstand ein ernstes Problem. Die hellenistisch griechischsprachigen Juden beschwerten sich, dass ihre armen Witwen bei der täglichen Lebensmittelverteilung übersehen wurden. Die Apostel riefen zu einer großen Versammlung der Gläubigen auf, um eine Lösung für das Problem zu erarbeiten. Es wurde beschlossen, dass alle armen Witwen gleichermaßen versorgt werden müssen.

Die Apostel stimmten zu, erklärten aber auch, dass sie Hilfe benötigten. „Wenn wir Apostel das Essen austeilen, werden wir keine Zeit haben, das Wort Gottes zu lehren und zu predigen. Wir schlagen vor, dass ihr, die Gemeinde der Gläubigen, sieben Männer von gutem Ruf auswählt, die auch mit dem Heiligen Geist erfüllt sind, um diese Aufgabe zu übernehmen." Der Vorschlag der Apostel wurde von der Gemeinde genehmigt, und sie wählten Stephanus, Philippus, Prochorus, Nicanor, Timon, Parmenas und Nikolaus, einen Proselyten aus Antiochia (alle hatten griechische Namen, und sie waren voller Weisheit und des Heiligen Geistes).

Die Apostel beteten, legten die Hände auf die Sieben und setzten sie für einen Dienst an hellenistischen jüdischen Witwen ein. Das Auflegen der Hände vor der Gemeinde ist Teil der Einweihung neuer geistlicher Leiter (Numeri 27,18-20). *Viele bezeichnen die Sieben als die ersten Diakone. Sie waren keine Verwalter, sondern aktive Diakone im wahren Sinn des Wortes Diakon (diakonos = dienen oder bedienen).*

Einige meinen, die Spaltung sei größer gewesen als nur die Frage der gerechten Verpflegung hellenistischer Witwen. Es könnte ein kleiner, aber wachsender Konflikt zwischen unterschiedlichen Kulturen und Sprachgruppen gewesen sein. Wenn dem so war, scheint die Regelung zugunsten der Witwen in der Lage gewesen zu sein, die gesamte Spaltung zu überbrücken.

Spaltungen können heute zwischen Gläubigen verschiedener Kulturen, Sprachen usw. auftreten. Das Handeln der Apostel und der Jerusalemer Gemeinde zeigt, dass unabhängig vom Ausmaß eines Problems ein gerechter und zügiger Lösungsversuch ein Vorteil für die Kirche als Ganzes ist. Wir müssen Problemlöser sein, nicht Problemausdehner.

Nachdem das Problem gelöst war, verbreitete sich das Wort Gottes noch schneller als zuvor. Viele neue Gläubige traten der Kirche bei. Auch viele gewöhnliche jüdische Priester (nicht die wohlhabenden Priester, die gegen Jesus eingestellt waren) wurden dem Glauben gehorsam.

Scheinprozess, illegaler Prozess (Apostelgeschichte 6,8-7,60)

Gott benutzte Stephanus, einen der sieben, um viele Wunder und Zeichen unter dem Volk zu vollbringen. Er hatte zudem einen brillanten Verstand und war ein kraftvoller Redner. Einige der hellenistischen Juden stritten mit Stephanus, konnten aber der Weisheit, mit der er sprach, nicht begegnen. Sie brachten einige Männer dazu, über Stephanus zu lügen, indem sie behaupteten, gehört zu haben, wie er lästerliche (respektlose) Worte gegen Gott sprach. Sie hetzten das Volk, die gegen Jesus gesinnten Ältesten und Schriftgelehrten auf und zogen Stephanus vor den Rat. Einige falsche Zeugen behaupteten, Stephanus habe ständig gegen den Tempel gesprochen. Andere behaupteten, er habe gesagt, dass Jesus den Tempel zerstören und die jüdischen Bräuche verändern würde. Die Ratsmitglieder waren erstaunt, denn Stephanus blieb mutig, zuversichtlich und ruhig. Er stand unter der Kontrolle des Geistes Gottes und hatte eine gewinnende Ausstrahlung.

Stephans Verteidigung (Apostelgeschichte 7,1-53)

Der Hohepriester fragte: „Sind die Anschuldigungen dieser Zeugen gegen dich wahr?"

Stephan antwortete zur Verteidigung: „Der Gott der Herrlichkeit erschien Vater Abraham, als er noch in Mesopotamien war." Stephan fuhr fort und schilderte die geistliche Geschichte Israels von Abraham bis David. Er erzählte von Gottes Eingriffen im Leben Israels – Eingriffen, die auf die Rettung hinführten.

Stephen offenbarte auch durch die Schrift, wie viele der jüdischen geistlichen Leiter den äußeren Anschein des Glaubens wahrten, aber sich weigerten, Gott zu gehorchen. Obwohl sie körperlich beschnitten waren, waren sie im Herzen und in den Ohren (im Hinhören) unbeschnitten. Sie verfolgten die Propheten und töteten diejenigen, die über das Kommen des Gerechten (des Messias) sprachen. „Dann kam der Gerechte Israels (Jesus), und ihr habt Ihn ermordet, so wie eure Väter zuvor die Propheten ermordet hatten.

Als die religiösen Führer Stephanus zuhörten, *wurden sie bis auf den Punkt geschnitten und rasteten aus. Der Heilige Geist erfüllte Stephanus für eine neue Herausforderung – so wie Jesu Prozess nicht fair gewesen war, so würde es auch Stephans Prozess nicht sein.* Stephanus wandte seine Augen zum Himmel und sah die Herrlichkeit Gottes, mit Jesus zu seiner Rechten, bereit, ihn zu empfangen. Stephanus zeigte nach oben und sagte: „Ich sehe, wie sich der Himmel öffnet und der Menschensohn zur Rechten Gottes steht."

Stephan gesteinigt zum Tod (Apostelgeschichte 7,54-60)

Als die Menschen Stephen lauschten, *brachen sie wie ein Vulkan aus.* Sie hielten sich die Ohren zu (aus Ablehnung von Stephens Zeugnis über Jesus) und trieben Stephen aus der Stadt, um ihn zu steinigen. Sie begannen, große Steine nach ihm zu werfen. Diejenigen, die gegen Stephen Zeugnis abgelegt hatten, mussten an der Hinrichtung teilnehmen, also legten sie ihre äußeren Gewänder ab und legten sie zu Füßen eines jungen Pharisäers namens Saul (Saulos = der Erwünschte), der einen unmittelbaren Blick auf die Steinigung hatte.

Obwohl Saul tatsächlich keine Steine warf, stimmte er der Hinrichtung von Stephanus voll und ganz zu. Während sie Stephanus steinigten, rief er: „Herr Jesus, empfang meinen Geist!" *Er begann zu schwinden, als ernsthafte Wunden seinen Körper, Kopf und sein Gesicht überzogen.* Stephanus stolperte auf die Knie und rief noch einmal: „Herr, vergib ihnen diese Sünde nicht." Nach diesen Worten fiel er zu Boden und starb. Stephanus war der erste Märtyrer für Christus. *Die meisten wären überrascht zu erfahren, dass das Martyrium für Christus heute weit verbreiteter ist als in den frühen Tagen des Glaubens.*

Verfolgung der Gläubigen in Jerusalem (Apostelgeschichte 8,1-3)

Am Tag, an dem Stephan zu Tode gesteinigt wurde, brach eine schwere Verfolgung gegen die Jerusalemer Versammlung (Ecclesia) der Gläubigen aus. Hellenistische, *griechischsprachige Juden, die während des Pfingstfestes Nachfolger Jesu geworden waren,* flohen um ihr Leben. Sie zerstreuten sich in ganz Judäa und Samaria. Die Apostel jedoch blieben in Jerusalem zusammen mit der Jerusalemer Versammlung der Gläubigen.

Saul wurde durch den Mord an Stephan radikalisiert. Er hatte die Gewänder derjenigen gehalten, die Stephan gesteinigt hatten. Er begann, Gläubige, sowohl Männer als auch Frauen, aus ihren Häusern zu reißen und ins Gefängnis zu bringen. *Zwei mögliche Gründe für Sauls Wandel:* Erstens, *es war, als hätte er nach dem Anblick von Stephans vergossenem Blut blutdürstig geworden.* Zweitens, *er war durch das, was er durch Stephan sah und hörte, beunruhigt.*

Saul hatte Geschichten über Jesus am Kreuz gehört, wie er Gott bat, diejenigen zu vergeben, die ihn kreuzigten. Saul glaubte diesen Geschichten nicht, aber als er den Mord an Stephan sah und hörte, wie Stephan Gott bat, seinen Mördern zu vergeben, fühlte sich Saul bedroht. Wie konnte jemand für seine Verfolger beten? Er begann zu erkennen, dass Jesus und Stephan etwas hatten, das er nicht hatte. Sie konnten in Frieden sein und sorgten sich mehr um ihre Verfolger als um sich selbst. Konnte es sein, dass sie eine Wahrheit besaßen, die er nicht hatte? Das beunruhigte Saul, und er reagierte darauf, indem er fanatischer wurde und versuchte, diese verhassten Anhänger Jesu auszurotten, die nun seine eigenen Überzeugungen bedrohten.

Philippus in Samaria (Apostelgeschichte 8,4-24)

Die verstreuten Gläubigen zogen umher und verkündeten das Wort Gottes. Stephanus war ein mächtiger Prediger, Apologet und Verteidiger der Versammlung der Gläubigen gewesen. Philipp war ein Evangelist. Er floh nach Samarien und begann, Christus, den Messias, den verachteten Samaritern zu verkünden. Er zog Menschenmengen von ihnen an, und Gott bestätigte Philipps Predigten, indem er ihm die Ausführung von Wundern ermöglichte. Viele wurden von unreinen Geistern befreit, während viele Gelähmte und Verkrüppelte geheilt wurden. Es herrschte Freude in den Städten, und viele Männer und Frauen glaubten und ließen sich taufen.

Als die Apostel in Jerusalem von Philips Erfolg in Samarien hörten, schickten sie Petrus und Johannes, um die Lage zu beurteilen. Sie gingen nach Samarien und beteten, dass die neuen Gläubigen den Heiligen Geist empfangen würden, denn der Geist Gottes war noch nicht auf die gläubigen Samariter gekommen. Das änderte sich, als die Apostel anfingen, ihnen die Hände aufzulegen, und sie mit dem Geist Gottes erfüllt wurden. Es war wie ein samaritanisches Pfingsten. Philipp und seine Freunde setzten ihre Zeugnisse für Jesus fort und predigten das Evangelium in den Städten Samariens. Später, als sie nach Jerusalem zurückkehrten, predigten sie das Evangelium auch in den Dörfern entlang des Weges.

Ein Ethiopianer empfängt Jesus (Apostelgeschichte 8,25-40)

Ein Engel des Herrn sprach zu Philippus: „Geh nach Süden auf die Wüstenstraße zwischen Jerusalem und Gaza." Als er den Anweisungen des Engels folgte, sah Philippus einen äthiopischen Eunuchen, einen Höfling der Königin von Äthiopien *(möglicherweise Nubiä, im heutigen Nord-Sudan).* Er war für den Schatz seiner Königin verantwortlich und war nach Jerusalem gereist, um anzubeten. Das jüdische Volk nannte Nichtjuden wie ihn „Gottesfürchtige". Er war auf dem Heimweg in seinem Wagen und las aus dem Propheten Jesaja. *Während seines Aufenthalts in Jerusalem erwarb er offenbar eine teure, handschriftliche Schriftrolle, die wir heute das Buch Jesaja nennen.*

Der Heilige Geist sagte zu Philippus: „Hole den Wagen ein und zeuge für den Äthiopier."

Philip lief und holte den von Pferden gezogenen Wagen ein. Philip konnte hören, wie er Jesaja (auf Hebräisch) las, und fragte: „Verstehst du, was du liest?" Er antwortete: „Wie könnte ich, wenn mich niemand führt?" Er lud Philip ein, sich ihm im Wagen anzuschließen.

Die Stelle, die er gerade las, war

> Wie ein Schaf wurde er zur Schlachtbank geführt. Er wurde erniedrigt und ihm wurde Gerechtigkeit verweigert. Sein Leben wurde von der Erde genommen.
>
> (Jesaja 53,7-8)

Der Eunuch fragte: „Bitte sag mir, von wem spricht der Prophet?"

Philipp begann bei dieser Schriftstelle und verkündete ihm Jesus. Als sie den Weg entlanggingen, kamen sie zu einer Oase.

Der Eunuch sagte: „Sieh! Dort ist ein Wasserteich. Willst du mich taufen?"

Philipp antwortete: „Wenn du mit deinem ganzen Herzen an die Gnade des Herrn glaubst, werde ich dich taufen."

Der Eunuch erwiderte: „Ich glaube, dass Jesus der Sohn Gottes ist."

Er befahl dem Fahrer, den Wagen anzuhalten. Er und Philipp stiegen ins Wasser, und Philipp taufte ihn. Als sie aus dem Wasser auftauchten, entriss der Geist des Herrn Philipp. Der Eunuch sah ihn nicht mehr, aber er ging voller Freude weiter. In der Zwischenzeit befand sich Philipp an der Küste bei Asdod, nördlich des heutigen Gaza. Von dort wanderte Philipp die Küste entlang und verkündete das Evangelium in allen Küstenstädten, bis er schließlich nach Hause in Cäsarea, fünfzig Meilen nördlich von Asdod, zurückkehrte.

Die Bekehrung des Saul (Apostelgeschichte 9,1-31)

Wie bereits erwähnt, flohen viele gläubige Juden (aber nicht die Apostel) um ihr Leben, als die Verfolgung nach der Ermordung von Stephanus begann. Einige gingen so weit nach Damaskus (im heutigen Syrien), zweihundert Meilen nördlich von Jerusalem. Saulus ging zum Hohenpriester und erhielt einen Autorisierungsbrief, um nach Damaskus zu gehen und Anhänger von Jesus zu verhaften und gebunden zurück nach Jerusalem zu bringen.

Als Saulus Damaskus näherte, wurde er von einem hellen Licht vom Himmel geblendet. Er fiel zu Boden, als er eine Stimme vom Himmel hörte, die fragte: „Saulus, warum verfolgst du mich?"

Saulus fragte: „Wer bist Du, Herr?"

Die Stimme antwortete: „Ich bin Jesus, den du verfolgst. *Wenn du mein Volk verfolgst, verfolgst du mich.* Steh auf und geh in die Stadt, dann wird man dir sagen, was du tun sollst."

Die Männer, die mit Saul reisten, waren sprachlos. Sie hörten die Stimme, sahen aber niemanden. Saul stand vom Boden auf mit offenen Augen, konnte aber nichts sehen. Einer der Männer führte ihn bei der Hand nach Damaskus, wo er drei Tage allein in einem

Zimmer saß. Er konnte immer noch nichts sehen und verweigerte es, für drei Tage etwas zu essen oder zu trinken. Saul fastete, weil er Gottes Führung suchte.

Er war ratlos darüber, dass Jesus zu ihm sprach. Er fragte sich: „Wie kann das sein? Jesus ist tot. *Ich dachte, er wäre ein Scharlatan,* aber Stephanus hatte gesagt, dass Jesus von den Toten auferstanden ist und sein Leben verändert hat." Saul hatte beobachtet, wie Stephanus für diejenigen betete, die ihn töteten. Stephanus bat sogar Gott, ihnen zu vergeben. Andere hatten Saul erzählt, dass sie Jesus dasselbe Gebet vom Kreuz beten hörten. Jesus bat ebenfalls Gott, denen zu vergeben, die ihn töteten. Nun hatte Jesus zu ihm gesprochen und gesagt: „Saul, warum verfolgst du mich?"

Inzwischen sprach Jesus zu Ananias, einem seiner Jünger in Damaskus: „Gehe zur Geraden Straße und frage nach einem Mann namens Saul aus Tarsus. Er wohnt im Haus des Judas. Saul betet, weil er eine Vision von dir hatte, in der du deine Hände auf ihn legst, damit er sein Augenlicht zurückbekommt."

Ananias hatte Angst und sagte: „Herr, ich habe Schreckliches über diesen Mann gehört. Er hat Deinen Nachfolgern in Jerusalem viel Schaden zugefügt. Er ist hierher gekommen mit der Autorität, alle, die Dir folgen, zu verhaften und einzusperren."

Der Herr antwortete: „Ich weiß das. Geh und tue, was ich dir sage. *Ich habe ihn ausgewählt, Meine Botschaft sowohl den Heiden als auch den Königen und den Söhnen Israels zu bringen. Ich werde ihm zeigen, dass er für Meinen Namen großes Leid ertragen muss.*"

Ananias gehorchte schnell. Er fand heraus, wo Saul wohnte, legte ihm die Hände auf und sagte: „Bruder Saul, der Herr Jesus, der dir auf dem Weg erschienen ist, hat mich gesandt, damit du dein Augenlicht wiedererlangst und mit Seinem Geist erfüllt wirst." Sauls Augenlicht kehrte zurück, und *er bat darum, als Nachfolger Jesu getauft zu werden.*

Nachdem er gegessen hatte, gewann Saulus seine Kräfte zurück. Er blieb viele Tage bei den Jüngern in Damaskus. Während dieser Zeit predigte Saulus in den Synagogen der ganzen Stadt und verkündete, dass Jesus von den Toten auferstanden ist und der Sohn Gottes ist. Diejenigen, die Saulus hörten, sowohl gläubige als auch ungläubige Hebräer, waren von der Kraft seiner Predigt erstaunt. Die Menschen in Damaskus waren verwirrt und fragten einander: „Ist er nicht Saulus, derselbe Mann, der die Anhänger Jesu in Jerusalem verfolgt hat? Er kam hierher, um die Anhänger Jesu auszulöschen. Und nun ist er selbst einer von ihnen! *Was ist geschehen?*

Saul nahm sich keine Zeit, seine Handlungen zu verteidigen. Er predigte weiterhin Christus und wurde immer mutiger in seinem Zeugnis. Er verkündete Jesus als den Christus, den verheißenen Messias. Nach vielen Tagen spannen die Juden (mit „den Juden" waren die religiösen Führer gemeint, nicht das jüdische Volk insgesamt) zusammen, um Saul zu töten, aber Saul erfuhr von ihrem Plan gegen ihn. Die jüdischen religiösen Führer bewachten Tag und Nacht die Stadttore, um ihn zu fangen, falls er zu entkommen versuchte, doch Sauls neue Freunde ließen ihn nachts die Stadtmauer hinunter und er entkam (Apostelgeschichte 9,25).

Sauls dreijährige theologische Ausbildung (Galater 1,17-18)

Paul selbst sagte: „Nachdem er aus Damaskus geflohen war, kehrte er nicht nach Jerusalem zurück. Stattdessen führte Gott ihn für drei Jahre weit nach Arabien." *Der Heilige Geist lehrte Paulus persönlich über den verheißenen Messias aus den alttestamentlichen Schriften und lehrte auch Saulus über das Leben und die Lehren Jesu.*

Zu diesem Zeitpunkt wusste Paulus genauso viel über Jesus wie die Apostel, die drei Jahre mit Jesus verbracht hatten. Nach seiner Ausbildung im Wüstenseminar durch den Heiligen Geist kehrte

Saulus nach Jerusalem zurück. Er war sowohl ein ausgebildeter Theologe Jesu als auch ein *ausgebildeter Missionar für die Heiden im Namen Jesu geworden.* Später würde er vom Heiligen Geist inspirierte Briefe an die Gemeinden schreiben, die er während seiner Missionsreisen gegründet hatte (d. h. Römer, Galater, Epheser, Kolosser, Philipper, 1. und 2. Korinther sowie 1. und 2. Thessalonicher), um Probleme anzusprechen und Fragen dieser Gemeinden zu beantworten; 1. und 2. Timotheus sowie Titus wurden an zwei von Paulus‘ Mitarbeitern geschrieben, um sie zu unterweisen und zu ermutigen. Philemon ist ein persönlicher Brief mit Anweisungen an einen Freund.

Das Lesen der Evangelien nach Lukas und Johannes, gefolgt von Apostelgeschichte und Römerbrief in dieser Reihenfolge jedes Jahr, ist eine gute und aufschlussreiche jährliche Lektüre des Neuen Testaments für alle Gläubigen. Natürlich sollten wir auch regelmäßig die gesamte Bibel lesen.

Saul kehrte nach Jerusalem zurück (Apostelgeschichte 9,26)

Nach drei Jahren in Arabien kehrte Saul nach Jerusalem zurück und versuchte, Freundschaft mit jüdischen Nachfolgern Jesu zu schließen, aber sie fürchteten, es sei eine Falle, um sie zu finden und zu verhaften. Doch Barnabas (wir haben ihn in Apostelgeschichte 4,36 kennengelernt; er war der Ermutiger) brachte Saul zu den Aposteln und erzählte seine Geschichte über die Begegnung mit Jesus auf dem Weg nach Damaskus. Die Apostel wurden Freunde von Saul, und er wurde immer mächtiger darin, das Evangelium zu verkünden. Er stritt mit den hellenistischen, griechischsprachigen Juden, und sie schmiedeten Pläne, Saul zu töten. Als diese Verschwörung entdeckt wurde, brachten die Gläubigen ihn nach Cäsarea und schickten ihn nach Tarsus, seine Heimatstadt. Inzwischen hatten die Gemeinde der Gläubigen Frieden und wuchs zahlenmäßig.

Mehr von Peters Dienst (Apostelgeschichte 9,32-11,18)

Peter reiste oft durch die verschiedenen Regionen Israels. Er hielt in Lydda, etwa fünfundzwanzig Meilen nordwestlich von Jerusalem, im Haus eines Mannes namens Äneas (lobenswert), der seit acht Jahren gelähmt war. Peter sagte: „Äneas, Jesus Christus heilt dich. Steh auf und richte dein Bett auf." Er stand sofort auf, und als die Einwohner von Lydda ihn gehen sahen, vertrauten sich viele Jesus an.

In Joppe, an der Küste zehn Meilen nordwestlich von Lydda, gab es eine Jüngerin von Jesus namens Tabitha (Dorkas), die ständig gute Werke und Wohltätigkeit getan hatte. Sie wurde krank und starb. Als die Menschen erfuhren, dass Peter in einer nahegelegenen Stadt war, schickten sie zwei Männer zu ihm, um ihn zu bitten, schnell nach Joppe zu kommen. Peter ging mit den Männern nach Joppe und sprach zu der verstorbenen Frau: „Tabitha, steh auf." Sie stand lebendig auf. Dies wurde in ganz Joppe bekannt, und viele glaubten mehr an den Herrn. Peter blieb dort eine Weile bei einem Gerber namens Simon.

Cornelius' Vision (Apostelgeschichte 10,1-8)

Cornelius, ein römischer Zenturio der italienischen Kohorte, lebte in Caesarea, das an der Mittelmeerküste liegt, vierunddreißig Meilen nördlich von Joppa. Cornelius war ein frommer Mann, der Gott fürchtete, ebenso wie seine Familie. Er gab oft wohltätige Geschenke an arme jüdische Menschen. Er war auch ein Mann des Gebets.

Eines Tages erschien Cornelius ein Engel Gottes, der fragte: „Was willst du, Herr?"

Der Engel antwortete: „Gott weiß um deine Gebete und deine Wohltätigkeit unter seinem Volk. Schicke einige Männer zum Haus von Simon, dem Gerber in Joppa. Dort ist ein Mann namens Petrus bei Simon zu Gast. Bitte Petrus, zu deinem Haus zu kommen."

Cornelius sandte sofort zwei Diener und einen frommen Soldaten, um Petrus zu finden.

Peters Vision (Apostelgeschichte 10,9-23)

Die Männer des Cornelius erreichten am nächsten Tag Joppa. Mittags war Petrus auf dem flachen Dach von Simons Haus. Er hatte Hunger und fiel in eine Trance. Er sah ein großes Tuch herabkommen, auf dem alle Arten von vierfüßigen Tieren, kriechenden Kreaturen und Vögeln lagen. Dann hörte er eine Stimme sagen: „Steh auf, Petrus. Opfer es und iss."

Petrus war *schockiert*. „Nein, Herr. Ich habe noch nie ein profanes oder unrein Tier gegessen."

Die Stimme ertönte ein zweites Mal: „Du sollst nicht länger das, was Gott rein gemacht hat, als unrein betrachten." Das geschah drei Mal, dann wurde das Tuch wieder in den Himmel zurückgenommen. Ein verwirrter Petrus versuchte zu verstehen, was die Vision bedeutete.

In diesem Moment klopfte es an der Tür. Die Männer, die Cornelius geschickt hatte, um Petrus zu finden, waren bei Simons Haus angekommen. Diese Männer waren Heiden, und Heiden galten bei den Hebräern als unrein. Kein frommer Jude würde mit einem Heiden essen oder sogar das Haus eines Heiden betreten. Die Männer, die nach Petrus suchten, waren auf einem Auftrag, der ihnen von einem Engel Gottes gegeben worden war. Sie waren da, um Petrus einzuladen, das Haus von Cornelius, einem Heiden, zu besuchen.

Jetzt verstehe ich die Vision, dachte Petrus. Gott hat mir gezeigt, dass alle Speisen rein sind und gegessen werden dürfen. Jetzt kann ich Speck essen! Gott hat auch offenbart, dass Heiden nicht länger als unrein betrachtet werden sollen. Wir Juden können ihre Häuser besuchen und sie unsere. Wir können auch gemeinsam sitzen und essen.

So bereitete Gott Petrus darauf vor, jene heidnischen Besucher zu empfangen, und sie wurden in Simons Haus eingeladen, um zu essen und zu übernachten. Am nächsten Morgen begleiteten Petrus und einige andere Gläubige die drei Männer zurück zum Haus von Kornelius. Er wartete zusammen mit Verwandten und engen Freunden darauf, eine Botschaft von Gott zu hören.

Die Heiden empfangen die gute Nachricht (Apostelgeschichte 10,24-48)

Als Petrus das Haus betrat, verbeugte sich Cornelius ehrfürchtig, weil Petrus von einem Engel Gottes empfohlen worden war. Petrus beugte sich schnell vor und nahm Cornelius bei der Hand und sagte: „Bitte stehen Sie auf. Ich bin nur ein Mensch wie Sie." Cornelius führte Petrus in einen großen Innenraum, wo viele auf seine Ankunft warteten. Er sprach offen: „Jeder von euch kennt das jüdische Gesetz, das es einem Juden verbietet, sich mit einem Fremden einzulassen. Gestern jedoch hat mir Gott gezeigt, dass ich keine Person für profan oder unrein halten soll. Deshalb bin ich zu euch gekommen. Warum haben Sie mich eingeladen?"

Cornelius sprach: „Vor vier Tagen betete ich, und plötzlich stand ein Engel in strahlenden Gewändern vor mir und sagte: ‚Gott hat deine Gebete gehört und deine Wohltätigkeit gegenüber den Juden gesehen. Schicke nach Petrus,' und er sagte mir, wo du wohnst. Jetzt, da du gekommen bist, möchten wir eine Botschaft von und über den Herrn hören."

Petrus sagte: *„Jetzt weiß ich, dass Gott keine Unterschiede macht. Er nimmt Menschen aus allen Nationen auf."* Petrus fuhr fort, kurz die frohe Botschaft von Jesus und das, was Jesus für uns alle getan hat, zu erzählen: „Jesus ist der in den Schriften vorhergesagte Retter, und alle, die an Ihn glauben und Ihm gehorchen, empfangen Vergebung der Sünden und ewiges Leben."

Bevor Petrus seine Predigt beenden konnte, kam der Heilige Geist über die Heiden herab, während sie der Botschaft des Evangeliums lauschten. Die jüdischen Gläubigen, die mit Petrus gekommen waren, waren schockiert, weil das Geschenk des Heiligen Geistes auch den Heiden gegeben wurde. Der Heilige Geist befähigte die heidnischen Gläubigen, in Zungen zu sprechen und Gott zu verherrlichen, so wie Er es für jüdische und samaritanische Gläubige getan hatte.

Petrus sagte: „Es ist offensichtlich, dass ihr Buße getan und Jesus als euren Retter angenommen habt, denn ihr habt das Geschenk des Geistes Gottes empfangen. Niemand kann euch die Taufe verweigern." Nach der Taufe der neuen heidnischen Gläubigen bat Cornelius Petrus, noch ein paar Tage zu bleiben, um ihnen mehr über das Wachsen in Christus zu lehren. Petrus blieb, aber seine jüdischen Glaubensfreunde gingen zurück nach Joppa. *Wir könnten dieses Ereignis eine „Heidenpfingsten" nennen.*

Peter berichtet der Gemeinde in Jerusalem (Apostelgeschichte 11,1–18)

Die unerwartete Nachricht, dass Heiden den Heiligen Geist empfangen und getauft werden, verbreitete sich schnell, noch bevor Petrus nach Jerusalem zurückkehrte. Die Reaktionen waren gemischt. Einige jüdische Gläubige hielten es für notwendig, dass Heiden Juden werden müssen (beschnitten und nach den jüdischen Gesetzen leben), *bevor sie an Jesus glauben und getauft werden* (Apg

11,1-3). Lukas bezeichnete die Opposition als „die Beschneideten“. Sie hatten ein Problem damit, dass Petrus zu den „unbeschnittenen Heiden“ ging und mit ihnen aß. Später würden sie als Judaizer bezeichnet werden, als sie dem Apostel Paulus widersprachen (Apg 15,1-2).

Petrus erklärte, wie Gott ihn durch die Vision zu den Heiden führte, die ihm ermöglichte zu erkennen, dass Gott alle Menschen liebt. Gott plant, Menschen aus allen Nationen zu retten, genauso wie er es Abraham Jahrhunderte zuvor angekündigt hatte (1. Mose 12,3). Petrus’ Verständnis erwies sich als zutreffend, weil Gottes Geist auf die gläubigen Heiden herabkam, ebenso wie auf die jüdischen Gläubigen.

Nachdem sie Peters Geschichte gehört hatten, verherrlichten die meisten jüdischen Gläubigen Gott und sagten: „Gott hat den Heiden erlaubt, Buße zu tun und ewiges Leben zu empfangen“ (Apostelgeschichte 11,18). Petrus blieb der mächtigste und bekannteste Apostel für die Juden. Er verfasste die neutestamentlichen Bücher 1. und 2. Petrus und war wahrscheinlich die wichtigste menschliche Quelle für das Evangelium nach Markus.

Geburt einer heidenchristlichen Gemeinde in Antiochia in Syrien (Apostelgeschichte 11,19-30)

Nach dem Märtyrertod des Stephanus (Apg 7,59-60) begann eine schreckliche Verfolgung der Kirche in Jerusalem (Apg 8,1-3). Viele Gläubige zerstreuten sich, um Sicherheit zu suchen. Einige flohen bis nach Zypern, Phönizien und dem syrischen Antiochia aufgrund der Verfolgung nach dem Märtyrertod des Stephanus. Später werden wir von einem anderen Antiochia erfahren. Die meisten dieser gläubigen Einwanderer aus Jerusalem zeugten nur vor den örtlichen jüdischen Bürgern von Antiochia, aber einige von ihnen aus

Jerusalem begannen, auch den griechischen Bürgern von Antiochia Zeugnis zu geben. Das Verkünden des Evangeliums an die Griechen brachte eine große Anzahl neuer Jesusnachfolger hervor.

Nachrichten über die Gründung und das schnelle Wachstum einer Heidenkirche in Antiochia erreichten die Kirche (Versammlung) in Jerusalem, etwa zweihundert Meilen südlich von Antiochia. Barnabas wurde nach Antiochia geschickt, um das Wachstum der Heidenkirche dort zu überprüfen. Nach seiner Ankunft in Antiochia und nachdem er die Lage aus erster Hand gesehen hatte, erkannte Barnabas, dass seine Aufgabe für einen einzelnen Mann zu groß war. Er erinnerte sich an Saul und wanderte achtundachtzig Meilen nordwestlich von Antiochia nach Tarsus (das heutige Türkei), um Saul zu finden. Saul begleitete Barnabas freudig zurück nach Syrien-Antiochia. Die beiden Männer lehrten vielen neuen Heidenanhängern das Leben und die Lehren Jesu. Zusätzlich zum Unterrichten der neuen Gläubigen spiegelten Barnabas und Saul auch totale Gehorsamkeit gegenüber Christus wider. So teilten diese neuen Gläubigen das Evangelium auch mit anderen in Antiochia. Die neuen Anhänger Jesu in Antiochia waren die ersten Menschen, die Christen genannt wurden.

Agabus und einige andere Propheten aus Jerusalem besuchten Antiochia. Agabus, vom Geist Gottes inspiriert, prophezeite eine kommende Hungersnot im gesamten römischen Reich. *(Diese Hungersnot ereignete sich während der Herrschaft von Kaiser Claudius. Josephus, ein jüdischer Historiker, berichtete von einer Hungersnot in Palästina in den Jahren 45–47 n. Chr.).*

Die heidenchristliche Gemeinde in Antiochia beschloss, Beiträge zur Unterstützung ihrer jüdischen Christenbrüder in Judäa zu senden. Jeder von ihnen gab entsprechend dem, was er hatte. Nachdem die Beiträge von Barnabas und Paulus an die Gläubigen überbracht worden waren, nahmen sie Johannes Markus mit, als sie nach Antiochia zurückkehrten (Apostelgeschichte 12,25).

Petrus eingesperrt und befreit (Apostelgeschichte 12,1-20)

About that time, King Herod Agrippa of Judah arrested some of the leaders in the Jerusalem church to mistreat them. He had the apostle James, brother of the apostle John, put to death with a sword. When he saw that it pleased the Jewish leaders, he arrested Peter *with the intent of killing him also.*

Zu dieser Zeit ließ der König Herodes Agrippa von Judäa einige der führenden Mitglieder der Jerusalemer Gemeinde festnehmen, um sie zu misshandeln. Er ließ den Apostel Jakobus, den Bruder des Apostels Johannes, mit dem Schwert töten. Als er sah, dass es den jüdischen Führern gefiel, ließ er auch Petrus verhaften, *mit der Absicht, ihn ebenfalls zu töten.*

Es war jedoch während des Passahfestes, also sperrte er Petrus ein und ließ ihn streng bewachen, bis das Passahfest vorbei war. Die Gemeinde betete eifrig für ihn. In der Nacht, bevor Herodes *Petrus richten* und töten wollte, schlief der Apostel, an Ketten gebunden, zwischen zwei Soldaten in der Zelle. Auch draußen vor der Zelle standen Wachen. Ein Engel des Herrn erschien und weckte Petrus, aber nicht die Wachen. Seine Ketten fielen ab, und er zog seine Sandalen an, seinen Mantel und schnürte seinen Gürtel fest. Dann folgte er dem Engel durch das Gefängnis; jedes Tor öffnete sich automatisch für sie. Sie gingen durch den Gefängnishof, und das Haupttor öffnete sich für sie. Als sie auf die Straße hinauskamen, verschwand der Engel. Petrus dachte, er träume, merkte dann aber, dass der Herr seinen Engel gesandt hatte, um ihn vor Herodes zu retten.

Peter walked to the house of Mary, mother of John Mark, where many had gathered to pray for him. Peter knocked on the door, and Rhoda, a servant girl, went to answer; but upon recognizing Peter's voice, she was so excited that she failed to open the door but joyfully ran to tell the others.

They told her, "Girl, you are out of your mind! It cannot be Peter."

Peter kept knocking on the door until they finally opened it and were amazed to see Peter standing there. Peter motioned for them to be silent while He told them the story of how he got out of prison. He asked them to tell James, the half-brother of Jesus, and other believers. Then Peter left for a safe place. *We sometimes pray like those early believers, and when God answers our prayer, do we fail to believe?*

Peter ging zum Haus von Maria, der Mutter von Johannes Markus, wo sich viele versammelt hatten, um für ihn zu beten. Peter klopfte an die Tür, und Rhoda, ein Dienstmädchen, ging, um zu antworten; doch als sie Peters Stimme erkannte, war sie so aufgeregt, dass sie es versäumte, die Tür zu öffnen, sondern freudig weglief, um es den anderen zu erzählen.

Sie sagten zu ihr: „Mädchen, du bist nicht bei Verstand! Es kann nicht Peter sein."

Peter klopfte weiter an die Tür, bis sie sie schließlich öffneten und erstaunt waren, Peter dort stehen zu sehen. Peter gab ihnen ein Zeichen, ruhig zu sein, während er ihnen erzählte, wie er aus dem Gefängnis befreit wurde. Er bat sie, es Jakobus, dem Halbbruder von Jesus, und den anderen Gläubigen zu erzählen. Dann ging Peter an einen sicheren Ort. *Manchmal beten wir wie diese frühen Gläubigen, und wenn Gott unser Gebet erhört, versäumen wir es, zu glauben?*

Dann ging Petrus an einen sicheren Ort. Als der Morgen kam, herrschte Chaos im Gefängnis. Wo war Petrus? Wie konnte er entkommen sein? Herodes war so wütend, dass er die Wächter hinrichten ließ, weil sie Petrus' Flucht ermöglicht hatten.

Tod von Herodes Antipas (Apostelgeschichte 12,20-24)

Herodes war zornig auf die Menschen von Tyrus und Sidon. Sie erlangten die Gunst des Kammerherrn des Königs und traten vor Herodes und baten um Frieden. Das war notwendig, da sie für ihre Nahrungsversorgung auf den König angewiesen waren. Herodes empfing sie in seinen königlichen Gewändern und hielt eine Rede vor ihnen. Das Volk schmeichelte dem König, indem es rief: „Er spricht mit der Stimme Gottes." Der König war über ihre Komplimente begeistert, aber ein Engel des Herrn traf ihn sofort mit einer Krankheit, weil er sich den Ruhm aneignete, der Gott zustand. Herodes starb einen schrecklichen Tod.

Was predigten Peter, Paulus und die anderen Apostel? Ihre Predigten in der Apostelgeschichte zeigen, dass ihre Erklärungen des Evangeliums zu grundlegenden Glaubensinhalten wurden, nämlich: (1) Gott wirkt an unserem Heil durch den Tod und die Auferstehung Jesu. (2) Nach seiner Auferstehung nahm Jesus seinen rechtmäßigen Platz als erhobener Herr ein, der zur Rechten Gottes sitzt. (3) Jesus goss seinen Geist über alle seine Nachfolger aus. (4) Diejenigen, die Buße tun, das Evangelium annehmen und Jesus als Herrn anerkennen, werden gerettet werden. (5) Die Nachfolger Jesu sind das wahre Israel, das Volk Gottes. (6) Jesus wird wiederkommen für seine Nachfolger und um die Welt zu richten. (7) Gottes gesamter Heilsplan (die Geschichte von Jesus) wurde von den Propheten vorhergesagt (d. h. Jesaja 7,14 Jungfrauengeburt, Jesaja 53,3-5 der leidende Gottesknecht trug unsere Sünden, Psalmen 22,1. 7-8, 16b und 18, jede Form malt Wortbilder von der Kreuzigung Jesu usw.).

„Die Apostel predigten sicherlich mehr als das, aber diese sieben Punkte fassen ihre grundlegenden Überzeugungen zusammen" (nach der Erinnerung des Autors an einen Sonntagabend-Gottesdienst seines Pastors, Dr. Howard Batson PhD, alle Rechte vorbehalten, hier mit freundlicher Genehmigung von Dr. Batson zitiert).

Geschichte 30

DAS EVANGELIUM BREITET SICH IN DEN NATIONEN AUS

Pauls erste Missionsreise, 46–48 n. Chr. (Apostelgeschichte 13,1-14,28)

Die Leiter der Kirche von Antiochia dienten und setzten das Fasten und Gebet fort, um die Führung des Herrn zu suchen. Der Heilige Geist sprach zu ihren Herzen und Gedanken: „Weihe Barnabas und Saulus für das Werk, zu dem ich sie berufen habe. " *Die Heidenkirche in Antiochia stellte sich der Aufgabe; sie legten ihre Hände auf Gottes Auserwählte (gesalbt und berufen) und sandten sie dann als Missionare aus.*

Paul erwähnte, dass James, der Halbbruder von Jesus, Cephas (Petrus) und Johannes, die Hauptleiter der Kirche in Jerusalem, übereinstimmten, dass, ebenso wie sie zu den Beschneideten (den Juden) berufen wurden, Paul und Barnabas berufen seien, die Unbeschnittenen (die Heiden) zu evangelisieren. Sie reichten Paul und Barnabas die Hand der Gemeinschaft. Ihre einzige Bitte war, dass sie an die Armen denken, was Paul und Barnabas ohnehin bereits tun wollten (2:7-10).

Barnabas und Paulus segelten zusammen mit Johannes Markus, ihrem Gehilfen, nach Salamis auf der Insel Zypern. Barnabas stammte aus Zypern; *vielleicht war das der Grund, warum Gott die Missionare zuerst dorthin führte (Apostelgeschichte 13,4f).* Bei ihrer Ankunft begannen Barnabas und Paulus, das Wort Gottes in den jüdischen Synagogen zu verkünden. Die meisten Menschen auf Zypern waren Griechen, aber es gab auch viele Juden. Sie zogen über die ganze Insel und verkündeten das Evangelium bis nach Paphos. Dort hörte der römische Prokonsul Sergius Paulus das Wort Gottes und wurde ein Nachfolger Jesu.

Dann verließen Saul und seine Begleiter (Barnabas und Johannes Markus) Zypern und segelten nach Perge in Pamphylien (Südosttürkei). *Vier Veränderungen fanden statt: Zuerst* war Barnabas der Leiter des Missions-Teams gewesen; nun wurde Saul der Leiter. *Zweitens:* Sauls jüdischer Name wurde in Paul geändert (sein römischer Name), *um es ihm leichter zu machen, den Heiden zu dienen. Drittens:* Pauls Hauptanliegen verlagerte sich von den Juden zu den Heiden, obwohl Paul in jeder Stadt zuerst zu den Juden gehen würde. In ein paar Wochen würde er dann aus einer Synagoge vertrieben, was Paul die Gelegenheit gab, neue Nachfolger Jesu unter den Juden mitzunehmen, um die einheimischen Heiden zu evangelisieren. Viertens: In Perge verließ Johannes Markus das Team und kehrte nach Jerusalem zurück. Unterdessen reisten Paulus und Barnabas weiter *nach Pisidien Antiochia,* etwa fünfundsiebzig Meilen nördlich von Perge.

Pauls Predigt in der Synagoge von Pisidien-Antiochia (Apostelgeschichte 13,16ff)

Verwechseln Sie nicht das syrische Antiochia, wo sich ihre sendende Kirche befand, mit Pisidischem Antiochia. Am Sabbat (Samstag) nahmen sie am Gottesdienst in der Synagoge teil. Nach den Lesungen aus dem Gesetz und den Propheten erlaubten die Synagogenbeamten Paulus, einen kurzen Überblick über die Geschichte des jüdischen Volkes von Abraham bis David, dem König von Israel (ein Mann nach Gottes eigenem Herzen), zu geben. Paulus erinnerte sie daran, dass Gott versprochen hatte, den Retter aus der Nachkommenschaft Davids zu senden. Paulus sagte: „Ich bin gekommen, um euch zu sagen, dass der Retter gekommen ist."

Dann wechselte Paulus zum Leben und der Lehre Jesu und erklärte, dass Er gekreuzigt wurde, aber Gott Jesus vom Grab auferweckt hat, und dass der auferstandene Jesus über fünfhundert Menschen über einen Zeitraum von vierzig Tagen gesehen wurde. Anschließend stieg Jesus in den Himmel auf und sitzt nun zur Rechten Gottes. Zum Schluss sagte Paulus,

> Nun habt ihr die gute Nachricht gehört, dass durch Jesus die Sünden aller, die glauben, vergeben werden. Durch Jesus werden Gläubige von Dingen befreit, bei denen das Gesetz des Mose zu schwach war, um sie zu bewirken.
>
> (Apostelgeschichte 13,38, nach Autor)

Paulus wendet sich den Heiden zu (Apostelgeschichte 13,44-52)

Als Paulus und Barnabas die Synagoge nach dem Gottesdienst verließen, baten die Menschen sie, am nächsten Sabbat zurückzukehren und mehr von den Lehren Jesu zu erzählen. Das Wort über Paulus und Barnabas verbreitete sich, sodass am folgenden Sabbat die meisten Juden erschienen, um das Wort des Herrn zu hören. Als jedoch die jüdischen Religionsführer die Menschenmenge sahen, wurden sie eifersüchtig und widersprachen den Aposteln. Paulus und Barnabas sprachen mutig zu den Religionsführern:

> Es war notwendig, dass wir euch zuerst das Wort Gottes verkündigten. Aber da ihr es ablehntet, wenden wir uns den Heiden zu. Der Herr sagte zu uns: „Ich will dich auch zum Licht der Nationen [Heiden] machen, damit das Heil bis an die Enden der Erde reicht."
>
> (Apostelgeschichte 13,47 und Jesaja 49,6)

Als die Heiden, die in der jüdischen Synagoge beteten, dies hörten, freuten sie sich und verherrlichten das Wort Gottes. Viele Heiden glaubten, und das Wort Gottes verbreitete sich in der ganzen Region. Die jüdischen Führer jedoch hetzten einige leichtlebige Juden auf und lösten eine Verfolgung gegen Paulus und Barnabas aus. Das zwang sie, die Gegend zu verlassen. Die Apostel gingen nach Ikonion, etwa 75 Meilen südwestlich von Pisidische Antiochia.

Akzeptanz und Widerstand (Apostelgeschichte 14,1-28)

In Ikonion predigten Paulus und Barnabas Christus in der Synagoge der Juden, und viele Juden und Griechen glaubten; aber wie in Pisidien-Antiochia erregten die ungläubigen jüdischen Führer erneut die Menschen gegen die Apostel. Dennoch konnten sie viel länger in Ikonion bleiben. Sie sprachen weiterhin mutig, vertrauten auf Gott und vollbrachten Zeichen und Wunder. Schließlich wurde die Stadt über die Apostel gespalten, und es wurden einige Versuche unternommen, ihnen Schaden zuzufügen. Sie zogen weiter in die Städte Lykaonien, Lystra, Derbe und die umliegenden Gegenden. Sie predigten weiterhin das Evangelium.

In Lystra wollten die Einheimischen Paulus und Barnabas anbeten, nachdem sie einen Mann geheilt hatten, der von Geburt an gelähmt war. Die Menschen dachten, Paulus und Barnabas seien die griechischen Götter Zeus und Hermes, aber die Missionare sagten: „Nein! Wir sind Menschen wie ihr. Wir sind gekommen, um gute Nachrichten zu bringen, damit ihr törichte Überzeugungen ablehnen und den lebendigen Gott annehmen könnt, der Himmel und Erde erschaffen hat."

Jüdische religiöse Führer aus Pisidien-Antiochia und Ikonion hetzten die Menge gegen die Apostel auf. *Sie steinigten Paulus in Lystra und zogen ihn aus der Stadt, da sie ihn für tot hielten.* Anhänger von Jesus standen um Paulus herum, bis er schließlich wieder aufstand, und sie kehrten alle in die Stadt zurück (Apostelgeschichte 14:19-20). In Paulus' zweitem Brief an die Gemeinde in Korinth warnte er neue Anhänger von Jesus, dass einige falsche Apostel sind, die nicht von Christus stammen. Sie sind Diener des Bösen, die sich als Diener der Gerechtigkeit tarnen, genauso wie Satan sich als Engel des Lichts tarnt. Gott wird alle von ihnen nach ihren bösen Taten richten (2. Korinther 11:13-15, Autors Umarbeitung).

Paul sagte, ihm sei ein Dorn im Fleisch gegeben worden (ein Bote Satans, eine unbekannte Krankheit), um ihn zu quälen. Paulus bat Gott dreimal, diesen Dorn zu entfernen, aber der Herr sagte zu Paulus:

> Nein, der Dorn bleibt, du musst auf Meine Gnade vertrauen. Meine Gnade ist mehr als genug für dich, denn Meine Kraft wird in deiner Schwachheit vollkommen.
>
> (2. Korinther 12,7-10; siehe auch Philipper 4,11-13)

Danach änderte sich Pauls Einstellung gegenüber dem Dorn. Er war zufrieden, während er Schwäche, Verfolgung, Beleidigungen, Bedrängnis und andere Schwierigkeiten um Christi willen ertrug. Er konnte sagen:

> Ich bin schwach aus Christi Willen, denn wenn ich schwach bin, wird Gott meine Stärke. Ich verlasse mich völlig auf Ihn.
>
> (2. Korinther 12,9-10, Neuformulierung des Autors)

Mögest du und ich auch in allem, was wir tun und in allem, was wir erleiden, von Gott abhängig werden.

Am folgenden Tag (Apostelgeschichte 14,20-23) gingen Paulus und Barnabas nach Derbe, etwa fünfzig Meilen östlich von Lystra. Dort predigten sie das Evangelium, und viele Menschen wurden Nachfolger Jesu. Von dort aus planten sie, in umgekehrter Reihenfolge zu den Städten zurückzukehren, die sie evangelisiert hatten. Von Derbe aus kehrten sie nach Lystra zurück (wo Paulus gesteinigt worden war), dann nach Ikonion und nach pisidischer Antiochien. In diesen Städten halfen die Apostel den Gemeinden, Pastoren aus den eigenen Reihen als geistliche Leiter vorzubereiten und einzusetzen.

Nachdem sie in Perga gepredigt hatten, reisten sie nach Süden nach Attalia und zum Großen Meer (Mittelmeer). Von dort bestiegen sie ein Schiff nach Syrien Antiochia. *Bei ihrer Ankunft erstatteten sie der Gemeinde in Antiochia, die sie ausgesandt hatte, einen ausführlichen Bericht. Die Gemeinde war voller Freude, als sie hörte, dass Gott für die Heiden eine weite Tür des Glaubens geöffnet hatte* (Apostelgeschichte 14,25-28).

Das Ende von Paulus' erster Missionsreise

Paul und Barnabas blieben mehrere Monate in Antiochia. Hinweis: *Die Hebräer (Juden) bestanden aus zwölf Stämmen, die eine Einheit bildeten. Alle anderen Volksgruppen sind Heiden (nichtjüdisch), mit Ausnahme der arabischen Stämme, die als Cousins der Juden angesehen werden. Die Araber sind Blutsnachkommen Abrahams durch Ismael, aber Araber sind keine Juden, und es gibt keinen richtigen Frieden zwischen ihnen. Die meisten Leser dieses Buches, wie auch der Autor, stammen wahrscheinlich von heidnischen Volksgruppen ab. Gott liebt alle Menschen. Christus starb für alle Menschen – Juden, Araber und Heiden.* In Christus werden alle Gläubigen zum ewigen Volk Gottes.

Der Rat in Jerusalem (Apostelgeschichte 15,1-12)

Einige Männer aus Juda gingen nach syrischem Antiochia und begannen, der Gemeinde zu lehren, dass man ohne Beschneidung und ohne Befolgung der jüdischen Gebräuche des Mose nicht gerettet werden könne. Paulus und Barnabas stritten mit den Besuchern aus Jerusalem. So entschied die Gemeinde (die heidnischen Gemeindemitglieder von Antiochia), dass die Auseinandersetzung nach Jerusalem gebracht werden solle, damit die Apostel und Ältesten (Pastoren) helfen könnten, dieses Problem zu lösen.

Die Delegation aus Antiochia reiste (zu Fuß) durch Phönizien *(das heutige Libanon)* und Samaria, um nach Jerusalem zu gelangen. Während ihrer Reise erzählten sie den Menschen unterwegs von der Bekehrung vieler heidnischer Heiden. Das brachte den Gläubigen entlang des Weges große Freude. Bei ihrer Ankunft in Jerusalem wurde die Delegation aus Antiochia von den jüdischen Gläubigen, einschließlich der Apostel und Ältesten (Pastoren), herzlich empfangen. Die Delegation aus Antiochia berichtete von allem, was Gott in ihnen und durch sie getan hatte.

Einige Mitglieder der Partei der Jerusalemer Pharisäer waren Gläubige geworden. Manche nannten sie Judaisten. Sie bestanden darauf, dass es notwendig sei, die heidnischen Gläubigen zu beschneiden und sie anzuweisen, das Gesetz Moses zu beachten. *Das war ein Beispiel für jüdischen Stolz, der Gottes ewigen Plan ersetzt, alle Nationen zur Erlösung zu führen und Ihn anzubeten. Amerikanischer Stolz kann derselben Schuld anheimfallen. Persönlicher Stolz kann (bewusst oder unbewusst) ebenfalls gegen Gottes ewigen Plan verwendet werden.*

Die Debatte brachte den Rat nicht weiter, also stand Petrus auf und erklärte, was Gott unter den Heiden in Cäsarea getan hatte.

> Nachdem sie das Evangelium gehört hatten, glaubten/beachteten die Heiden Jesus. Gott kannte das Herz dieser heidnischen Gläubigen und bestätigte ihre Buße und ihren Glauben an Christus, indem er ihnen den Heiligen Geist gab, so wie er es bei den jüdischen Gläubigen getan hatte. Gott macht keinen Unterschied zwischen Juden und Heiden, wenn sie Nachfolger Jesu werden.

Peter erinnerte die Gruppe daran: „Wir glauben, dass jüdische Gläubige durch die Gnade des Herrn Jesus gerettet sind. Die nichtjüdischen Gläubigen werden ebenfalls durch die Gnade des Herrn Jesus gerettet." *Peter drehte somit das Argument um.* Jüdische Gläubige werden durch Gnade gerettet, nicht durch religiöse Werke, genau wie die nichtjüdischen Gläubigen. *Gute Werke bringen keine Rettung durch Werke, aber Rettung durch Gnade führt zu guten Werken* (siehe Epheser 2,8-10).

Wenn für die Rettung Beschneidung und das Halten des Gesetzes Moses notwendig wären, warum kam Jesus dann auf die Erde und starb für unsere Sünden? Das Gesetz Moses kann nicht retten. Stattdessen weist es auf unsere Sünde und unseren Bedarf an einem Retter hin. Jesus allein ist der Retter (Römer 3,19-26).

Es schien, als hätte Peter die Debatte beendet. *Paulus und Barnabas durften daraufhin sprechen. Eine Stille legte sich über die Menge,* als Barnabas (in Jerusalem bekannter als Paulus) und Paulus von den Zeichen und Wundern berichteten, die Gott unter den Heiden vollbrachte.

Die Lösung des Jakobus (Apostelgeschichte 15,13-35)

Nachdem das ganze Gespräch geendet hatte, fasste James (ein Halbbruder von Jesus und Leiter der Jerusalemer Gemeinde) zusammen, was gesagt worden war, und schlug eine Lösung für das Problem vor. James sagte: *„Hört auf meine Einschätzung. Simeon Petrus erklärte, wie Gott die Heiden zu seinem Volk für seinen Namen genommen hat. Das steht im Einklang mit den Worten des Propheten Amos."* Nach diesen Dingen erklärte der Herr,

> Ich werde zurückkehren und die Hütte Davids wiederaufbauen, die gefallen ist. Ich werde die Trümmer wiederherstellen, damit der Rest der Menschheit den Herrn suchen kann und alle Heiden, die nach Meinem Namen gerufen werden.
>
> (Amos 9,11-12, nachbearbeitet vom Autor)

James schloss,

> Deshalb bin ich der Meinung, dass wir die Heiden, *die sich Gott zuwenden, nicht länger belästigen sollten. Schreiben wir ihnen, dass sie sich von Dingen enthalten sollen, die Götzen geweiht sind, von sexueller Unmoral, vom Verzehr von Erwürgtem und vom Essen von Blut.*
> (Apostelgeschichte 15,19-20 LUT)

Judas (Spitzname Barsabbas) und Silas wurden ausgewählt, um Paulus und Barnabas zu begleiten und einen Brief zu überbringen, der alles der Gemeinde in Antiochia erklärte.

Als der Brief in Syrien, Antiochia, vorgelesen und erläutert wurde, freute sich die Heidenversammlung der Heidenchristen über den ermutigenden Brief und erklärte, dass sie nicht jüdisch werden müssten, um Jesus nachzufolgen. Nach vielen Tagen in Antiochia kehrte Judas nach Jerusalem zurück, aber Silas entschied sich, zu bleiben und Paulus und Barnabas beim Lehren des Wortes Gottes zu helfen, da so viele Jesu Nachfolger geworden waren.

James, der Halbbruder von Jesus und Leiter der Gemeinde in Jerusalem, verfasste das neutestamentliche Buch Jakobus etwa um das Jahr 51 n. Chr. Er schrieb über gesellschaftliche Beziehungen und andere praktische Aspekte des Glaubens auf der Grundlage der Lehren Jesu. *Judas,* ein weiterer Halbbruder von Jesus und leiblicher Bruder von Jakobus, schrieb den Brief des Judas um das Jahr 70 n. Chr. Er schrieb, um vor falschen Lehrern in der Kirche zu warnen.

Paulus' zweite Missionsreise, 49-52 n. Chr. (Apostelgeschichte 15,36-18,23)

Nach einer Weile sagte Paulus zu Barnabas: „Wir müssen zu den neuen Gläubigen in jeder Stadt zurückkehren, in der wir das Evangelium verkündet haben. Wir müssen ihre geistliche Treue zu Jesus und ihr geistliches Wachstum sicherstellen“ (Autoreneinschätzung).

Barnabas sagte: „Wir müssen Johannes Markus eine zweite Chance geben.”

Paulus argumentierte, dass sie Markus nicht mitnehmen müssten, da er sie während der ersten Missionsreise verlassen habe.

Da ihre Meinungsverschiedenheit über Markus heftig war, beschlossen sie, sich zu trennen (eine Lösung). Barnabas würde Markus mitnehmen und nach Zypern segeln, wo sie ihre erste Reise begonnen hatten. Paulus würde Silas (Silvanus) mitnehmen und sie würden auf dem Landweg durch Syrien und Kilikien (heutige Südtürkei) reisen.

Paul und Silas zogen durch Tarsus, Paulus‘ Heimatstadt, und setzten ihre Reise zu den vier Städten Derbe, Lystra, Ikonium und Pisidisch-Antiochia fort, wo Paulus und Barnabas während ihrer ersten Missionsreise viele Menschen evangelisiert und neue Gemeinden gegründet hatten. Paul und Silas blieben viele Tage in jeder Stadt, um die Gemeinden, ihre Leiter zu stärken und neue Gläubige hinzuzufügen.

In Lystra treffen sie Timothäus, der der Sohn einer jüdischen Mutter war, die Gläubige geworden war. Obwohl Timothäus ebenfalls gläubig war und in der jüdischen Kultur erzogen worden war, war er nicht beschnitten, da sein Vater Grieche (Nichtjude) war. Timothäus wurde von den Mitgliedern der Gemeinden in Lystra und Ikonion sehr empfohlen. Paulus wollte, dass Timothäus ihrem Missions-Team beitrat, und traf eine Entscheidung, die möglicherweise merkwürdig erscheint. Paulus bat Timothäus, sich beschneiden zu lassen, und Timothäus stimmte zu. Das war ungewöhnlich, weil Paulus zuvor in Antiochia in Syrien und in Jerusalem darauf bestanden hatte, dass die Beschneidung für das Heil nicht notwendig sei. Er hatte seine Meinung nicht geändert.

Die Beschneidung von Timothäus war rein eine kulturelle Notwendigkeit, keine religiöse. Ein unbeschnittener Jude in Paulus' Team würde von jüdischen Gemeinden nicht gut aufgenommen werden. Daher bat Paulus Timothäus, sich beschneiden zu lassen.

Von Pisidien-Antiochia aus wollte Paulus nach Norden ziehen und Bithynien evangelisieren. Doch der Geist Jesu ließ dies nicht zu, sondern führte sie stattdessen nach Westen. (*Alttestamentliche Geschichten sollten uns allen lehren, dass Gott nach seinem eigenen Zeitplan wirkt. Offenbar war es noch nicht die Zeit für Bithynien.* Später sandte Gott Petrus in dieses Gebiet. Der Brief des 1. Petrus war Petrus' Nachverfolgung bei den jüdischen Konvertiten in dieser Gegend*). Paulus' Missionsmannschaft erreichte schließlich die Hafenstadt Troas an der Ostküste der Ägäis. Sie waren am Ende Asiens angekommen. Was nun, Herr?*

Wir finden Lukas im Missions-Team von Paulus in Troas während der zweiten Missionsreise von Paulus. *Es wird uns nicht gesagt, wann Lukas dem Team beitrat. Er war möglicherweise ein griechischer Jude aus Syrien-Antiochia und wurde das vierte Mitglied von Paulus' Team in Pisidien-Antiochia oder in Troas.*

In jener Nacht hatte Paulus eine Vision von einem Mann in Mazedonien, der ihn bat: „Komm über das Wasser und hilf uns hier. " *Mazedonien wurde nach Philipp von Makedonien, dem Vater Alexanders des Großen, benannt.* Lukas offenbarte, dass das Team zustimmte, dass Gott sie dort dazu rief, das Evangelium zu verkünden. „Wir bestiegen ein Schiff, das nach Philippi fuhr, der führenden Stadt der Provinz Mazedonien, einer römischen Kolonie."

Zuerst in Europa bekehren (Apostelgeschichte 16,14-21)

In Philippi gab es keine Synagoge, weil es mindestens zehn Männer im Alter von dreißig Jahren oder älter brauchte, um eine neue

Synagoge zu gründen. Dort lebten jedoch weniger als zehn jüdische Männer. Am Sabbattag gingen Paulus und sein Team aus der Stadt hinaus zu einem nahegelegenen Fluss. Sie hofften, dort einen „Ort des Gebets" zu finden.

Am Fluss setzten sie sich hin und unterhielten sich mit den versammelten Frauen. Eine der Frauen, Lydia, war eine wohlhabende Händlerin von teuren Stoffen. Sie war, wie Kornelius (Apostelgeschichte 10), eine Gottesfürchtige (eine Heidin, die Gott verehrte). Der Herr öffnete Lydias Herz, um auf das Evangelium der Gnade zu reagieren. Aufgrund ihres Glaubens an Christus baten sie und ihr Haus um die Taufe der Gläubigen. Lydia war die erste Europäerin, die Nachfolgerin Jesu wurde. Sie lud auch Paulus und sein Team ein, ihr großes Haus in Philippi als Basis zu nutzen.

Eines Tages, als Paulus und das Team zum Gebetsort gingen, begegnete ihnen auf dem Weg ein Sklavenmädchen mit einem Wahrsagegeist. Sie verdiente für ihre Besitzer viel Geld, indem sie die Zukunft voraussagte. Das Mädchen folgte Paulus und dem Team und rief: „Diese Männer sind Diener des höchsten Gottes. Sie sind gekommen, um euch den Weg des Heils zu zeigen." Jeden Tag folgte sie weiterhin dem Team und rief, wer sie waren und warum sie gekommen waren. *Das mag gut klingen, aber in Wirklichkeit trieb sie die Menschen davon, bevor sie das Evangelium hören konnten.*

Schließlich wandte sich Paulus dem Geist in dem Sklavenmädchen zu und sprach: „Im Namen Jesu befehle ich dir, aus dem Mädchen auszufahren." Der böse Geist gehorchte Paulus und verließ sofort das Mädchen. Die Besitzer des Sklavenmädchens erkannten, dass ihre Hoffnung auf fortgesetzten Profit durch sie verloren war. Paulus und Silas wurden ergriffen und zu den obersten Beamten gebracht, die sagten: „Diese Juden stiften Unruhe in unserer Stadt, indem sie Bräuche durchsetzen, die gegen unsere römischen Gesetze verstoßen."

Paulus und Silas im Gefängnis (Apostelgeschichte 16,22-30)

Die örtliche Menge wandte sich auch gegen Paulus und Silas, so dass die obersten Richter ihnen die Gewänder vom Leib rissen und befahlen, sie mit Stöcken zu schlagen. Nachdem sie sie geschlagen hatten, steckten sie sie ins Gefängnis und befahlen dem Gefängniswärter, sie sicher zu bewachen. Der Gefängniswärter steckte sie in eine sichere Zelle und sperrte ihre Füße in Vorräte.

Gegen Mitternacht beteten Paul und Silas und sangen Loblieder zu Gott, während die anderen Gefangenen ihnen zuhörten. Plötzlich erschütterte ein Erdbeben die Fundamente des Gefängnisses. Alle Türen öffneten sich, und allen fielen die Ketten ab. Der Gefängniswärter wurde geweckt. Er sah, dass die Gefängnistüren offen waren, und nahm an, dass alle Gefangenen geflohen seien. Wenn die Gefangenen geflüchtet wären, hätte der Wärter an ihrer Stelle ins Gefängnis gemusst, also zog er sein Schwert, um sich selbst zu töten, aber Paul rief ihm zu: „Wir sind alle noch hier. Tu dir nichts an." Der Wärter holte eine Lampe und zählte die Köpfe. Er war erstaunt, dass kein einziger Gefangener die Gelegenheit zur Flucht genutzt hatte.

Nachdem Paulus und Silas aus dem Gefängnis geführt worden waren, fiel der Gefängniswärter zitternd vor ihren Füßen nieder. Er fragte: „Meine Herren, was muss ich tun, um gerettet zu werden?"

Die Antwort war klar: „Glaube an den Herrn Jesus, und du wirst gerettet werden, *und ebenso für dein Haus.*"

Paulus und Silas erklärten dem Gefängniswärter und seinem ganzen Haus das Evangelium.

Nachdem er das Evangelium gehört hatte, nahm er sofort Paulus und Silas und wusch ihre Wunden im Badebereich hinter seinem Haus. Dort wurden sie alle getauft *(er und sein ganzes Haus hatten das Evangelium gehört; alle hatten geglaubt und alle wurden getauft). Deshalb wird dies als Gläubigentaufe bezeichnet.* Nach der Taufe führte der Gefängniswärter Paulus und Silas in sein Haus und bewirtete sie. Es gab große Freude, weil er und sein ganzes Haus geglaubt hatten.

Paul und Silas waren mit Stöcken geschlagen worden, bevor sie noch am selben Tag ins Gefängnis gesteckt wurden. Ihre Rücken waren blutig, doch ihre Wunden wurden ignoriert. Sie erhielten kein Abendessen. Nachdem jedoch der Gefängniswärter gerettet wurde, veränderte er sich. Er versorgte ihre Wunden und gab ihnen eine Mahlzeit aus seinem eigenen Haus. *Wahre Rettung geht stets mit einer Veränderung des Charakters einher.*

Am nächsten Tag schickten die obersten Beamten ihre Polizisten und sagten: „Lasst Paul und Silas frei."

Der Gefängniswärter berichtete dies Paul und sagte: „Ihr seid frei, in Frieden zu gehen", aber Paul antwortete: „Wir sind römische Bürger, und doch haben sie uns öffentlich geschlagen, ohne Prozess, ins Gefängnis geworfen und wollen uns nun heimlich gehen lassen, als ob alles in Ordnung wäre. Sagt dem obersten Beamten und seinen Polizisten, sie sollen hierher kommen und uns vor unserer Freilassung aus dem Gefängnis um Entschuldigung bitten." *Paul wollte nicht, dass römische Prügel noch einmal wiederholt wurden.*

Die Polizei berichtete diese Worte den Hauptbeamten, die Angst bekamen, weil sie römische Bürger schlecht behandelt hatten. Sie gingen zum Gefängnis und baten Paulus und Silas, herauszukommen, und baten sie dann, die Stadt zu verlassen, ohne ihnen Ärger zu machen. Lukas schreibt, dass sie das Gefängnis verließen und zum Haus von Lydia gingen, um die kleine Gemeinde in Philippi zu ermutigen. Später gingen sie nach Thessalonich (etwa sechzig Meilen südöstlich von Philippi), wo sich eine Synagoge der Juden befand. *Hinweis: Im Buch der Apostelgeschichte, dessen Autor Lukas war, ist*

Lukas' „wir" und „sie" ein Code, um anzuzeigen, ob Lukas mit Paulus war oder nicht. Somit zeigt dieser Code an, wo Lukas sich befand. Zum Beispiel: „Wir," Apostelgeschichte 16,11-12. „Daher segelten wir von Troas aus nach Samothrake, dann nach Neapolis und weiter nach Philippi," bedeutete, dass Lukas mit Paulus und anderen segelte. Wenn Lukas jedoch schrieb: „Als" sie durch Amphipolis und Apollonien gereist waren, kamen sie nach Thessalonich. „Sie" (Paulus, Silas und Timotheus) gingen nach Thessalonich, aber Lukas blieb allein in Philippi.

Tatsächlich blieb Lukas sechs Jahre lang in Philippi, um der Gemeinde beim Wachsen und Reifen zu helfen. Lukas allein zu lassen, zeigte Paulus' Vertrauen in seine Fähigkeit, Situationen mit Gottes Hilfe zu meistern. Lukas blieb in Philippi, bis Paulus auf seiner dritten Missionsreise zurückkehrte.

Paulus, Silas und Timotheus in Thessalonich (Apostelgeschichte 17,1-9)

Gemäß Paulus' Gewohnheit besuchte er drei Sabbate lang die Synagoge und lehrte sie über Jesus. „Die Schriften lehren, dass der Christus leiden und dann von den Toten auferstehen muss. Dieser Jesus, den ich euch verkünde, ist der Christus (Messias)." Einige Juden wurden überzeugt und schlossen sich Paulus und Silas zusammen mit einer großen Anzahl gottesfürchtiger Griechen und einiger führender Frauen an.

Die Führer der Synagoge wurden eifersüchtig auf Paulus und engagierten einige böse Männer vom Marktplatz, um einen Mob zu bilden und die Stadt in Aufruhr zu versetzen. Sie griffen das Haus von Jason an, um Paulus und Silas herauszuholen. Die Angreifer konnten sie nicht finden, also führten sie Jason und andere neue Gläubige vor die Stadtbehörden und beschwerten sich: „Jason und diese anderen haben Unerwünschte in unsere Stadt aufgenommen. Diese Unerwünschten handeln entgegen den Erlassen Caesars. Sie behaupten, dass es einen anderen König gibt, dessen Name Jesus ist. *Sie haben die Welt in Aufruhr gebracht und kommen nun hierher, um dasselbe zu tun.*" Die Führer der Synagoge hetzten das Volk auf, und die Stadtbehörden entschieden gegen Jason. Nachdem Jason und die anderen Kaution gezahlt hatten, wurden sie freigelassen.

Paul und sein Team gingen nach Beroea (Apostelgeschichte 17,10-15)

Die neuen Gläubigen in Thessalonich erkannten die Gefahr und schickten Paulus und Silas noch in derselben Nacht fort. Sie gingen nach Beroa, etwa vierzig Meilen westlich von Thessalonich. Bei ihrer Ankunft betraten sie wie gewohnt die jüdische Synagoge. Die dortigen Leiter waren edler als die in Thessalonich. Sie nahmen das Evangelium eifrig auf und prüften täglich die Schriften, um sicherzustellen, dass Paulus' Lehre mit Gottes Wort übereinstimmte. Viele der Juden und eine Reihe prominenter Griechen, sowohl Männer als auch Frauen, nahmen Jesus an.

Als jüdische Führer in Thessalonich erfuhren, dass das Evangelium in Beröa gepredigt wurde, gingen sie dorthin und begannen, die Lage aufzuhetzen und die Menge aufzuwiegeln. *Die Gläubigen dort verstanden, was vor sich ging, also schickten sie den hochrangigen Paulus aus der Stadt, während der weniger bekannte Silas und Timotheus in Beröa blieben.* Einige der neuen Gläubigen begleiteten Paulus nach Athen (etwa 180 Meilen südlich von Beröa). Die Begleiter kehrten mit einer Nachricht von Paulus nach Beröa zurück und baten Silas und Timotheus, sich bald ihm anzuschließen.

Paulus in Athen (Apostelgeschichte 17)

Während seines Aufenthalts in Athen durchstreifte Paulus die Stadt und lernte alles, was er über die Menschen wissen konnte. Er wurde durch eine Stadt voller *abstoßender* Schreine und vieler Götzenbilder provoziert. Jeden Tag ging er zur jüdischen Synagoge und setzte sich mit den Juden und den gottesfürchtigen Heiden auseinander. Außerdem sprach er täglich mit den Griechen *im Marktbereich der Unterstadt* sowie mit Epikuräern (die sinnliche Genüsse schätzten) und stoischen (emotionslosen) Philosophen auf der Akropolis, *dem oberen Teil der Stadt*. Einige von ihnen hielten Paulus für einen faulen Geschwätzig; andere dachten, er verkünde seltsame Götter, weil er von Jesus und seiner Auferstehung predigte.

Die Athener hörten gerne Vorträge über neue Dinge, daher bekam Paulus die Gelegenheit, zu einer Menschenmenge zu sprechen. Paulus begann damit, ihnen zu sagen, dass er wisse, dass sie sehr religiös seien, wegen all der Schreine und Götzen in ihrer Stadt. Er hatte sogar einen Altar gesehen, der „einem unbekannten Gott" gewidmet war. Paulus sagte ihnen, dass er gekommen sei, um ihnen über den unbekannten Gott zu erzählen, den sie in Unwissenheit anbeten. *Das ist ein gutes Beispiel und eine scharfsinnige Einsicht für uns. Wenn wir Zeugnis von Jesus ablegen, sollten wir damit beginnen, was die Menschen über Jesus wissen, und dann zu dem führen, was sie über Jesus und Gottes Gnade noch nicht wissen.*

Paulus begann, ihnen von dem Gott zu erzählen, der die Welt und alles, was darin ist, erschaffen hat. Er ist Herr von Himmel und Erde. Er wohnt nicht in von Menschenhand gebauten Tempeln, noch wird er von Menschenhand bedient, als ob er irgendetwas von uns bräuchte. Es ist Er, der uns Leben und alles, was wir brauchen, gibt.

Nachdem Gott die Welt erschaffen hatte, erschuf Er *einen Mann und eine Frau*. Von diesen ersten Menschen kamen alle Menschen und alle Nationen der Menschheit, die auf der Erde leben. Gottes Plan ist, dass wir alle Ihn erkennen. Wenn wir Ihn von ganzem Herzen suchen, wird Er sich uns offenbaren.

Auch wenn wir es vielleicht nicht wissen, in Gott leben, bewegen und existieren wir. Sogar einige eurer eigenen Dichter haben gesagt: „Denn wir sind Seine Kinder." Da wir Gottes Kinder sind, sollten wir nicht denken, dass Seine Natur wie Gold oder Silber oder Stein oder irgendetwas, das von der Kunst oder dem Denken des Menschen geschaffen wurde, ist. Gott, der uns erschaffen hat, erklärte, dass die ganze Menschheit überall von ihrer Sünde umkehren muss.

Gott hat eine bestimmte Zeit festgesetzt, in der Er die Welt in Gerechtigkeit durch einen Mann richten wird, den Er dazu bestimmt hat. Er hat allen Menschen Beweis geliefert, indem Er diesen Mann (Jesus) von den Toten auferweckt hat. Als Paulus die Auferstehung Jesu erwähnte, spotteten einige. Andere sagten, sie würden ihm ein anderes Mal zuhören. Doch einige schlossen sich Paulus an und glaubten, unter ihnen waren Dionysius und eine Frau namens Damaris sowie andere mit ihnen (Apostelgeschichte 17,16-34, Bearbeitung des Autors).

Paulus in Korinth (Apostelgeschichte 18,1-17)

Paul verließ Athen und ging nach Korinth. Dort traf er ein jüdisches Ehepaar namens Aquila und Priscilla. Sie waren Anhänger Jesu, die aus Italien kamen, nachdem Kaiser Claudius allen Juden befohlen hatte, Rom zu verlassen. Sie verdienten ihren Lebensunterhalt mit dem Zeltmacherei-Handwerk. Da Paul einst selbst Zeltmacher gewesen war, luden sie ihn ein, bei ihnen zu wohnen und mit ihnen zu arbeiten. *So schuf Gott für Paul eine Möglichkeit, sich vorübergehend selbst zu versorgen und dennoch jeden Samstag (den Sabbat) Zeugnis für Juden und gottesfürchtige Griechen abzulegen, in der Hoffnung, sie zu überzeugen, Nachfolger Jesu zu werden.*

Schließlich kamen Silas und Timotheus in Korinth an, um ein Geldgeschenk von der Gemeinde in Philippi an Paulus zu überbringen. Dieses Geschenk ermöglichte es Paulus, mit dem Zelten aufzuhören und Vollzeit das Evangelium von Gott über Jesus zu verkünden. Als die Menschen in der Synagoge Widerstand leisteten, wandte sich Paulus den Heiden zu und zog in das Haus von Justus, einem gottesfürchtigen Heiden. Crispus, der Leiter der Synagoge, und seine Familie wurden zusammen mit vielen anderen Korinthern Gläubige und wurden getauft.

Offensichtlich stand Paulus unter einem nicht erwähnten Stress, denn eines Nachts sprach der Herr in einer Vision zu Paulus und sagte: „Fürchte dich nicht mehr. Sprich weiterhin über Jesus und schweige nicht. Niemand wird dich angreifen, denn ich habe viele Menschen in Korinth. " So ließ sich Paulus nieder und verbrachte dort achtzehn Monate damit, das Wort Gottes zu lehren.

Neben der Übergabe des Geldgeschenks von der Gemeinde in Philippi brachte *Timotheus auch die Nachricht, dass einige Gläubige in Thessalonich über das zweite Kommen Jesu verwirrt waren.* Sie wussten, dass Jesus auf die Erde zurückkehren und lebende Gläubige mit sich nehmen würde, dachten aber, dass die verstorbenen Gläubigen zurückbleiben würden. Paulus schrieb ihnen einen Brief (1. Thessalonicher), um dieses Missverständnis zu korrigieren.

Sein Brief erklärte, *dass der Herr bei seiner Rückkehr die in Christus verstorbenen Gläubigen mitbringen wird und ihre Körper zuerst auferstehen werden.* Zum besseren Verständnis der Leser erklärte Paulus einige Jahre später, dass für Gläubige, wenn sie sterben, *„vom Leibe abwesend sein heißt, beim Herrn gegenwärtig sein"* (2. Korinther 5,8). Dann werden die noch lebenden Gläubigen mit ihnen in den Wolken entrückt, um dem Herrn in der Luft zu begegnen.

In 1. Korinther 15,51 *bezieht sich* Paulus auf ein Geheimnis:

> Gläubige werden nicht alle schlafen [sterben], aber alle Gläubigen werden verwandelt werden. Alle Gläubigen werden für immer beim Herrn sein.
>
> (1 Thessalonicher 4,13-18)

Im Jahr 51 n. Chr. überbrachte Timotheus Paulus' Brief an die Gemeinde in Thessalonich.

Einige Monate später schrieb Paulus einen zweiten Brief an die Thessalonicher, weil einige seinen ersten Brief missverstanden hatten und daraus schlossen, dass Jesus bald zurückkehren würde, wodurch sie aufhörten zu arbeiten. Sie saßen einfach herum und wurden für ihre Freunde zur Last. Paulus erklärte, dass die Rückkehr Christi bevorsteht, sie jedoch nicht unmittelbar sein wird. Jeder muss weiterhin arbeiten, um seine Familie zu versorgen und Geldmittel zu haben, um anderen in Not zu helfen (2. Thessalonicher 3,7-13). Timotheus überbrachte auch diesen Brief.

In der Zwischenzeit suchten die jüdischen religiösen Führer von Korinth ein Urteil gegen Paulus, weil er die Menschen dazu veranlasste, Gott im Widerspruch zum jüdischen Gesetz anzubeten. Sie brachten Paulus vor Gallio, den römischen Prokonsul von Achaja (einer römischen Provinz, die weite Teile des heutigen Griechenlands umfasste). Paulus wollte sich gerade verteidigen, als Gallio ihn unterbrach und sich direkt an die jüdischen Führer wandte: „Wenn eure Anschuldigung ein Verbrechen betreffen würde, wäre es vernünftig, dass ich euch zuhöre, aber wenn ihr erwartet, dass ich Paulus über eure jüdischen religiösen Angelegenheiten richte, *seid ihr an der falschen Adresse.*"

Überrascht es dich, dass Gott einen unglaubenden Regierungsbeamten benutzt hat, um Paulus vor radikalen, ungläubigen religiösen Führern zu schützen, die ihn auf die eine oder andere Weise loswerden wollten? Andererseits hatte Gott radikale, ungläubige religiöse

Führer benutzt, um Pontius Pilatus davon zu überzeugen, Jesus zu kreuzigen und dadurch das Heil für die Gläubigen zu bewirken.

Gott ist großartig und überrascht uns oft. Jahrhunderte zuvor hatten Josephs Brüder ihn in die Sklaverei verkauft, doch er vergab ihnen. Jahre später sagte *Joseph zu seinen Brüdern,*

> *Ihr habt Böses gegen mich geplant, aber Gott hat es zum Guten bestimmt,* um das Leben vieler Juden und Ägypter zu retten.
>
> (1. Mose 50,20)

Der Apostel Paulus schrieb,

> Gott bewirkt, dass alle Dinge zum Guten zusammenwirken für diejenigen, die Gott lieben, für diejenigen, die gemäß Gottes Zweck aus der Ego-Welt berufen sind.
>
> (Römer 8,28)

Paul sagte nicht: „Gott verursacht alle Dinge", sondern dass „Er alle Dinge *(Gutes oder Böses) wirken lässt zum Guten (d.h. Gott kann unser Leid, unsere Krankheit, unsere Armut usw.* nutzen, um Gutes für uns zu bewirken). Römer 8,29 sagt uns, dass unser Wohl nicht darin besteht, gesund, wohlhabend und weise zu sein, sondern „dem Bild des auferstandenen Jesus gleichgestaltet zu werden".

Neben seiner Arbeit als fleißiger, produktiver Apostel war Paul ein großartiger Theologe, der über die Hälfte der Bücher des Neuen Testaments verfasste. Er pflegte den Kontakt zu Menschen und Gemeinden durch persönliche Besuche, Rundbriefe und den Versand vertrauenswürdiger Helfer an seiner Stelle.

Paul war auch ein Meister darin, andere für den Dienst zu gewinnen (z. B. Silas, Timotheus, Lukas, Gaius, Titus, Aristarchus und viele andere). Paul gab diesen neuen Mitarbeitern praxisnahe Ausbildung unter seiner persönlichen Anleitung. *Er hatte Erwartungen an andere, war aber selbst nicht von Stolz erfüllt. Er war demütig genug, anzuerkennen, dass er einst die Kirche verfolgt hatte, und wurde dennoch völlig abhängig von Gott und Seiner erstaunlichen befähigenden Gnade.*

Die Kirche in Korinth brauchte mehr von Paulus' Zeit und Gebeten als die meisten anderen. *Diese Gemeinde war sowohl mit Problemen als auch mit Potenzial gefüllt. Paulus gab niemals auf. Seine Briefe, 1. und 2. Korinther, behandeln viele Bedürfnisse und Probleme, die auch moderne Kirchen betreffen. Zum Beispiel siehe die Kapitelüberschriften von 1. Korinther (aus der* NASB*): Kapitel 1, „Appell für Einheit" und „Die Weisheit Gottes"; Kapitel 2, „Verlass auf den Geist Gottes"; Kapitel 3, „Grundlagen für das Leben"; Kapitel 4, „Diener Christi"; Kapitel 5, „Unmoral gerügt"; Kapitel 6, „Rechtsstreitigkeiten entmutigt"; Kapitel 7, „Lehren über die Ehe"; Kapitel 8, „Kümmert euch um eure Freiheit"; Kapitel 9, „Paulus' Gebrauch der Freiheit"; Kapitel 10, „Vermeidet Israels Fehler"; Kapitel 11, „Christliche Ordnung" und „Das Abendmahl des Herrn"; Kapitel 12, „Der Gebrauch geistlicher Gaben"; Kapitel 13, „Die Vorzüglichkeit der Agape-Liebe"; Kapitel 14, „Prophetie: Eine überlegene geistliche Gabe"; Kapitel 15, „Das Geheimnis der Auferstehung"; und Kapitel 16, „Anleitungen und Grüße."*

Nach achtzehn Monaten in Korinth und dem Aufbau einer Gemeinde dort beendete *Paulus seine zweite Missionsreise in Kenchrea (in der Nähe von Athen im heutigen Griechenland). Er bestieg ein Schiff nach Syrien.* Es segelte zunächst nach Ephesus, der wichtigsten Stadt in dieser Region (an der Westküste des heutigen Türkei gelegen). Priscilla und Aquila segelten mit ihm bis nach Ephesus, wo sie von Bord gingen.

Da das Schiff mehrere Stunden im Hafen liegen würde, bevor es weitersegelte, nutzte Paulus die Gelegenheit, die örtliche Synagoge zu besuchen und mit den Juden über Jesus, den Messias, zu diskutieren. Sie wollten mehr über Jesus erfahren und baten ihn, länger zu bleiben. Paulus dankte ihnen, musste aber ihre Einladung ablehnen. Er versprach, später zurückzukehren, wenn Gott es will. Er segelte allein weiter nach Cäsarea, wo er von Bord ging. Nach einem Besuch der örtlichen Gemeinde kehrte *Paulus zu seiner sendenden Gemeinde in syrischer Antiochia zurück und berichtete über seine zweite Missionsreise.*

Paulus' dritte Missionsreise, 53-57 n. Chr. (Apostelgeschichte 18,23-21,14)

Nach einiger Zeit an seinem Stützpunkt in der syrischen Antiochia verließ Paulus zu seiner dritten Missionsreise. *Offenbar reiste er alleine zu Fuß 1.500 Meilen über Land nach Ephesus.* Wie üblich verbrachte Paulus unterwegs Zeit damit, die Gläubigen im Glauben und im Dienst zu stärken (d. h. in Pisidien-Antiochia, Ikonion, Lystra und Derbe).

Paulus erreichte schließlich Ephesus, die Hauptstadt der römischen Provinz Asia. Die Stadt hatte damals eine Bevölkerung von etwa 225.000, was als sehr große Stadt galt. Der Tempel der Göttin Diana in Ephesus galt als eines der sieben Weltwunder der Antike. Der Diana-Kult schloss Prostitution ein. *Paulus blieb fast drei Jahre in Ephesus (circa 53/54 bis 56/57 n. Chr.) und leistete dort einige seiner besten Arbeiten.* Er hielt sein vorheriges Versprechen, in die Synagoge von Ephesus zurückzukehren, und lehrte dort drei Monate lang über Jesus.

Er zog in die Vorlesungshalle des Tyrannus und lehrte dort zwei Jahre lang und sprach auch an öffentlichen Orten sowie von

Haus zu Haus zu den Menschen. Er bildete Leiter aus, und viele neue Gemeinden wurden in der ganzen Stadt und in alle Richtungen gegründet, *möglicherweise bis zu hundert Meilen von Ephesus entfernt. Unter Paulus' Dienst wuchs die Kirche in Ephesus und weit darüber hinaus. So wurde Ephesus ein wichtiges christliches Zentrum.* Er schrieb 1. Korinther im Jahr 57 n. Chr. und Galater im Jahr 54 oder 55 n. Chr. von Ephesus aus.

Paul verließ Ephesus im Sommer in Richtung Griechenland. Er segelte nach Philippi in Makedonien und blieb dort einige Monate. Während seines Aufenthalts in Philippi schrieb er 2. Korinther. Von dort kehrte er für mehrere Monate nach Korinth zurück und schrieb dort den Römerbrief (ca. 57 n. Chr.). *Phoebe aus dem nahen Kenchreä brachte den Brief nach Rom.* Laut Römer 15,19 besuchte Paulus Illyricum (Dalmatien, eine weitere römische Provinz). In diesem fünfzehnten Kapitel des Römerbriefs erklärte Paulus, es sei sein Ziel, das Evangelium an Orte zu bringen, an denen Jesus noch nie verkündet worden war *(ein Auftrag des Missionars).*

Paulus kehrte von Korinth nach Philippi zurück. Nach einiger Zeit dort machte sich Paulus auf den Weg nach Syrien Antiochia. Lukas verließ Philippi mit Paulus nach den Tagen des Passahfestes und segelte fünf Tage nach Troas. Der Zwischenstopp in Troas dauerte eine Woche. Paulus und seine Freunde fanden Gläubige und erfuhren, wo sie ihren Gottesdienst abhielten.

Sie versammelten sich am ersten Tag der Woche (Sonntag), um das Brot zu brechen (um das Abendmahl des Herrn, auch Kommunion genannt, zu feiern). Im Raum im dritten Stock, in dem sie sich trafen, standen viele Öllampen. Ein junger Mann namens Eutychus saß in einem offenen Fenster. *Paulus predigte und diskutierte die Schriften bis spät in die Nacht. Eutychus schlief ein und fiel aus dem Fenster zu Tode.* Paulus eilte die Treppe hinunter, umschlang den jungen Mann mit seinen Armen und *brachte Eutychus wieder ins*

Leben zurück. Alle lobten den Herrn und gingen wieder nach oben, nahmen am Abendmahl teil, gefolgt von einem gemeinsamen Mahl. Dann predigte Paulus bis zum Tagesanbruch.

Sie segelten in einem Küstenschiff von Troas nach Milet, knapp an Ephesus vorbei, in vier Tagen. Paulus wollte nicht in Ephesus Halt machen, weil er es eilig hatte, rechtzeitig zu Pfingsten (fünfzig Tage nach dem Passahfest) nach Jerusalem zu kommen.

Pauls Abschied von den Ältesten (Pastoren) von Ephesus (Apostelgeschichte 20,17-38)

Ihr Schiff legte für ein paar Tage in Miletus an, um Fracht zu entladen und zu laden und der Besatzung etwas Landurlaub zu gönnen. *Paulus sandte Boten zu den Pastoren der örtlichen Gemeinden in und um Ephesus und bat sie, zu ihm nach Miletus zu kommen. Viele der Pastoren kamen, um Paulus zu sehen. Er erinnerte sie daran, wie er gearbeitet hatte, um zu evangelisieren, Gläubige zu Jüngern zu machen, Leiter auszubilden und Gemeinden zu gründen, um das enorme Wachstum der Kirche in Ephesus und in der gesamten Region zu fördern. Apostelgeschichte 20,17-38 ist eine wertvolle Anleitung für Gemeinden und Gemeindegründer.* Paulus schloss mit den Worten: „Ihr müsst den Schwachen helfen und die Worte des Herrn Jesus in Erinnerung behalten: ‚Es ist seliger zu geben als zu empfangen.‘ "

Letzte Abschiede sind schwierig, aber für alle Beteiligten sehr wichtig. Alle wurden sehr emotional, als Paul sich niederkniete und mit ihnen betete. Die Ältesten begannen laut zu weinen, umarmten ihn und küssten ihn wiederholt auf die Wange. Sie trauerten, weil Paul sagte, dass sie sich nicht wiedersehen würden, und dann begleiteten sie ihn alle zum Schiff.

Reise nach Tyrus und über Land nach Jerusalem (Apostelgeschichte 21,1-17)

Sie setzten die Reise auf einem Küstenschiff nach Patara (dem heutigen Südtürkei) fort, wo sie von Bord gingen und auf ein Hochseeschiff nach Tyrus (dem heutigen Israel) umstiegen, wo die Ladung gelöscht wurde und die Mannschaft Landurlaub nahm. Paulus und sein Team blieben sieben Tage bei den Gläubigen in Tyrus, und er wurde davor gewarnt, nach Jerusalem zu gehen. Paulus bestieg erneut das Schiff, das weiter nach Süden nach Ptolemais (25 Meilen von Tyrus) fuhr, die Ladung löschte und die Nacht verbrachte, und Paulus traf sich erneut mit den Gläubigen. Das Schiff segelte 32 Meilen weiter südlich nach Cäsarea, dem Endpunkt der Reise für Paulus und sein Team. In Cäsarea blieben Paulus und sein Team mehrere Tage bei Philippus dem Evangelisten (einem der sieben, Apostelgeschichte 7). Philippus hatte bei der Evangelisierung Samarias geholfen, den äthiopischen Eunuchen evangelisiert und sein eigenes Küstengebiet zwischen Asdod und Cäsarea betreut (Apostelgeschichte 6,1-7; 8,1-17 und 8,25-40). Philippus hatte vier jungfräuliche Töchter, die Prophetinnen waren.

Während Paulus dort war, kam ein Prophet namens Agabus aus Judäa. Er nahm den Gürtel des Paulus, band damit seine eigenen Hände und Füße und deutete an, dass die Juden in Jerusalem Paulus fesseln und den Römern ausliefern würden. Das Gefolge des Paulus bat ihn inständig, nicht nach Jerusalem zu gehen, aber Paulus sagte:

> Ich bin bereit, nicht nur gefesselt zu werden, sondern auch in Jerusalem für den Namen des Herrn Jesus zu sterben.
>
> (Apostelgeschichte 21,13 LUT)

Nach einigen weiteren Tagen machten sich Paul und sein Team bereit und machten sich auf den Weg nach Jerusalem.

Paulus in Jerusalem verhaftet (Apostelgeschichte 21,15 bis Apostelgeschichte 23,11)

Bei seiner Ankunft in Jerusalem berichtete Lukas, dass „die Brüder *(Führer unter den Gläubigen)* uns freudig aufnahmen." Paulus berichtete an Jakobus, den Halbbruder des Herrn und Leiter der Jerusalemer Gemeinde, sowie an die anderen Ältesten. Sie waren begeistert zu hören, dass durch Paulus' Tätigkeit Tausende von Heiden zum Glauben an Jesus gekommen waren. Sie warnten Paulus auch vor einem möglichen Problem. Juden aus Asien waren nach Jerusalem gekommen und hatten Unruhe gestiftet, indem sie behaupteten, Paulus spreche gegen das Gesetz des Mose und sage den Menschen, sie sollten ihre Söhne nicht beschneiden. Die Ältesten schlugen einen Plan vor, um zu zeigen, dass Paulus nicht gegen Mose war. Er stimmte zu, sich mit vier anderen Männern zu reinigen, ihre Köpfe zu rasieren und Opfer darzubringen.

Als die sieben Tage beinahe vorüber waren, entdeckten einige asiatische Juden Paulus im Tempel, ergriffen ihn und verursachten Tumult. Eine Menschenmenge versammelte sich, und die asiatischen Juden behaupteten, Paulus habe gegen ihre Gebräuche gesprochen und Griechen in den Tempel gebracht, wodurch er ihren heiligen Ort entweiht habe. Früher hatten sie Paulus außerhalb des Tempels mit Trophimus, dem Epheren, gesehen, und sie nahmen fälschlicherweise an, Paulus habe diesen Heiden in den Tempel gebracht.

Paulus wurde von der Menge aus dem Tempel gezerrt, und sie begannen, ihn zu schlagen, mit der Absicht, ihn zu töten. Jemand meldete dies dem Befehlshaber der römischen Kohorte und sagte: „In Jerusalem herrscht Aufruhr." Der Befehlshaber nahm Zenturionen und eilte zum Tempel. Als die Angreifer die Armee kommen sahen, hörten sie auf, Paulus zu schlagen.

Der Befehlshaber befahl, Paulus mit Ketten zu binden (wie Handschellen). Dann befragte er das Volk: „Wer ist dieser Mann, und was hat er getan?"

Die Menschenmenge rief unterschiedliche Dinge, aber niemand war sich einig. *Der Kommandant befahl, dass Paulus ins Kasernenhaus gebracht und ausgepeitscht werden sollte.* Als die Soldaten sich darauf vorbereiteten, ihn mit Peitschen zu schlagen, ließ Paulus sie wissen, dass sie im Begriff waren, einen römischen Bürger zu schlagen. Es war rechtswidrig, einen römischen Bürger zu geißeln, der noch nicht verurteilt worden war. Beängstigt sperrten die Soldaten ihn hinter Gitter, ohne ihn zu schlagen oder anzuketten. In jener Nacht sagte der Herr zu Paulus, er solle seinen Mut beibehalten. Er hatte vom Herrn in Jerusalem Zeugnis abgelegt; nun musste er auch in Rom Zeugnis ablegen (Apostelgeschichte 23,11).

Zum Schutz von Paulus verlegte der Kommandeur ihn von Jerusalem nach Caesarea an der Küste des Großen Meeres (Mittelmeer), fast sechzig Meilen entfernt. *Paulus war etwa zwei Jahre lang* (58-60 n. Chr.) unter der Verwaltung von Statthalter Felix und später unter Festus (60 n. Chr.) in Caesarea in Haft. Paulus bezeugte vor jedem dieser korrupten römischen Gouverneure. Sie würden Paulus nicht freilassen, weil er sich weigerte, ihnen ein Bestechungsgeld zu geben. Anstatt an die jüdischen Führer ausgeliefert zu werden, was seinen Tod bedeutet hätte, legte Paulus Berufung beim Kaiser ein und sollte somit nach Rom geschickt werden, um vom Kaiser gerichtet zu werden.

König Agrippa und seine Frau Bernice besuchten Gouverneur Festus vor der Abreise von Paulus nach Rom. Dieser Agrippa war Herodes Agrippa II., Sohn von Herodes Agrippa I., der sechzehn

Jahre zuvor den Apostel Jakobus getötet hatte (Apostelgeschichte 12,2). Er war der Enkel von Herodes Antipas, der Johannes den Täufer tötete (Matthäus 14,1-12) und Jesus verspottete (Lukas 23,8-12). Er war der Urgroßvater von Herodes dem Großen, der die Kinder in Bethlehem nach der Geburt Jesu ermordete (Matthäus 2,13-23). Agrippa sprach mit Paulus, und Paulus bezeugte Jesus vor ihm. Agrippa erlaubte Paulus, seine Geschichte über seine Verhaftung zu erzählen. Weder Felix, noch Festus noch Agrippa halfen Paulus.

Sechsmonatige Reise (mit Problemen) nach Italien

Paul war unter der Aufsicht eines freundlichen Zenturios namens Julius. Sie segelten in schlechtes Wetter und erlebten einen Schiffsunglück. Gott versicherte Paul, dass er keine Angst haben müsse; er und diejenigen, die mit ihm segelten, würden alle sicher sein. Gott sagte auch: „Paul muss vor Cäsar in Rom stehen. “ Nach weiteren drei Monaten bekamen sie ein anderes Schiff und erreichten schließlich Rom, die Hauptstadt des Römischen Reiches und Zentrum der damals bekannten Welt.

Nach der Ankunft in Rom durfte *Paul Quartiere mieten,* stand jedoch unter Hausarrest in diesen Quartieren für volle zwei Jahre. Paul konnte Besucher empfangen, das Reich Gottes predigen und offen über Jesus lehren, obwohl er an Wachen in seinen Quartieren angekettet war (Apostelgeschichte 28,30-31). Er war erfolgreich darin, allen Soldaten, die ihn bewachten, Zeugnis zu geben. Während seiner Gefangenschaft in Rom zeigt Pauls Brief an die Kirche in Galatien, *wie er weiterhin die Gläubigen ermutigte, dem Herrn zu gehorchen.*

Die Nachfolger Jesu sind von der Sklaverei der Sünde und dem Gesetz Mose befreit, aber wir dürfen unsere Freiheit nicht nutzen, um das Fleisch (unsere sündige Natur) zu befriedigen. Wir müssen einander durch Liebe dienen *(Agape-Liebe, die göttliche Art von Liebe).* In Christus wird das ganze mosaische Gesetz durch die Aussage erfüllt

> Du sollst deinen Nächsten lieben wie dich selbst. *Wenn wir denken, dass Freiheit bedeutet, einander angreifen zu können, liegen wir falsch und könnten einander geistlich zerstören.*
>
> (Galater 5:13-15, sinngemäße Wiedergabe des Autors)

> Wenn wir mit dem Heiligen Geist wandeln, werden wir den Begierden unseres Egos nicht folgen. Unser fleischliches Ego arbeitet gegen den Geist Gottes, und der Geist Gottes arbeitet gegen unsere sündige Natur. Wenn wir dem Geist Gottes gehorchen, ist das Gesetz Moses nicht nötig.
>
> (Galater 5:16-18, sinngemäße Wiedergabe des Autors)

> *Das Verlangen nach der eigenen sündigen Natur zeigt sich überall;* Unmoral, Unreinheit, sinnliche Begierden, Götzendienst, Zauberei, Feindschaft, Streit, Eifersucht, Wutausbrüche, Auseinandersetzungen, Meinungsverschiedenheiten, Spaltungen, Neid, Trunkenheit, Gelage und ähnliche Dinge sind ernsthafte Sünden, und das fortgesetzte Praktizieren dieser verbietet einem den Eintritt in das Reich Gottes.
>
> (Galater 5:19-21 ELB)

Fruit of the Spirit is evidence in a God follower—"agape love, joy, peace, patience, kindness, goodness, faithfulness, gentleness, self-control" (Galatians 5:22-23 NASB*). The word fruit can be either a singular word or a plural word. The indicates "the fruit of the Spirit" is a cluster fruit. All nine of those characteristics (love, joy, peace, etc.), are given to each true believer. Some of those characteristics will be stronger than others, but each believer has all of them. If we are weak in any of them, we need only ask God to strengthen us then submit to His leadership.*

Die Frucht des Geistes ist ein Beweis bei einem Gott nachfolgenden Menschen—„agape Liebe, Freude, Frieden, Geduld, Güte, Wohlwollen, Treue, Sanftmut, Selbstbeherrschung" (Galater 5,22-23 ELB). Das Wort Frucht kann entweder im Singular oder Plural stehen. Das besagt, dass „die Frucht des Geistes" eine gebündelte Frucht ist. Alle neun dieser Eigenschaften (Liebe, Freude, Frieden usw.) werden jedem wahren Gläubigen geschenkt. Einige dieser Eigenschaften werden stärker ausgeprägt sein als andere, aber jeder Gläubige besitzt sie alle. Wenn wir in irgendeiner von ihnen schwach sind, müssen wir nur Gott darum bitten, uns zu stärken, und uns dann Seiner Führung unterwerfen.

> Diejenigen, die sich wahrhaftig Christus Jesus hingegeben und ihm gehorsam sind, haben das Fleisch [die sündige ichbezogene Natur] mit seinen Leidenschaften und Begierden gekreuzigt. Wenn wir im Geist leben, lasst uns auch im Geist wandeln. Lasst uns nicht prahlerisch werden, einander herausfordern oder einander beneiden.
>
> (Galater 5,24-26, Neuformulierung des Autors)

Paul fuhr fort, seine Kollegen und Gemeinden durch Episteln (Briefe) zu ermutigen—d. h. Epheser (um 62/63 n. Chr.), Philipper (62 n. Chr.), Kolosser (62 n. Chr.), 2. Timotheus (64 n. Chr.) und Titus (64 n. Chr.). Seine beiden Briefe an Timotheus und ein Brief an Titus wurden geschrieben, um sie sowohl im Dienst zu ermutigen als auch zu beraten. Er schrieb seinem Freund Philemon (62 n. Chr.), um dessen Einstellung gegenüber seinem entflohenen Diener Onesimus zu ändern, den Paul kürzlich zu Christus geführt hatte. Obwohl der neue Gläubige für Paul eine große Hilfe geworden war, erklärte er sich bereit, zurückzukehren, um sich Philemon zu stellen. Er trug einen Brief von Paul bei sich, in dem Philemon gebeten wurde, seinen untreuen Diener wieder aufzunehmen.

Mini-Epilog

Viele glauben, dass Paulus von den jüdischen Anschuldigungen freigesprochen und aus der Haft entlassen wurde (?), dass er nach Philippi ging, bevor er eine vierte Missionsreise nach Spanien unternehmen wollte (?). *Nach dem Brand Roms beschuldigte Kaiser Nero fälschlicherweise die Christen und begann eine neue Verfolgung. Es wird angenommen, dass Paulus in Nikopolis, einem Teil des heutigen Griechenlands, verhaftet wurde (64 n. Chr.). Die Apostelgeschichte endet, während Paulus noch in Haft ist. Der Legende nach wurde Paulus in Rom enthauptet, 64 n. Chr., ungefähr zur gleichen Zeit, als Petrus kopfüber gekreuzigt worden sein soll.*

Geschichte 31

PUZZLETEILE FÜGEN SICH ZUSAMMEN

Einführung

Durch unsere Geschichten hindurch hat uns Gott Puzzleteile gegeben, die, wenn sie zusammengesetzt werden, Seinen ewigen Plan für die Menschheit offenbaren. Einige glauben, dass sie bereits die meisten Teile des Bildes sehen. Andere sehen Teile, konnten sie jedoch noch nicht vollständig zusammenfügen. Lasst uns nun damit beginnen, die Teile zusammenzusetzen, damit wir alle das Bild sehen und nicht nur verstreute Stücke. *Doch bis Jesus zurückkehrt, wird niemand auf der Erde alles verstehen können, was Gott für uns in der Ewigkeit mit Ihm bereithält.*

Gottes Plan für uns begann bereits vor seiner Schöpfung des Kosmos, einschließlich der Erde und der Menschheit. Gott erschuf uns nach seinem Ebenbild. Dies ist ein guter Zeitpunkt, um die Geschichte 2 kurz zu überprüfen. *Gott hat innerhalb des Rahmens* seines Charakters die Freiheit der Wahl. *Gott entschied sich, seinen*

Charakter nicht zu verletzen; daher kann Gott aus freien Stücken nicht sündigen. Gott erschuf den Menschen mit der Freiheit der Wahl, ohne jegliche Begrenzung. *Gott wusste, dass wir seinen Willen ablehnen und unseren eigenen verfolgen würden. Unser Ego,* das Fleisch, ist gegen den Willen und den Plan Gottes; das ist das Wesen der Sünde. Die Kreuzigung Jesu offenbart die Realität der Sünde der Menschheit.

Gott hat einen unvorstellbaren ewigen Plan für uns geschaffen. Gottes Plan ist es, worum es sowohl in der Bibel als auch in dieser schwachen Nachbildung des Autors geht. Gottes Plan stellte den zweiten Adam—den Messias—bereit, der die Sünde des ersten Adams und all seiner Nachkommen sühnen würde. Gottes Sühne umfasst die Schaffung einer neuen Menschheit aus der alten sündigen Menschheit. Gott schafft nur Menschen neu, die bereuen, Gott lieben und sich selbst Gott und Seinem ewigen Willen hingeben. Die neue Menschheit wird nach dem Bild Jesu, des zweiten Adams, neu erschaffen.

Durch den Tod und die Auferstehung des Retters (anstelle von uns) besiegte Jesus die Macht der Sünde und des Todes. Daher werden alle, die ihre Sünde bereuen, an den Retter glauben, den Gott uns gegeben hat, und Gott gehorchen (Gottes Willen über unseren eigenen Willen stellen), im Bild des zweiten Adams neu erschaffen und geheiligt, um in der Lage zu sein, für immer mit Gott zu leben.

Mit dieser Einführung wollen wir die *„biblische Weltanschauung"* besuchen, die bekannt ist als „Gottes ewiger Plan für die Menschheit, wie er in der Schrift offenbart wird." Beginnen wir mit kurzen Aussagen über Gott.

Person Gottes: Geist; unendlich; persönlich; einzigartig; unveränderlich, ewig (immer gewesen und wird immer sein); allmächtig (allmächtig); allgegenwärtig (überall gleichzeitig); allwissend; usw.

Gottes moralischer Charakter: Liebe (Agape); gerecht; heilig; barmherzig; langsam zum Zorn; mitfühlend; vergebend; gnädig; selbstlos; moralische Integrität; usw., wie auch in Seinen Namen und Geschichten, dennoch ist Er auch in der Lage, die Sünde zu bestrafen (Exodus 34,5-8). *Gott schuf die Menschheit (männlich und weiblich) als persönliche Wesen, so wie die Gottheit persönlich ist.* Obwohl Gott die Menschheit mit einem Körper erschuf, gab Er uns auch einen Geist, denn Gott ist Geist. Wir sind nicht Gott oder ein Gott und können nicht Gott oder ein Gott werden. Die Menschheit ist endlich, nicht unendlich wie Gott. Deshalb sind unser Wissen, unsere Macht, unsere Gegenwart usw. endlich, nicht unendlich.

Gott schuf die Menschheit als ein gutes Wesen, ebenso wie Gott selbst ein gutes *Wesen* ist. Wir wurden mit der Fähigkeit geschaffen, Gott und einander zu erkennen und zu lieben. Menschen wurden als unschuldiges moralisches Wesen erschaffen. Gott hat bestimmte Erwartungen an die Menschheit, aber er wollte nicht, dass wir leblose Puppen sind. Gottes Plan für uns begann vor seiner Schöpfung des Kosmos, einschließlich der Erde und der Menschheit. *Gott schuf uns nach seinem Ebenbild. Gott entschied sich, seinen eigenen Charakter nicht zu verletzen.* So hat er innerhalb seines Charakters die Freiheit der Wahl. Die Menschheit wurde mit der Freiheit der Wahl erschaffen, aber *ohne jegliche Begrenzung.*

Unser allwissender Schöpfer wusste, dass die Menschheit seinen Willen ablehnen würde (unser Ego/das Fleisch). So wurde die Menschheit zu einer gefallenen Menschheit. *Dennoch schuf Gott einen unvorstellbaren ewigen Plan für uns.*

Durch Gottes Geschichten haben wir Teile des Puzzles gesehen: in der Schöpfung, der Sintflut, dem Aufstand des Turms von Babel, den Verheißungen Gottes an Abraham, den Verheißungen durch die Propheten vom kommenden Messias und besonders im Leben, den Lehren, dem stellvertretenden Tod und der Auferstehung von Jesus, unserem Herrn und Erlöser. Auch die Apostel helfen uns, weitere Teile hinzuzufügen.

Gottes ewiger Plan stellte Jesus, das Lamm Gottes, als einen zweiten Adam zur Verfügung (Römer 5,12-21; 1. Korinther 15,45). Ein sündloser Jesus ließ sich freiwillig von den Menschen töten. Er tat dies, um es möglich zu machen, Sühne für die Sünden aller Nachkommen des ersten Adams zu leisten. Nicht alle nehmen Ihn als Herrn und Erlöser an — viele werden es nie tun. Die Ablehnung von Jesus, Sein Tod, Seine Auferstehung und Seine Himmelfahrt zu Gott sind der ultimative Beweis für die Ablehnung Gottes und Seiner Gnade durch die Menschheit.

Die Ablehnung von Gottes Gnade führt Ungläubige dazu, sich mit Satan in der Hölle zu verbinden. *Gott ist dabei, eine neue Menschheit zu erschaffen* – eine Menschheit, die nicht wie Adam und Eva und ihre Nachkommen ist. Menschen, die Jesus folgen und Gott lieben und gehorchen, werden geistlich im Bild des zweiten Adams (des auferstandenen Jesus) neu geschaffen. Gottes Geist befähigt die Sünder des ersten Adams, von unserem Leben voller Sünde umzukehren und als neue Menschheit wiedergeboren zu werden. Jeder Mensch, der glaubt und Gott gehorcht, wird mit Ihm leben und Ihm gemäß Seinem Willen ewig dienen. Keiner von uns, die wir noch am Leben sind, ist dort bereits. Der Heilige Geist bereitet die neue Menschheit auch (Heiligung) darauf vor, mit Gott in einer aufregenden, erfüllenden und Gott ehrenden Ewigkeit in der Gemeinschaft mit der Gottheit wohnen zu können.

Bis jetzt hat der Autor das Wort *Geheimnis* nur einmal in Bezug auf unsere Auferstehung erwähnt (Geschichte 30, 1. Korinther 15,51). Es wird im Alten Testament nicht verwendet, aber zwanzigmal im Neuen Testament (je einmal von Matthäus, Markus und Lukas; vierzehnmal von Paulus; und dreimal von Johannes in der Offenbarung). Es wird mehrmals in Geschichte 31 verwendet werden. Mit dieser kurzen Einführung wollen wir die „biblische Weltanschauung“ betrachten, bekannt als „Gottes ewiger Plan für die Menschheit“, wie er in der Schrift offenbart wird *(Matthäus 13,11; Markus 4,11 und Lukas 8,1).*

> Jesu Jünger traten zu ihm und fragten: „Warum sprichst du zu den Menschen in Gleichnissen *[kurze, einfache Geschichten mit einer geistlichen Lektion]*?" Jesus antwortete: „Euch ist es gegeben, *die Geheimnisse des Himmelreichs zu erkennen, aber denen, die Gott und seinen Weg ablehnen, ist es nicht gegeben.* Wer etwas hat, dem wird gegeben, sodass er im Überfluss hat; wer aber nicht viel hat, von dem wird selbst genommen, was er hat, und anderen gegeben. *[Jesus spricht hier nicht über Geld].* Ich spreche zu ihnen in Gleichnissen, weil sie zwar mit ihren Augen sehen, aber sich weigern, in ihrem Herzen zu erkennen *[anzunehmen].* Obwohl sie mit ihren Ohren hören, weigern sie sich in Herz und Geist zu hören [anzunehmen]."
>
> (Matthäus 13:10-14, Umarbeitung des Autors)

Jesajas Prophezeiung (Jesaja 6,9-10) wurde erfüllt.

Das scheint unfair zu sein und scheint auch dem 2. Petrus 3,9 NASB zu widersprechen:

> Der Herr verzögert Seine Verheißungen nicht, wie es einige für Verzögerung halten, sondern Er ist geduldig mit euch und möchte nicht, *dass jemand zugrunde geht, sondern dass alle zur Umkehr kommen.*

Gott ist gerecht; er sucht die Herzen aller. Jesus, der Retter, kam und starb für die Sünde der gesamten Menschheit, aber viele lehnen immer noch Gottes Gnade gegenüber ihnen ab und gehen ihren eigenen Weg. Jesus sprach über diese Menschen.

Am Ende werden diese Menschen das schreckliche Ergebnis ihrer eigenen Wahl erhalten, nicht das gute Ergebnis unserer liebenden Gnade Gottes. Der Autor glaubt, dass Jesus alle einschloss, die sich weigern zu glauben und zu gehorchen, insbesondere die ungläubigen jüdischen religiösen Führer seiner Zeit, die ihrer Religion statt ihrem Gott folgten. *Es spricht auch von allen heute, egal wer sie sind – diejenigen, die sich weigern zu glauben, machen sich automatisch selbst zu Feinden Gottes. Hinweis: Geschichte 21, Gleichnis 7, die Weingärtner, ein sehr wichtiges Gleichnis, das das Obige darstellt.*

> *Segnungen sei Gott, der durch den auferstandenen Christus jeden Gläubigen mit allen geistlichen Segnungen im himmlischen Bereich gesegnet hat.* Alle Gläubigen haben bereits alles, was Gott für uns vorgesehen hat. Wir genießen bereits einige dieser geistlichen Segnungen. Wir müssen nur auf die Rückkehr Jesu warten, um den Rest dieser ewigen Segnungen zu genießen.
>
> (Epheser 1,3-14, nachbearbeitet vom Autor)

Bevor die Welt erschaffen wurde, wählte der allwissende Schöpfer diejenigen aus, von denen er wusste, dass sie Gläubige werden würden, und hat sie damit vorherbestimmt, Seine Söhne *(und Töchter)* in Jesus zu werden. Gottes Zweck ist, dass diese adoptierten Söhne *(und Töchter)* heilig und untadelig in Seiner Gegenwart sein und sich dafür entscheiden, Seinen freundlichen Willen auszuführen und dadurch Ihn zu loben und zu verherrlichen.

Gottes Wissen darüber, wer glauben wird und wer nicht, bedeutet nicht Prädestination. Das Leben mit Gott oder das Leben ohne Gott ist die Wahl, die allen gegeben wird. Prädestination tritt erst dann auf, nachdem eine Person sich entschieden hat, Gott und Seinem Willen zu folgen (vgl. Römer 8,28-30). Gott garantiert, dass Er Sein Werk in allen vollendet, die ihr Vertrauen in Ihn setzen. Gottes Werk in allen, die glauben, besteht darin, *sie im Bild des auferstandenen Jesus neu zu erschaffen und sie darauf vorzubereiten, mit Ihm und Seinen ewigen Plänen für Gläubige zu leben.*

> *Durch unsere persönliche Beziehung zu Christus haben wir Erlösung durch Sein Blut. Erlösung* ist die Vergebung unserer Sünden. Sünde ist die Weigerung, Gott und Seinen Willen für uns zu ehren und zu gehorchen. Gottes Wille ist, dass wir Ihn als Schöpfer und Herrn anerkennen und dass wir eine lebendige Beziehung zu Ihm für immer genießen. Gottes *Vergebung* basiert auf Seiner großzügigen Gnade *[ungeschuldete Gunst, die uns ausgegossen wird, die wir unserem Ego-Willen gestorben sind und nun unter Gottes Willen leben, wenn auch noch nicht vollkommen].* So bedeutet *glauben und gehorchen (zwei Seiten derselben Medaille). Durch Seine vollkommene Weisheit und Einsicht in unsere Bedürfnisse hat Gott uns das Geheimnis Christi offenbart.*
>
> (Epheser 3,4-5)
>
> Dieses Geheimnis wurde früheren Generationen nicht offenbart. *Gläubige Juden und Heiden* [Nicht-Hebräer] *sind jetzt Mit-Erben in Christus.* Wir sind somit Mitglieder des Leibes Christi [der Kirche]

und teilen die Verheißungen von Jesus durch das Evangelium. Was früher ein Geheimnis war, *ist nun bekannt.* Die unbegrenzte Weisheit Gottes ist nun offenbart. Sein Zweck für uns [wie er es auch für die Menschen in der Vergangenheit war] ist eine Ewigkeit mit Ihm [wie in Christus geplant] für den kommenden Höhepunkt von Zeit und Leben auf dieser Erde. Danach wird *Gottes ewiger Plan für alle, die glauben und gehorchen* [egal welcher Volksgruppe sie angehören und wann sie lebten], *eine zeitlose Ewigkeit sein. Gott wird einen neuen Himmel und eine neue Erde schaffen, damit wir für die Ewigkeit in der Gegenwart Gottes leben können.*

(Offenbarung 21,1-3)

Dann werden unsere Gebete [dass „Gottes Reich komme und Gottes Wille geschehe auf Erden wie im Himmel"] erfüllt werden.

(Matthäus 6,10)

Himmel und Erde werden durch Christus vereint werden. Gott vollendet alles, was Er beginnt, und Seine Verheißungen werden alle erfüllt. Schon jetzt haben alle Gläubigen ein Erbe in Christus empfangen. *Der in uns wohnende Heilige Geist ist Gottes Anzahlung an uns [Wenn der Heilige Geist nicht in uns lebt, sind wir noch nicht gerettet]. Alles, was Gott für uns und in uns tut, geschieht zur Ehre Seiner Herrlichkeit.*

(Epheser 1,6.12.14)

An dieser Stelle wird es hilfreich sein, zurückzugehen und die Grundsatzaussagen des Neuen Testaments zu überprüfen, die sich zwischen den Geschichten 17 und 18 befinden.

> *Als Paulus zu den gläubigen Heiden sprach* [einschließlich der meisten heutigen Gläubigen], *sagte er:* „Früher wart ihr von Gott entfremdet. Euer Denken war feindselig gegenüber Ihm und ihr habt böse Taten begangen [Götzendienst usw.]. Doch durch Seine Gnade hat Gott euch durch den Tod Jesu am Kreuz versöhnt, um euch sich selbst als heilig, tadellos und unbescholten darzustellen. *Das ist das Geheimnis, das in den vergangenen Zeitaltern und Generationen verborgen war,* jetzt aber seinen Heiligen [allen wahren Gläubigen] offenbart wurde. Ihnen macht Gott bekannt, wie reich die Herrlichkeit dieses Geheimnisses unter den Heiden ist. *Es ist nicht weniger als Christus in uns, die Hoffnung der Herrlichkeit.*"
>
> (Kolosser 1,21-27, Umarbeitung des Autors)

Der Heilige Geist ist Gottes Pfand für unser Erbe, indem wir mit dem Heiligen Geist versiegelt worden sind. Paulus betete, dass Gott uns Offenbarung der Weisheit und Erfahrung von Gottes Wahrheit gebe, damit die Augen unseres Herzens erleuchtet werden – erleuchtet, um die Hoffnung von Gottes Berufung und den Reichtum seines Erbes in uns Gläubigen zu verstehen. *Wenn Gott uns vollständig neu erschaffen hat, wird jeder wahre Gläubige in Christus vollkommen sein, und Gott wird sich auch als in uns bereichert betrachten* (ungefähre Neufassung des Autors von Epheser 1,12-18). *Das wird unseren Verstand sprengen.*

Ich möchte, dass ihr und die Menschen in Laodizea, sowie diejenigen, die mich noch gar nicht kennen, meine Kämpfe für euch versteht. Mein Ziel ist, dass ihr alle ermutigt werdet und durch die Liebe in Christus miteinander verbunden seid. Ich möchte auch, dass ihr eine Gewissheit über das wahre Wissen des Geheimnisses Gottes habt, *nämlich Christus selbst.* In ihm sind alle Schätze der Weisheit und Erkenntnis vor Ungläubigen verborgen, aber allen Gläubigen zugänglich.

(Kolosser 1:21-2:4, Umarbeitung des Autors)

Es gibt viele falsche Lehrer; ich möchte nicht, dass ihr durch ihre bösen, aber überzeugenden Argumente in die Irre geführt werdet. Ich freue mich über eure Standhaftigkeit im Glauben und euren Einsatz, Jesus in allen Dingen nachzufolgen. Daher lebt aktiv in Gemeinschaft mit Christus. Mögt ihr in Christus reif werden und in eurem Glauben fest gegründet sein. Dann werdet ihr nicht durch falsche Lehre irregeführt, sondern in Christus sicher stehen.
(2. Petrus 1, gekürzte Umarbeitung des Autors)
Wir werden auch für euch beten, dass ihr euch gegenüber Außenstehenden weise verhaltet und jede Gelegenheit nutzt, ihnen Zeugnis zu geben.

(Kolosser 4:5-6, vom Autor neu formuliert)

Obwohl Jesus in der Gestalt Gottes existierte, entäußerte er sich freiwillig, nahm stattdessen die Gestalt eines Knechtes an und wurde uns ähnlich gemacht. Er opferte sich freiwillig, indem er

> gehorsam dem Willen Gottes wurde, unsere Sünden trug und für uns starb, damit wir gerettet werden.
> (Philipper 2:6-11, vom Autor neu formuliert)

> Adams Sünde war, dass er sein eigener Gott werden wollte, aber das Heil liegt in Jesus, der Gott ist, aber auch Mensch wurde, um für unsere Sündenentschädigung zu sterben.
> (Dr. Howard Batson von FBC, Amarillo, Texas, der Pastor des Autors, mit Erlaubnis verwendet)

Aus diesem Grund hat Gott Jesus hoch erhöht und ihm *einen Namen gegeben, der über allen Namen steht, damit im Namen Jesu sich jedes Wesen, sei es im Himmel, noch auf der Erde oder unter der Erde, niederbeugt* (Jesaja 45,23 und Römer 14,11) *und jeder bekennt, dass Jesus Christus Herr ist, zur Ehre Gottes, des Vaters. Aber für viele wird es zu spät sein. Heute ist der Tag der Rettung, nicht nach der Rückkehr Jesu* (2. Korinther 6,2 LUT und nach der Überarbeitung des Autors).

Die obigen Schriftstellen zeigen, dass die Inkarnation Jesu (die Vereinigung von Gott und Mensch) ein Geheimnis war, das jetzt offenbart wird. Sie ist der Schlüssel zu Gottes ewigem Plan für die Menschheit. Gottes Plan für uns war ihm teuer erkauft. Zuerst gab Gott (nicht als Leihgabe) seinen Sohn, damit alle, die von ihrem Ich-Leben umkehren und sich Jesus als Herrn anvertrauen, *geistlich wiedergeboren werden und das ewige Leben mit Gott genießen.*

Unsere Rettung und Gottes ewiger Plan erforderten die ewige Verarmung der Gottheit (Dr. Nat Tracy Vorlesungen an der Howard Payne University, 1958). Unmöglich, sagen Sie, aber wir sprechen von El Shaddai (Allmächtiger Gott). Nichts ist für Ihn unmöglich. Die Gottheit hatte einen Plan für die Schöpfung der Menschheit und wusste, dass die Menschen sich von Ihm abwenden würden. Gottes ewiger Plan erforderte einen sündenlosen Retter, der unsere Sünden auf sich nimmt und an unserer Stelle stirbt.

> Im Anfang [vor der Schöpfung und vor Zeit und Raum] war das Wort bereits vorhanden; das Wort war bei Gott; das Wort war Gott. Es war im Anfang bei Gott.
>
> (Johannes 1,1-2)

Vor der Schöpfung der Erde und der Menschheit meldete sich „das Wort" freiwillig, um der sündlose menschliche Retter zu werden. Nach der Schöpfung begegnen wir „dem Wort" zuerst als „Jahwe" (Herr) in Genesis 2:5.

Im Neuen Testament begegnen wir „dem Wort", nachdem Er auch Mensch geworden war, dem Sohn Gottes. Wir kennen Ihn unter dem Namen Jesus (Jeschua). Wie oben erwähnt, meldete sich „das Wort" freiwillig, um der Retter zu werden. Als Mensch konnte Jesus das tun, was Gott nicht tun konnte. Als Mensch konnte Er unsere Sünde tragen und an unserer Stelle sterben. *Als Mensch traf Jesus die gleichen Entscheidungen, die Er vor der Schöpfung der Menschheit getroffen hatte. Nach Hebräer 12:1-2 (Neuinterpretation des Autors):*

> Wir sollen das Rennen des Lebens mit Ausdauer laufen, *indem wir unsere Augen auf Jesus richten, den Urheber und Vollender des wahren Glaubens. Er selbst betrachtete es als Freude, das Kreuz zu ertragen, damit wir gerettet werden. Jetzt sitzt er zur Rechten des Thrones Gottes und wartet auf den Tag des Herrn, an dem er zu uns zurückkehren wird.*

2. Korinther 8,9 (autorenbezogene Umschreibung) zeigt, dass Jesus Christus wegen der Gnade des Herrn uns gegenüber arm wurde, damit wir reich werden können *(nicht im Sinne von Geld). Vierzig Tage nach seiner Auferstehung in das Leben stieg Jesus leiblich in den Himmel auf, nicht als „das Wort", sondern als „der Mensch Christus Jesus". 1.*

Timotheus 2,3-5 (autorenbezogene Umschreibung) zeigt, dass Gott, unser Retter, wünscht, dass alle Menschen gerettet werden und die Wahrheit erkennen. Diese Wahrheit ist, dass es einen Gott gibt und einen, *der Mittler zwischen Gott und Menschen ist. Somit ist der Mensch Jesus, der Christus, dieser Mittler.*

Diese Verse zeigen Beispiele für die Verarmung der Gottheit (ein Begriff, der oft im Unterricht von Dr. Nat Tracy von der Howard Payne University verwendet wird. Dr. Tracy ist inzwischen seit vielen Jahren beim Herrn.) Die Verarmung der Gottheit (Vater, Wort und Heiliger Geist) war die Initiative der Gottheit, damit die Menschheit gerettet werden kann. Das ist der Beweis für die Tiefe von Gottes Liebe zu der von Ihm geschaffenen Menschheit und für die Extreme, die Gott gehen wird, um uns zu erlösen.

Erhält Gott irgendetwas aus Seinem ewigen Plan? Epheser 1,18 (überarbeitet vom Autor) zeigt, dass Paulus betete, dass die Augen unseres Herzens erleuchtet werden – erleuchtet, damit wir die Hoffnung von Gottes Berufung verstehen und was die Reichtümer (nicht Geld) der Herrlichkeit Gottes, Seines Erbes in allen Gläubigen, sind. *So wird Gott sich selbst als bereichert betrachten (es geht nicht um Geld oder das, was Geld kaufen kann) durch die neue Menschheit. Die neue Menschheit in Christus wird Gott über alles verherrlichen, und Gott wird die neue Menschheit in Christus verherrlichen.*

Das ist, was Gott getan hat, aber was ist Gottes Zweck in all dem? *Römer 8,28-29 (überarbeitet vom Autor) führt uns in Gottes Plan für die Menschen auf der Erde ein. Vers 28:*

> *Wir wissen sowohl aus dem Wort Gottes als auch aus unserer eigenen Erfahrung,* dass Gott alles zum Guten wirken lässt für die, die Gott lieben, die berufen sind und auf Gott gemäß Seinem Zweck antworten.

Dies sagt nicht, dass Gott alles verursacht, sondern dass Gott alle Dinge dazu benutzt, zum Guten zusammenzuwirken.

Dieses spezifische Gute ist jedoch auf diejenigen beschränkt, die Gott lieben *(die Menschen, die berufen sind und auf diesen Ruf für Gottes Zweck antworten).* Um es noch einmal zu wiederholen: *Unser Gut bedeutet nicht, dass wir reich, gesund und ein einfaches Leben haben werden. Das spezifische Gute des Gläubigen ist, dem Bild des auferstandenen Jesus ähnlich zu werden, um durch den im Herzen wirkenden Heiligen Geist wie Jesus zu werden. Vers 29:*

> Denn die Gott zuvor erkannt hat [die glauben würden], die hat er auch vorherbestimmt, dem Bild seines Sohnes gleichgestaltet zu werden, *damit er [Jesus] der Erstgeborene unter vielen Brüdern und Schwestern sei. Gott ist allwissend und kennt diejenigen, die ihm folgen werden.* Nachdem jemand geglaubt hat [nicht vorher], wird er vorherbestimmt, dem Bild des auferstandenen Jesus, des Sohnes Gottes, gleichgestaltet zu werden
>
> (Gottes Verheißung an alle wahren Gläubigen).

Es ist erstaunlich, dass das Wort auch Mensch wurde. Jesus, der sündlose zweite Adam, hat unser Heil bereitgestellt, und nun verspricht Gott, gehorsame Gläubige nach dem Bild des sündlosen, gekreuzigten, auferstandenen und in den Himmel aufgefahrenen Jesus wieder zu erschaffen. Wir Gläubigen werden die geistlichen Kinder Gottes und die Brüder/Schwestern Jesu. Das bedeutet jedoch nicht, dass wir zu Gottheiten werden; wir werden niemals Götter oder sogar Engel, wie einige behaupten. *Es bedeutet, dass wir eine neue Menschheit werden—eine Menschheit mit einer neuen Natur, einer Natur wie die Jesu. Gott ist stolz auf Seine Kirche, die Braut Christi (nicht wie unsere Ehen auf Erden), sondern vielmehr die Fortsetzung des Lebens der Inkarnation Jesu für die ungläubige Menschheit auf der Erde.*

Die wahre Kirche ist weder eine Institution noch eine Organisation noch ein Gebäude. Die wahre Kirche ist der Leib Christi. Christus ist das Haupt Seines lebendigen Leibes und Gemeinschaft. *Die wahre Kirche besteht aus Menschen, die auf Gottes Ruf reagieren, „hinauszugehen" aus der „Ego-Welt" und der Leib Christi zu werden (eine neue Menschheit, als die Inkarnation Christi in der Welt). Die Kirche ist der Leib Christi mit Christus als Haupt. Leib und Haupt sind eine Einheit.*

Die Kirche, als der Leib Christi, hat viele Funktionen hier und jetzt.

1. Die grundlegendste Funktion besteht darin, Gott zu lieben, zu gehorchen, anzubeten und zu verherrlichen.
2. Gebet, eine zweiseitige Kommunikation und Gemeinschaft mit Gott.
3. Ein gottgefälliges Leben unter den Menschen führen. Lieben wie Gott durch selbst gewählte, auf andere gerichtete Dienerschaft wie Jesus.
4. Wachsende Jünger Jesu sein und Jünger machen.
5. Gemeinschaft (Koinonia) mit den Mitgliedern der Gemeinde, einander lieben, denselben Sinn in Christus teilen, füreinander verantwortlich sein und das Wohlergehen der anderen im Auge behalten. *Wir schaffen*

diese Gemeinschaft unter einer vielfältigen Gemeinde nicht selbst; nur Gott kann diese Gemeinschaft unter uns schaffen.

6. Auf Nichtgläubige zugehen und ihnen Zeugnis geben.
7. Evangelisation, Missionen usw.
8. So wird der wahre Leib Christi zu einer dienenden Kirche von dienenden Mitgliedern, die die gottähnliche Liebe, Moral und die geistlichen Wahrheiten Gottes den Ungläubigen gegenüber demonstrieren.

Gott hat den Gläubigen viel anvertraut. Christus lebt in jedem Gläubigen durch die Gegenwart des Heiligen Geistes. So sind die Gläubigen persönlich und gemeinschaftlich befähigt, Seinem Willen zu folgen. Zum Beispiel offenbart Epheser 3:9-12 (autorenüberarbeitete Fassung) „*das Geheimnis, das seit Ewigkeit in Gott verborgen war,* der alle Dinge geschaffen hat." *Nun wurde ein großer Teil des irdischen Teils von Gottes Plan für die Ewigkeit dem Leib Christi anvertraut* „damit die mannigfaltige Weisheit Gottes nun diesen Herrschaften und Mächten in den himmlischen Regionen durch ‚die Kirche' (die universelle Kirche) bekannt gemacht werde." *Diese Herrschaften und Mächte in den himmlischen Regionen sind Engel. (Manche meinen, dass auch böse Engel gezeigt wurden, was Gott in und durch die Kirche tut, um ihnen zu zeigen, dass ihre Niederlage sicher ist.)* Dies war im Einklang mit Gottes ewiger Absicht, die Er in Christus Jesus, unserem Herrn, ausführt. In Christus haben wir Freimut und sicheren Zugang durch den Glauben an Ihn.

Der Autor stellt sich vor, dass die Herrscher und Mächte in den himmlischen Regionen auf die Erde herabblicken, mit offenem Mund, den Kopf vor Erstaunen schüttelnd und mit Verwunderung im Gesicht. „Wie?" fragen sie. „Wie macht Gott das? Er hat alles erschaffen, einschließlich der Menschheit. Alles war perfekt, dann wandte sich die Menschheit von Ihm ab, und alles ging den Bach runter. Jetzt setzt Gott alles auf jene Sünder, die nun Jesus folgen. Schaut, was Gott in und durch reuige Sünder tut! Gott ist sogar größer, als wir dachten. Seien Gott ewige Ehre!"

Andere Passagen zeigen auch, dass Engel ein Interesse am ewigen Heil der Menschheit haben: 1. Petrus 1:12, Lukas 15:10, 1. Timotheus 3:16 und Offenbarung 5:11-14.

Bis jetzt findet der Großteil des ewigen Plans Gottes auf der Erde statt. Neben unserer Rechtfertigung wird der sofortige Beginn unseres Heils (unsere Buße von der Sünde und unser Glaube-Gehorchen gegenüber Gott) durch Gottes Gnade der Vergebung und Seine Neuer-schöpfung von uns im Bild Christi ermöglicht.

Wir haben auch die *Heiligung* betrachtet (nach der Errettung wird sie zu einem lebenslangen Prozess) als die Fortsetzung unseres Heils, wobei der in uns wohnende Geist Gottes in jedem Gläubigen wirkt. Er verwandelt Gläubige zum Bild des auferstandenen Christus. Er befähigt uns, nach und nach den ganzen Willen Gottes zu wählen und unseren eigenen Willen abzulehnen (unser Ego-Willen zurückzuweisen und Gottes Plan für uns vollständig anzunehmen). *Dies beinhaltet enormes geistliches Wachstum für einzelne Gläubige.* Dieses Wachstum ist das Ergebnis unserer Hingabe an den in uns wirkenden Geist Gottes. *Der Prozess der Heiligung dauert bis zu unserem letzten Atemzug auf der Erde. Es ist das Werk des Geistes Gottes in uns und unsere Hingabe und Gehorsamkeit Ihm gegenüber.*

Gottes Verheißung des Heils wird vollständig erfüllt werden, wenn der gerechtfertigte und geheiligte *Gläubige in die Verherrlichung eintritt,* die ewige/nicht endende Phase unseres Heils. Diese Phase wird nicht mehr auf dieser Erde stattfinden, sondern in der Gegenwart Gottes, in einem neuen ewigen Himmel und einer neuen ewigen Erde.

Zur von Gott bestimmten Zeit wird der Tag des Herrn kommen. Gott wird *die Klingel läuten und die Pfeife blasen.* Das Leben auf der Erde, wie wir es kennen, wird ein Ende finden.

> Der Tag des Herrn wird kommen wie ein Dieb in der Nacht, *wenn wir es am wenigsten erwarten.*
>
> (1 Thessalonicher 5:2)

Seit mindestens zweitausend Jahren spekulieren die Menschen darüber, wann dieser Tag sein wird. Jeder neue Tag bedeutet, dass wir näherkommen, aber denkt an die Worte Jesu. Als die Apostel ihn direkt fragten: „Ist es jetzt an der Zeit?", *sagte Jesus: „Ihr braucht die Dinge, die der Vater bestimmt hat, nicht zu wissen"* (Apostelgeschichte 1,6-7). Jesus fuhr fort: „Statt euch auf dieses zukünftige Ereignis zu konzentrieren, müsst ihr mit dem beschäftigt sein, was jetzt auf Gottes Agenda steht. Deshalb sage ich euch nicht, wann das Reich kommen wird, sondern ich sage euch, wie das Reich kommen wird" (lose Übersetzung des Autors).

> *Wenn Gottes Heiliger Geist über euch kommt [wahre Gläubige, Plural], werdet ihr Meine* Zeugen sein in ganz Jerusalem, in ganz Juda, in Samaria und bis an die Enden der Erde, sogar zu allen Menschen in fernen Gegenden.
>
> (Apostelgeschichte 1,8)

Jesus fuhr fort,

> Versuche nicht, aus deiner eigenen Fähigkeit Zeugnis abzulegen, das wird dich zu nichts bringen. *Alle Autorität wurde mir [Jesus] von meinem Vater gegeben.*

> Deshalb sende ich den *Heiligen Geist* an alle, die mir folgen und mir gehorchen, und der Vater wird euch befähigen, über mich Zeugnis abzulegen. *Nur er [der Heilige Geist] kann die Menschen von ihrer Sünde und ihrem Bedürfnis nach einem Retter überzeugen; sie können sich nicht auf ihre eigenen guten Werke verlassen,* denn nur einer [Jesus] ist gerecht; und sie werden gerichtet werden. Der Heilige Geist wird euch auch in die ganze Wahrheit führen... und er wird mich verherrlichen.
>
> (Matthäus 28:18; Johannes 16:5-15)

Jesus fuhr fort: „Jetzt, wo ich meinen *Zweck* für alle, die mir folgen, kurz offenbart habe, werde ich kurz darlegen, wie ihr die Mission erfüllen werdet, die ich euch anvertraut habe (Übersetzung des Autors)."

Zuerst: „Wenn ihr durchs Leben geht, macht Jünger. Geht entweder selbst oder unterstützt diejenigen, die zu allen Völkern gehen, um sie zu Jüngern zu machen." So prägnant wie möglich gesagt, aber was bedeutet das? Die längere Version lautet: Zeugnis ablegen, während ihr euren Alltag lebt und auf speziellen Aufträgen, die ich euch sende (erzählt jedem, Ungläubigen und Gläubigen, von Jesus und wie Er euer Leben verändert und bereichert [nicht materiell] hat). Allen von Jesus zu erzählen, erfordert, dass wir viele neue Freunde unter Menschen wie uns finden. Wir müssen noch mehr neue Freunde unter Menschen finden, die anders sind als wir. Das bedeutet, dass wir – einzeln oder als Unterstützer – daran teilnehmen müssen, die gute Nachricht von Jesus zu jedem Volksstamm/Sprachgruppe/Kulturgruppe usw. in jedem Land der Erde, einschließlich unseres eigenen, zu bringen.

Genau das meinte Jesus in Matthäus 28,19a:

> Geht daher hin und macht Jünger [Nachfolger/Lernende/Handelnde] aller Nationen. *Jesus meinte: „Glaubende bezeugen, und der Heilige Geist bewirkt die Bekehrung."*

Zweitens: Jesus sagte: *„Geht hin und macht alle Völker zu Jüngern, tauft sie im Namen des Vaters, des Sohnes und des Heiligen Geistes"* (Matthäus 28,19). Die Taufe verleiht keine Rettung, sondern ist vielmehr das Anerkennen oder Zeugnis des neuen Gläubigen, dass Jesus ihn/sie gerettet hat und dass Jesus nun Herr seines/ihres neuen Lebens in Christus ist. Nach der Taufe benötigen alle noch viel mehr Jüngerschaft; es ist ein lebenslanger Prozess.

Drittens: Jesus sagte: *„Lehrt sie* (alle Gläubigen), *alles zu befolgen, was ich euch geboten habe"* (Matthäus 28,20a). Zeugnis mit unserem Mund allein ist nicht genug. Unser tägliches Leben muss alles zeigen, was Jesus geboten hat. *Kurz und knapp, aber wir dürfen die Gebote oder die Implikationen dessen, was Jesus sagte, nicht übersehen.*

Jemand sagte dem Autor, dass ein wahrer Lehrer Menschen unterrichtet, nicht nur Lektionen. Ihm wurde auch gelehrt, dass guter Unterricht Veränderung bewirkt. Wir könnten weitermachen, aber was sagt Jesus hier? Gläubige werden angewiesen, die Lehren von Jesus unser Leben verändern zu lassen. Dann wird der Heilige Geist die Gläubigen befähigen, zu lehren und die Lehren von Jesus neuen Gläubigen zu zeigen, bis sich ihr Leben zu verändern beginnt.

Wenn unser Leben nicht durch die Lehren Jesu und Seine Gegenwart in unserem Leben verändert wurde, können wir nicht wie Paulus sagen: „Tut, wie ich es tue, denn ich tue, wie Jesus es tat" (1. Korinther 11,1). *Wahre Jünger folgen den Einstellungen und Praktiken ihres Lehrers und übernehmen sie.*

Paulus sagte auch:

> Die Lehren, die ihr von mir in Gegenwart anderer gehört habt, sollt ihr treuen Gläubigen anvertrauen, die nach diesen Lehren leben werden und bereit sind, andere zu lehren, usw., usw.
>
> (2. Timotheus 2,2)

Die Jünger Jesu lernen nicht nur die Lehren Jesu; sie setzen diese Lehren täglich in die Praxis um. Das ist eine der Möglichkeiten, wie Jesus unser Leben verändert. Jünger Jesu lehren auch andere Jünger, zu lernen und zu handeln und dadurch zu erleben, wie Jesus Veränderungen in ihr Leben bringt. Gott bewirkt Veränderung durch die Beispiele Jesu, die Schriften, durch das Wirken des Heiligen Geistes in unserem Herzen und Leben sowie durch das Gebet (zweiwegige Kommunikation) zwischen Gott und einem Gläubigen.

Mehrere Seiten zuvor haben wir kurz die Verherrlichung der Gläubigen in der Gegenwart Gottes und den kommenden Tag des Herrn erwähnt (1. Thessalonicher 5,2). *Der Tag des Herrn und die Wiederkunft Jesu sind die Brücke zwischen dem endlichen* Leben auf der Erde und dem ewigen Leben im neuen Himmel und auf der neuen Erde. Wir sind nun bereit, zu erkunden, was dieses Leben beinhaltet. Es gibt viele Prophezeiungen und Vorstellungen über die Zeit bis zum Tag des Herrn. Einige Prophezeiungen enthalten schwer zu verstehende Schriften (z. B. das Buch Daniel und die Offenbarung). Dieses Buch wird nicht versuchen, diese schwierigen Prophezeiungen in der Schrift zu erklären. Daher könnten einige Leser enttäuscht sein, während andere erleichtert sein werden.

Adam und Eva wurden ohne Sünde, aber mit der Fähigkeit geschaffen, Gottes Willen abzulehnen, da sie mit freiem Willen erschaffen wurden. *Sie entschieden sich zu sündigen, und die gesamte Menschheit wurde dadurch verdorben.*

Nicht nur die Menschheit, sondern die gesamte Schöpfung Gottes wurde durch die Sünde des Menschen verdorben. Nach der Sünde der Menschheit begannen Unkraut und Dornen zu wachsen. Stürme und Überschwemmungen traten auf. Krankheiten, Schmerzen und Tod kamen über die ganze Menschheit.

Lassen Sie uns hier einen Blick darauf werfen, *um das letzte Geheimnis zu enthüllen, das Gott Paulus in 2. Thessalonicher 2,7 offenbart hat* (der Autor hat jedoch nicht jedes von Paulus erwähnte Geheimnis verwendet). In 2. Thessalonicher sehen wir, dass *„das Geheimnis der Gesetzlosigkeit"* bereits am Werk ist. Gott hält den Gesetzlosen *(Satan) zurück, und er wird beim zweiten Kommen Christi aus der Szene entfernt werden.*

Gott hat der Menschheit einen Retter versprochen, und der Retter ist gekommen, aber die Menschheit hat nach wie vor die Freiheit der Wahl.

> Die sehnsüchtige Erwartung der Schöpfung wartet auf *die Offenbarung der Kinder Gottes.* Denn die Schöpfung wurde der Nichtigkeit und Korruption unterworfen im Vergleich zu Gottes ursprünglichem Zweck für die Schöpfung. Das war wegen der Sünde Adams und der übrigen von uns. Die Schöpfung selbst wird von dieser Knechtschaft befreit werden in die kommende herrliche Freiheit der Kinder Gottes. Denn wir wissen, dass die ganze Schöpfung bis jetzt in Schmerz, Qual und Leid zusammen seufzt.
>
> (Römer 8,22 KJV)

Viele fürchten, dass der Lebensstil der Menschheit unseren Planeten zerstören wird, und sie versuchen, dies zu verhindern. Was sie nicht verstehen, ist, dass *die Erde bereits dem Untergang geweiht ist – nicht durch den Klimawandel, sondern durch die Sünde der Menschheit gegen Gott.* Wir kopieren Menschen von einst, die versuchten, einen Turm zum Himmel zu bauen. Das funktionierte nicht, und auch die vielen Dinge, die wir tun, um den Planeten vor uns selbst zu retten, werden nicht funktionieren. Gott, nicht der Mensch, hat immer noch die Kontrolle. Jesus sagte: „Himmel und Erde werden vergehen" (Markus 13:31-33 LUT).

Ungläubige wissen entweder nicht oder weigern sich anzuerkennen, dass Gott versprochen hat, eine neue Menschheit sowie einen neuen Himmel und eine neue Erde zu erschaffen. Die neue Menschheit basiert auf Gottes Willen, Gläubige nach dem Bild Jesu neu zu erschaffen. Gott wird auch eine neue Erde erschaffen, frei von Sünde, Schmerz, Tod usw., als Wohnstätte für Gläubige, damit Gott und die Gläubigen ewig zusammen sein können (Offenbarung 21,1-8; siehe auch Römer 8,28-30 und Offenbarung 22,1-5). *Diese Dinge werden nach dem Tag des Herrn (der Rückkehr Jesu) geschehen, aber es gibt noch mehr.*

Einige fragen: „Wie werden die Toten auferweckt, und was für einen Körper werden sie haben?" Christus ist von den Toten auferstanden und wurde zur Erstlingsfrucht der Gläubigen, die gestorben sind. Durch einen Menschen, Adam, kam der Tod über alle. Durch Christus kommt die Auferstehung der Toten und das ewige Leben für alle wahren Gläubigen.

> *Wenn man über den Tod eines Gläubigen spricht,* wird ein vergänglicher Körper begraben, ein unvergänglicher Körper wird auferweckt [resurrected]; ein sündiger Körper wurde begraben, ein verherrlichter Körper wird auferweckt; ein in Schwäche begrabener Körper wird in Kraft auferweckt; ein natürlicher Körper wird begraben, ein geistlicher Körper wird

> auferweckt. Wenn es einen natürlichen Körper gibt, gibt es auch einen geistlichen Körper
> (1. Korinther 15,35-44, Bearbeitung des Autors)

Jesus hatte einen geistlichen Körper, als er von den Toten auferstand.

Es steht geschrieben, dass

> *Der erste Mensch, Adam, wurde zu einer lebendigen Seele gemacht; der letzte Adam [Jesus] wurde zu einem lebensspendenden Geist gemacht.* Der erste Mensch ist von der Erde, der zweite Mensch ist der Herr vom Himmel.
> (1. Korinther 15,45-47 KJV)

> Gläubige werden durch Gnade gerettet. Das Heil wird nicht durch unsere guten Werke erlangt; es ist ein Geschenk Gottes, daher kann niemand damit prahlen. *Wir werden nicht durch unsere guten Werke gerettet. Dennoch erneuert uns Gott in Christus Jesus, um gute Werke zu tun.* Gott selbst hat gute Werke für Gläubige vorbereitet, die sie tun sollen, und Er erwartet, dass wir sie tun.
> (Epheser 2,8-10: vom Autor umgeschrieben)

Zwei wichtige Dinge für Gläubige: (1) *Eine tägliche Beziehung zu Gott,* indem wir dem eigenen Willen sterben und für Gottes Herrlichkeit leben. (2) *Unterordnung unter die Führung des Heiligen Geistes* und Erlaubnis an Ihn, uns (a) durch Heiligung im

Bild Christi neu zu gestalten und (b) uns vorzubereiten, um mit Gott im Himmel zu leben.

Aufgrund all dessen, was Gott für uns getan hat, werden wir ermahnt, unseren Körper als lebendige und heilige [für Gott abgesonderte] Opfer darzubringen, die Gott gefallen, was zu unserem geistlichen Dienst der Anbetung [zu Seiner Herrlichkeit] wird. Wir sollen uns weigern, uns dieser egoistischen Welt anzupassen, sondern aufgefordert werden, *Gott zu erlauben, uns durch die Erneuerung unseres Geistes, unseres Willens und unseres Herzens zu verwandeln.* Wenn wir Gottes Willen wählen, werden wir Gott, uns selbst und den Menschen um uns herum angenehm. (Römer 12,1-2, vom Autor umgeschrieben)

Geschichte 32

EPILOG: EIN BLICK IN DIE EWIGE ZUKUNFT

Einige Dinge, die wir aus den Schriften wissen?

Ein biblisches Wort für Beziehung ist kennen. Jesus sagte: *„Ewiges Leben bedeutet, den himmlischen Vater, den einzigen wahren Gott, und Jesus Christus, den Gott auf die Erde gesandt hat, zu kennen.*

> Das ewige Leben beginnt auf der Erde, wenn „eine wahre und innige persönliche Beziehung zu Gott hergestellt wird." Diese enge irdische Beziehung zwischen den Menschen und Gott erstreckt sich durch die ganze Ewigkeit
>
> (Johannes 17,3, vom Autor umformuliert).

> Jesus sagte: „Bei seiner Rückkehr werden alle Menschen auferstehen und gerichtet werden, die Gerechten werden *in das ewige Leben mit Gott*

eingehen. Die Ungerechten hingegen werden in ewige Strafe gehen. Die Hölle ist ein ewiger Ort der Bestrafung. Es gibt keine zweite Chance, die Hölle ist nicht heilend."

(Matthäus 25,31-46, vom Autor gekürzt)

Der Tag des Herrn wird unerwartet kommen, wie ein Dieb in der Nacht. Viele werden unvorbereitet sein, *wenn der Tag des Herrn kommt, genauso wie viele zur Zeit der Sintflut zur Zeit Noahs nicht bereit waren.* Wenn der Tag des Herrn kommt, werden Himmel und Erde durch Feuer zerstört werden. Gott hat neue Himmel und eine neue Erde versprochen [Jesaja 65:17, 66:22 und Offenbarung 21:1]. In den neuen Himmeln und auf der neuen Erde wird es nur Gerechtigkeit [kein Sünde] geben. Da das Wort Gottes uns dies vorher sagt, was für ein Mensch sollten wir werden? Sei eifrig, um als jemand gefunden zu werden, der nicht länger in Sünde lebt, sondern als jemand, der Buße getan hat und Vergebung von Gott empfangen hat. Vergebung wird heute angeboten, aber es gibt keine Garantie für ein Morgen. Zeugnis zu geben gegenüber Familie, Freunden und anderen ist wichtig. Nach dem Tod oder der Wiederkunft des Herrn wird es zu spät sein.

(2 Petrus 3:10-18, Überarbeitung des Autors)

Gott sagte: „Ich will einen neuen Himmel und eine neue Erde schaffen. Das Vergangene wird nicht mehr erinnert werden." Die gegenwärtige Welt und der Himmel werden vom Schöpfer zerstört werden.

Die neuen Himmel und die neue Erde werden von Gerechtigkeit, der ewigen Herrlichkeit Gottes und einer ewigen Christusähnlichkeit für die neue sündlose Menschheit handeln. Die alte Welt und der alte Himmel werden niemals wiederhergestellt werden.

(Jesaja 65,17, Bearbeitung des Autors)

Gott zeigte Johannes einen neuen Himmel und eine neue Erde, ohne Meer. Der erste Himmel und die erste Erde wurden zerstört. Das Meer hatte das Böse dargestellt, daher kein Meer, kein Böses.

(Offenbarung 21,1, Bearbeitung des Autors)

Die Leiden der gegenwärtigen Zeit sind nicht der Mühe wert, mit der Herrlichkeit verglichen zu werden, die uns offenbart werden wird, *wenn der Tag des Herrn kommt.* Denn jetzt, obwohl die Gläubigen bereits gerettet sind, sehnen sich die Geretteten nach der Offenbarung der Söhne Gottes *[wenn Jesus wiederkommt].* Wegen der Sünde von Adam und Eva und ihrer Nachkommen sind die ganze Menschheit und die Erde selbst zerbrochen und wurden Sklaven der Sünde. Gott erschafft gläubige Menschen neu und wird Himmel und Erde wiedererschaffen, wenn Jesus zurückkehrt. Obwohl wir Gläubigen die Erstlinge des Geistes Gottes haben, seufzen wir wie die Schöpfung in uns selbst, während wir auf unsere Sohnschaft *[die Kinder Gottes]* und die Erlösung unseres Körpers warten, ebenso wie die Schöpfung auf ihre Wiedererschaffung wartet.

(Römer 8,18-21, Autorennachschrift)

Bezüglich der Schöpfung des neuen Himmels und der neuen Erde sowie der Zerstörung des ursprünglichen Himmels und der Erde gibt es mindestens zwei verschiedene Interpretationen:

Die erste und möglicherweise am weitesten verbreitete Interpretation besteht einfach darin, die kurzen und klaren Worte der Bibel zu akzeptieren; das Alte wird von Gott zerstört, und Gott wird das Neue schaffen. *2. Petrus 3:10-13 scheint zu sagen, dass Gott den alten Himmel und die alte Erde zerstören und einen neuen Himmel und eine neue Erde erschaffen wird, getrennt von dem zerstörten Himmel und der Erde.*

Die zweite Interpretation ist, dass Gott Himmel und Erde neu erschaffen wird, das Neue aus dem Alten. *Römer 8:18-23 scheint diese* Interpretation anzudeuten (d.h. Vers 19), „die sehnsüchtige Erwartung der Schöpfung wartet eifrig auf die Offenbarung der Kinder Gottes“ *bei der Wiederkunft Jesu.*”

Wir wissen, dass es keinen Widerspruch in den Schriften gibt. *Wie erklären wir also, was wie ein Widerspruch zwischen den Erklärungen von Petrus und Paulus über den alten und neuen Himmel und die Erde zu sein scheint?*

Paulus schrieb über eine Vision oder Offenbarung, die ein bestimmter Mann hatte:

> Ein Mann in Christus, der vor vierzehn Jahren—ob im Leib, weiß ich nicht, oder außerhalb des Leibes, weiß ich nicht, Gott weiß es—von Gott aufgenommen wurde in den dritten Himmel [die Juden glaubten, dass es drei Himmel gibt]. Und ich weiß, wie ein solcher Mensch—ob im Leib oder getrennt vom Leib, weiß ich nicht, Gott weiß es—nach dem Paradies entrückt wurde und

unaussprechliche Worte hörte, die ein Mensch nicht aussprechen darf [erzählen].

(2. Korinther 12,2-4)

In der Offenbarung 21,1-2 sah der Apostel Johannes nicht nur einen „neuen Himmel und eine neue Erde“, sondern auch die heilige Stadt, das neue Jerusalem, vom Himmel herabkommend von Gott. Johannes konnte die Stadt Neues Jerusalem leicht beschreiben (d.h. das neue Jerusalem hatte Straßen aus reinem Gold, Mauern aus Jaspis, die Fundamente waren aus Edelsteinen; es gab zwölf Tore zur Stadt, jedes aus einer einzigen Perle; er kannte die Länge, Breite und Höhe der Stadt usw.).

In 2. Korinther 12:1-6 war Paulus sowohl unfähig, das, was er im Himmel sah, auszudrücken, als auch daran gehindert, es überhaupt zu versuchen. Johannes, der Apostel, jedoch konnte die Neue Stadt Jerusalem im neuen Himmel und auf der neuen Erde klar beschreiben. Warum konnte Paulus dasselbe nicht tun? Eine Möglichkeit ist, dass Paulus den Himmel so sah, wie er ist, und keine Worte hatte, um ihn zu beschreiben (außerdem durfte er ihn nicht beschreiben).

Auf der anderen Seite wurde vielleicht Petrus und Johannes eine Vision gegeben, die mit Worten erklärt werden konnte, die sie kannten, weil niemand von uns die Herrlichkeit des neuen Himmels und der neuen Erde begreifen könnte. Ihre Vision könnte dieselbe wie die von Paulus gewesen sein, jedoch mit unterschiedlichen Erklärungen des Alten und Neuen durch Paulus.

Römer 8:18-23 scheint andere Beispiele in der Bibel anzudeuten, um das Neue als eine Neuerschaffung des Alten zu interpretieren. *Erstes Beispiel:* Die Menschheit wurde ohne Sünde, aber mit der Fähigkeit zu sündigen geschaffen. Der Mensch sündigte, und nun erschafft Gott eine neue sündenfreie Menschheit aus der gegenwärtig sündhaften Menschheit. Die sündhafte Menschheit war wie der sündhafte Adam und Eva. Die neue sündenfreie Menschheit wird wie der sündenfreie zweite Adam, der auferstandene Jesus, sein (Römer 8:29). *Zweites Beispiel:* „Globalflut und ein Neuanfang" (Geschichte 4). Die Flut brachte massive Zerstörung auf der Erde mit sich; sie führte auch zu enormen Veränderungen auf der Erde. Vor der Flut hatte die Erde eine einzige Landmasse, die vom Ozean umgeben war, aber massive Kräfte während der Flut zerbrachen diese Landmasse in mehrere getrennte Landmassen (Kontinente), die vom Ozean umgeben waren. Es war ein Neuanfang, nicht eine neue Erde. *Drittes Beispiel:* Die früher massive Anzahl der Menschheit wurde auf die Familie Noahs reduziert. Es war ein neuer Anfang für die Menschheit, nicht ein neuer Mensch.

Daher glauben einige, dass Gott den gegenwärtigen Himmel und die Erde in den neuen Himmel und die neue Erde verwandeln wird. Zu denjenigen, die dieser Überzeugung folgen, gehören auch die Verse Römer 8,18-21. Der Autor neigt zu Paulus' Gedanken, glaubt aber, dass *wir warten können*, bis Jesus zurückkehrt, um die Antwort auf diese Frage zu entdecken.

Das ewige Gottsein wird im neuen Himmel und auf der neuen Erde sein. Johannes, der Apostel, berichtete in Offenbarung 21,3, dass das Zelt Gottes unter seinem Volk ist.

> *Gott selbst wird täglich unter seinem Volk wohnen,* so wie er mit Adam und Eva im Garten war, bevor sie gesündigt hatten.
>
> (Genesis 3,8)

> *Gott wird jede Träne von ihren Augen abwischen.* Es wird keinen Tod mehr geben; kein Trauern, keine Klage und keinen Schmerz mehr; das Erste ist

> vergangen. Der auf dem Thron sitzt, sagte: „Siehe, ich mache alles neu."
>
> (Offenbarung 21,4-5)

Gläubige werden im Himmel nicht zu Engeln. Wenn Gläubige zu Engeln würden, wäre das ein Abstieg, kein Aufstieg. Gläubige werden als Kinder Gottes angenommen. Engel sind Diener Gottes; Söhne und Töchter stehen über den Dienern.

> *Jesus beantwortete die Fragen der Sadduzäer über die Ehe.* Er sagte ihnen, dass sie sich irren und weder die Schrift noch die Kraft Gottes verstehen. In der Auferstehung werden die Menschen nicht verheiratet sein. Jesus sagte nicht, dass wir Engel sein werden; er sagte, wir werden wie Engel sein. Engel wurden ohne Geschlecht erschaffen. *Jesus schien zu sagen, dass unser auferstandener Körper möglicherweise ohne Geschlecht sein wird, daher könnte die Ehe im Himmel keine Rolle spielen.*
>
> (Matthäus 22,29-30)

Es gibt viel, das wir noch nicht verstehen. Manche fragen, ob es Tiere im Himmel geben wird. Billy Graham *soll ja gesagt haben.* Fred Beck liebt Tiere, weiß es aber nicht.

Basierend auf allem, was Gott tut: die Menschheit neu zu erschaffen und insbesondere die großen Kosten unserer Erlösung, nimmt der Autor an, dass Gott viel für uns zu tun hat, um Seinen Ruhm in Ewigkeit zu verherrlichen. Wir werden nicht in Schaukelstühlen sitzen oder mit Flügeln umherfliegen.

Der Himmel ist ein Ort. Gottes ewiger Plan für Gläubige beinhaltet fortwährendes geistliches Wachstum in Gottseligkeit sowie fortgesetzte Gemeinschaft mit und Anbetung des dreieinigen Gottes. Die Annahme des Autors stützt sich zum Teil auf Gottes Charakter sowie auf all die Mühen, die Gott betreiben wird, um eine neue Menschheit aus ehemaligen Sündern zu erschaffen. Eines ist sicher,

> Denn es steht geschrieben: Auge hat nicht gesehen, Ohr hat nicht gehört, noch ist es in das Herz des Menschen gekommen, was Gott bereitet hat für die, die ihn lieben.
>
> (1. Korinther 2,9 nach Jesaja 64,4 und 65,17)

Offenbarung 4:1-11 *sagt uns, dass es im Himmel viel Anbetung geben wird.*

> Heilig, Heilig, Heilig ist der Herr, Gott Allmächtig, der war und ist und kommen wird... Du bist würdig, Herr, Herrlichkeit und Ehre und Macht zu empfangen; denn Du hast alle Dinge erschaffen, und sie sind und wurden zu Deinem Wohl geschaffen.
>
> (KJV)

Gläubige werden die Ewigkeit damit verbringen, die Gottheit in Ehrfurcht zu betrachten und sie zu verherrlichen. Während unseres Gottesdienstes im Himmel wird unser Geist nicht von der Gegenwart und Herrlichkeit der Gottheit abweichen. Wir gehen auch davon aus, *dass Gott viel für uns zu tun haben wird.* Woraus dies besteht, übersteigt unsere Vorstellungskraft; aber es wird sicherlich großartig sein und Gott verherrlichen sowie die neue Menschheit mehr als nur zufriedenstellen.

Eine weitere wunderbare Sache, die Gott verherrlicht, wird der Beweis sein, dass Gottes Verheißung an Abraham erfüllt worden ist.

In dir sollen alle Familien der Erde gesegnet werden. (Genesis 12,3b)

> Johannes sah eine große Schar, die nicht gezählt werden konnte. Die Menschen kamen aus allen Nationen *und umfassten jeden Stamm und jedes Volk sowie Menschen aller Sprachen, sogar einige aus den USA.* Alle Menschen im Himmel werden vor dem Thron und vor dem Lamm stehen, gekleidet in weiße Gewänder, mit Palmzweigen in der Hand *wie am Palmsonntag.* Sie werden alle mit lauter Stimme rufen: „Erlösung unserem Gott, der auf dem Thron sitzt, und dem Lamm"
>
> (Offenbarung 7,9-10)

Er ist auch der Löwe von Juda (Genesis 49:8-10 und Offenbarung 5:5) und König der Könige und Herr der Herren (Offenbarung 19:16).

Bevor Gottes Messias (der Christus) kam, konnte niemand gerettet werden außer durch den Glauben an Gottes verheißenen Messias. Nachdem Gottes verheißener Messias (der Christus) gekommen ist, kann niemand gerettet werden, außer durch den Glauben an Gottes Messias (Christus Jesus). *Religionen und Kirchen retten die Menschen nicht. Wenn Jesus zurückkehrt, werden die Nachfolger Christi unter Juden, Muslimen und Heiden vereint und in Christus eins werden und somit wahre Nachkommen Abrahams werden.*

> Es gibt weder Juden noch Griechen [Heiden], weder Sklaven noch Freie, weder männlich noch weiblich;

denn ihr alle seid einer in Christus Jesus. Und wenn ihr Christus angehört, dann seid ihr Abrahams Nachkommen, Erben nach der Verheißung *Gottes.*

(Galater 3,28-29 NGÜ)

„Maranatha." So komm, Herr Jesus! Amen.

Über den Autor

Fred Beck machte seinen Abschluss an der Ball High School in Galveston, Texas. Dort lernte er Linda Rountree kennen. Sie heirateten am 6. Juni 1959. Im Januar 1962 schloss er sein Studium an der Howard Payne University mit einem BA-Abschluss in Bibel und Geschichte ab. Im Juni 1967 erwarb er einen Master of Divinity am Golden Gate Baptist Theological Seminary (GGBTS). Während seines Studiums an College und Seminar leitete er zwei Teilzeitgemeinden. Nach seinem Abschluss am GGBTS wurde er Pastor der First Baptist Church in Folsom, Kalifornien.

Im Mai 1969 wurden Fred und Linda durch das International Mission Board der SBC als Missionare nach Indonesien berufen. Sie dienten einundzwanzig Jahre lang in Indonesien. Nach einem Jahr Sprachstudium in Indonesien arbeiteten die Becks als Evangelisten, Kirchenplaner und Entwickler lokaler Führungskräfte in drei verschiedenen Provinzen Indonesiens.

Im Juni 1990 wechselten die Becks nach Südasien (Indien und umliegende Länder). Sie dienten als Evangelisten und wandernde Entwickler lokaler Führungskräfte in ganz Südasien. Es war eine herausfordernde Aufgabe, doch diese zwölf Jahre waren die Lieblings- und erfüllendsten Jahre der Becks.

Die Becks zogen sich in Amarillo, Texas, zurück, um sich über ihre Kirchengemeinde in ehrenamtlichen Diensten zu engagieren. Sie haben fünf erwachsene Kinder, elf Urenkel und vierzehn Urenkel und es werden immer mehr. Freds erstes Buch, When God Works Incognito (Autobiografie), wird von Amazon Books verkauft. Es umfasst 159 Seiten schnellen Lesens und ist mit 5 Sternen bewertet.

www.ingramcontent.com/pod-product-compliance
Lightning Source LLC
Chambersburg PA
CBHW030347130626
46549CB00004B/1399

* 9 7 8 1 9 7 0 3 0 9 2 1 8 *